공공선택

PUBLIC CHOICE

김재한 · 김대진 · 김종욱 · 안도경
윤홍근 · 이성규 · 한정훈

박영사

서　문

공공선택(public choice)은 국내에서 익숙하게 느껴지지 않는 용어이다. 영어권 사회의 일반인들도 생소하게 느끼기는 마찬가지이다. 선택이란 통상 각 개인이 하는 것인데, 앞에 공공이라는 단어가 붙었으니 좀 복잡하다. 개인과 집단 간의 관계가 바로 공공선택학의 오랜 연구 대상이다.

공공선택학이 그렇다고 집단주의를 지향하지는 않는다. 반대로 자유주의적 관점에서 집단주의를 비판할 때가 더 많다. 집단주의는 정치 영역에서나 효과적이지 다른 영역에서는 대체로 비효율적이다. 특정 집단에 속하지 않은 사람들이 그 배타적 집단의 이익보다 더 크게 손해 보더라도, 정치적으로 부당하지(politically incorrect) 않다면 그 집단은 존속하는 것뿐이다. 이러한 학문적 특성으로 인해 국내의 공공선택 연구자 다수는 패거리 현상에 대해 비판적이고, 따라서 한국공공선택학회의 회원 수나 활동은 많지 않은 편이다.

물론 외국의 공공선택학회 분위기는 한국과 사뭇 다르다. 지리적으로 가장 가까운 일본의 경우, 학술대회의 발표논문 수와 참여인원 수가 많고, 정치학회장이 공공선택학회 전무이사로 봉직할 만큼 공공선택학회의 규모가 크다. 미국, 유럽, 일본 등 공공선택학회 활동이 활발한 사회는 공통적으로 학문분야 간 장벽이 별로 없다. 정치학 박사가 경제학과 교수나 경영학과 교수로 소속되어 있는 경우도 있고 그 반대인 경우도 많다. 그렇지만 한국에서는 아직 진정한 학제적 분위기가 숙성되어 있지 않다. 뒤집어 말하면, 한국에서의 학제적 접근은 공공선택학계 중심으로 가능하리라 본다.

정치학자 중심의 합리적선택연구회라는 소연구모임을 창설하여 이끄시다가 한국공공선택학회 초대 회장으로 추대되셨던 황수익 교수님, 또 개별

학문 중심의 연구모임들을 다학문적 한국공공선택학회로 통합하는 작업을 주도하셨던 최광 교수님, 그리고 제 2 대 학회장 이정전 교수님, 제 3 대 학회장 오연천 총장님, 제 4 대 학회장 유금록 교수님 등 여러 선배 학자들의 노력으로 한국공공선택학회의 활동이 지속되고 있다.

제 5 대 한국공공선택학회 회장단의 임기는 이 책의 기획으로 시작했다가 이 책의 발간으로 종료한다. 제 5 대 회장단은 유럽공공선택학회가 참가한 '공정의 공공선택적 모색' 국제학술회의를 비롯해 몇 차례의 국내외 학술회의를 개최했지만 가장 큰 의미를 둔 사업은 이 책이었다. 공공선택학의 한국적 수용을 정리해보려는 취지였다. 그 이전 회장단에서 이미 여러 종의 도서를 발간한 적이 있지만, 공공선택학 교육용으로 사용할 수 있는 한글 도서는 이번이 처음인 셈이다. 물론 필자를 포함해서 여러 국내 학자들의 관련 도서들이 1990년대부터 출간되었지만, 광범위하고 자세하게 서술된 도서는 이 책이 처음인 듯하다.

이 책은 공동집필이지만 공공선택학적 관점에서 잘 분업되어 효율적으로 만들어진 결과물이라고 자평하고 싶다. 각 장의 책임집필자는 장 말미에 명기되어 있다. 이 책을 기획하고 총괄한 사람으로서 시장 가격을 지불해주지 못해 미안할 뿐이다. 집필자 모두는 이 책을 한국공공선택학회와의 공유재산으로 느끼고 있다.

이 책에는 부족한 점도 많다. 빠트린 공공선택 관련 주제도 있을 것이고, 자세하고 정확하게 설명되지 못한 부분도 있을 것이며, 소개하지 못한 주요 문헌도 있을 것이다. 공유 재산인 이 책을 관리할 다음 한국공공선택학회 회장단들의 역할을 기대해 본다. 특히 개별 회원과 학문공동체의 관계에서 제도화 단계로의 진입을 기대한다.

2012년 9월

제 5 대 한국공공선택학회장 **김재한**

Contents 이 책의 **차례**

1부 시장과 정부

2부 개인과 정치

3부 정부와 정책

제 1 부

Public Choice

시장과 정부

Chapter 1

공공선택이란 무엇인가?

Public Choice

공공선택이론은 정치에 대한 합리적 선택 이론, 비시장(non-market)적 의사결정에 대한 연구, 또는 정치 현상을 경제학적으로 연구하는 학문분야 등으로 정의되어 왔다. 여기서 정치 현상이란 정부에 의한 정책결정의 과정, 관료제의 속성, 선거제도를 비롯한 다양한 투표제도 등을 포함한다. 이러한 제반의 정치적 현상에 대해 경제학적으로 접근을 한다는 것은 '방법론적인 개인주의(methodological individualism)'의 관점에서 분석적인 연구를 한다는 것을 의미한다. 방법론적 개인주의는 사회의 거시적인 현상들을 개인을 비롯한 각 차원의 행위자들의 선택과 그러한 선택들의 상호작용의 결과로서 설명하는 입장이다. 이러한 방법론적 개인주의가 전형적으로 나타나는 것이 바로 시장(market) 제도에 대한 연구이다. 공공선택이론은 사회의 비시장적인 영역들, 특히 정치의 영역에 대해서도 경제학이 시장을 연구하는 것과 유사한 방식으로 연구하고자 하는 학문적인 체계이다.

공공선택의 입장은 정치에 대한 새로운 정의를 내포하는 것으로 볼 수 있는데 이는 특히 비시장적 의사결정(nonmarket decision making)이라는 표현에서 잘 나타난다. 비시장적 의사결정이라는 표현이 함의하는 바는 정치와 경제의 근본적인 차이는 시장이나 국가와 같은 연구의 대상에 있다기보다는 개인들의 선택이 사회적인 결과로 모아지는(aggregating) 방식의 차이에 있다고 보는 것이다. 시장적 의사결정의 핵심은 결정에 의해서 영향을 받는 당사자들의 만장일치를 통해서 사회적인 결과가 도출된다는 것이다. 예를 들어 우리가 편의점에서 음료수를 한 병 구입하는 경우 정해진 가격에 대해 구매자와 판매자가 동시에 동의하는 경우에만 거래가 성사된다. 반면에 비시장적 의사결정으로서의 정치적 의사결정은 특정한 결정에 반대하거나 참여하지 않은 사람들에게까지도 영향을 주게 된다. 영향을 주는 방식은 특정 행동에 대한 금지나 강제의 형태를 띨 수도 있고, 또는 후생 수준의 직접적인 변화의 형태를 띨 수도 있다. 예를 들어, 세 명의 친구들이 주말을 함께 보내기로 했는데 한 명은 등산을 가고 싶어 하고, 또 한 명은 영화구경을, 나머지 한 명은 도서관에서 함께 공부하기를 원하는 경우를 생각해보자. 이 세 명의 친구들은 하나의 집단을 이루고 있으며 함께 주말을 보낸다고 하는 생각에는 모두 동의를 하고 있지만 그 방식에 대해서는 이견을 가지고 있다. 이때 만약 어떤 투표의 방식에 합의하고 그 방식을 통해서 세 가지의 대안들 중 하나를 선택한 경우 그 결정이 세 명 모두를 구속한다. 즉, 개인이 만장일치가 아닌 집단적 선택에 의해서 구속되거나 영향을 받을 가능성이 생기는 것이다.

세 명의 친구가 처한 상황을 다수 시민의 상황으로 바꾸어서 생각해보면, 정치현상의 대부분이 이처럼 만장일치에 의한 거래와 구분되는 집합적 의사결정에 의한 개인의 구속을 포함한다는 것을 알 수 있다. 흔히 집합적인 의사결정이라면 다수결을 생각하는 경향이 있지만, 반드시 그러할 필요는 없다. 예를 들어, 독재는 한 명의 결정에 다른 모든 사람의 행동이 구속되고 후생이 영향을 받는 집합적 의사결정 방식이다. 전쟁은 두 개 이상의 집단이 직접적이고 물리적인 힘의 행사를 통해서 집단 사이의 문제를 해결하는 것이다. 대의(代議)민주주의 역시 비시장적 의사결정의 특별한 형태임을 알 수 있다. 즉, 대의민주주의 하에서는 권리와 의무를 정함을 통해서 시민들의 행동을 제약하거나 그들의 후생에 영향을 주는 결정을 행할 권리가 선출된 대표자들에게 위임된다.

공공선택론적 관점을 취하게 되면 위와 같은 방식으로 정치현상의 본질이 재정의(再定義)될 뿐만 아니라, 그에 대한 연구의 방법도 전통적 정치학의 거시적, 서술적, 규범적인 접근과는 달리 연역적·분석적인 접근이 중요해지게 된다. 물론 그렇다고 해서 공공선택론의 입장에서 규범적, 경험론적 연구가 무의미해지지는 않는다. 애로우(K. Arrow)의 불가능성의 정리 또는 롤즈(Rawls)의 정의론 등은 방법론적 개인주의에 입각한 규범적 정치이론으로 이해될 수 있으며 그렇기 때문에 공공선택이론의 발전에 대한 주요한 기여로 여겨진다.

정치현상을 합리적 선택의 방법으로, 즉 방법론적 개인주의에 입각하여 연구하는 것은 무엇을 의미하는가? 사회과학 방법론적인 입장에서 볼 때, 공공선택이론이 추구하는 바는 거시적 정치 현상의 원인을 개인들의 선호와 그에 입각한 합리적인 선택의 결과로 설명하는 것이라 할 수 있다. 이때 개인들의 선호와 선택으로부터 설명한다는 것은 'x라는 거시적 현상이 초래된 것은 관련된 행위자들이 x를 원했기 때문이다'와 같이 직접적인 의도에 근거하여 설명한다는 것을 의미하지는 않는다. 물론 의도와 결과가 직접적으로 연결되는 경우도 있다. 그러나 사회과학적으로 보다 흥미롭고 중요한 경우는 거시적 사회현상이 나름의 의도를 가진 개인들의 상호작용으로부터 귀결되기는 하지만, 그 결과는 그 누구에 의해서도 직접적으로 의도되지 아니하는 경우이다. 예를 들어, 아담 스미스(Adam Smith)의 시장에 대한 '보이지 않는 손'(invisible hand)의 비유에서처럼 사익(self interest)을 추구하는 경제활동의 당사자들이 결과적으로 사회적으로 효율적인 결과를 초래하는 것, 또는 죄수 딜레마(prisoner's dilemma)에서 각자 자신의 이익을 추구하는 전략적 행위자들의 선택이 집단의 차원에서 파레토 열위(Pareto inferior)의 결과를 낳는 경우 등은 거시적인 사회적 결과가 행위자들 그 누구에 의해서도 의도되지 않았음에도 불구하고, 어떤 의미에서는 직접적인 의도에 반하여, 생겨나는 것이다. 셸링(T. Shelling)의 인종 간 거주지역의 분리 모형도 사회적 행위의 의도되지 않은 결과를 보여주는 한 예이다. 이 모형에서 각 개인은 자신과 동일한 인종이 약간이라도 많은 장소에 거주하고 싶어 하며 따라서 인종주의라고 하기에는 매우 미약한 선호를 가지고 있다. 그럼에도 불구하고 이러한 선택의 결과로 완전에 가까운 인종 간의 거주지역의 분리가 발생하게 되는데, 이는 그 누구도 직접적으로 의도하지 않은, 심지어 기피하고자 하는 거시적 결과가 초래되는 것이다. 공공선택이론은 정치 제도의 디자인에 있어서 그 의도되지 않은 결과에 대해 충분히 주의를 기울일 것을 촉구하며 단순한 규범적 접근이 가질 수 있는 위험을 지적한다.

위와 같은 방법론적 원칙에 더하여 공공선택 이론가들이 공통적으로 강조하는 것은 정부의 역할에 대한 '낙관론'을 경계해야 한다는 것이다. 경제학과 정치학을 막론하고 흔히 나타나는 경향은 시장의 문제점들을 정부가 개입하여 해결해야 한다는 것이다. 아담 스미스의 '보이지 않은 손'으로 대변되듯이 시장 제도는 각자 사익을 추구하는 개인들의 상호작용이 사회적으로 효율적인 결과를 낳게 한다. 하지만 시장이 재화의 효율적인 배분에 실패하는 경우도 많은데 대표적인 것이 공공재의 문제와 외부효과의 문제이다. 이 경우 교과서적인 해결책은 정부가 나서서 문제를 교정해야 한다는 것인데, 이러한 주장은 당위론적인 수준에서 끝나버리고, '정부가 과연 문제들을 해결할 수 있는지, 얼마나 성공적으로 해결할 수 있는지, 혹시 문제를 더 악화시키거나 새로운 문제를 만들어 내는 것은 아닌지' 등에 대한 심사숙고가 부족한 경우가 많다.

공공선택론자들은 정부란 사람들이 만들고 운영하는 인간 조직의 한 형태라는 점을 강조한다. 그렇기 때문에 시장에 대한 연구에서 행위자들이 합리적으로 자기이익을 추구한다고 가정하듯이 정치에 대한 연구에서도 시장에서와 동일한 가정에 입각하여야 한다는 것이다. 합리적으로 자신의 이익을 추구하는 사람들의 조직체인 정부가 과연 시장이 해결하지 못한 문제점들을 시장보다 더 효율적으로 해결할 수 있을 것인가? 일단 정부라고 하는 조직체가 형성되고 사회에 대한 강제력을 가지게 되면 그 조직체는 공공의 이익을 위해 작동할 수 있을 것인가? 이러한 질문들에 대해서 공공선택이론은 부정적인 결론을 내리는 경우가 많다.

뷰캐넌(J. Buchanan)과 튤록(G. Tullock)으로 대표되는 공공선택이론의 버지니아 학파(Virginia School)가 특히 이러한 경향을 대표한다고 할 수 있으며, 이들은 정부 또는 정치과정 일반이 사회의 문제들을 해결할 수 있을 것이라는 맹신에 대한 적절한 비판을 제시하였다. 그러나 광의의 공공선택론이 보수적, 시장 중심주의적 이념만을 대변하는 것으로 볼 필요는 없다. 공공선택이론이 항상 정부와 정치의 역할에 대해 긍정 또는 부정의 이원론적인 해답 중에 하나를 강요하는 것은 아니다. 오히려 정부와 정치과정에 대한 연구를 통해서 다양한 정부제도의 속성을 비교하고 정부 구조와 정책 디자인에 지침이 될 수 있는 분석들을 제시하는 경우도 많다. 그리고 정부가 문제를 해결할 수 없다고 해서 항상 정부가 아무런 일도 하지 않아야 한다는 결론으로 귀결되는 것은 아니다. 때로는 정부의 개입이 문제를 더 악화시키거나 원래 해결하고자 했던 문제보다 더 심각한 새로운 문제를 발생시키는 경우도 있다. 이 경우는 물론 정부가 아무것도 하지 않는 것이 최선이다. 정부가 특정 문제에 대해 아무런 역할을 하지 않을 때에도 시장과 사회가 시간이 흐름에 따라 자발적, 자생적인 해결 방안들을 만들어 내는 경우도 많이 있다. 때로는 정부가 문제를 완벽하게 해결할 수 없다 하더라도 정부가 개입하여 해결을 시도하는 것이 그렇게 하지 않는 것보다는 더 나은 경우가 있다. 이 경우 공공선택이론은 정부가 개입을 하는 다양한 방법들에 대해 비교연구를 행한다. 즉, 코즈(Ronald H. Coase)가 1965년 그의 기념비적인 논문 "사회적 비용의 문제(The Problem of Social Cost)"에서 주창한 것처럼 거래비용(transaction cost)을 고려하여 사회문제를 해결하는 다양한 제도적 방법들을 분석해야 한다는 입장이 공공선택이론을 관통하고 있는 것이다.

사실 정치 또는 비시장적인 의사 결정은 시장제도가 존재하는 근간이라고 볼 수도 있다. 자발적인 물물교환은 오랜 역사를 지니고 자연발생적으로 진화해왔다. 아담 스미스가 말했듯이 인간에 내재한 교환의 본능이 시장제도의 뿌리인 것이다. 하지만 시장이라고 하는 제도가 한 사회의 생산과 분배의 바탕이 되기 위해서는 소유권에 대한 존중과 보호, 법의 지배와 같은 정치적 제도와 규범이 필수적인 전제 조건이다. 이러한 정치적 조건들의 부재로 인하여 저개발 국가들이 시장경제를 발전시키는데 큰 어려움을 겪고 있는 데서도 잘 알 수 있듯이 '제도'로서의 시장은 자연발생적으로 생기지는 않는다. 경제학이 시장의 분석을 위해 전제하고 있는 바들, 즉 소유권이 확립되어 있고 잘 보호되며 거래의 규칙이 공정하게 집행된다는 것은 경제발전에 실패하고 있는 많은 나라에서는 요원한 일이다. 시장제도를 뒷받침하는 제도는 바로 집합적인 선택의 영역, 즉 공공선택의 영역에 속한다. 광의의 공공선택이론은 시장에 대한 경제학적 이론을 보조할 뿐만 아니라, 시장경제 자체의 성립을 가능케 하는 정치적 제도의 문제를 다루는 것이다.

21세기에 들어 공공선택이론은 방법론적 개인주의와 광의의 합리적 선택의 방법론적 원칙을 유지하면서도 시장과 정부라고 하는 정형화된 이론적 모형에 입각한 전통적 이분법을 넘어 인간의 상호작용의 다양한 현존 형태 및 가능성에 대한 규범적, 실증적인 연구를 확대해 나가고 있다. 여러 정치적 의사결정 방식의 속성과 한계에 대한 분석과 정부를 문제 해결의 만병통치약으로 보는 경향에 대한 날카로운 비판은 공공선택 이론가들의 일로 계속되어야 한다. 그러나 공공선택이론이 단지 보수적인 시장주의로 치부되지 않기 위해서는 집합적 의사결정을 조직하고 집행하는 다양한 방식에 대한 연구를 시장－정부 이원론에 얽매이지 않고 진행할 필요가 있다. 이는 공공선택이론 발전에 큰 기여를 한 엘리너 오스트롬(Elinor Ostrom)의 2010년 노벨상 수상 연설 제목이 '시장과 국가를 넘어(Beyond Markets and States)'임에서도 잘 나타나고 있다.

[책임집필: 안도경]

Chapter 2

시 장

Public Choice

시장실패와 정부실패는 공공선택이론의 체계에서 중요한 위치를 차지하는 개념들이다. 시장제도가 이상적으로 작동하기 위한 조건들이 충족되지 않을 때 시장실패(market failure)가 발생한다. 정부가 시장실패를 해결하는데 성공하지 못하거나 정부의 시장개입이 새로운 문제들을 만들어 내는 것을 정부실패(government failure)라고 한다. 그러나 시장실패와 정부실패를 논하기 전에 '재화의 생산과 분배를 위한 제도로서의 시장이란 무엇인가?, 시장은 어떻게 작동을 하는가? 그리고 현대 사회에서 왜 시장이 근본적인 경제제도로서 자리를 잡고 있는가?' 등의 문제를 생각해 볼 필요가 있다.

제1절 시장과 분업

인간 사회는 여러 사람들의 협동과 분업을 통해서 발전해왔다. 사회를 이루고 살아가는 사람들에게서 가장 중요한 문제 중의 하나는 필요한 재화들을 생산하고 자원을 배분하는 것이다. 우리가 먹는 음식들, 입는 옷들, 그 외에도 생활을 편리하고 윤택하게 해주는 많은 재화들은 우리가 알지도 못하는 나라 안팎의 수많은 사람들의 노동의 결과로 생산되고 우리에게 제공된다. 즉 현대사회는 한 나라 안에서 뿐만 아니라 세계적 차원에서의 거대한 분업의 체계를 형성하여 재화를 생산하고 배분하는데, 시장은 이러한 생산과 배분의 문제가 해결되는 기본적인 제도이다. 아니 오히려 시장이라는 제도를 통해서 이처럼 대규모의 분업이 가능하게 되고 생산성이 증대되었다고 말할 수 있다. 대규모의 분업이 사람들의 필요를 충족시키며 효율적으로 이루어지기 위해서는 어떤 재화를 얼마만큼 생산할 것인가? 그리고 희소성이 있는 자원을 다양한 재화의 생산에 어떻게 투입할 것인가? 등의 문제가 해결되어야 한다. 시장은 정부에 의한 계획이 없이도 높은 수준의 경제활동 조정을 가능하게 해주는 제도이다.

생산과 분배를 위한 대규모의 분업을 통한 협동을 이루어내고 사회의 부를 증진시키는 것이 시장경제 행위 주체들의 직접적인 목적은 아니다. 기업들은 이익을 얻기 위해 활동하고 소비자들 역시 자신들이 원하고 필요한 재화를 예산의 제약 하에서 보다 더 싼 값에 구매하고자 할 뿐이다. 이처럼 사적인 목적과 이익을 위해 활동하는 경제 주체들이 어떻게 시장이라고 하는 메커니즘을 통해 상호작용하면서 사회적인 부가 증진되는가를 최초로 체계적으로 설명한 사람은 아담 스미스였다.

시장은 재화와 서비스의 생산과 배분이 생산자와 소비자 등 경제 활동 주체의 자유로운 결정을 바탕으로 이루어지는 사회제도이다. 아담 스미스는 『국부론』(The Wealth of Nations)에서 한 사회의 부는 금이나 화폐양에 의해서 측정되는 것이 아니라 사람들의 필요를 충족시키고 편리한 삶을 영위하도록 해주는 재화와 서비스의 소비량으로 측정되어야 한다고 하였다. 재화의 생산이 늘지 않는데 화폐나 금의 양만 늘어난다고 해서 사람들의 생활이 나아지거나 국가의 힘이 증대될 수 없다. 재화와 서비스의 생산 및 소비량이 늘어나면 개개인의 삶은 더욱 윤택해지고 생존 자체를 위한 노동의 시간은 줄어들고 인간의 다양한 가능성을 자유롭게 개발할 수 있는 기회가 생긴다. 원시적인 삶을 찬미하는 경향이 있기는 하지만 사실 문명 이전 인간의 삶은 생존 그 자체를 위한 노동의 지속이었다고 볼 수 있다. 생산력 발전으로 인해 여러 가지 새로운 형태의 사회적 문제, 개인의 실존적인 문제들이 생겨나기도 한다. 그러나 생산력의 발전으로 인한 수명의 증대와 더 풍요로운 삶의 가능성, 그리고 개인의 개성 실현과 창조적 자기 개발의 가능성이 동시에 주어졌다는 것을 부정하는 사람은 많지 않을 것이다.

그렇다면 무엇이 생산을 증대시키는가? 아담 스미스는 국부론의 서두에서 핀(pin)을 만드는 공정을 여러 단계로 나누는 분업(division of labor)을 통해 일 인당 생산성이 기하급수적으로 증대하는 예를 들고 있다.

> "이 업종에 관한 교육을 받지 않고, 거기에 쓰이는 기계의 사용에 익숙하지 않은 노동자는 아무리 열심히 일하더라도 아마 하루에 한 개의 핀도 만들 수 없을 것이며, 하루에 20개의 핀은 도저히 만들 수 없을 것이다. 그러나 이 업종이 지금 운영되고 있는 방식을 보면 … 첫 번째 사람은 철사를 잡아 늘이고, 두 번째 사람은 철사를 곧게 펴며, 세 번째 사람은 철사를 끊고, 네 번째 사람은 끝을 뾰족하게 하며, 다섯 번째 사람은 대가리를 붙이기 위해 끝을 문지른다. 대가리를 만드는 데도 두세 가지의 다른 조작이 필요하다. … 이처럼, 핀을 만드는 중요한 작업은 약 18개의 독립된 조작으로 분할되고 있는데, … 그들은 매우 빈곤했고, 따라서 필요한 기계를 거의 가지지 않았지만, 그들은 힘써 일할 때 하루 약 12파운드의 핀을 만들 수 있었다. … 한 사람은 하루에 4,800개의 핀을 만든 셈이 된다. 그러나 그들이 각각 독립적으로 완성품을 만든다면, 그리고 그들 중 누구도 이 특수 업종의 교육을 받은 적이 없었다면, 그들 각자는 분명히 하루에 20개도 만들 수 없을 것이며, 어쩌면 하루에 1개도 만들 수 없을지도 모른다."(김수행 역 『국부론(상)』: 8－9)

위의 예는 하나의 작업장 내에서의 분업을 묘사하고 있다. 그러나 작업장 내의 분업 이전에 생산성을 향상시키는 분업의 초기 형태는 개인들 간의 생산 품목의 특화이다. 가장 기초적인 형태의 생존을 영위하기 위해서도 각 개인 또는 가족은 의식주의 문제를 해결하여야 한다. 또한 농사를 짓거나 옷과 집을 만들기 위해서는 도구가 필요하다. 원시적 사회에서는 의식주의 공급과 그를 위한 도구를 만드는 것을 각 개인 또는 가구에서 자족적으로 해결하였다. 이에 반해서 기초적인 형태의 분업이 이루어지면, 즉 열 명 중 한 명은 옷을 만드는 일에 또 한 명은 집을 만드는 일에 그리고 또 한 명은 도구를 만드는 일에 특화한다면 각자의 생산성은 훨씬 증대될 것이다. 역할의 특화를 통해서 전문성이 발전하고 기술의 혁신이 이루어질 수 있기 때문이다. 이러한 원리는 한 작업장 내에서의 분업이 생산성을 증대시키는 것과 근본적으로 다르지 않다.

인간사회의 진보의 한 측면은 이처럼 분업을 통해서 생산성이 증대되는 것이다. 아담 스미스는 아주 보잘 것 없어 보이는 일용노동자의 의복조차도 얼마나 많은 사람들의 분업에 의해서 만들어지는 것인지를 묘사하고 있다. "예컨대 일용노동자가 입고 있는 모직 상의는, 비록 거칠게 보일지 모르지만, 수많은 노동자들의 결합노동의 생산물이다. 양치기·양모 선별공·소모공·염색공·방적공·직포공·끝손질공 등이 이 거친 생활용품을 완성하기 위해 그들의 상이한 노동을 결합시켰음에 틀림없다."(『국부론(상)』: 15) 만약 그 옷을 만드는 데 들어간 원료의 일부가 외국에서 수입된 것이라면 또 많은 상인들, 해운업자, 그 배를 만드는데 참여한 노동자들 역시 이 일용노동자의 상의를 만드는 데 참여한 것이 된다.

무엇이 이처럼 거대한 분업을 가능하게 하는가? 핀을 만드는 예를 보면 분업을 통한 협동이 생산성 향상의 비밀인 것 같은 느낌을 가지게 된다. 물론 이것이 틀린 것은 아니다. 그러나 시장이라고 하는 메커니즘을 통해서 이러한 분업이 일반화되고 그 결과가 자유롭게 거래되지 못한다면 분업을 통한 생산력의 증대는 근본적인 한계를 가질 수밖에 없다. 즉 분업의 발전 정도는 시장의 규모에 의해서 제약되는 것이다. 분업은 교환을 전제로 한다. 단순한 형태의 분업은 개인별로 생산의 대상을 특화하는 형태이다. 타인들이 동시에 교환을 목적으로 특화된 생산을 하지 않는다면, 또한 그에 따른 생산성의 증대로 인하여 다양한 종류와 충분한 양의 재화가 교환의 대상으로 존재하지 않는다면 어떤 한 사람이 한 종류의 재화만을 생산하는데 전념하는 것은 생존을 위협하는 매우 어리석은 선택이 될 것이다.

"교환능력이 분업을 야기하기 때문에, 분업의 정도는 언제나 이 교환능력의 크기, 또는 다른 말로 표현하면, 시장의 크기에 의해 제한을 받는다. 시장이 매우 작을 때는 어느 누구에게도 한 가지 일에만 몰두하도록 장려할 수 없다. 왜냐하면 그런 상태에서는 자기 자신의 노동 생산물 중 자기 자신의 소비를 초과하는 잉여부분 전부를 타인의 노동생산물 중 자기가 필요로 하는 부분과 교환할 수 없기 때문이다."(『국부론(상)』: 22)

특화된 상품들이 많은 사람들 사이에서 일반적인 규칙을 따라서 교환되는 사회적 상호작용의 양식이 시장이며 이러한 시장의 규모가 생산성의 발전 정도에 결정적인 영향을 미치는 것이다. 사회적 분업이 대규모로 발전하기 위해서는 또한 화폐라고 하는 교환수단의 발전이 필수적이다. 다른 재화와 교환을 바라는 잉여 생산물을 가지고 있는 두 사람이 각자 상대가 원하는 것을 가지고 있지 않을 수 있다. 이때 화폐라는 보편적인 교환의 대상이 존재한다면 분업을 통한 교환체계는 훨씬 원활하게 넓은 범위에서 이루어질 수 있는 것이다. 즉 화폐는 보편적인 가치 척도의 기능을 하여 직접적인 물물거래가 가지는 한계를 극복할 수 있게 해준다.

시장의 규모는 교환관계에 참여하는 사람들의 수와 교환되는 재화의 양으로 측정된다. 시장의 규모에 영향을 미치는 결정적인 요인으로는 운송 수단을 들 수 있다. 수상 운송 기술의 발전은 대규모의 재화를 저렴한 비용으로 빨리 한 장소에서 다른 장소로 옮길 수 있게 해주어 시장의 확대에 큰 영향을 미쳤다. 특히 하천과 해양을 이용한 운송 기술의 발달은 대규모의 상품을 한 장소에서 다른 장소로 옮길 수 있게 해주었다.

그러나 운송 수단에 못지않게 중요한 것은 제도이다. 시장제도를 근간으로 하는 경제활동이 사회의 공익을 증진시키기 위해서는 기본적인 시장의 행동 규칙들이 정해져 있고 사람들이 이를 준수하게 하는 규범적·법적인 기초가 존재해야 한다. 시장의 기본적 규칙은 남의 물건을 존중하는 것, 약속을 지키는 것과 같이 사람들 간의 상호작용에 일반적으로 적용되는 윤리 원칙들과 다르지 않다. 다만 이러한 원칙들이 완전히 자발적으로 준수되리라 기대할 수 없으므로 다양한 제도적인 형태로 규칙의 준수를 유도하는 것이다. 시장의 규칙들이 강제적으로 집행되지 않더라도 많은 사람들은 정직하게 행동할 것이다. 그러나 그렇게 하지 않는 소수의 사람들도 있게 마련이다. 이렇게 보면 시장제도의 기본 규칙들을 뒷받침하는 공신력을 지니는 규칙들은 정직한 사람들에 대한 보호 장치라고 볼 수도 있다. 시장의 규칙이 공정하게 집행된다면 사람들이 공익을 목표로 하지 않는다는 것이 문제가 되지 않는다. 오히려 자기 자신의 이익을 추구함으로써 사회의 이익을 직접적인 목표로 삼을 때보다 더 사회를 위해 기여를 할 수 있게 된다. 이처럼 이상적인 조건 하에서 시장제도는 제한된 정보를 가지고 자신의 이익을 추구하는 사람들이 사회 전체, 즉 다른 모든 사람들에게 기여를 할 수 있도록 만드는 시스템인 것이다.

정치권력이 자유로운 경제활동을 인위적으로 제한하거나 과도한 세금을 매기거나 심지어 약탈을 하는 경우, 교환을 위한 생산의 인센티브는 현저하게 저하될 수밖에 없다. 이처럼 자유로운 거래를 방해하는 부정적인 역할을 하지 않는 것뿐만 아니라 시장 자체가 해결하기 힘든 여러 가지의 적극적인 역할 또한 정치의 영역에서 행해질 필요가 있다. 무엇보다 중요한 적극적인 역할은 소유권을 확립, 보호하고 사적인 행위자들이 상호 신뢰 하에 복잡한 계약을 체결할 수도 있도록 해주는 제도적인 장치들이 마련되어야 한다는 것이다. 소유권이 잘 정의되고 보호되지 않는다는 것은 나의 노력의 결실을 내가 거둘 수 없다는 것을 의미하며 또는 나의 노력의 결실을 보호하기 위해서는 다른 사람들에 의한 침해를 나 스스로의 힘으로 방어해야 함을 의미한다. 다른 사람들이 무리를 지어서 내가 생산한 물건들을 빼앗으려 한다면 자신의 노력의 성과물을 보호하는 것은 매우 힘들게 될 것이다. 심지어 노력의 결과로 많은 생산물들을 만들어 내었다는 것이 자신을 약탈의 대상이 되게 만들어 결국 불행을 초래하게 될 수도 있다. 즉 소유권이 잘 정의되고 보호되지 않는 상황에서는 적극적으로 생산하고 생산력을 높이기 위해서 기술을 개발할 인센티브가 줄어들게 되는 것이다. 현대 사회의 예를 보아도 경제발전에 어려움을 겪고 있는 많은 사회들은 개인의 소유권이 제대로 확립되고 보호되지 못하고 있는 경우가 많다.

소유권이 확립되고 보호되면 사람들이 계약을 통해서 서로에게 이득이 되는 공동의 생산활동을 하거나 서로가 교환을 통해서 이득을 볼 수 있는 가능성이 높아진다. 계약은 일종의 약속이다. 단순한 직접적인 물물교환이 아닌 경우, 예를 들어 한 사람이 오늘 일정한 양의 식량을 다른 사람에게 제공하고, 그 대신 식량을 제공받은 사람은 한 달 뒤에 연장 하나를 제공하는 거래는 일종의 계약으로 볼 수 있다. 물론 현대 사회의 계약은 이보다 훨씬 복잡한 형태를 띤다. 그러나 자유로운 계약을 통해서, 즉 약속을 교환함을 통해서, 서로가 혜택을 볼 수 있는 경우가 많음은 의심의 여지가 없다. 계약은 단순한 물물교환이 가지는 한계를 극복할 수 있게 해주는 것이다. 그러나 계약 역시 이를 뒷받침하는 제도적 바탕이 없이는 이루어지기 어렵다. 공동체의 규범 또는 법적인 조항들이 이러한 약속의 상호구속성을 인정하고 약속의 위반이 발생할 경우 한 쪽이 일방적으로 피해를 보지 않게 한다면 계약은 훨씬 원활하게 이루어질 수 있을 것이다.

제 2 절 시장의 동기부여와 정보전달 역할

아담 스미스의 경제이론은 이후 리카르도(D. Ricardo)나 밀(J. S. Mill)과 같은 고전학파 경제학자들에 의해 더욱 다듬어졌다. 마샬(A. Marshall)에 의해 체계화 된 한계효용이론이 경제학자들에 의해 널리 받아들여지면서 경제학은 고전학파 경제학의 시대를 넘어 신고전학파 경제학(Neoclassical Economics)의 시대로 발전하기는 했지만 시장경제의 근본원리에 대한 아담 스미스의 통찰은 오늘날의 훨씬 복잡해진 사회 환경 하에서도 여전히 유효하다. 그렇다면 시장은 어떻게 경제주체들의 사익(self-interest)을 바탕으로 한 선택과 행동들을 사회적인 부의 증대로 이끌어내는 것인가? 시장의 가격시스템은 경제활동의 주체들이 자신이 지닌 능력과 자원을 자기 자신에게 최대의 이익이 되는 방식으로 활용하도록 유도한다. 가격은 사회의 다른 구성원들이 원하는 재화와 서비스가 무엇인지에 대한 정보를 효과적으로 요약하여 제공하게 된다. 즉 공급에 비해 수요가 많은 재화는 그 가격이 상승하고 반대의 경우는 그 가격이 하락하며, 따라서 보다 더 큰 이익을 얻고자 하는 개인은 높은 가격이 형성된 재화 또는 서비스를 공급하려 할 것이다. 여기서 개인의 이익추구와 사회적 필요의 충족이 상호 조화될 수 있는 가능성이 생겨난다. 즉 가격 시스템을 매개로 하여 시장제도는 생산과 배분의 사회적 조직화와 관련된 두 가지의 근본적인 문제들 즉 정보의 문제와 동기부여의 문제를 동시에 해결한다.

정보의 문제란 누가 어디에서 무엇을 얼마나 필요로 하고 있는가를 생산자에게 알려주는 문제이다. 시장제도 하에서 이 문제는 가격의 변동을 통해서 해결된다. 즉 특정 재화를 필요로 하는 사람이 늘어나서 그 재화가 부족해지게 되면 사람들은 더 많은 대가를 지불하고서라도 그 재화를 구매하려 할 것이다. 이는 가격의 상승을 초래한다. 가격의 상승은 수요에 대한 정보를 생산자에게 전달하게 된다. 마찬가지로 가격의 하락은 특정 재화가 과잉공급 상태라는 정보를 제공한다. 가격의 변동은 또한 재화의 적절한 생산을 위한 동기 부여의 역할을 한다. 가격이 상승하면 생산자는 그 재화의 생산을 통해 더 큰 이득을 획득할 기회가 생긴다. 가격이 하락하는 재화는 그 생산을 통해 획득할 수 있는 이윤이 줄어들기 때문에 생산의 동기가 약해진다. 따라서 이윤을 추구하는 생산자는 가격이라는 비교적 단순한 신호체계를 통해서 경제시스템의 상태에 대한 정보를 획득하고 이러한 정보를 바탕으로 한 이윤추구 활동은 동시에 사회적인 필요를 충족시키게 된다.

소비자들은 가능한 저비용으로 고품질의 상품을 구매하고자 한다. 따라서 이윤을 획득하고자 하는 생산자는 소비자의 요구가 어디에 있는지를 정확히 파악하고 다른 생산자들보다 저비용으로 고품질의 상품을 만들어 내고자 한다. 마찬가지로 높은 임금과 유리한 노동조건을 원하는 근로자는 자신의 타고난 적성이 사회적으로 가장 인정받을 수 있는 직업을 선택하고 또한 자신의 인적자본을 개발하고자 하는 동기를 지닌다. 이런 면에서 시장제도는 경쟁에 기반을 두고 경쟁을 촉진하는 제도이다. 그러나 다른 한편으로 시장제도는 서로 알지도 못하는 수많은 사람들이 거대한 분업의 체계를 형성하여 서로의 삶을 윤택하게 해준다는 의미에서는 사회적 협동의 제도이기도

하다. 또한 시장제도는 그러한 사회적 협동에 참여하는 사람들이 신분과 같은 전통사회의 기준에 의해서가 아니라 재능과 노력을 바탕으로 사회에 기여한 정도에 따라서 보상받게 해준다. 아담 스미스에 의하면 시장제도 하에서 사람들은 자신의 재능이 어디에 있는지를 숙고하고, 이러한 숙고는 자연스럽게 또는 필연적으로 사람들로 하여금 자신이 사회 전체에 가장 큰 기여를 할 수 있는 직업을 선택하게 한다. 사람들은 자신이 직접 그렇게 하기를 의도하지 않을 때조차도 '보이지 않는 손'에 의해 인도되어 사회 전체의 후생을 향상하는데 기여하게 된다. 즉 시장제도는 사람들의 이기적인 본성에 기초하면서도 그러한 이기심이 다른 사람들의 필요에 대한 관심과 봉사로 이어질 수 있도록 만드는 제도인 것이다. 『국부론』에서 종종 인용되는 다음의 구절은 이러한 생각을 잘 표현하고 있다.

> "우리가 매일 식사를 마련할 수 있는 것은 푸줏간 주인과 양조장 주인, 그리고 빵집 주인의 자비심 때문이 아니라, 그들 자신의 이익을 위한 그들의 고려 때문이다. 우리는 그들의 자비심에 호소하지 않고 그들의 자애심에 호소하며, 그들에게 우리 자신이 필요를 말하지 않고 그들 자신에게 유리함을 말한다."(『국부론(상)』: 19)

현대 사회의 경제체제가 사람들의 이타심에 의존할 수 없는 이유는 그것이 수백만 수천만의 서로 모르는 사람들 간의 분업에 의존하기 때문이다. 생존 자체가 목적이 되는 원시적인 경제 체제에서 역할의 분담이 가족이나 가까운 친족 내에서 이루어지는 경우에는 이기심이 아닌 다른 동기에 의해 경제활동이 진행될 수 있었을 것이다. 그러한 방식의 경제 활동은 광범위한 분업과 그에 따른 생산력의 발전을 촉진하는 데는 한계가 있을 수밖에 없다. 시장 행위자들의 동기에 대해서 말할 때 우리는 사람은 이기적인가 혹은 이타적인가 하는 철학적 문제에 대해 답하는 것이 아니다. 사회에 이기적인 사람도 있으며 이타적인 사람도 있다는 것은 상식적인 것이다. 또한 행위자가 처한 상황에 따라서 거래하는 상대에 따라서 이기심과 이타심이 다르게 발현될 수도 있다. 장을 볼 때 가격을 최대한 깎으려 하는 주부가 집에서 아들

딸들에게는 자신을 희생하고 헌신할 수도 있으며, 최대한 많은 이윤을 남기려 하는 기업가가 자선 단체에 큰 돈을 기부할 수도 있다. 우리가 시장 경제의 원리를 인간의 이기심을 바탕으로 설명하는 것은 인간의 본성을 규정하려는 것이 아니라, 사적인 이익을 추구하는 경제활동의 주체들이 어떻게 시장이라는 경제 제도를 통해서 서로의 필요를 위해 봉사하게 될 수 있는가를 설명하는 것이다.

이에 반해 계획경제(planned economic system)는 정보의 문제와 동기부여의 문제를 해결하는데 근본적인 한계를 지닌다. 이는 구소련을 비롯한 여러 나라들에서의 사회주의 계획경제가 실패하고 국민들의 요구에 의해서 시장경제체제로 변하게 된 것에서 잘 드러난다. 먼저 누가 무엇을 얼마나 필요로 하는가를 계획경제 체제 하에서는 방대한 양의 정보를 국가기관이 수집하여 결정하여야 한다. 이 과정에서 과연 관료들이 공정한 선호집계를 할 수 있을 것인가? 비록 그것이 가능하다 하더라도 과연 소비자들이 정직하게 자신의 필요를 사회적인 비용을 고려하여 표현할 것인가? 이러한 문제들로 인하여 사회주의체제에서도 가격의 메커니즘을 부분적으로나마 도입하려는 시도들이 있었다. 그러나 소비자들이 직접 대가를 지불하고 구매하는 방식이 아니라 관료에 의해서 외부적으로 책정되는 가격은 여러 가지 문제를 지닌다. 폴란드에서 국가의 정치적 필요에 의해서 빵의 가격이 매우 낮게 책정되자 농민들이 가축에게 곡식 대신에 빵을 사료로 먹인 것이 그 부작용의 전형적인 예이다. 정보의 문제뿐만 아니라 동기부여의 문제도 계획경제체제하에서 해결하기가 매우 어려운 문제이다. 시장경제 하에서 소비자들은 자신의 제한된 예산을 자신의 필요를 최대한으로 충족시키는 방향으로 사용할 동기부여가 되어 있다. 생산자 또한 소비자의 필요를 파악하고 충족시킴을 통해서 자신의 이윤을 실현하게 된다. 그러나 계획경제체제 하에서 고정된 보수를 받거나 관료에 의해서 책정된 생산목표치를 달성하기 위해 생산에 임하는 경우에는 가능한 비용을 과대책정하고 생산능력을 낮게 보고하고 엄격한 품질관리를 하지 않으려는 경향이 생겨난다. 관료의 외적인 개입과 행정적인 보상 및 처벌을 통해서 경제활동의 인센티브 문제를 해결하는 것은 한계가 있으며 오히려 종종 관료와 생산자의 결탁을 통한 부패의 문제가 심각하게 발생하게 된다.

생산과 분배를 위한 정보의 집계 문제, 그리고 경제활동의 주체들에게 적절한 동기를 부여하는 문제와 더불어 계획 경제의 또 하나의 큰 문제는 과연 그것이 정치적인 자유와 양립 가능한가이다. 계획 경제는 필연적으로 사회의 경제적 권력과 정치적 권력을 융합시킨다. 즉 정치적 권력을 지닌 집단이 경제적 권력 또한 가지게 되는 것이다. 물론 시장경제에서도 정·경 유착은 종종 문제가 되며 특히 대규모의 독점 기업이 등장하는 경우 그러한 기업은 일반 시민에 비해 훨씬 큰 정치적 영향력을 가지게 될 것이다. 그러나 계획 경제 하에서 정치와 경제의 유착은 구조적으로 보장되어 있다. 정치적 권력을 지닌 집단은 그에 저항하고자 하는 사람들의 삶의 근거를 쉽게 빼앗을 수 있다. 계획 경제 하에서 직업선택의 자유가 제한되는 것은 필연적이다. 각 개개인의 경제적 역할이 정치적으로 결정되기 때문이다. 권력을 지닌 집단은 자신에게 저항하는 집단의 구성원들을 경제활동에서 배제하고 생존 그 자체를 위협할 수 있다. 이에 비해 경제 활동의 자유가 있는 시장경제 체제는 정치적 권력에 저항하고자 하는 사람들이 여전히 정치권력으로부터 비교적 자유롭게 자신의 생존을 위한 경제활동을 행할 수 있다. 즉 정치적 자유와 경제적 자유는 상호 독립적이라기 보다는 서로 밀접하게 의존하고 있는 것이다.

제 3 절 시장주의: 경쟁, 자유, 혁신, 효율성

시장은 희소성이라는 경제 문제를 경쟁원리에 의해 해소하는 사회적 장치이다. 국가가 계획을 세워서 사람들이 원하고 필요한 것을 생산해서 배분하는 통제경제사회와는 달리 시장 사회에서는 각자가 자신의 필요와 욕구를 스스로 충족시켜 나가야 한다. 그런데 이 세상에는 모든 사람들의 욕구나 필요를 충족시켜 줄 수 있을 만큼 자원이나 재화가 풍부하지는 않다. 사람들의 욕구는 끝이 없고, 사람들이 필요로 하는 것은 갈수록 늘어만 간다.

사람들은 똑같은 것을 동시에 원할 수 있다. 시장에서는 같은 것을 원하는 다른 사람들과 경쟁해야만 한다. 사람들이 살아가는데 절실히 필요한 것일수록 모든 사람은 그것을 갖기를 원한다. 모든 사람들의 욕구와 필요를 충족시켜 줄 수 있는 재화가 무궁무진하다면 누구나 경쟁하지 않고도 풍요로운 삶을 누릴 수 있다. 하지만 자연의 필연적 법칙은 사람들의 필요를 충족시켜 줄 수 있는 재화는 매우 제한되어 있다는 것이다. 따라서 제한된 자원을 그것을 원하는 사람들이 어떻게 나누어 갖도록 하느냐 하는 문제가 제기된다. 시장경제는 바로 이러한 희소성 문제를 경쟁법칙에 따라 풀어 나가도록 하고 있는 사회적 기제이다.

시장 사회에서 사람들은 이익을 극대화를 추구하고, 경쟁에서 이기기 위해서 열심히 노력한다. 자기 이익의 극대화는 경쟁을 통해서 이루어질 수 있다. 시장 사회에서는 사람들이 원하는 것을 얻기 위하여 그것을 필요로 하는 다른 사람들과 경쟁해야만 한다. 사람들은 경쟁에서 이길 때 자신의 욕구를 충족시킬 수 있다. 상인은 다른 상인들과 경쟁해야 하며, 기업은 다른 기업들과 경쟁해야 한다. 경쟁에서 이기기 위해 기업은 더 성능이 좋은 제품, 더 값이 저렴한 제품을 시장에 내어 놓기 위해 고심한다. 더 성능이 우수한 제품을 만들기 위해 신기술 개발에 골몰하며, 더 저렴한 가격을 제시하기 위해 비용절감을 위한 노력을 기울인다. 기업들이 경쟁적으로 이러한 노력을 경주해 가는 과정에서 사람들은 양질의 상품을 보다 저렴한 가격에 사서 쓸 수가 있게 된다. 시장제도의 우월성을 강조하는 시장주의자들은 자유와 혁신, 효율성 등 시장의 미덕과 장점들이 바로 이러한 경쟁원리로부터 나오는 것으로 설명한다.

자 유

자유방임적 시장주의자들이 내세우는 시장의 가장 큰 미덕은 시장이 사람들을 자유롭게 한다는 것이다. 어느 누구도 시장에 강제로 끌려 들어오지 않는다. 어느 누구도 시장에서 거래를 강요받지 않는다. 시장에서 이루어지는 모든 거래는 자신의 판단과 선택에 따른 것이다. 시장에서는 누구나 이득이 기대되는 상대를 선택하여 자유롭게 거래를 위한 흥정에 들어갈 수 있다. 시장에서 나에게 주어지는 결과는 나의 선택에 의한 것이고, 상대방과의 타협 및 합의의 산물이다.

자유는 아무런 구속이나 간섭을 받지 않고 자신의 의사를 결정하고, 자신의 의사에 따라 마음대로 행동할 수 있는 것을 의미한다. 그렇다면 시장에서의 자유와 시장 외의 다른 영역에서의 자유 사이에는 어떠한 관계가 있는가? 혹은 시장에서의 경제적 자유와 시장 외적 자유 사이에는 아무런 관계가 없는 것일까? 효율성이나 혁신과 함께 시장의 우월성을 자유라고 주장하는 사람들은 역사적으로 보면 시장에서의 자유는 궁극적으로 시장 밖의 영역에까지 확산되었다는 점을 들어 시장적 자유와 시장 외적 자유 사이는 본질적 친화력이 있다고 본다. 시장 외적 자유 가운데 가장 중요한 의미를 갖는 것은 정치적 자유일 것이다.

밀턴 프리드먼(Milton Friedman, 2002)은 경제적 영역에서의 자유는 곧 정치영역으로 옮겨가 정치적 자유를 부른다고 주장하고 있다. 프리드먼에 의하면 자본주의와 민주주의는 본질적으로 친화력을 갖는다고 설명한다. 서구 사회의 근대화 과정에서 자본주의 시장경제의 발달이 자유 민주제도와 역사적으로 발전의 궤적을 함께 하고 있다는 점을 유력한 근거로 제시한다. 근대사회 초기 시장경제의 발전이 국가권력으로부터 자유의 영역을 점차로 확대해 나간 부르주아 시민계급에 의해 주도되었다는 사실이 이를 입증한다는 것이다.[1)]

시장에서 선택과 거래의 자유를 경험하게 되면 사람들은 정치적 영역에서의 선택의 자유를 요구한다. 자신의 정치적 견해를 다른 사람들과 자유롭게 교환할 수 있는 정치적 자유를 원하며, 아무런 구속이나 두려움이 없는

1) 그러나 이러한 견해에 대해 비판적인 입장을 견지하고 있는 학자들은 자본주의의 발전이 반드시 자유민주제도 위에서만 이루어진 것은 아니라는 역사적 사실을 들어 이를 반박하고 있다. 자본주의는 그 경제적 필요에 따라 자유민주주의를 필요할 때도 있었지만 독재나 권위주의 체제를 필요로 하기도 한다는 것이다. 자본주의 시장경제는 민주정치제도 위에서 잘 작동되기도 했지만 경우에 따라서는 비민주적 정부제도 하에서도 시장경제의 성장이 효율적으로 이루어지기도 한다는 것이다.

상태에서 자신과 생각을 같이 하는 사람들과 집합적 행동에 나서기를 원한다. 또한 자신들의 선택에 의해 정부가 수립되고 정부 권력이 운용되기를 바란다. 시장을 규율하는 규칙이나 제도 역시 어떤 외부적 강압이나 소수 유력자의 자의적 판단에 의해서가 아니라, 그 속에서 살아가는 사람들의 집합적 의사결정과정을 통해 만들어지기를 원한다. 따라서 프리드먼에 의하면 자본주의 시장경제는 민주정부 제도를 필요로 하고, 민주정치는 자본주의 시장경제 위에서 보다 더 잘 작동할 수 있다.

혁 신

자유방임적 시장주의자들이 강조하는 시장의 또 다른 미덕은 혁신이다. 시장 경쟁은 혁신을 자극한다는 것이다. 시장에서 기업들은 소비자의 환심을 사기 위해 서로 경쟁한다. 경쟁에서 이기기 위해 제품의 성능을 개선하기 위한 노력을 기울이며, 새로운 제품을 시장에 내어 놓기 위해 연구개발에 거액을 쏟아 붓는다. 그런가 하면 보다 저렴한 가격을 제시하기 위해 비용 절감을 위한 경영 혁신의 노력을 지속한다.

완전경쟁 시장 모델은 모든 생산자들이 일정한 수준의 동일한 기술적 조건 하에서 생산 활동을 행하며, 따라서 시장에 내어 놓는 모든 제품은 균일한 것으로 전제하고 있다. 하지만 현실 시장에서 시장 행위자들은 경쟁에서 앞서기 위해 새로운 기술을 개발하며 새로운 제품을 시장에 내어 놓기 위한 경쟁을 치열하게 전개해 나간다. 현실 시장에서 생산자들은 동일한 기술적 조건에 놓여 있지 않으며, 동일한 제품을 동일한 가격에 시장에 내어 놓지 않는다. 현실 시장에서 시장행위자는 다른 경쟁상대와 달라지기 위해 노력한다. 왜냐하면 차별성이 경쟁우위의 원천이기 때문이다.

배분적 효율성 개념은 자원이 어떻게 최적으로 사람들 사이에 배분될 수 있느냐를 말하는 것이라면 여기서의 혁신 개념은 어떻게 가치창출을 증대해 나가느냐 하는 것을 말한다. 기업들은 한정된 자원으로 최대한의 시장가치 창출을 위해 경쟁적으로 노력한다. 시장가치의 극대화는 '새로운 것'을 시장에 선보이는 혁신활동을 통해 효과적으로 이루어질 수 있다. 지금까지 시장에 존재하지 않았던 새로운 제품을 내어 놓는다든지, 새로운 기술을 개발하여 생산에 응용한다든지 혹은 비용을 절감할 수 있는 새로운 혁신적 조직관리 기법을 경영에 활용한다든지 하는 것이다.

시장 제도는 무결점의 제도는 아니다. 제 3 장에서는 시장이 효율적인 재화의 생산과 분배를 이루지 못하게 되는 다양한 요인들을 살펴볼 것이다. 또한 현대 사회에서는 시장제도를 근간으로 하는 경우에 있어서도 공공재의 공급과 재분배를 위한 정부의 역할이 강화되어가는 경향이 있다. 이러한 경향이 불가피하다고 하더라도 시장경제 하에서 정부의 역할에 대한 아담 스미스의 언급과 또한 정부가 과도한 역할을 떠맡으려 할 때 발생할 수 있는 문제들에 대해 충분한 주의를 기울여야 할 것이다. 아담 스미스에 의하면 "사람들은 정의로운 법률을 위배하지 않는 한 자유롭게 자기가 원하는 방식으로 자신의 이익을 추구하도록 허용되어야 하며, 자신의 노력과 자본을 바탕으로 다른 사람들과 경쟁을 해야 한다." 정부는 교육과 국방과 같은 공공재를 공급하여야 하고 법률을 만들고 공정하게 집행하는 역할을 해야 한다. 그러나 정부가 사적 개인들의 경제활동을 지시하고 누가 어떤 일을 어떻게 해서 사회의 발전에 기여할지를 정해주는 역할을 제대로 할 수 있다고 생각하는 것은 위험하다. 즉 고전경제학의 입장은 정부의 역할은 제한되어야 하고 정부가 개입이 필요한 부분에서도 시장의 원칙이 왜곡되는 것을 최소화할 수 있는 방식으로 역할을 하여야 한다는 것이다. 이상 우리는 시장제도의 원리 및 그 효율성에 대한 고전적인 이론을 살펴보았다. 고전적인 이론에 비해 현대사회에서 시장에 대한 정부의 개입이 강화되고 시장의 문제를 교정하기 위한 재분배 등 정부 역할에 대한 시민의 요구가 높아지는 것은 사실이지만 재화와 서비스를 생산하고 배분하는 근본적인 제도로서의 시장보다 우월한 대안은 아직 인간사회가 발견하지 못했음을 인식하는 것은 여전히 중요하다고 할 것이다.

[책임집필 : 안도경·윤홍근]

Chapter 3

시장실패

Public Choice

시장주의자들은 외부로부터 아무런 구속이 없는 상태에서 시장 법칙에 따라 순조롭게 잘 작동되기만 하면 시장질서의 작동 결과로 사회적 효율성이 보장될 수 있다고 주장한다. 일반적으로 효율성은 적은 비용을 들여 큰 편익을 창출한다는 의미에서 흔히 생산효율성(productive efficiency)이라고 불리어진다. 하지만 신고전파 경제학자들이 시장이 갖는 미덕으로 효율성을 역설했을 때, 그 효율성은 이러한 생산효율성을 뜻하는 것이 아니었다. 이들이 말하는 효율성 개념은 사회 전체가 보유하고 있는 경제적 자원이 사회 구성원 각각이 가지고 있는 능력과 욕구의 수준에 맞추어 최적으로 배분됨으로써 사회 전체적으로 최선의 바람직한 결과가 성취된다는 것을 의미하는 것이었다. 이른바 배분적 효율성(distributive efficiency)을 말하는 것이었다.

개개인들은 서로 다른 수준의 능력과 욕구를 가지고 있기 때문에 각 개인에게 돌아가는 몫은 다를 수 있다. 그렇지만 시장은 개인들에게 각자의 수준에 맞추어 그의 정당한 몫이 돌아갈 수 있도록 하기 때문에 어느 누구도 손해를 보지 않고 모두가 이익을 보는 결과가 생긴다는 논리였다. 이는 어느 누구도 다른 사람의 처지를 열악하게 만들지 않고서는 더 이상 이득을 볼 수 없는 그러한 균형지점에 도달할 때까지 거래가 계속 이루어질 것이라는 이론적 전제 하에서이다. 이러한 균형 지점은 흔히 파레토의 최적균형(Pareto Optimism) 상태라고 불리어지기도 한다.

배분적 효율성 개념은 어디까지나 가장 이상적인 시장질서에 대한 이론적 설명일 뿐이다. 다른 사람의 처지를 열악하게 만들지 않고서도 모든 사람에게 최대의 이익을 가져다 줄 수 있는 지점까지 거래가 계속될 수 있을 것이라는 설명은 현실 시장에서 결코 가능할 수 없다. 실제 작동하고 있는 현실 시장에서 이러한 이상적인 균형점에 이를 수는 없다. 배분적 효율성 개념은 완전경쟁 시장(perfect competition) 조건을 전제하고 있으나, 이러한 완전경쟁의 조건들은 비현실적인 이론적 가정들일 뿐이다.

현실 시장에서는 무수히 많은 행위자들이 시장 진입 및 퇴출의 자유가 보장되어 있는 상태에서 치열하게 경쟁하고 있지 않다. 현실 시장에서는 아무나 원한다고 해서 쉽게 시장에 진입할 수 있는 것이 아니며, 원한다고 쉽게 시장에서 빠져 나올 수 있는 것도 아니다. 생산자든 소비자든 현실 시장에서는 불완전한 정보를 불충분하게만 가진 상태에서 선택에 임한다. 시장에는 공짜로 얻을 수 있는 정보들도 있지만, 꼭 필요한 정확한 정보를 충분히 얻기 위해서는 시간이든 돈이든 일정 수준의 비용이 들어간다.

시장이 완전경쟁의 이상적 시장모델처럼 작동하는 경우 배분적 효율성이 실현될 수도 있겠지만 완전경쟁의 이상적 시장조건은 현실 시장과는 거리가 멀다. 이상적인 완전경쟁 모델은 현실 시장이 얼마나 멀리 떨어져 있는지 그 거리를 테스트할 수 있는 일종의 기준과 같은 기능을 할 뿐이다. 생산적 효율성이든 배분적 효율성이든 시장 최고의 미덕인 효율성은 시장행위자들 간의 자유로운 거래 및 경쟁법칙으로부터 온다. 시장에서 완전한 형태의 충분한 경쟁이 있을수록 시장은 효율적인 결과를 낳을 수도 있다. 그러나 현실시장에서 경쟁은 불완전한 형태로 불충분하게만 이루어지고 있을 뿐이다. 현실시장의 작동 조건 자체가 불완전 경쟁을 낳을 수밖에 없고, 시장 행위자의 고안과 선택, 전략적 행동 등에 의해 불완전 경쟁이 유발될 수밖에 없다.

제1절 신고전파 경제학과 시장실패

완전경쟁의 이상적 조건하에서라면 모든 시장 행위자들에게 최선의 몫이 주어지고, 또 그 결과로 사회적 효율성과 공익이 실현될 수 있을지도 모른다. 하지만 현실 시장은 그렇지 못하다. 역사적으로 볼 때 시장의 원활한 작동을 가로막는 외부의 간섭이나 통제가 있어 왔고, 소수 유력자의 농간에 의해 시장질서가 왜곡되어 오기도 했다. 시장에서 성립하는 모든 거래가 사람들 스스로의 선택에 의해 자발적으로 이루어지는 것만은 아니었으며, 또한 시장에서 활동하는 사람들이 모두 최선으로 자기이익에 충실한 합리적 존재만은 아니었다.

시장은 어떠한 외부의 간섭이나 통제가 없다면, 사람들이 최선으로 자신의 이익을 추구하는 합리적 존재로 활동하기만 하면, 정말 아무런 문제가 없고 최선의 결과가 나타날 수 있을까? 그렇지 못하다는 것이 경제학의 오랜 정설이다. 그리고 경제학에서는 이를 '시장실패'(Market Failure) 혹은 '집합행동의 딜레마'라는 개념을 중심으로 설명하고 있다.

시장은 작동을 가로막는 장애물이 없이 그 자체로 잘 돌아간다고 하더라도 필연적으로 몇 가지 기능에 있어서만은 실패할 수밖에 없다. 시장이 원활하게 잘 작동한다고 하더라도 시장법칙 자체에서 기인하는 실패 요인 때문에 사회적으로 바람직한 결과를 창출하지 못할 수 있다. 시장법칙 그 자체에서 기인하는 시장실패로 그동안 경제학자들은 공공재와 외부효과 문제, 불충분한 시장 정보와 정보 비대칭 문제 등을 지적해 왔다. 보다 근본적인 차원에서 독점 등 불완전 경쟁 문제나 사회적 형평성의 문제가 시장실패 개념으로 다루어지기도 한다.

시장실패 현상은 다양할 수 있다. 수요와 공급 법칙, 자유거래와 경쟁법칙 등 기본적인 시장규칙의 작동만으로 사람들이 필요로 하는 모든 재화가 생산되지 않을 수 있다. 경쟁 법칙의 작동이 시장에서 끝내 경쟁을 사라지게 하는 결과를 낳음으로써 사회 전체의 후생이 줄어들 수도 있다. 그런가하면 거래당사자 밖의 사람들까지 거래의 영향을 받음으로써 결과적으로 사회 전체 차원에서 자원배분의 비효율적 왜곡 현상이 나타나기도 하고, 사익극대화를 추구하는 개인들 간의 자유로운 거래가 사회 전체적으로 최적 이하의 결과를 낳을 수도 있다. 시장에서의 실패현상을 낳는 근본 요인은 무엇이며, 이러한 실패를 예방하거나 사후에 바로 잡을 수 있는 해법에는 어떠한 것들이 있을 수 있는가?

최근 반세기 동안 노벨상을 수상한 많은 경제학자들의 업적은 무임승차자와 기회주의, 제한된 합리성, 외부성 문제와 거래비용 등의 개념을 중심으로 시장실패 현상을 설명하고, 이러한 개념들을 중심으로 시장실패를 극복할 수 있는 다양한 해법을 제시하는데 초점이 모아졌다. 시장에서 자기이익의 극대화를 추구하는 사람들은 자신이 부담해야 할 비용을 짊어지지 않으려 하면서, 다른 사람의 수고에 편승해서 편익만을 향유하는 무임승차(free-riding)자가 되려 한다. 시장이 공공재 생산에 실패하거나 시장에 충분한 정보가 공급되지 않는 것은 이 때문이다. 시장 행위자의 선택은 현명하지 않을 수 있다. 자기이익 극대화를 위해서 아무리 노력한다고 하더라도 사람의 인식능력은 제한되어 있을 수밖에 없으며, 매우 제한된 범위의 정보만을 가지고서 선택한다. 시장에서 사람들은 정확하게 계산할 수도 없을 뿐 아니라, 정직하게 거래하지 않을 수도 있다. 사람들은 상호협력이 가져다주는 장기적 이익보다는 배신을 선택함으로써 쉽게 목전의 편익을 취하려 든다. 다른 사람들이 지켜보고 있지 않는다는 생각이 들면 상대의 선의를 적당히 이용하는 기회주의적 행동도 주저하지 않는다. 자기 이익의 극대화를 위해서라면 다른 사람들에게 끼친 불이익에 대해서 애써 외면하기도 한다.

제 2 절 공공재 문제

아담 스미스는 정부의 사명을 국방, 사법 질서유지, 공공재 생산 등 크게 세 가지로 구분하고 있다. 각각은 외부의 적들로부터 사회를 보호해 주는 역할, 내부 구성원들에 의해 저질러지는 범죄로부터 사람들의 생명과 재산을 지켜 주는 역할, 공공사업(public works)이나 공공 기관(public institution)의 설립 및 유지 등으로 설명된다. 정부가 이러한 역할을 맡아야 하는 이유에 대해 아담 스미스는 '시장이 그것을 하지 못하기 때문'으로 설명한다. 즉 시장실패로써 정부의 역할을 정당화하고 있음을 알 수 있다.

사적 이익이 추구되는 시장에서는 공공성이 매우 큰 사업이 추진되기 어렵다. 여기서 공공성이 크다는 의미는 다음 몇 가지로 풀이될 수 있다. 첫째는 많은 사람들이 그것을 동시에 필요로 하며, 따라서 많은 사람들에게 동시에 혜택을 줄 수 있다는 의미이다. 둘째는 사람들이 함께 그것을 이용하거나 향유한다는 의미이다. 배타적 향유가 용이하지 않은 재화나 서비스라는 것이다. 셋째로는 그 편익이 그것을 이용하는 사람들의 동의 여부와는 무관하게 동시에 많은 사람들에게 전달된다는 의미이다. 이와 같은 의미에서 공공성이 큰 재화가 흔히 공공재라 불린다. 공공재의 이러한 특성은 배제가능성(excludability)과 소비의 경합성(rivalry)이라는 개념으로 설명된다.

공공재의 첫 번째 특징은 낮은 배제가능성 및 그로 인해 발생하는 무임승차자의 문제이다. 배제가능성이란 어떤 재화나 서비스의 잠재적 이용자가 그 향유의 대가를 지불하지 않을 때 그것을 쓰지 못하도록 배제하는 것이 얼마나 용이한가 하는 것이다. 사적 재화는 그 대가를 지불하는 사람들에게만 배타적 향유가 가능하도록 하고, 대가를 지불하지 않고 '무임승차'하는 사람들을 차단하는 것이 용이하다. 하지만 공공재는 대가를 지불한 사람이든 그렇지 않은 사람이든 누구나 쉽게 그것을 향유할 수 있다. 세금을 내지 않은 사람들을 국방의 혜택을 향유하지 못하도록 배제하는 것이 거의 불가능한 일이고, 또한 국세 체납자를 국가예산으로 만든 도로를 이용하지 못하도록 배제하는 것도 용이한 일이 아니다. 시장의 사적 재화는 배타적 향유가 가능하지만, 공공재는 한 번 생산이 되면 누구에게나 그 혜택이 돌아가도록 되어 있고 사람들이 동시에 그것을 향유할 수 있다. 공짜로 향유만 하려는 사람들을 배제하는 것이 마땅치 않은 공공재는 항상 '무임승차자'(free-rider) 문제가 뒤따른다. 공공재가 시장에서 생산되지 못하는 가장 큰 이유는 바로 이러한 ‘무임승차자’ 문제 때문이다. 대부분의 사람들은 공짜로 그것을 향유할 수 있다고 기대한다면 그 향유 대가를 생산자에게 지불하려 하지 않는다. 시장 법칙은 수요가 있으면 공급이 뒤따른다는 것이다. 사람들의 필요에 부응하면 돈벌이가 된다는 것이 가장 단순한 시장의 이치이다. 하지만 공공재의 경우는 사람들의 수요는 있지만, 사람들이 그것을 공짜로만 이용하려 들기 때문에 비용을 들여 그것을 생산하려는 사람들에게 남는 장사가 될 수 없다. 따라서 정부가 세금이라는 형태로 강제로 그 대가를 지불하도록 하고, 이러한 공공재를 생산해야 한다는 것이다.

공공재의 두 번째 특징은 소비의 경합성이 낮다는 점이다. 경합성이 높아서 배타적 향유가 가능한 사적 재화는 한 사람이 사용한 만큼 다른 사람이 사용할 수 있는 여지가 즉각적으로 줄어든다. 따라서 사적 재화의 소유나 향유를 둘러싸고서는 항상 잠재적 이용자 사이의 경합이 있게 된다. 소비의 경합성은 한 사람의 향유가 다른 사람들의 이용가능성을 그만큼 떨어뜨리기 때문에 발생하는 현상이다. 따라서 소비의 경합성은 ‘감쇄가능성’(subtract-ability)이라는 개념으로 설명되기도 한다. 사적 재화는 그것의 소비를 둘러싼 경합성이 크고 한 사람의 향유가 다른 사람의 향유가능성을 축소시키는 재화이지만, 공공재는 동시에 모든 사람이 그것을 향유할 수 있기 때문에 그 이용이나 소비를 둘러싸고 경합이 크게 일어나지 않는다. 공공재는 한 사람이 향유하고 있다고 해서, 다른 사람이 그것을 향유할 수 없게 되는 것은 아니다. 국가안전의 서비스는 모든 사람들에게 그 혜택이 골고루 주어질 수 있다. 한 사람이 고속도로를 이용한다고 해서 다른 사람이 고속도로를 달릴 수 없게 되는 것은 아니다. 물론 도로나 공원과 같은 공공재의 경우는 추가 이용으로 효용이 감소하고 불편이 초래되는 ‘혼잡성의 문제’가 발생할 수는 있다.

공공재는 많은 사람들이 필요로 하고, 또한 많은 사람들에게 동시에 혜택을 줄 수 있는 재화이다. 사회 전체적으로 볼 때 일단 생산이 이루어지기만 하면 사회적 후생을 크게 증진시킬 수 있어 경제적 효율성을 가진다. 그렇지만 생산 활동의 대가가 충분히 보장되지 않기 때문에 이윤 극대화를 추구하는 시장에서 이러한 재화의 생산이 쉽게 이루어지지 않을 수 있다. 정부가 나서서 이를 직접 생산하거나 혹은 시장에서 생산이 이루어질 수 있도록 촉매제 역할을 해야 하는 이유가 여기에 있다.

제 3 절 외부효과

3.1 외부효과 문제

시장의 기본 원칙은 호혜적 거래이다. 시장에서는 서로 필요한 사람들끼리 만나서 이익을 주고받는 거래가 이루어진다. 사람들은 시장거래를 통해서 편익과 비용을 나누어 갖는다. 비용을 들인 만큼 편익을 취하며, 편익을 본 만큼 여기에 상응하는 대가를 지불한다. 상대로부터 불이익이 가해진다면 이를 만회할 수 있는 만큼 편익이 주어지는 것이 시장의 기본 원리이다. 시장에서는 가격기제(price mechanism)를 통해서 이러한 편익과 비용의 교환이 이루어진다.

그러나 현실 시장에서는 가격기제가 작동되지 않는 편익과 비용이 발생하기도 한다. 두 사람 사이에서 진행되는 거래가 직접 그 거래 과정에 가담하지 않은 다른 사람들에게까지 파급될 수 있고, 어느 한 사람의 시장 행동에 의해 그가 직접 상대하지 않는 다른 사람들이 이익을 보거나 손해를 볼 수가 있다. 1890년 알프레드 마샬(Alfred Marshall)은 시장의 이러한 현상에 대해 주목하고 이를 외부성 또는 외부효과(externalities)라는 개념으로 설명하였다. '외부효과'라는 말은 당사자 사이에서 진행되는 시장거래 밖에 영향을 미친다는 것을 뜻한다. 그렇기 때문에 이를 이웃효과(neighborhood effects)로 부르기도 한다. 외부효과는 이웃에 좋은 영향을 끼쳐 그들에게 편익을 발생시켰느냐 혹은 나쁜 영향을 끼쳐 비용을 발생시켰느냐 하는 것에 따라 외부경제효과 혹은 외부불경제효과로 나누어진다.

외부효과는 당사자 간 시장거래 밖에서 의도하지 않은 결과로 나타나는 것이기 때문에 그 당사자들의 계산법에는 이와 관련된 편익과 비용이 포함되지 않는다. 외부효과는 당사자 사이에서 계산된 편익과 비용 말고도, 이에 영향을 받는 다른 사람들까지도 고려하는 사회적 편익과 비용이 계산될 필요가 있음을 말해 준다. 하지만 통상적인 시장거래에서는 이웃에 작용하는 편익과 비용까지 모두 계산에 포함시켜 거래하는 것이 아니기 때문에 당사자들의 선택이 잘못 이루어질 수 있다.

어느 한 시장 활동이 이웃에게 발생시킨 비용이 크고, 당사자가 이를 계산에 미리 포함시킨다면 이러한 시장 활동은 줄어들 것이다. 하지만 당사자가 이웃에 발생시킨 비용을 고려하지 않는다면 적은 비용으로 큰 편익을 취하는 것이기 때문에 이러한 시장 활동을 더욱 늘려나갈 것이다. 반대로 이웃에 발생시킨 편익이 큰데도 그 편익을 취한 자로부터 아무런 대가를 기대할 수 없는 것으로 편익계산이 이루어진다면 그러한 시장 행동은 줄어들게 된다.

어느 시장 활동의 결과로 많은 사회적 편익이 발생되는데도 불구하고 그러한 사회적 편익 가운데 일부가 정작 그 당사자에게 충분히 보상되지 않는다면 외부경제효과를 갖게 되고, 시장 활동은 사회적으로 바람직한 수준만큼 이루어지지 않게 된다. 거꾸로 특정 시장 활동이 발생시킨 사회적 비용을 당사자가 그의 직접적인 생산 비용에 포함시키지 않도록 한다면 생산비용을 과소평가하는 것이 되기 때문에 그러한 시장 활동은 사회적으로 바람직한 수준 이상으로 과도하게 이루어지게 된다. 당사자 간의 사적 비용 및 편익 계산이 사회 전체의 편익 및 비용과 일치하지 않기 때문에 시장 전체로 보아서는 과다 생산되거나 과소 생산되는 등 사회적 자원배분 상의 비효율성 문제가 발생한다. 외부효과가 시장의 미덕 가운데 하나인 사회적 자원배분의 효율성을 가로막는 결과를 가져 오는 것이다.

3.2 외부효과 문제의 한 해법으로서 정부개입

거래당사자 사이의 가격메커니즘을 통해 걸러지지 않는 편익 및 비용의 발생은 사회 전체적으로 자원배분의 비효율성을 초래한다. 외부효과 문제는 시장의 작동 메커니즘에 내재하여 있는 시장실패의 한 요인이다. 시장의 원활한 작동이 보장된다고 해서 외부효과 문제가 사라지는 것은 아니며, 시장 메커니즘 자체 내에서 외부효과 문제가 해소될 수 있는 것이 아니다. 정부의 시장 개입이 정당화될 수 있는 또 하나의 이유가 여기에 있다.

고전주의 경제학자의 설명이 시작된 이래, 경제학자들은 시장이 스스로 치유하지 못하는 내재적 실패 요인이 있을 때 시장에 대한 정부개입이 필요하고, 또 그러한 시장개입이 정당화될 수 있다고 역설하고 있다. 마찬가지로 정부는 외부효과가 초래할 수 있는 비효율성 문제를 사전에 예방하거나, 혹은 사후에 바로 잡음으로써 외부효과가 초래하는 자원배분의 왜곡을 바로 잡을 수 있고, 이를 통해 시장의 효율성을 제고할 수 있다는 것이다.

외부효과를 교정하기 위한 정부의 개입은 괴리를 보이는 당사자 간의 사적 편익 및 비용을 사회 전체의 편익 및 비용과 같은 수준이 될 수 있도록 새로운 시장규칙을 만들어 집행하는 것이다. 이러한 시장 규칙은 가격 메커니즘 밖에서 발생하는 사회적 편익과 비용에 대하여 가격기제가 작동할 수 있도록 하는 것이다. 정부는 외부효과를 가격기제 안으로 끌어들이는 외부효과의 '내부화'(internalization)를 제도화하여 이를 시장에 적용시키는 것이다.

정부는 사회적 편익을 창출하는 외부경제 효과에 대해서는 그 효과 창출자에게 충분한 보상과 대가가 주어지도록 관련 제도를 만들어 집행할 수 있다. 이는 두 가지 방법이 있을 수 있다. 하나는 외부경제 효과로 편익을 취한 사람들로 하여금 획득한 편익에 상응하는 대가를 효과 창출자에게 지불하도록 하는 것이다. 예컨대 특허제도가 그 대표적인 예라 할 수 있다. 특허제도는 사회적 편익이 큰 기술을 정당한 대가를 지불하지 않고 무단으로 사용하지 못하도록 제도적으로 보호하는 장치이다. 다른 하나의 방법은 큰 규모의 사회적 편익을 창출하는 외부 경제효과 유발 활동에 대하여 정부가 직접 보조금을 지급하는 등의 방법을 통해 그 생산비용을 낮추어주는 방법이다. 정부가 특정의 원천 기술 개발활동에 대해 R&D 재원을 제공하는 것은 이와 같은 맥락에서 정당화될 수 있다.

한편 정부는 외부불경제 효과를 제거하거나 이를 내부화하기 위해서도 여러 가지의 제도를 만들어 운용할 수 있다. 주로 외부불경제 효과로 발생한 사회적 비용을 강제로 원인제공자의 비용부담으로 환원시키는 방법이 이용된다. 공해배출 부담금제도라든지 교통유발 부담금제도 등이 그 대표적인 유형에 속한다.

제4절 시장 정보 문제

완전경쟁의 이상적인 시장 모델은 시장행위자들에게 완전하고 충분한 정보가 주어져 있다고 가정한다. 시장에서의 사람들의 '합리적 선택'은 시장 상황과 선택 대안들, 그리고 그 선택의 결과에 대해서 완전하고 충분한 정보를 가지고 있는 것으로 전제한다. 생산자든 소비자든 거래의 당사자는 시장에 대한 정보를 누구나 손쉽게 획득할 수 있다. 정보획득에 따르는 별도의 비용이 들지 않으며, 거래 당사자들 사이에는 이러한 면에 있어서 대등한 관계에 놓여 있는 것으로 전제된다. 시장 상황에 대하여 사람들이 완전하고 충분한 정보를 가진 상태에서 행동하기 때문에 호혜적 거래가 가능하며, 사회 전체적으로는 가장 효율적인 자원배분과 활용이 이루어질 수 있는 것으로 설명되는 것이다. 완전경쟁의 이상적 시장 모델은 시장정보에 대하여 다음과 같은 '완전정보'의 시장 조건을 가정하고 있다.

1. 정보의 충분성: 시장행위자들에게는 자신의 시장선택과 관련하여 알고자 하는 모든 정보가 충분하게 주어져 있다.
2. 정보의 완전성: 시장행위자들에게는 각자의 이익 극대화에 직접적으로 기여할 수 있는 정확한 정보가 주어져 있다.
3. 정보의 대칭성: 누구에게나 모든 정보가 가용하기 때문에 두 거래 당사자는 정보의 양과 질이라는 측면에서 대등한 관계에 놓이게 된다는 것이다.

4. 제로수준의 정보비용: 시장행위자들은 아무런 비용을 들이지 않고, 필요한 정보를 획득할 수 있다.

하지만 현실 시장에서는 이러한 완전정보의 시장 조건이 충족되기 어렵다. 현실 시장에는 불완전한 정보가 불충분하게 주어져 있을 뿐이다. 사람들은 제한된 가용 정보만을 가지고 시장 선택에 임하며, 거래 당사자 사이에는 정보의 비대칭 관계가 존재한다. 현실 시장에 이와 같이 불완전한 정보가 불충분하게 공급되어 있는 이유는 크게 두 가지 이유에서이다. 하나는 시장 정보의 공급자가 정보 공급으로 이익을 볼 게 없다고 생각하여 정보공급에 미온적이기 때문이고, 다른 하나는 정보를 필요로 하는 사람들이 정보를 획득하는데 비용이 들어가기 때문이다. 시장정보의 문제는 역설적이게도 시장행위자들이 비용을 줄이고 이익의 극대화를 추구하는 합리적 존재로 행동하기 때문에 발생하는 것이다.

4.1 시장정보 공급의 문제

시장행위자는 자기이익의 극대화를 추구하는 합리적 존재들이다. 시장정보의 공급은 시장행위의 한 유형이기 때문에 이러한 정보공급 활동으로 이익을 기대할 수 있어야 한다. 하지만 시장에서 정보를 제공해야 하는 사람들은 —주로 생산자나 공급자— 정보제공 활동의 경제적 인센티브를 느끼지 못한다. 두 가지 이유가 있을 수 있다. 하나는 제품의 품질이나 성능에 대해서 정확하고 충분한 정보가 제공하는 것으로 이익을 보기는커녕 자신들의 위치가 오히려 불리해질 수 있다고 계산하기 때문이다. 생산자는 소비자들에게 제품의 성능이나 품질, 부작용 등에 대한 상세한 정보가 알려져서 득이 될 게 없다고 생각한다. 다른 사업자와 경쟁해야 하는 생산자들로서는 정보제공을 통해 비교당하는 것에 대한 두려움이 있을 수 있다. 소비자들로부터 확고한 비교우위를 확보할 수 있다고 확신하는 경우가 아니면 상품에 대한 정보 제공의 인센티브를 갖지 않는다.

또한 시장 정보는 공공재적 속성을 가진다. 정보가 일단 생산되어 시장에 제공되면, 이는 특정인의 배타적인 소유물이 되기 보다는 누구나 손쉽게 접근할 수 있는 일종의 공유물이 된다. 정보 제공활동으로 창출될 수 있는 편익은 정보를 제공한 측에만 배타적으로 주어지는 것이 아니며, 정보 제공활동의 비용을 부담하지 않은 다른 사람들에게도 주어질 수 있다. 이는 곧 정보 공급자들로서는 정보제공 활동에 의해 창출될 수 있는 편익을 전적으로 자신만이 가져갈 수 없다는 것을 의미한다. 이른바 시장 정보는 공급자 측면에서 '비전유성'(inappropriability) 문제를 야기한다.

4.2 정보비용의 문제

현실 시장에서 시장 정보가 불충분하게만 주어지는 이유는 정보의 수요자 측면에서도 찾을 수 있다. 시장법칙은 수요자가 대가를 지불하고 그것을 제공받는 것이다. 하지만 시장정보에 대해서는 이러한 시장 법칙이 작동되기 어렵다. 만일 시장 정보를 필요로 하는 수요자가 정보의 가치를 귀히 여겨 이러한 정보를 제공한 자에게 정당한 대가를 기꺼이 지불하려 한다면 정보 공급이 원활하게 이루어질 수 있을 것이다. 하지만 앞서 설명한 바와 같이 시장 정보는 공공재적 속성을 갖는다. 시장 정보는 공공재의 속성인 비경합성과 비배제성 문제를 그대로 갖고 있다. 시장 정보는 한 사람이 그것을 향유한다고 해서 다른 사람이 향유할 수 있는 여지가 줄어드는 것은 아니다. 사람들은 대가를 지불하지 않고서도 정보를 향유할 수 있다고 기대하기 때문에 누구나가 무임승차자가 되려 한다. 정보는 그냥 주어지는 것이 아니다. 정보를 획득하는 데에는 얼마간의 수고나 비용이 들어간다. 시장정보에 관한한 수요자가 곧잘 다른 사람의 수고 위에 무임승차하려 하는 이유는 바로 이로부터 비롯되는 것이다.

[책임집필 : 윤홍근]

Chapter 4

집합행동의 딜레마

Public Choice

대부분의 사람들은 이기적인 존재들이다. 남을 먼저 생각해 주기보다는 자기이익을 먼저 생각한다. 성인군자가 아닌 한, 대부분의 사람들은 최선으로 자기이익을 추구한다. 사람들의 이러한 자기이익 추구 노력은 시장에서 전형적으로 찾아볼 수 있다. 생산자는 가장 저렴한 비용이 들어가는 생산요소의 조합을 통해 상품을 만들고, 이를 필요로 하는 소비자들에게 팔아 최대의 이윤을 남기고자 한다. 소비자들은 제한된 호주머니 사정 때문에 될 수 있는 대로 적은 예산으로 가장 큰 만족을 느낄 수 있는 시장 재화의 꾸러미를 선택하려 한다. 아담 스미스는 자기이익에 충실한 사람들이 자유롭게 거래하고 활발하게 경쟁하도록 내버려둔다면 사회 전체적으로는 조화를 이루고 공동의 번영을 추구할 수 있다고 생각하였다. 자기이익에 충실한 '합리적 개인'들 간의 거래로 모든 사람의 필요와 욕구가 최적으로 충족되면서도 사회적 조화를 이룰 수 있다는 논리였다. 각자가 자기이익만을 열심히 추구하여도 그 집합적 결과로써 공익이 실현되고 사회 전체적으로 최적의 자원배분이 이루어질 수 있을 뿐 아니라, 효율적인 결과가 실현될 수 있다는 것이었다.

제 1 절 공유지의 비극

'합리적 개인' 사이의 자유 거래만으로 공익이 실현되고, 사회 전체적으로 최선의 효율적인 결과가 나타날 수도 있을까? 많은 경제학자들은 이에 대해 매우 회의적인 설명을 내어 놓고 있다. 각자 최선으로 자기이익에 충실한 개인들의 합리적 행동이 집합적으로 전혀 비합리적 결과를 낳는다는 점은 1968년 개릿 하딘(Garret Hardin)이 사이언스지에 '공유지의 비극'이라는 도전적 논문을 발표한 이후, 경제학뿐 아니라 정치학과 사회학 등 거의 모든 사회과학 분야에서 활발하게 논의되기 시작하였다(Ostrom, 1990). 합리적 개인들의 개별적 선택의 집합적 결과가 사회 전체적으로 최적 이하의 비효율적인 결과를 가져올 뿐 아니라, 그 이상의 끔찍한 사회적 결과를 초래한다는 점을 설명하기 위하여 하딘은 많은 농부들이 공동으로 이용하는 목초지의 사례를 들어 설명한다. 일정한 영역의 공용 초지가 있고, 인근 목장주들은 마음대로 그 초지를 이용할 수 있다고 하자. 개별 목장주 입장에서는 그 공용 초지에 될 수 있는 대로 많은 소떼를 풀어놓는 것이 최선이다. 목초지에 풀어놓은 소떼들이 풀을 뜯어 먹고 무럭무럭 자랄수록 소 사육의 편익을 극대화 할 수 있기 때문이다. 하지만 모든 목장주들이 너나 할 것 없이 자신들이 사육하는 소떼를 모두 공용 초지에 풀어놓는다면 어떠한 결과가 초래될 것인가? 아마 머지않아 그 초지의 모든 풀은 소떼들이 뜯어 먹게 되고, 급기야는 공용초지로서 존립 기반 자체가 무너지고 마는 결과가 초래될 것이다.

공용초지를 이용하는 목장주들이 처해 있는 상황 속에서 합리적 행위자들이 어떠한 선택을 할 것인가를 생각해 보기로 하자. 이 목초지에서 새롭게 싹터 오르는 목초의 총량을 고려할 때, 한 절기 동안 잘 먹여 키울 수 있는 가축 수의 상한선이 있을 것이다. 이 수량을 L이라고 한다면 두 명의 목장주가 있는 2인의 게임에서 '협동'(cooperate) 전략은 각 목장주가 $L/2$ 마리의 가축을 방목하게 하는 것이 될 것이다. 하지만 어느 목장주가 상대의 선택이나 전체 목초지의 형편을 전혀 고려하지 않고, 나만의 이익을 최대화하는

그림 4-1 하딘의 목장주 게임(C=협동(cooperation); D=배신(defect)

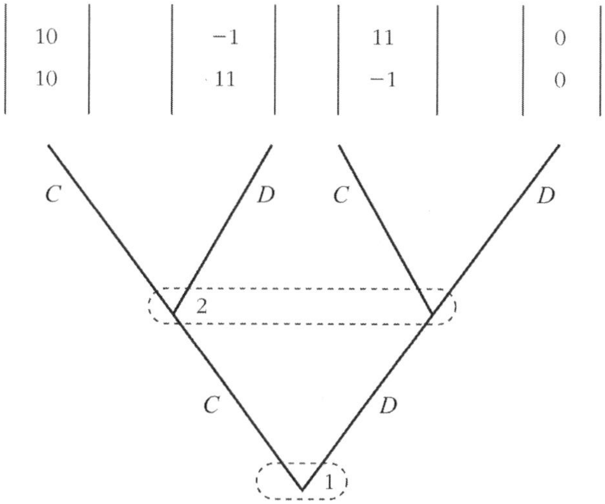

출처: Ostrom(1990).

'배신' 전략을 선택할 수도 있을 것이다. 나만의 이익극대화를 선택하는 전략은 이윤을 남기고 팔 수 있다고 생각하는 만큼 될 수 있는 대로 많은 가축을 방목하는 것이고, 당연히 이 숫자는 $L/2$ 이상으로 추정된다. 만일 두 목장주가 방목 가축 수를 $L/2$까지 제한하면, 각각에게는 10단위의 이윤이 돌아가게 되고, 반면 두 목장주 모두가 '배신' 전략을 선택한다면 누구도 아무런 이윤을 얻을 수 없게 된다. 만일 두 목장주 가운데 어느 하나가 가축의 수를 $L/2$로 제한하는 '협동'을 선택하는 반면, 다른 하나는 원하는 만큼의 많은 가축을 방목하는 '배신'을 선택한다면 그 '배신자'(defector)는 11단위의 이윤을 얻고, 상대방은 한 단위의 손실을 경험하게 된다. 협동을 선택한 목장주가 '순진한 어벙이'(sucker)가 되는 것이다. 만일 각자가 구속력을 지닌 계약을 체결할 능력이 없이 독자적 선택을 한다면, 각자는 자신의 지배적 전략을 선택할 것이고 이는 당연히 서로 배신하는 전략을 선택하는 것이 된다. 그런데 둘 모두가 배신을 선택하게 되면 각자에게는 제로 수준의 이윤이 돌아간다.

제 2 절 죄수의 딜레마 게임

하딘이 제시하고 있는 '공유지의 비극'은 이후 많은 학자들에 의해 '합리적 개인과 비합리적 사회'(rational man and irrational society)라는 명제로 정식화되기도 하였다(Barry and Hardin, 1982). 합리적 개인들의 개별 선택의 집합적 결과가 전혀 비합리적일 것이라는 점은 흔히 '죄수 딜레마' 게임으로 설명된다. '죄수 딜레마' 게임은 하딘 이전에 이미 메릴 후러드(Merrill M. Flood)와 멜빈 드레서(Melvin Dresher)에 의해서 처음 제시되었고, 터커(Albert W. Tucker)가 정식화한 바 있다. '죄수 딜레마' 게임 논리 체계는 다음과 같이 설명될 수 있다(Luce and Raiffa, 1957, 95).

두 명의 범죄혐의가 있는 피의자가 구금되어 별도의 방에 격리 수용되었다. 담당 검사는 이들이 모종의 범죄를 저지른 것으로 확신하고 있지만, 이들을 기소할만한 합당한 증거를 가지고 있지 않다. 심증을 굳힌 검사는 자백을 받아 내기 위해 두 죄수 각각에 대하여 두 가지 대안이 있음을 제시한다. 하나는 만일 두 피의자 모두 자백한다면 담당 검사가 가벼운 절도나 불법 무기소지죄와 같은 가벼운 혐의를 씌워 기소하겠다는 것이다. 담당 검사는 이 경우 두 피의자 모두 가벼운 처벌을 받게 된다고 설득한다. 두 피의자가 모두 자백하면, 둘 다 기소당하게 되지만, 가장 무거운 형량보다는 작은 실형을 살게 된다고 권고하는 것이다. 두 번째 대안은 만일 한 사람은 자백하지만, 다른 한 사람은 자백하지 않는 경우이다. 이 경우 침묵을 지키는 자는 법정 최고형을 뒤집어쓰는 반면, 자백하는 자는 증거 인멸죄 등의 관대한 처벌을 받게 된다고 설득하는 것이다. 이제 두 죄수에게는 두 개의 선택 대안이 있다. 범죄행위에 대해 자백하든지 아니면 침묵을 지키든지 하는 것이다. 처벌의 정도라는 측면에서 볼 때, 두 명의 피의자 각각이 직면하고 있는 전략적 선택문제는 다음과 같이 단순하게 나타낼 수 있다.

	죄수2	
죄수1	침 묵	자 백
침 묵	모두 1년	죄수1은 10년, 죄수2는 3년
자 백	죄수1은 3년, 죄수2는 10년	모두 8년

죄수 딜레마 게임은 모든 행위자가 '완전 정보'를 가지고서 움직이는 비협동 게임(noncooperative game)으로 개념화 될 수 있다. 여기서 '완전 정보'란 행위자들이 게임트리(game tree)의 전체구조 및 선택결과에 주어지는 몫에 대해서 잘 알고 있다는 것을 의미한다. 두 죄수가 모든 선택 가능한 대안과 그 결과에 대해서 잘 알고 있고, 서로의 선택에 대해 잘 알고 있다고 전제된다. 또한, 두 사람의 선택이 합쳐져 각자에게 어떤 최종적인 결과가 주어질 것이라는 점에 대해서도 잘 안다는 것이다.

만일 피의자들이 머리를 맞대고 이것저것 모두 이야기할 수 있는 상황이라면 이러한 '완전 정보'의 조건이 충족될 가능성이 있다. 하지만 피의자들은 별도의 감방에 분리 수용되어 있어서 서로의 생각을 이야기하고, 말을 맞추는 것이 불가능하다. 이제 두 피의자 모두에게 똑같이 최선의 결과가 보장되도록 하기 위해서 남아 있는 한 가지 길은 서로가 끝까지 침묵을 지킬 것이라고 확실하게 믿고 행동하는 것이다. 두 피의자가 서로를 철석같이 믿는 피붙이 같은 사이라면 상황이 조금은 달라질 수도 있을 것이다. 그러한 사이가 아니라도 서로의 선택에 확실하게 영향을 미칠 수 있고, 서로의 행동을 관찰할 수 있다면 두 사람 모두에게 똑같이 최선의 결과가 주어지는 대안을 선택할 수 있을 것이다. 하지만 대부분의 현실에서 사람들은 서로를 믿지 못하기 때문에 나의 이익이 극대화되는 대안을 우선 선택한다. 죄수의 딜레마 게임에서 문제가 되는 것은 두 행위자들이 서로를 믿지 못한 상태에서 말을 맞추고 서로 신뢰를 확고히 다짐할 합의의 기회를 갖지 못한다는 것이다. 서로 말을 맞추고 그렇게 하기로 합의한다고 하더라도 그것이 얼마나 구속력을 갖느냐 하는 점은 별개의 문제이다.

죄수 딜레마 게임에서 두 피의자는 모두 침묵하기보다는 자백이라는 배신을 전략으로 선택한다. '배신'이라는 전략을 선택함으로써 상대가 어떠한 수를 선택하든 상관없이 항상 보다 유리해질 수 있기 때문이다. 죄수의 딜레마 게임에서 자백하지 않고 침묵으로 버티는 것이 '협동' 전략이다. 하지만 자백의 배신은 상대의 선택과 무관하게 나에게 최선의 결과를 가져다준다는 점에서 나의 '지배 전략'이 되는 것이다. 두 피의자 모두가 '자백'이라는 지배 전략을 선택하게 되면 그 최종적 결과는 모두에게 차악의 결과가 주어지는 균형(equilibrium)을 낳게 된다. 각자 자신만의 최선의 전략을 선택하려는 행위자들로부터 귀결되는 균형은 최적이 아닌, 파레토 열위(Pareto－inferior)가 된다. 죄수 딜레마 게임에서 두 행위자는 끝내 '협동－협동'의 결과에 훨씬 미치지 못하는 '배신－배신'의 결과를 선호한 것이 된다.

오랫동안 많은 학자들이 죄수 딜레마 게임의 논리체계에 매료되어 왔다. 개별적으로 합리적 전략이 집합적으로는 비합리적인 결과를 낳게 된다는 역설로써 세상의 많은 다양한 사례들이 설명될 수 있었기 때문이었다. 이러한 역설은 인간의 합리성에 대한 오랜 신념에 대해 의문을 제기하는 것이었다. 합리적 인간들 사이에 사회적 협동이 불가능하다는 점을 시사해 주는 '죄수 딜레마 게임' 논리체계는 인류의 오랜 지적 유산이어 왔던 정치철학과 윤리학의 근본문제와 직접적으로 관련되어 있고, 나아가 사회과학의 토대를 위협하는 것으로까지 인식되기도 하였다. 이러한 역설이 왜 그토록 많은 관심들을 끌어 왔으며, 철학과 사회과학적 논란의 중심에 위치해 왔느냐 하는 점은 많은 경험적 자료들 속에서 그 타당성이 얼마간 성공적으로 입증될 수 있었기 때문이다(Campbell, 1985).

제3절 집합행동의 논리

합리적 개인들의 선택의 집합적 결과가 사회 전체적으로 최적 이하의 파레토 열위를 초래한다는 점은 또 다른 관점에서도 재검토되고 있다. 올슨(Mancur Olson)은 합리적 개인들 사이에서 협동이 가능할 것인가 하는 보다 근본적인 차원의 문제를 제기한다. 올슨은 그의 책 『집합행동의 논리』(The Logic of Collective Action, 1965)에서 이 문제를 다룬다. 올슨은 고전적인 집단이론(group theory)에 전제되어 있던 광범위한 낙관주의에 회의적이다. 아서 벤트리나 트루먼 등 초기 집단이론가들은 집단이 합리적 개인들로 하여금 공익이나 공적인 목표 실현을 위해 자발적으로 사익을 포기하거나 상호 조율하는 절차를 통해 결성되는 것으로 보았다. 하지만 올슨에 의하면 모든 합리적 개인이 자발적으로 공익이나 집단이익에 기여하거나 이 과정에 동참하는 것은 아니다. 합리적 개인이 집단의 일원으로 자발적으로 활동하는 것은 아주 제한된 조건 하에서이다. 올슨은 "집단 구성원의 숫자가 아주 적든지 혹은 구성원들에게 집단의 이익을 따르도록 행동을 강제할 수 있거나 그밖에 다른 특별한 장치가 없는 한 합리적으로 사익을 추구하는 개인들은 공익 혹은 집단이익을 성취하기 위한 행동을 하지 않는다"고 주장한다(Olson, 1965).

올슨에 의하면 "어느 한 집합재(a collective good)의 편익 향유로부터 배제되어질 수 없다면 개인은 이러한 집단 이익의 생산에 자발적으로 기여할 아무런 동기유인(incentives)을 갖지 않는다". 집합재 생산에 기여할 것인가 혹은 집단에 동참하여 활동할 것인가를 앞두고 합리적 개인은 그 비용과 편익을 계산하여 비용보다 편익이 크다고 계산될 때 여기에 참여한다. 집단행동의 비용(C), 개인 i의 총편익(V_i), 그리고 집합재 생산에 대한 i 자신의 기여로부터 얻는 순편익(A_i)을 계산한다는 것이다. 올슨에 의하면 $A_i(V_i-C)$가 제로 이상일 때 그 개인 i는 집합행동을 선택한다(Hardin, 1982). 만일 집단 구성원 가운데 상당수의 i들의 A_i가 제로 이상이면 그 집단은 구성원들 사이의 성공적인 집합행동이 이루어질 수 있다. 이러한 성공적인 집합행동이 가능한 이러한 집단을 올슨은 특권적 집단이라 부르고 있다. 반면 모든 i에 대하여 $A_i<0$ 인 경우에 대해 올슨은 이를 잠재적 집단으로 부른다. 잠재적 집단은 구성원들에 대해 기여를 이끌어 낼만한 선택적 유인을 추가로 제공할 수 없다면 집합행동은 성공적으로 이루어질 수 없다.

대부분의 합리적 개인들은 집합행동의 편익을 향유하려들지만, 그것이 성공하기까지 수반되는 비용을 분담하려 들지 않는 '무임승차자'(free－rider)의 유혹을 쉽게 떨쳐버리지 못한다. '공유지의 비극', 죄수 딜레마 게임, 그리고 집합행동의 논리는 서로 긴밀하게 관련된 설명모델들이다. 이들 모델에서는 합리적 개인들이 집합적 편익을 도모하고자 할 때 당면하게 되는 많은 문제들을 어떠한 방식으로 고찰할 수 있는가를 규정하고 있다. 이들 각 모델에는 무임승차자 문제(the free－rider problem)가 관통하고 있다. 어떤 한 사람을 다른 사람들이 마련한 편익의 향유로부터 배제시키기가 마땅치 않을 때, 각 개인은 공동의 노력에 기여하고자 하는 대신 다른 사람들의 노력에 무임승차하고자 하는 동기를 가진다. 만일 모든 참여자들이 무임승차 동기를 갖는다면, 그 집합적 편익은 생산되지 않을 것이다. 물론 많은 사람들이 무임승차하는 가운데에서도 얼마간의 사람들에 의해서 집합적 편익이 생산될 수도 있다. 하지만 이 경우에는 집합적 편익의 최적 생산수준에 미달하게 된다.

[책임집필 : 윤홍근]

Chapter 5

제한된 합리성과 기회주의

Public Choice

신고전파 경제학에서의 시장 실패의 한 유형으로서 '불완전 정보'의 문제는 시장행위자가 합리적으로 계산해서 행동하기 때문에 발생하는 문제이다. '합리적 인간'의 셈법에 의하면 시장 정보의 생산 및 공급의 인센티브가 생길 수 없다는 것이다. 실제로 사람이 시장 선택을 앞두고 이렇게 일일이 계산해서 행동하느냐 하는 것과는 별개의 문제로 시장에서는 정보의 불완전성 문제가 생길 수밖에 없다는 설명이다.

실제 사람들은 시장 선택을 앞두고 이것저것 따지고 계산한다. 될 수 있는 대로 자신의 선택과 관련된 많은 정보를 얻고자 노력하며, 자신에게 가용한 정보 범위 내에서 무엇이 최선으로 자신의 이익에 기여할 수 있는지 곰곰이 생각하기도 한다. 하지만 현실적으로 사람의 인식능력에는 한계가 있다. 사물과 상황을 판단할 수 있는 사람의 능력에도 한계가 있을 수밖에 없다. 인간의 합리성은 제한되어 있다. 자신의 선택을 앞두고 모든 완벽한 정보를 획득하기가 어려우며, 주어진 정보를 다 소화할 수도 없고, 이를 바탕으로 무오류의 판단을 내리는 것도 어렵다. 이러한 의미에서 사이먼(Herbert Simon)은 '경제적 인간'은 '제한된 합리성'(limited rationality)만을 가진다고 설명한다.

제 1 절 완전 합리성 모델에 대한 비판

신고전파 경제학에서의 인간의 본성이나 행동에 관한 대전제는 인간은 최선을 다해 자기이익의 극대화를 추구하는 합리적인 존재라는 것이다. '경제적 인간'은 자신의 선택이 가져다 줄 결과에 대해서 잘 알 수 있고, 선택 대안에 따른 각각의 결과들을 비교하여 가장 큰 만족과 효용을 낳는 대안을 최종적으로 선택한다. 이론적으로 사람은 누구든지 '완전하게 합리적'(completely rational)이다. 즉, 누구든지 무엇이 자기이익을 극대화할 수 있는 대안인지 탐색하고, 정확하게 계산할 수 있으며, 최선의 대안을 선택하는 과정에 오류가 없다는 것이다.

이러한 완벽하게 합리적인 이론적 인간 모델에 대하여 사이먼은 1940년대부터 이미 실제 행위자들이 그렇게 완전하게 합리적일 수 없다는 점을 설명하고, 보다 현실적인 인간관에 기초한 새로운 선택 및 결정이론의 필요성을 강조하고 있다(Simon, 1947). 사이먼이 생각하는 실제적 선택 상황 속의 인간은 매우 제한적으로 합리적이다. 사이먼은 기존 경제학의 완전합리성 모델이 실제 선택 상황 속의 개인의 선택 및 결정 과정과 어떻게 배치되는지를 설명하는 데 주력해 왔다. 이 과정에서 사이먼은 '절차적 합리성'(procedual rationality) 모델을 제시하기도 한다. 사이먼에 의하면 인간의 감각기관 작동은 불완전하고, 두뇌의 능력 또한 유한하기 때문에 선택 상황을 인지하고, 대안을 탐색하는 과정이 불완전할 수밖에 없다. 따라서 사람은 목표치의 극대를 추구한다기보다는 제한된 범위 내에서 자신의 필요를 충족시켜 가는 '만족 추구의 경로'(satisfying path)를 밟아 갈 뿐이다(Simon, 1957, 270－271). 사이먼이 말하는 만족 추구형 인간의 속성은 다음과 같다.

첫째, 생물학적 유기체로서의 인간의 능력은 유한하다. 인간은 자신의 행동이 가져올 장기적 결과를 셈하고 여기에 맞추어 계획을 수립할 수 있는 능력은 제한되어 있다. 선택상황에서 직면하게 되는 상황과 환경의 복잡성을 생각하면 이러한 인간의 능력은 더욱 제한적으로만 기능할 수 있을 뿐이다. 둘째, 인간의 기억 및 추론 능력은 유한하다. 인간은 장기 기억능력이 유한할 뿐 아니라, 단기 기억능력도 크게 제한되어 있다. 따라서 모든 가능한 대안들을 동시에 한꺼번에 비교 검토할 수 없으며, 기껏해야 하나씩 하나씩 순차적으로 검토할 수 있을 뿐이다. 이를 사이먼은 '단기기억의 병목'(bottle-neck of short-term memory)이라는 개념으로 설명한다. 셋째, 인간은 열망수준을 정할 때 적정하게 타협하는 성향이 있다. 사람은 선택상황에 직면하여 다양한 결과를 추론하고 이를 근거로 이익의 극대화를 보장하는 하나의 최선의 목표를 선정하는 '최적화의 탐색행동'을 지속해 나가는 것이 아니다. 인지 가능한 범위 내의 제한된 대안들을 검토하고 각각의 대안들에 대하여 만족할만한 수준의 목표를 정해서 선택에 임한다.

사이먼에 의하면 사람은 다양한 상황과 가능한 결과를 인식하고 추론하는 능력이 제한적일 수밖에 없다. 기본적으로 사물과 상황에 주의력을 기울일 수 있는 인간의 능력이 유한할 뿐 아니라, 상황과 환경으로부터 필요한 사실관계나 지식을 확보할 수 있는 능력이 제한되어 있다. 또한, 확보된 사실관계나 판단의 단서들로부터 다양하게 선택 가능한 대안을 모색하거나 대안을 비교 검토하여 결론을 추론해 나갈 수 있는 능력도 크게 제한적이다. 사이먼의 설명은 아무리 사람이 합리적이기 위해 최선을 다한다 하더라도, 생물학적 유기체로서 인간의 인지능력은 제한된 것일 수밖에 없다는 것을 의미한다. 이런 의미에서 인간의 합리성은 '의도되는 것이기는 하지만 항상 그 최선의 목표를 성취하는 것은 아니다'. 요컨대 인간이 '합리적'이고자 의도적으로 노력한다고 하더라도, 유기체로서 유한한 능력 때문에 '제한으로만 합리적'일 수밖에 없다는 것이다.

제 2 절 시장행위자의 행동적 특성과 선택환경의 복잡성

사이먼의 '제한된 합리성' 설명모델은 사람이 상황과 대안, 결과에 대하여 완전하고 충분한 정보를 가지고서, 최선의 결과를 보장하는 대안을 선택한다는 합리적 선택이론, 즉 효용극대추구이론을 반박하는 것이다. 합리적 선택이론 가운데 모험과 불확실성을 설명에 포함하는 것이 기대효용 모델(expected-utility model)이다. 기대효용 모델은 사람들이 선택 상황과 선택결과에 대하여 제한된 정보를 가진 상태에서 선택에 임할 수도 있다는 점을 전제로 한다. 사람의 선택은 모험적일 수도 있고, 불확실성 상황 하에서 이루어질 수도 있다. 특정 대안을 선택했을 때, 어떤 결과가 나타날 것인지 불확실할 수도 있고, 단순한 확률적 지식만이 가용할 수도 있다. 모험적 선택이 기대 결과가 이루어질 수 있는 확률이 알려진 선택상황을 뜻하는 것이라면, 불확실성 하의 선택은 이러한 확률적 지식조차 가용하지 않은 선택상황을 의미한다. 다양한 상황 속에서의 사람의 선택과 의사결정에 초점을 맞추고 있는 경험적 연구들은 기대효용이론 역시 경험과학적 이론으로서 뚜렷한 한계를 가지고 있다는 점을 밝히고 있다(Halpern and Stern, 1998). 왜 그러한지에 대한 설명은 대부분 사이먼이 제시하고 있는 '제한된 합리성' 개념을 확대 해석하고 있는 것들이다. 선택이 이루어지는 환경은 매우 복잡하고 복합적인데 반해, 환경으로부터 자극을 제대로 포착하고 여기에 반응할 수 있는 인간의 인지능력은 크게 제한적이라는 것이다. 사이먼이 말하는 '제한된 합리성'의 원천은 인간의 행동적 속성에서 기인하는 것과 선택 상황이나 환경의 복잡성에서 기인하는 것으로 설명된다.

2.1 선택행위자로서 인간의 행동적 속성

최근의 행동경제학(Behavioral Economics)은 사이먼의 '제한된 합리성' 개념의 외연을 확대하여, 시장행위자의 선택이 얼마나 다양한 비합리적 요인과 주관적 요인, 감성적인 요인, 인지심리학적 요인 등에 영향을 받고 있는지를 다음 몇 가지 카테고리로 나누어 설명하고 있다.

탐색행동 선택을 앞두고 있는 개인은 직면하고 있는 모든 상황과 대안을 일일이 다 검토할 수 없으며, 제한된 범위의 상황분석과 한정된 범위의 대안 검토만 이루어질 뿐이다.

인식의 틀 사람마다 문제의 상황을 인지하는 생리 심리적 메커니즘으로서 인식의 틀이 다르다. 사람마다 이러한 각자의 인식 틀 내에 포착되는 요소들에 초점을 맞추어 이와 관련된 지식과 정보를 확보하려 들며, 이 틀 밖에 있는 나머지 요소들에 대해서는 주의를 기울이지 않거나, 아예 애써 외면하려 든다.

계산능력 사람들의 결정 상황 속에서 아무리 제한된 범위의 대안만을 비교 검토하게 된다고 하더라도, 이 검토 과정에서 발휘할 수 있는 수학적 계산능력과 추론 능력이 한정되어 있다.

인지심리학적 왜곡 사람들의 선택은 객관적인 가치와 확률계산에 의해 이루어지는 것이 아니며, 여러 유형의 주관적 심리 작용이 개입하게 된다. 어떤 사람은 얻게 되는 이익에 보다 주목하지만, 다른 사람들은 잃게 되는 손실을 먼저 염두에 둔다. 상황과 결과에 대하여 낙관적인 사람과 부정적이고 비관적인 사람의 선택이 동일할 수 없다. 같은 상황이라고 하더라도 상황의 어떠한 측면이 부각되고, 상황이 어떻게 규정되는가에 따라 사람들의 선택이 달라질 수도 있다. 사람마다 인지심리학적 특성에 따라 선택에 체계적인 왜곡현상이 나타날 수 있다.

정보업데이트 문제 도래하는 상황에 대한 새로운 정보를 인지하고, 여기에 반응하는 방식, 새로운 정보를 선택에 반영하는 방식 등이 사람마다 다르다. 특히 불확실성 상황 하에서 상당한 정도의 신빙성이 있는 정보(확률적 지식)가 가용하다고 하더라도 이러한 최신 정보가 즉각 선택에 반영되지 않을 수도 있다. 사람들은 익히 알고 있는 친숙한 정보에 보다 의존하는 경향이 있을 수 있다.

수단 의존경향 사람들은 무엇이 최선의 결과를 보장하는지를 따지는 과정에서 목표 자체보다는 이 목표에 이르기까지의 수단이나 하위 목표에 의존하여 결정하는 성향이 있다. 사람들은 문제해결을 위한 해법 모색 과정에서 보다 더욱 효과적인 방식이 새롭게 제시된다고 하더라도 기존 방식으로부터 쉽게 옮겨가지 못하는 경향이 있다.

2.2 행위자가 직면하고 있는 환경의 속성

모호성과 불확실성 제한된 합리성 개념을 지지하는 학자들은 사람이 직면해 있는 선택 상황의 속성을 모호성과 불확실성으로 규정한다. 불확실성은 검토되는 상황이나 대안의 성격에 대한 지식이 결여되어 있거나, 선택 결과에 대한 확률적 지식이 가용하지 않은 상황을 의미한다. 모호성을 띤 상황은 두 경우가 있을 수 있다. 하나는 선택 상황이나 대안의 성격은 잘 드러나 있으나 이것이 결과에 얼마나 영향을 미칠 것인가가 불분명한 경우이다. 다른 하나는 상황이나 대안에 대한 성격 규정이 명료하게 일의적이지 않고, 다의적으로 받아들여질 수 있는 경우이다. 모호성과 불확실성은 선택의 종국적 결과에 대한 지식이 결여되어 있거나 결과에 대한 확신을 하지 못하는 것이기 때문에 행위자의 선호에 영향을 미치고, 계산식에도 영향을 미치게 된다.

선택의 연쇄성 시장은 선택 행위자에게 사회적 환경이다. 나의 선택은 나의 일관된 선호에 의해 결정되는 것이 아니다. 나의 선택은 다른 사람의 선택에 의해 영향을 받으며, 나의 다른 선택에 의해 영향을 받는다. 어느 누구도 다른 사람으로부터의 영향에서 철저하게 고립되어 있을 수 없으며, 나의 다른 선택과 절연되어 있을 수 없다. 사람들은 다른 행위자들과 전략적으로 상호작용하기도 한다. 한 행위자의 선택은 다른 행위자의 선호와 계산식에 영향을 미쳐, 다른 사람의 선택을 좌우할 수 있다. 나의 선택은 다른 사람의 선택에 의해 영향을 받기 때문에 나의 선호는 불변으로 주어져 있는 것이 아니다. 다른 사람들의 선택이 축적된 결과들은 나의 선택을 좌우하는 환경적 제약이 되기도 한다. 지금 이루어지는 나의 선택은 다음 단계의 나의 선택에 영향을 미친다. 선택의 결과가 축적되면서 나의 선호와 판단 기준이 달라질 수 있다. 선택이 축적된 결과들은 앞으로의 나의 선택을 좌우하는 환경적 제약요인이 되기도 한다.

제 3 절 기회주의: '교활한 자기이익 추구'

'제한된 합리성' 하에서 사람들은 전략적으로 행동하는 존재들이다. 나의 이익 극대화를 위해 다른 사람의 선택에 의도적으로 영향을 미치고자 하며, 경우에 따라서는 약속을 저버리기도 하며 다른 사람을 속이기도 한다. 윌리암슨(Williamson)은 다른 사람에게 좋지 않은 영향을 미쳐, 나의 이익을 극대화하려는 이러한 성향을 '교활한 자기이익추구'(self-interest seeking with guile)의 개념으로 일반화하고 있다. 윌리암슨은 '경제적 인간'은 합리적인 자기이익 추구의 모델이 상정하고 있는 것보다 훨씬 교활하고 책략적이다(Williamson, 1975, 255). 교활한 자기이익 추구의 방편은 다양할 수 있다. 자신에게 불리하게 작용할 정보를 감추려 드는 것은 물론이고, 유리함을 과장하기 위하여 왜곡된 정보(distorted information)를 흘려보낼 수도 있다. 상대에게 부여되어야 하는 가치를 애써 인정하려 하지 않는 유보적인 태도를 보일 수도 있고, 상대방의 정당한 요구나 기대에 부응해야 하는 의무를 회피하려 들 수도 있다. 다른 사람의 수고에 묻혀 가려는 전략을 구사할 수도 있고, 자신의 정직한 선호를 나타내 보이지 않음으로써 상대의 잘못된 선택을 유도하기도 한다(adverse selection). 상대의 기대치를 낮추기 위한 책략이 구사될 수도 있고, 상대에게 터무니없는 바가지를 씌울 수도 있다. 시장행위자들은 있는 그대로를 다 드러내려 하지 않으며, 정직하게 거래하는 것만은 아니다. 기회주의는 거래의 모든 단계에서 여러 가지 다양한 형태로 나타날 수 있다.

윌리암슨은 다양한 기회주의의 형태 가운데에서도 정보의 왜곡(disinformation) 문제를 이론적 측면에서나 현실적 측면에서 매우 중요한 현상으로 다루고 있다. 윌리암슨은 기회주의 개념을 "상대를 호도하고 혼란에 빠뜨리기 위한 계산된 노력의 일환으로 정보를 상대에게 불완전하게 왜곡시켜 노출하는 것"이라고 설명한다(Williamson, 1985, 47). 윌리암슨에 의하면 모든 사람들이 똑같은 정도로 기회주의적이지 않으며, 사람이 언제나 기회주의적으로 행동하는 것은 아니다. 하지만 거래과정에서 기회주의적 행동의 위협은 상존한다. 시장 행위자들이 거래를 앞두고 가장 관심 있어 하는 것은 상대를 믿을 수 있느냐 하는 것이다. 거래과정에서의 당사자 간 이해상충과 흥정은 기회주의 문제 때문에 생긴다. 항상 상대의 기회주의적 행동 가능성을 염두에 두고, 이 문제에 대처할 수 있는 안전장치를 만들어 두고자 한다. 덜 기회주의적인 사람이 거래에서 더 큰 비용을 치룰 가능성이 많기 때문이다. 따라서 윌리암슨은 거래비용 문제를 고려하는데 기회주의가 중심 개념이 되어야 하고, 그런 만큼 기회주의의 감축 문제가 거래비용 경제학의 중심 주제가 되어야 한다고 역설한다. 윌리암슨은 시장에서 출현하는 많은 복잡한 제도적 장치와 절차는 이와 같은 기회주의 문제를 해소하기 위한 것이다.

시장에서의 거래관계에 있는 두 행위당사자는 서로 독자적인 조직 단위를 유지하면서 서로의 필요에 부응하는 계약체계를 유지하면서 거래할 수도 있고, 아예 한 단위 조직체계로 통합되어 위계적 조정 통제 메커니즘의 작동 속에서 서로의 필요를 충족시켜 갈 수도 있다. 윌리암슨은 서로의 필요를 충족시키기 위해 거래하는 시장행위자들이 어느 경우에 별도의 조직 단위를 유지하고, 어느 경우에 한 단위의 조직체계로 통합되느냐 하는 문제를 다루고 있다. 이 문제를 설명하기 위해 윌리암슨이 내세우고 있는 중심 개념은 '기회주의'와 '자산특수성'이다.

제 4 절 자산특수성

1991년 노벨 경제학상을 수상했던 코스는 거래비용 감축 목적으로 시장에서 기업이 출현하는 것으로 설명한 바 있다. 2009년 노벨경제학상 공동 수상자인 윌리암슨에 의하면 기업은 거래비용을 감축하기 위한 것일 뿐 아니라, 기회주의의 위험을 회피하기 위해 만들어진 것이다. 계약당사자들이 서로를 끝까지 신뢰할 수 없는 상황에서 거래당사자를 아예 하나의 울타리

속으로 끌어들여 거래비용을 줄이고 기회주의의 위험을 회피하기 위한 목적에서 형성되는 것이 기업이라는 설명이다. 시장에서 기업은 위계적 조정제도로서의 성격을 갖는 것이다. 윌리암슨은 위계적 조정기제로서 기업의 출현을 설명하기 위해 '제한된 합리성'과 거래비용 개념뿐 아니라, 기회주의와 자산특수성 개념을 새롭게 제시한다.

윌리암슨에게 기업은 위계적 조정기제의 성격을 갖는 경제 거버넌스이다. 윌리암슨에 의하면 기회주의 위험은 위험발생 가능요인을 '내부화'하여 위계적 감시 및 조정 메커니즘이 작동되도록 하면 최소화될 수 있다. 상대가 선의를 가지고 행동할 것이라는 확신이 없을 때 상대와의 거래를 내부화하여 위계적 통제 기제가 작동하도록 함으로써 기회주의 위험을 최소화할 수 있고, 이렇게 해서 기업이 출현하게 된다는 것이 윌리암슨의 설명인 것이다. 시장행위자에게 상대의 기회주의적 행동 위험은 보이지 않는 또 다른 거래비용이 될 수 있다. 윌리암슨은 코스의 생각에서 한 걸음 더 나아가, 위험요인의 내부화 전략이 선택되는 환경적 변수를 특정화하고자 한다. 윌리암슨은 제한된 합리성, 기회주의, 대안적 거래제한, 자산특수성 등 네 조건들이 모두 충족될 때 시장행위자는 내부화 전략을 선택한다. 그리고 이러한 내부화 전략의 산물로서 위계적 경제 거버넌스로서 기업이 출현한다고 설명한다.

제한된 합리성 시장행위자가 모든 시장상황과 거래상대방에 대해 완전하고 충분한 정보를 가질 수 있다면 모든 가능한 경우를 대비하는 정교한 계약장치를 만들어 둘 수 있을 것이다. 하지만 사람의 인지능력과 추론능력은 크게 제한되어 있기 때문에 계약관계에서는 항상 미리 예상치 못한 '의외의 결과'가 생겨나기 마련이다.

기회주의 거래당사자 사이에는 정보의 비대칭성 문제가 있을 수 있다. 어느 한 쪽이 다른 상대에 비해 시장상황이나 거래 결과에 대해 훨씬 더 정확하고 충분한 정보를 가질 수 있다. 우월한 정보 역량의 지위에 있는 당사자는 상대의 무지를 이용하여 상대에게 뜻하지 않은 결과를 안겨주는 무엇인가를 행할 수 있고, 이 때문에 상대는 예상치 못한 비용을 치러야 한다. 거래당사자끼리 서로 무엇을 하고 있는지 상대의 모든 행동과 시장 상황을 일일이 다 감시할 수 없다는 점을 인지한다면, 이러한 정보 우위를 이용하는 기회주의적 행동 유혹은 더 커지게 된다. 기회주의 행동 위험은 그 속성상 사전에 식별되기가 어려운 것이기 때문에 보통의 거래당사자들은 모든 거래상대를 잠재적인 기회주의자로 간주하는 것이 현명할 것이다.

대안적 거래 제한 상대의 기회주의적 행동에 대해 가장 쉽게 보복할 수 있는 방법은 상대와의 거래를 단절하고 다른 거래상대를 찾아 나서는 것이다. 따라서 시장에서 쉽게 다른 거래상대를 만날 수 있다면, 즉 대안적 거래가 얼마든지 가능하다면 기회주의적 행동의 위험은 줄어들 수도 있다. 하지만 상대에게 대안적 거래가 제한되어 있다는 점을 알게 된다면 이러한 상대에 대한 기회주의적 행동 가능성은 더욱 증대될 수 있다.

자산특수성 윌리암슨에 의하면 현명한 시장행위자라면 거래상대를 걸핏하면 자신의 정보 우위를 이용하여 이익 극대화를 추구하는 기회주의자로 간주한다. 하지만 상대가 정보 우위를 악용하지 않을 것이라고 믿을 수 있는 '확고한 다짐'(credible commitment)과 이를 보여주는 증거물이 있다면 상대의 선의를 믿고, 장기 계약관계를 유지할 수도 있을 것이다. 윌리암슨에 의하면 상대가 기회주의적으로 행동하지 않을 것이라는 점을 보여주는 '인질'(hostage) 성격의 증거물이 제시될 수도 있다. 윌리암슨은 프랜차이즈 가맹사업자들에게 획일적이고 표준화된 기계장치와 인테리어, 표준 공정의 강요를 통해서 기회주의적 행동 위험을 줄이려는 노력을 이와 같은 관점에서 설명한다. 다른 용도로 쉽게 전용되기 어려운 설비자산 등에 대규모 투자비용이 들어갈수록 기회주의적 행동위험은 그만큼 줄어들게 된다는 것이다.

하지만 '자산특수성'은 다른 측면에서 전혀 상반된 효과를 낳을 수도 있다. 거래당사자들이 상대의 '자산특수성'을 인지할 때 상대에 대한 기회주의적 행동 위험은 더욱 커질 수 있다. 상대의 자산이 나와의 거래에 특정적으로 묶여 있다면 상대는 나의 기회주의적 행동에 대해 즉각 보복하지 못하기 때문이다. 상대가 쉽게 다른 거래 상대를 만날 수 없는 소수자 시장인 경우 이러한 위험은 더욱 커지게 된다.

윌리암슨에 의하면 '자산특수성'에 묶여 '대안적 거래가 제한'된 시장에서 '제한된 합리성'에서 기인하는 '정보의 비대칭성' 관계가 있을 때 거래당사자의 '기회주의'적 행동 위험이 상존한다. 윌리암슨은 이 네 가지 조건이 모두 충족되는 상황을 시장실패 상황으로 규정한다. 시장실패 개념은 불완전 경쟁 상황 하에서 거래당사자들이 서로를 믿지 못하기 때문에 기회주의적으로 행동하려는 동기를 갖는다는 측면에서 '집합행동의 딜레마' 상황과 거의 같은 것으로 보고 있음을 알 수 있다. 윌리암슨은 기회주의 위험을 감축하기 위한 해법으로 '경제적 거버넌스' 개념을 제시한다. 윌리암슨에 따르면 기업은 기회주의 위험의 감축을 하나의 해법으로 출현한 것이다.

제 5 절 기회주의와 경제적 거버넌스

윌리암슨은 자기이익의 극대화를 추구하는 사람들이 기회주의의 위험이 상존하는 시장에서 어떠한 '경제적 거버넌스'(economic governance)를 선택할 것인가 하는 문제를 이론적으로 설명하고 있다. 윌리암슨이 말하는 경제적 거버넌스는 경제적 활동을 규율하는 제도적 장치를 의미한다. 따라서 신제도주의 경제학자로서 윌리암슨의 궁극적 관심은 경제적 활동을 하는 사람들이 어떤 제도적 장치 속에서 혹은 어떠한 제도적 장치를 만들어 가면서 그 가운데에서 활동하는지를 이론적으로 설명하는 것이다.

'경제적 거버넌스'는 시장 계약체계 그 자체를 의미할 수도 있고, 사람들의 경제적 활동을 조율하고 조정해 나가기 위한 제도적 장치일 수도 있다. 상호 감시 메커니즘이나 처벌 기제가 포함된 경제적 거버넌스가 있을 수 있고, 위계적 조정 및 통제기제가 작동하는 경제적 거버넌스가 있을 수도 있다. 윌리암슨은 기업을 시장 내의 위계적 조정기제가 작동하는 경제적 거버

넌스로의 성격을 갖는 것으로 규정한다.[1)]

엄정한 계약 장치, 상대행위에 대한 감시기제, 인센티브 제도와 위계적 통제시스템 등은 당사자 가운데 어느 일방이 선택할 수 있는 기회주의적 행동의 문제를 사전에 혹은 사후에 해소해 나가기 위한 제도적 장치로 만들어진 것들이다. 이들 제도적 장치 가운데 거래비용 문제를 다루는 문헌에서 주로 제시되고 있는 기회주의의 해법은 감시기제와 인센티브 제도이다.[2)]

정교한 계약장치 상대의 기회주의 행동의 위험을 회피해 나갈 수 있는 가장 일반적인 해법은 모든 가능한 경우를 미리 상정해서 각각의 경우에 대응하는 규칙을 사전에 계약 장치에 포함시켜 두는 것이다. 실제 시장행위자들은 포괄적이고 느슨한 계약 보다는 많은 가능한 경우의 수를 규정하고 있는 정교한 계약 장치를 선호한다. 하지만 사람의 인지능력은 유한하기 때문에 앞으로 생길 수 있는 모든 가능한 상황을 염두에 두고, 각각의 경우의 사전에 합의된 해법을 계약서상의 조항으로 예비해 두는 데에는 한계가 있다.

감시기제 기회주의적 행동의 위협은 상대의 행동이나 행동의 결과를 모니터링할 수 있을 때 크게 감축될 수 있다. 모니터링은 정보의 비대칭성 문제에 대한 효과적인 직접적 해법이 될 수 있다. 정보의 비대칭성 관계에 있을 때 정보 우위에 있는 당사자는 발각당한다는 위험 감수 없이도 기회주의적으로 행동할 수 있다. 하지만 서로를 모니터링할 수 있게 되면 기회주의적 행동에 뒤따르는 위험은 커지게 된다. 감시기제 작동은 행태적인 측면에서나 경제적 측면에서 기회주의 행동 위험을 감축하는데 효과적으로 기능할 수 있다(Wathne and Heide, 2000, 43-44). 감시기제가 작동하고 있다는 사실만으로 당사자들에게는 성실 이행하지 않을 수 없다는 사회적 압력이

1) 윌리암슨이 말하는 위계적 거버넌스에는 기업만이 포함되는 것은 아니다. 한 조직체계 내에서 행위의 상호조정 및 통제 기제 작동으로 서로의 필요를 충족시켜 나가는 여타의 다른 조직도 이 범주에 포함될 수 있다

2) 여기서의 기회주의 문제 해법에 관한 설명은 Kenneth H. Wathne과 Jan B. Heide가 제시하고 있는 모니터링, 인센티브, 선별(selection), 사회화(socialization) 카테고리를 수정 보완한 것이다.

가해진다. 또한 감시기제의 작동하면 기회주의 행동의 적발 가능성이 커지고, 그만큼 행동에 상응하는 상벌시스템 작동이 수월해질 수 있기 때문에 기회주의 행동이 제어될 수 있다.

인센티브 장치 기회주의 행동은 상대와의 협동 옵션(계약사항 이행)을 선택하지 않음으로써 획득할 수 있는 단기적 편익 증대가 목표이다. 따라서 기회주의 행동을 억제할 수 있는 한 가지 해법은 협동적 행동을 선택했을 때 얻을 수 있는 장기적 이익이 배신(기회주의 행동)이 가져다주는 단기적 편익보다도 크다는 것을 인지하도록 인센티브 구조를 변경하는 것이다. 인센티브 장치는 행위자 스스로 기회주의 행동을 제어해 나가도록 하는 '자력집행의 합의'(self-enforcing agreements) 장치를 뜻하는 것이다. 인센티브 장치는 장기적 안목에서 스스로 기회주의적 행동 유혹을 억제해 나갈 수 있도록 유도하는 계약 장치인 것이다. 인센티브는 상대와의 협동의 선택 혹은 상대의 기대에 부응하는 행동의 선택을 통해 상대의 편익증진에 기여하는 것이 곧 내 이익 극대화 경로라는 것을 인지할 수 있도록 '조건부 혜택'을 부여하는 것이다. 인센티브 제도는 협동 선택의 장기적 혜택에 기대치를 높이는 제도적 장치이다. 장기적 편익의 기대치를 높이기 위해서는 당사자 간 지속적인 거래와 장기 계약관계가 선행요건이 된다. 상대가 배신의 단기 편익이 주는 유혹으로부터 전적으로 벗어나 있다는 확신을 어떻게 가질 수 있느냐 하는 문제는 여전히 남을 수 있다. 이에 대한 해법으로 제시되고 있는 것이 자산특수성 개념과 연계된 '인질' 활용 문제이다.

위계적 조정기제 위 계약 장치나 모니터링, 인센티브의 해법이 거래당사자들이 별도의 조직을 유지한 채 거래관계에서 어떻게 상대의 기회주의적 행동 위험을 감축하느냐 하는 문제를 다루는 것이다. 기회주의 행동 위협에 대한 완전히 다른 차원의 해법이 모색될 수도 있다. 하나의 방안은 거래상대를 아예 조직 내부로 끌어들여 조직의 위계적 통제 시스템 하에서 움직이도록 하는 것이다. 코스는 시장 거래과정에서 하나의 단위 조직으로서 기업이 왜 형성되는지를 바로 이러한 관점에서 설명하고 있다. 기회주의 행동은 거래비용의 중대한 원천이 될 수 있고, 이러한 거래비용은 거래당사자들이 하나의 조직체계 내에 통합되어 위계적 행위조정 기제가 작동됨으로써 감축될 수 있다는 논리이다. 윌리암슨은 시장 내에서 거래당사자들 간 위계적 통제시스템 작동으로 기회주의 위험이 감축될 수 있는 조건들을 제시하고 있다.

윌리암슨에게 경제적 거버넌스(economic governance)는 기회주의 문제 해소를 위한 제도적 장치를 의미한다. 따라서 경제적 거버넌스의 차이는 기회주의 문제에 대한 해법상의 차이이다. 경제적 거버넌스는 다양한 형태를 가질 수 있다. 거래당사자들이 제삼의 권위체에 감시기능과 통제권한을 부여하는 제도적 장치도 있을 수 있고, 당사자 간 자발적 협동을 유도하는 비공식적 제도적 장치가 작동될 수도 있다. 국가마다 이러한 인센티브, 통제, 계약 등과 관련된 시장규칙이 각기 다른 것도 문화적 특성에 따라 기회주의 행동의 성향이 다르고, 이에 대한 해법이 다를 수 있기 때문이다. 윌리암슨에 의하면 경제적 거버넌스의 차이를 낳는 것은 기회주의 문제 해소를 위한 해법의 차이이다. 따라서 기회주의 요소가 완전히 불식될 수 있다면, 시장은 인센티브나 통제장치, 까다로운 계약법규 등과 무관한 전혀 다른 제도적 장치 위에서 작동될 수 있다. 기회주의 문제가 완전히 해소될 수 있다면, 즉 모든 사람들이 모든 거래 상대가 기회주의적이지 않다고 확신할 수 있다면, 누구나 별도의 안전장치 없이 단순한 시장원리에 따라서 움직이려 할 것이다. 기회주의가 완전히 사라진다면 거버넌스 구조상에 아무런 차이가 나타나지 않을 것이고, 특정의 거버넌스가 가질 수 있는 상대적 이점도 사라지게 된다고 설명한다.

[책임집필 : 윤홍근]

Chapter 6

거래비용

Public Choice

제1절 신제도주의 경제학과 시장실패

신고전파 경제학에서의 시장실패 개념은 시장에 대한 정부 개입의 필요성을 정당화해주는 강력한 이론적 무기였다. 시장실패 개념은 경험적 사실관계나 데이터를 통해서 확고하게 그 타당성이 검증된 이론은 아니었지만, 시장에 대한 정부의 개입이나 정부지출 증대의 필요성을 뒷받침하는 규범이론으로서 위력을 발휘해 올 수 있었다. 특히 공공재 문제나 외부효과 문제는 실제 각 영역에서의 정책 현장에서 정책실무자들에 의해 자신들이 내리는 결정과 조치를 정당화하는 이론적 기초로 자리를 잡아갈 수 있었다. 20세기 중반 이미, 시장실패 개념은 단순히 규범적 성격의 설명모델로서가 아니라, 실제 정책실무 영역에서 타당성을 인정받은 강력한 진단도구(diagnostic tools)의 위상을 차지할 수 있었다(Zerbe and McCurdy, 1999, 561). 시장은 본질적으로 시장법칙 그 자체에서 기인하는 실패 요인이 있기 때문에 정부규제나 정부 지출 증대를 통해 이러한 시장실패를 교정하고, 그 결과로서 사회 전체의 효율성을 증진될 수 있다는 것이었다.

하지만 시장실패가 정부개입으로 교정될 수 있다는 생각이 굳건한 이론적 기초 위에 서 있지 않다는 점은 신제도주의 경제학자들에 의해 곧 밝혀지게 되었다. 시장실패만으로 정부의 개입이 정당화될 수 있는 것은 아니라는 이론적 전망이 새롭게 제시되기 시작했던 것이다. 신고전파 경제학에서 시장실패의 주요 요인으로 들고 있는 외부성 문제가 논란의 중심이었다. 신고전파 경제학자들이 생각하는 시장실패는 시장행위자들 사이의 거래관계에서 발생하는 거래비용까지를 염두에 둔 것은 아니었다. 신고전파 경제학에서 외부성 문제는 시장행위 당사자 간의 거래 때문에 거래관계 밖에 존재하는 다른 사람들이 영향을 받는다는 것을 개념화한 것이다. 하지만 두 당사자 간 거래관계에서는 거래 밖의 다른 사람들에게 미치는 영향이 고려되어야 할 뿐 아니라, 거래 자체를 성립시키기 위해 두 당사자가 치러야 하는 추가비용 문제를 고려할 필요가 있다.

거래상대방을 찾아 나서는 것도 시간과 노력의 비용이 들고, 거래를 성사시키기 위해 흥정하거나 협상하는 데에도, 계약을 체결하는 과정에서도, 변동된 재산권을 설정하는 과정에서도 비용이 발생한다. 두 당사자 간 거래관계에서 직접적으로 작동하는 가격기제 밖에 발생하는 비용 문제를 외부(불경제)효과라 한다면 당사자 간 거래비용도 외부성 혹은 외부효과라는 개념으로 설명될 수 있다. 신고전파 경제학자들은 이러한 거래비용을 제로라고 전제해 왔다. 하지만 시장에서 모든 행위자들 사이에서 이루어지는 거래관계에는 주고받는 비용과 편익 이외, 거래 자체에 뒤따르는 부대비용이 수반된다. 거래비용이 모든 거래관계에서 발생하는 것이라면, 외부성의 문제도 모든 거래관계 도처에서 발생하는 '흔하디 흔한'(ubiquitous) 현상이 된다. 신제도주의 경제학자들은 외부성의 문제를 거래비용이라는 관점에서 풀어나가며, 신고전파 경제학에서 말하는 시장정보의 문제도 이러한 거래비용이라는 개념을 확대해서 설명하는 접근법을 취한다. 거래비용의 관점에서 외부성 문제를 새롭게 해석하고자 했던 노력은 코스(Coase)로부터 시작되었다.

제 2 절 거래비용

외부효과 문제를 해결하는 하나의 해법은 외부에 발생시킨 편익이나 비용을 거래 당사자 간의 가격메커니즘에 끌어들이는 것이 될 수 있다. 거래 당사자의 범위를 확대하여 직접적인 거래 당사자 뿐 아니라, 직접적 거래 밖에서 영향을 받는 다른 사람들까지를 큰 범주의 거래당사자로 확대해서 가격메커니즘이 작동하도록 하면 된다는 것이다. 가격메커니즘 밖에서 발생하는 편익과 비용을 다시 큰 범주의 가격메커니즘 작동체계 안으로 끌어들인다는 의미에서 경제학에서는 이를 '내부화'(internalization)라는 개념으로 부른다.

외부비용을 내부화하는 문제와 관련하여 거래비용이라는 새로운 개념을 새롭게 재해석하고, 외부효과 문제 해소를 위한 새로운 차원에서 해법을 탐색하려는 경제학적 모색은 코스에 의해 이루어졌다. 거래비용은 시장 행위자들 사이의 거래 과정 그 자체에서 발생하는 비용이다. 사람들이 시장에서 거래할 때에는 직접적으로 주고받는 물품이나 금전의 가치 외 거래행위 자체에서 발생하는 비용이 있다. 코스에 의하면 거래비용 문제를 고려함으로써 외부효과라는 시장실패를 해소할 수 있는 새로운 해법이 제시될 수 있다. 시장실패에 대한 정부개입이 능사가 아니라는 설명인 것이다. 코스는 공공재 문제만 하더라도 정부가 나서야 한다는 생각에 회의적이다. 예컨대 코스는 대표적인 공공재로 간주되는 항구의 등대 시설이 원래는 민간 소유물이었던 사례를 든다. 역사적으로 영국에서 등대는 민간 사업자의 영리 활동의 산물이었던 것이 나중에 정부가 제공하는 공공재로 바뀌었다. 등대라는 공공재가 정부가 나서지 않아도 시장에서 영리 목적의 사적 재화로 생산 공급될 수 있었다는 것이다. 무임승차 문제로 정부가 제공하는 공공서비스 품목이 되었지만, 무임승차자 문제가 완전히 해소된 것은 아니었다. 무임승차자 문제가 자원배분을 왜곡하고, 사회적 효율성을 떨어뜨리는 원천이라면 여전히 무임승차자 문제가 남아 있는 한 정부개입만이 능사가 아닐 수 있다는 것이다.

코스는 외부효과 문제를 거래비용 개념을 중심으로 설명하면서, 정부 개입 없이도 시장의 가격기제 작동으로 외부효과 문제를 해소할 수 있는 이론적 전망을 제시하고 있다. 전통적으로 신고전파 경제학에서 말하는 대표적인 외부불경제 사례는 환경오염 문제이다. 연탄공장의 사례를 좀 더 단순화하여 이 거래비용의 문제를 설명할 수 있다. 연탄공장으로부터 나오는 폐수가 흐르는 한강 하류 언저리에 대지를 소유하고 있는 사람이 있고, 이 사람은 한강에서 수영하거나 고기를 잡기를 원하는 사람들에게 입장료를 받는다고 하자. 연탄공장 가동으로 강물이 혼탁해지면 수영객이나 낚시꾼이 줄어들게 되고, 강변 땅을 가지고 있는 소유주의 입장료 수입이 줄어들게 될 것이다. 또한 연탄공장 사장님과 강변의 땅주인은 이웃해 있어서 서로 잘 알고 있는 사이라고 가정해 보자. 이와 같은 상황이라면 연탄공장 가동으로 강변 땅 주인이 입게 되는 손실이 얼마인가를 정확하게 계산할 수 있을 것이다. 즉, 연탄공장의 생산 활동이 초래하는 외부비용이 얼마인지를 잘 알 수 있다. 그런데 코스는 만일 이와 같은 가정적 상황이라면 외부비용 문제가 사라질 수 있을 것이라고 주장하고 있다. 코스는 '거래비용이 제로인 상황에서는 외부성 문제를 내포하고 있는 시장 활동의 사적 비용과 사회적 비용이 똑같아질 것이고, 이렇게 되면 배상책임제도나 사유권 설정 등의 해법이 있다고 하더라도 그것이 사회적 복지에 아무런 영향을 미치지 않는다'고 주장한다. 코스의 이와 같은 관점은 흔히 코스 정리(Coase Theorem)로 명명된다.

제3절 외부성 문제의 해법

3.1 정부규제

신고전파 경제학에서 외부성 문제의 대표적인 사례는 환경문제이고, 이러한 환경문제에 대한 해법은 환경규제정책이다. 경제학에서는 환경규제정책을 생산 활동이 초래하는 외부비용을 생산자의 생산비용으로 내부화(internalization)하는 것으로 설명된다. 위 연탄 사례로 설명하자면, 한강 인근의 지역주민이나 유람객에게 연탄공장의 생산 활동이 초래하는 피해가 최소화되도록 하거나 혹은 발생한 피해에 대해서는 연탄공장이 책임을 지도록 하는 것이다. 피해발생을 최소화하는 것은 오염물질을 방출을 최대한 줄이도록 하는 것이고, 피해에 대한 책임을 지도록 하는 것은 손해를 입은 주민들에게 연탄공장에서 보상하도록 하는 것이다. 피해발생을 최소화하기 위해서는 오염물질을 사전에 충분히 걸러서 인근 공기나 한강수를 오염되지 않도록 하는 것이고, 피해배상 책임은 피해를 입은 주민들에게 피해만큼의 경제적 대가를 지급하도록 하는 것이 될 것이다. 어떤 경우이든 연탄생산으로 초래된 외부 비용은 이제 연탄공장 사장님의 계산식에 포함되는 비용 부담의 내부화가 이루어지게 된다. 외부비용의 내부화로 생산자의 비용계산식에는 변화가 있게 되는 것이다. 정부개입이 없었더라면 계산식에 포함시키지 않아도 되었을 비용항목이 추가되는 것이고, 이는 곧 생산자의 생산비용 증가를 뜻하는 것이다. 오염이라는 외부불경제에 대한 대표적인 해법으로 제시되어 온 것이 바로 정부의 개입, 즉 외부효과 발생 억제를 위한 규제 정책이다. 사업장의 공해문제를 해소할 수 있는 가장 흔한 규제책은 사업장에서 오염물질을 충분히 사전에 걸러서 공장 굴뚝이나 하수를 통해서 오염물질이 섞여 나오지 않도록 하는 방법이다. 예컨대 오염물질 배출에 대한 규제기준을 설정하고, 오염물질 사전처리를 위한 환경설비 도입을 의무화하는 것이다.

3.2 배상책임 규칙(Liability Rule)

환경오염 등 외부성 문제를 해소할 수 있는 유력한 또 하나의 해결책은 외부비용을 발생시키는 사업주에게 이웃에 초래된 피해나 손실에 대해 배상하도록 법적으로 강제하는 것이다. 예컨대 위 사례에서 보자면 연탄공장에서 뿜어대는 분진으로 호흡기 질환을 앓고 있는 이웃 주민들에게 의료비를 지급하도록 한다든지 혹은 여타의 다른 유형의 피해를 입은 주민들에게 배상하도록 하는 것이다. 만일 이와 같은 배상책임이 법으로 명문화되어 있다면, 연탄공장 사장님은 사업 예산을 세울 때 이와 같은 의료비나 배상금을 생산 비용의 한 항목으로 계상할 것이다. 이런 경우라면 연탄공장에서 발생시킨 외부비용은 연탄공장의 생산 비용으로 '내부화'(internalized)된다. 연탄공장의 생산 비용으로 이러한 내부화가 이루어진다면 연탄공장의 생산량은 외부비용이 반영된 한계비용 곡선과 만나는 지점까지 줄어들게 된다. 생산량이 줄어들게 되면 공해물질이 덜 배출되어 이웃들이 입게 되는 오염 피해가 그만큼 줄어들기 때문에 주민들이 입는 건강상의 위해는 그만큼 줄어들게 되는 것이고, 혹 있을 수 있는 피해는 이에 대한 배상금으로 해결될 수 있다. 그 결과 생산자의 편익은 감소하지만, 환경오염이 발생시킨 외부비용이 줄고 지역 주민들의 편익이 증대될 수 있기 때문에 사회 전체적으로 편익이 증대되는 효율적인 결과가 생길 수 있다.

사업자의 법적인 배상 의무는 해당 주민들의 입장에서는 일종의 맑은 물, 깨끗한 공기에 대한 권리가 보장되었음을 의미한다. 주민들에게 맑은 공기를 마실 수 있는 권리와 깨끗한 강물에서 수영할 수 있는 권리를 법적으로 인정하는 것이다. 맑은 물이나 깨끗한 공기는 우리 모두가 함께 향유할 수 있는 일종의 가치재(value goods)이자 희소자원(scarce resources)이다. 따라서 사업자의 배상책임을 법적으로 명문화하는 것은 이러한 가치재에 대하여 일종의 재산권(property right)을 설정해 두는 것과 마찬가지의 효과를 발생시키는 것이다. 연탄공장 사장님이 주위 환경을 오염시킨다는 것은 주민들이 가지고 있는 이러한 권리를 훼손하는 것이고, 혹은 주민들에게 설정되어 있는 이러한 재산권을 사업 목적으로 빌려 쓰는 것이 된다. 따라서 권리의 침해에 대한 대가 혹은 권리의 임대에 대한 대가를 정당하게 지불하도록 한다는 것이다.

3.3 피구 조세(Pigou Tax 또는 Pigovian Taxes)

사업주가 발생시킨 환경오염의 외부비용을 내부화하는 또 하나의 방법은 정부가 사업자에 대하여 오염시킨 정도에 비례하여 세금을 부과하는 것이다. 예컨대 연탄공장에 대해 연탄 한 단위 생산의 증가가 이루어질 때마다 발생하는 외부비용에 비례하여 그에 상응하는 정도의 세금을 업자가 부담하도록 하는 오염세(pollution tax)를 신설하는 것이다. 이렇게 되면 연탄 공장 사장님은 생산비용을 계상할 때 오염세를 비용에 포함할 것이고, 생산비용이 늘어나는 만큼 생산수량을 감축할 것이기 때문에 오염물질 배출이 줄어들 수 있게 된다는 것이다.

배상책임과 다른 점이 있다면, 정부가 이렇게 하여 거두어들인 세금을 재원으로 대기를 청정하게 만들기 위한 환경 시설을 추가한다든지 혹은 강물을 정화하기 위한 시설을 확충하거나 강변에 수영장을 만드는 등 시민들이 입은 손실을 만회할 수 있는 다양한 대안들을 정부 주도로 추구해 나간다는 점이다.

제 4 절 코스 정리의 함의

배상책임제도나 피구의 조세 등 외부효과 문제를 경제논리로 풀어나갈 수 있다는 해법은 두 가지 요건이 전제되어 있음을 알 수 있다. 하나는 문제의 발생 원인이 무엇이고, 누구에게 책임이 있는지 확인할 수 있어야 한다는 것이고, 다른 하나는 그 원인 제공자에게 경제적 대가를 지불하도록 하는 제도가 사전에 확립되어 있어야 한다는 것이다. 그렇다면 이 두 가지 요건이 충족되기만 하면 혹은 충족되어야만, 시장에서 발생하는 외부비용의 비효율성 문제가 해결될 수 있을 것인가? 이에 대해 처음으로 의문을 제기한 것은 코스였다. 코스는 '외부비용을 내부화하기 위해 반드시 배상책임제도 등이 사전에 확립되어 있을 필요가 있는 것은 아니다.'라는 주장을 내세우고 있다. 또한, 그는 배상책임제도나 조세 제도가 오히려 비효율적인 결과를 낳을 수 있다고 보고 있다.

연탄공장 사장님은 한강물에 폐수를 흘려 내보낼 수 있는 강물이용권을 가질 수 있고, 강변 땅 주인은 맑은 한강수를 이용하여 수영을 즐기고자 하는 사람들로부터 입장료를 받을 수도 있다. 어느 쪽이든 이렇게 물을 자유롭게 이용할 수 있는 권리를 가질 수 있지만, 두 권리는 서로 상충할 수밖에 없는 것이다. 연탄공장의 권리는 강물을 오염시킬 수 있고, 땅 주인은 권리는 강물이 깨끗해야만 실현될 수 있는 권리이기 때문이다. 앞에서는 연탄공장 측에 강물오염에 대한 배상책임을 제도화함으로써 연탄생산량이 줄어들어 어떻게 사회 전체적으로 효율적인 결과가 나타날 수 있는지를 살펴보았다.

하지만 코스는 배상책임과 같은 제도화가 이루어져 있지 않은 상태에서도 사회 전체적으로 효율적인 결과가 나타날 수 있다고 주장한다. 단, 전제조건이 있다. 두 권리의 주체가 서로 상대의 권리를 인정하는 상황에서 권리의 자유로운 거래가 이루어질 수 있고 거래비용이 없어야 한다. 연탄공장 측에 강물 오염으로 생기는 피해에 대해 배상책임을 강제하는 제도적 장치가 마련되어 있지 않는다 하더라도, 두 당사자 간 자유로운 거래가 이루어질 수 있으면 사회적으로 효율적인 결과가 생길 수 있다는 것이다.

코스 정리는 시장에서 외부성 문제는 당사자 사이의 협상을 통해 해결할 수 있다는 이론적 전망을 제시하고 있다. 하지만 경제학자들은 이러한 코스의 정리를 오랫동안 대단한 발견으로 여기지 않았다. 경제학자들은 차라리 외부비용을 정부가 나서서 발생책임자에게 강제로 부담하도록 하는 피구식의 해법이나 배상책임제도가 현실적인 대안이라고 생각해 왔다. 이는 무엇보다도 코스 정리가 전제하고 있는 '거래비용 제로'라는 조건 때문이었다. 현실 세계에서는 당사자 간 거래 과정에서 많은 부대비용이 수반되기 마련이다. 하지만 코스는 외부비용의 부담을 강제하는 피구식의 해법 역시 현실 적용에 많은 어려움이 있을 수 있다고 주장한다.

우선 누구의 행동이 거래당사자가 아닌 외부의 누구에게 얼마만큼의 비용이나 편익을 발생시켰는지 식별해 내기가 쉽지 않을 수 있다. 위의 사례에서는 연탄공장측이 강변의 땅 소유주나 지역주민들에게 비용을 발생시킨 것으로 되어 있지만, 만일 연탄공장은 아주 오래 전부터 있었고, 강변 땅 주인이 최근에 들어 와서야 입장객을 들이는 시설을 열게 된 것이었다면 얘기는 아주 달라진다. 누구의 권리가 우선이고, 누구의 권리가 나중인가 하는 문제에 따라 누가 누구에게 손해를 끼치고 비용을 발생시키는지 하는 문제가 달라질 수 있는 것이다.

외부성 문제는 두 당사자가 한정된 똑같은 자원을 서로 다른 목적에 이용하고자 했을 때 발생한다. 어떤 의미에서 두 당사자 사이에는 호혜적 관계에 놓여 있을 수 있다. 코스는 외부성 문제에 대하여 어느 일방을 문제의 원천으로 비난하면서 이에게 책임을 묻는 방식의 접근법은 이러한 해법보다 비용이 적게 들면서도 보다 효율적인 결과를 가져올 수 있는 다른 방식의 해법을 간과하게 한다. 위의 사례에서 보자면 연탄공장 사장님은 강변 땅주인으로부터 제공되는 인센티브를 받아들여, 스스로 생산량을 줄임으로써 외부에 비용을 발생시키는 환경오염 문제를 회피해 나갈 수도 있다. 연탄공장 사장님이 이러한 인센티브를 받아들임으로써 쌍방의 권리관계는 재정립될 수 있고, 이에 근거하여 배상책임의 새로운 규칙이 마련될 수도 있다.

그러나 연탄공장 측이 이러한 인센티브 제의를 거절하는 경우를 생각해 볼 수 있다. 대개 이러한 경우에는 강변 땅 소유주와 지역주민들이 연탄 공장을 상대로 소송을 제기할 것이다. 강변 땅 소유주 등은 연탄공장 때문에 입게 된 모든 손실에 대해 배상할 것을 주장할 것이고, 연탄공장 사장님은 연탄공장이 아주 오래 전부터 존재해 왔음을 들어 배상책임이 없음을 주장할 것이다. 과연 재판관은 어떤 결정을 내릴 수 있는 것인가 생각해 보자.

재판관 입장에서는 피고측인 연탄공장 측의 손을 들어 주는 판결을 내릴 수도 있고, 소송을 제기한 땅 소유주와 지역 주민들의 손을 들어 주는 판결을 내릴 수도 있을 것이다. 재판관은 연탄공장이 아주 오래 전부터 그곳에서 생산 활동을 해왔다는 역사적 사실에 기초한 판결을 내릴 수도 있고, 강물 오염 때문에 직접적으로 피해를 입고 있는 사람들의 권리를 우선적으로 인정할 수도 있을 것이기 때문이다. 하지만 재판관이 어느 일방의 손을 들어주는 판결을 내리기보다는 양측 모두의 입장을 얼마간 존중하는 제3의 대안을 모색하는 결정을 내릴 수도 있다.

연탄공장의 상류 쪽에서 사람들이 수영할 수도 있고, 맑은 강물과 자연을 즐길 수 있도록 시설을 만드는 방안이 모색될 수도 있다. 이 경우 상류지역까지 사람들이 쉽게 접근할 수 있도록 도로를 만들어 소송을 제기한 측의 이익을 반영하는 결정을 내릴 수도 있을 것이다. 연탄공장은 연탄공장대로 생산량을 줄이지 않음으로써 이익을 극대화할 수 있고, 지역주민들은 대안시설로서 편익을 향유할 수 있기 때문에 도로건설 비용을 제하고 남는 만큼의 사회적 편익이 추가로 더해지는 것이 된다. 요컨대 사회적 편익의 극대화라는 관점에서는 어느 한 쪽의 손을 들어 주는 결정보다는 대안을 모색하여 모두의 편익이 증대되도록 하는 것이 합리적이라는 것이다.

일반적으로 재판과정은 누가 옳고, 누구에게 책임이 있는지를 가려내는 과정이다. 여기서의 재판 과정은 연탄공장 측에 배상책임이 있는 것인지를 따지는 것이다. 이런 경우의 재판은 권리의 다툼이고, 누구의 권리를 우선적으로 인정할 수 있는지를 결정하는 것이다. 연탄공장 측의 폐수처리를 위한 강물이용권이 우선인지, 인근 지역 주민들의 깨끗한 강물을 이용하거나 향유를 위한 권리가 우선되어야 하는지를 결정하는 것이다. 물론 환경문제가 큰 사회적 이슈가 되고 있는 오늘날 누구에게도 환경을 오염시킬 수 있는 권리가 인정될 수는 없을 것이다. 연탄공장의 역사가 멀리 소급되어 올라가고, 지금까지 그래 왔기 때문에 연탄공장 측에 우선적 기득 권리를 인정해야 한다는 주장은 오늘날 더는 설득력을 가질 수는 없다. 오늘날에는 당연히 연탄공장 측이 강물을 오염시키고 있다는 사실관계가 입증되기만 하면, 그 오염원에게 배상책임을 짊어지도록 하는 것이 당연한 법리이다.

하지만 경제학자인 코스의 관심사는 누구의 권리가 우선이고, 누구에게 법적 책임이 있는지를 따지는 것이 아니다. 코스에게는 어떻게 하면 외부 비용의 발생을 줄이고, 이로써 사회적 편익의 극대화를 도모하느냐 하는 것이다. 환경오염은 시장행위자가 인근 지역에 발생시키는 외부비용이다. 누구든지 자신의 시장 활동으로 외부에 비용을 발생시켰다면 원인제공자로서 당연히 그 외부비용을 떠맡아야 한다는 것이 오늘날 사람들의 법의식이자 공익관념이다. 경제학자 코스의 관심사는 어떻게 하면 외부비용을 좀 더 효율적인 방법으로 감축시킬 수 있느냐 하는데 있다. 누가 책임을 져야 하는가 하는 것이 아니라, 어떻게 하면 전체 사회 복지 수준을 떨어뜨리지 않을 수 있는 방법으로 외부비용을 감축하느냐 하는 것이었다. 코스에 의하면 사회적 편익의 극대화라는 관점을 유지한다면 누구에게 책임이 있느냐를 따지는데 급급해서는 안 되며, 한 걸음 더 나아가 외부비용을 감축하거나 제거하는데 드는 비용을 줄일 수 있는 방법을 모색해야 한다는 것이다. 이는 외부비용 발생의 책임자가 그 외부비용을 기꺼이 짊어지려고 하는 충분한 인센티브를 갖도록 하는 것이기도 하다.

제 5 절 재산권적 해법

코스의 기본 생각은 시장에서 발생하는 비용과 편익의 분배 문제는 당사자 사이의 자유로운 거래와 협상을 통해서 해결되도록 하는 것이 사회 전체로서 최선이라는 것이다. 당사자 간의 거래와 협상 과정은 당사자가 그렇게 하려는 충분한 인센티브가 주어져야 한다. 연탄공장 사장님과 지역주민들 사이에 진행되는 거래와 협상 과정에서도 서로가 그렇게 하려는 충분한 인센티브가 주어져야 한다는 것이다. 도로를 신설하는 문제라든지, 환경 시설을 도입하려는 문제 등이 당사자들의 비용-편익 계산법에 맞아야 한다. 코스가 거래비용이 제로 수준이여야 한다는 단서를 달고 있는 것은 문제해결을 위한 해법이 이와 같이 당사자들의 비용-편익 계산법과 자연스럽게 딱 맞아떨어진다는 것을 의미하는 것이기도 하다. 당사자 사이의 거래와 협상이 각자의 계산법에 합치되지 않는 경우에는 거래비용을 제로 수준으로 유지할 수 없다. 이러한 경우 어느 한 당사자는 이 문제를 당사자 사이의 협상이 아닌 다른 방법을 통해 문제를 해결하여야 할 것이다. 예컨대 법정으로 가져간다든지 혹은 정부에 규제 장치를 만들도록 압력을 행사한다든지 하는 것이 그 예가 될 것이다. 일반적으로 거래비용을 제로 수준으로 유지하기란 어려운 일이다. 거래비용이 커지게 되면 당사자 사이에서 외부비용 문제를 해소하는 것이 불가능해진다. 외부비용에다가 거래비용까지 보태지면서 비용항목이 복잡해지고, 비용의 크기가 편익의 크기를 상쇄하기가 어려워지기 때문이다.

당사자 사이에 진행되는 외부비용의 내부화 과정은 어떤 의미에서 법적 권리의 재배열(rearrangement of legal rights)을 뜻한다고 할 수 있다. 코스 이후 많은 경제학자들은 '코스 정리'에 기초하여 환경문제를 해소해 나갈 수 있는 새로운 접근법을 제시해 왔는데, 흔히 이를 통칭하여 재산권적 접근법(property-right approach)이라 부른다. 재산권적 접근법은 오염의 책임소재를 따지기보다는, 환경오염이라는 외부비용 처리 과정에서 시장 기제를 작동하도록 하는 방식이다. 책임규명에 급급하다 보면, 경우에 따라서는 책임을 잘못 전가할 수도 있고, 책임자에게 부당하게 큰 비용부담을 안기는 결과가 초래될 수도 있다. 이런 경우 사회적 자원 배분에 왜곡현상이 생기게 되고, 그 결과로서 사회적 복지 수준의 감축이 생길 수도 있다.

피구식 접근법이 외부효과의 결과에 초점을 맞추어 오염을 발생시킨 책임자를 규명하고, 그에게 환경세를 부과하는 방식의 해법이라면, 재산권적 접근법은 외부효과의 원인이 무엇인지를 따져 외부비용을 시장기제로 끌어들이는 해법이다. 재산권적 접근법은 외부효과가 근본적으로 당사자 간 권리관계가 특정화되지 않았기 때문에 발생하는 것으로 보고, 이러한 권리관계를 명확히 해주는 것으로 문제를 최선으로 해결할 수 있다고 본다. 그리고 당사자 간 권리관계의 명확한 재규정 역시 어떤 외부적 권위의 개입에 의해서가 아니라, 당사자 간 협상과 합의를 통해서 이루어가는 것이 사회 전체적으로 가장 효율적인 결과를 낳는다고 보고 있는 것이다.

이러한 재산권적 접근법은 시장행위자들에게 스스로 오염문제를 해결해 나갈 수 있도록 경제적 인센티브가 주어져야 한다는 생각에 토대를 두고 있다. 최근에 들어와 환경오염 문제 해결을 위해서는 획일적인 명령통제식의 규제접근법을 지양하고 시장 기제를 활용하여 보다 효율적인 방식으로 문제를 풀어나가도록 해야 한다는 관점이 크게 부각되고 있다. 코스는 이러한 관점의 타당성을 경제학적으로 처음 제시해 준 것이라 할 수 있을 것이다.

[책임집필 : 윤홍근]

Chapter 7

제도와 공정성

Public Choice

제도(Institution)와 문화는 특정 사회 또는 집단에서 사람들 간 상호작용의 규칙성과 예측가능성을 지칭하며 또한 그러한 행동의 패턴이 사회들 사이에 집단들 사이에 다르게 나타나는 이유를 설명하기 위해 사용되는 가장 포괄적인 개념들이다. 문화와 제도라는 개념의 구분이 항상 분명하지는 않다. 그러나 사회과학적 맥락에서 일반적으로 문화란 집단의 구성원들 사이에 공유되고 있는 가치와 믿음, 규범 등을 지칭하고 제도란 특정한 사회적 행동의 장에 적용되어 관련된 사람들의 행동을 규제하는 규칙의 체계를 지칭한다. 제도와 조직이 자주 상호 교환적으로 사용되는 것도 혼란의 한 원인이 되고 있다. 일반적으로 조직이란 목적을 공유하고 상호작용의 방식이 비교적 명시적으로 확정되어 있는 사람들의 집단을 지칭한다. 조직은 더 큰 범위의 사회적 맥락에서 집합적인 행위자로 활동할 수 있다. 예를 들어, 기업, 학교, 지방정부, 시민운동단체 등은 조직이다. 이에 반해 한국의 의료제도, 교육제도, 산림자원 관리제도, 선거제도 등은 규칙들의 모음이다.

제1절 제도란 무엇인가?

제도는 인간의 행동을 제약하거나 가능하게 하는 요인들 중의 하나이다. 사회적 상호작용의 장에서 인간의 행동을 제약하는 요인들로는 특정한 사회적 행동 상황과 관련된 물리적, 생물학적 요인들, 해당 인간 공동체의 특성, 그리고 제도적인 요인들을 들 수 있다. 이 중에서 제도적인 요인들은 사람들이 스스로 만들어낸 것이다. 이런 의미에서 제도는 사람들이 스스로 만들어낸 제약이라 할 수 있다. 물론 제약이라고 해서 부정적인 의미만을 가지지는 않는다. 사회적 공존을 위해서는 개인의 행동에 제약을 가하는 것이 불가피하다. 잘 설정되고 준수되는 제약들에 의해서 사람들 간의 상호작용에 질서가 부여되지 않으면 사회적 협동은 가능하지 않다.

현대 사회에서의 삶의 하루를 생각해보면 우리가 매우 복잡하고 다양한 제도에 의존하고 있음을 알 수 있다. 우리는 거의 무의식적으로 복잡한 상황에서 타인들이 어떻게 행동을 할 것인가에 대한 예측을 하며 대부분의 경우 그러한 예측이 적중한다. 지하철을 이용해서 출근을 하는 매우 일상적인 행동은 제도에 의해 규칙성이 부여된 수많은 타인들의 예측 가능한 행동에 의해서 그 목적이 달성된다. 각 역에 정차하리라는 기대, 사람들이 타고 내리는 순서, 열차 안에서 지켜야할 행동 규범들, 그리고 교통카드를 이용해서 지하철 요금을 납부할 수 있다는 것 — 이 모든 행동의 규칙들과 타인의 행동에 대한 예측들이 수많은 승객, 지하철공사의 직원들, 금융기관의 시스템에 적용되는 복잡한 규칙의 체계에 의존하여 실현된다. 우리가 이러한 제도의 작동을 당연한 것으로 받아들이기 때문에 오히려 이 제도들이 조금이라도 변화와 사람들이 제도의 규칙을 위반하는 경우들에 대해 주목하고 불안을 느끼게 된다. 낯선 나라에 가서 긴장하거나, 행동이 어색해지고 실수를 하게 되는 이유는 그 나라의 복잡한 제도에 대해서 미리 잘 알아두지 않았기 때문이다. 따라서 외국여행을 준비하는 중요한 부분은 그곳의 제도를 이해하는 것이며, 그렇게 하여 그곳에서 사람들이 행동하는 방식에 대한 적절한 기대와 예측을 형성하고 그에 맞추어서 자신의 행동을 준비하는 것이다.

제도를 구분하는 방법은 여러 가지가 있다. 위의 예들에서처럼 적용 대상이 되는 사회적 상호작용의 영역에 따라, 즉 교육제도, 공유자원 관지제도, 의료제도, 선거제도, 복지제도 등과 같이 제도를 구분할 수 있다. 또는 특정한 규칙체계가 성문화되어 있는가에 따라 공식적인 제도와 비공식적인 제도로 나눌 수도 있다. 영국 헌법의 예에서 잘 드러나듯이 쓰여 있는 규칙체계만이 제도인 것은 아니다. 따라서 제도를 법률체계와 동일시 할 수는 없다. 때로는 법률이 존재하나 사람들이 그 존재조차도 모르거나 알고도 무시하며 따르지 않지만 그렇다고 특별한 제재를 받지도 않는 경우도 있다. 반면 정부나 법률이 없던 과거의 시기에도 또는 현대에서도 법과 정부가 정해놓은 규칙이 없는 상황에서도 사람들의 행동규칙에 대한 공유된 인식이 진화 발전 정착하기도 한다. 때로는 이러한 비공식적 규칙들이 정부의 공식적인 제도보다 사람들의 행동과 기대에 더 큰 영향을 미치기도 한다. 따라서 제도를 이해함에 있어서는 공유된 인식 속에 존재하며 현실적으로 적용되는 규칙의 체계들에 주목할 필요가 있다. 이러한 규칙들은 사람들의 행동에 직접 영향을 미칠 뿐 아니라 사람들로 하여금 타인의 행동을 안정적으로 예측할 수 있게 해주고 자신의 행동이 자신과 사회에 미칠 결과를 미리 평가하는 기준으로 작용한다. 성문의 규칙체계와 현실에서 적용되는 규칙체계가 일치하는 경우 이를 법의 지배라고 한다.

제도에 대한 다양한 정의가 있지만 공공선택이론의 관점에서 제도는 여러 사람들 간의 사회적인 상호작용 과정에서 반복적으로 발생하는 문제들을 해결하기 위해 적용되는 규칙(rules)의 체계라고 보는 것이 일반적이다. 매우 구체적인 문제, 예를 들어 진료와 의약품의 처방, 의약품의 조제와 판매를 의료기관과 약국 사이에서 어떻게 역할 분담할 것인가와 같은 문제에서도 하나의 규칙만으로 그러한 행동의 장에서 발생하는 행동들을 규제하는 것은 불가능하다. 따라서 제도는, 예를 들어 의약 분업과 관련된 제도는, 여러 규칙들의 모음이다. 더 나아가 규칙들이 단지 모여 있는 것이 아니라 한 규칙의 해석과 집행이 다른 규칙에 의존하며, 한 규칙의 실효성이 다른 여러 규칙들의 존재에 의존한다는 점에서 제도 속에서 규칙들을 구성배열(configuration)되어 있다고 말할 수 있다. 즉 제도는 특정한 사회적 상호작용의 장에 적용되어 사람들의 행동을 규제하는데 실제로 사용되고 있으며 구성배열되어 있는 규칙들의 집합(a configured set of rules－in－use)이라 정의할 수 있다.

한 제도가 사회구성원들 간에 공유된 인식으로 존재하며 또한 사람들에 의해서 실제로 사용된다고 해서 그 제도가 사회 구성원들의 지지를 받고 정당성을 획득하고 있다는 의미는 아니다. 노예가 주인의 명령을 따르고 비인간적인 대접에 대해 저항하지 않는다고 해서 노예가 노예제도의 정당성을 인정하고 있다고 볼 수는 없다. 그러나 노예제는 일련의 정합적인 규칙들의 체계이며 주인과 노예 그리고 공권력이 그 규칙들에 따라서 행동한다는 의미에서 제도이다. 독재체제에서 사람들은 독재자의 정당성을 인정할 수도 있고 또는 그 정당성은 인정하지 않으나 저항에 따르는 보복이 두려워 소극적으로 순응하고 있을 수도 있다. 어떠한 제도들은 정당성을 획득하지 못하더라도 현실의 제도로서 유지될 수 있다. 즉 사회구성원의 다수가 특정의 규칙체계의 정당성을 인정하지 않는 경우에도 여러 가지 이유로 그러한 규칙을 따르고 또한 다른 사람들이 그러한 규칙을 따라서 행동할 것으로 예측하고 자신의 행동을 정하는 경우 그 규칙체계는 공유되어 있는 것이며 따라서 앞에서 제시한 제도의 정의에 부합한다.

마찬가지로 제도가 현실적으로 적용되는 규칙의 체계라고 해서 그 규칙들이 사회적으로 효율적인 결과를 낳는다는 보장은 없다. 위의 예와 같이 소수의 이익을 대변하고 그 제도에 의해서 이득을 보는 소수가 강제력으로 유지하고 있는 제도는 사회적으로 비효율적인 경우가 많다. 그러나 자발적인 동의에 기초하지 않는 비효율적인 제도는 정당하며 효율적인 제도에 비해 불안정한 것이 일반적이다. 정당성을 결여하고 있는 제도를 변화시키기 위해서는 제도에 의해 체계적으로 차별을 당하는 사람들이 저항과 변혁을 위한 집합행동의 문제를 극복할 수 있어야 한다. 또한 비효율적인 제도를 개혁하여 사회구성원 대다수의 처지가 개선될 수 있는 상황에서는 다양한 이해관계의 당사자들이 새로운 제도의 구체적인 내용 특히 제도의 개선을 통해 창출되는 이득의 분배에 대해 어떻게 합의할 수 있는가에 달려있다.

제 2 절 규칙(rules)

앞에서 우리는 제도를 규칙의 체계라고 정의하였다. 그렇다면 규칙이란 무엇인가? 규칙이란 어떠한 행동 또는 결과에 대한 처방이다. 처방이라 함은 어떤 행동을 해야만 한다, 어떠한 결과를 달성해야 한다(의무), 해서는 또는 초래해서는 안 된다(금지) 또는 해도 된다(허용)와 같이 의무, 금지, 허용과 같은 언어적인 형태로 표현되는 지침이다. 예를 들어, 국민은 조세의 의무를 지니며 법률에 정하는 바에 따라서 세금을 납부해야 한다는 것은 의무를 처방하는 규칙이다. 반면, '자신의 신체를 보호하기 위한 급박한 필요가 없는 한, 다른 사람에게 신체적인 상해를 가하는 폭력을 행사하여서는 안 된다'는 규칙은 특정 행위에 대한 금지를 처방하는 규칙이다. 의무와 금지로 규정되어 있지 않은 행동의 경우 일반적으로 허용된 것으로 볼 수 있다. 그러나 모든 국민은 사상의 자유를 지닌다와 같이 행동 또는 결과의 구체적인 내용을 지정하여 금지하거나 의무로 부과하지 않지만 어떤 범위의 행동을 허용하는 것을 명시적으로 밝히는 규칙들도 매우 중요하다. 여성들에게 남성들과 동등한 투표권이 주어진 것은 나라마다 차이가 있기는 하지만 길어야 최근 백년 또는 수십 년 사이의 일이다. 투표권과 같은 권리의 부여는 허용규칙에 의해서 이루어진다. 즉 여성들이 남성들과 동일한 투표권을 가진다는 것은 이전의 투표금지 규칙을 변화시키는 것이지만 그렇다고 투표의 의무를 부과하는 것은 아니라는 의미에서 허용규칙인 것이다. 허용규칙은 권리를 창출하며 일정한 제약 하에서(예를 들어 일인 일표, 남성과 여성에게 동등하게 적용되는 연령제한 등) 행동의 자유를 부여하는 것이다. 투표권과 같은 허용규칙은 제도의 구성배열에 의해서 다른 행위자의 의무를 만들어 낸다. 예를 들어 특정 연령 이상의 모든 국민이 투표권을 가진다고 하는 것은 선거를 관리하는 국가기관이 그 사람들의 권리 행사를 지원하기 위한 행동을 취할 의무와 결합된다. 따라서 선거관리위원회는 선거의 일시, 후보자, 투표소의 위치 등에 대한 정보를 유권자들에게 전달할 의무가 있으며 이러한 의무를 규정하는 규칙들이 투표의 권리에 대한 허용규칙과 구성배열 되어있다. 그러나 공직자 선출을 위한 선거에 후보자로 나설 수 있는 권리는 —이 역시 허용규칙에 의해 창출되는 것이지만— 앞의 투표의 권리에서와 같이 다른 행위자들에게 구체적인 의무를 규정하지 않을 수도 있다.

도덕률(moral code), 예를 들어 너의 이웃을 사랑하라, 남이 보지 않더라도 정직하게 행동하라와 같은 언명들 역시 의무와 금지에 대한 처방을 제시하고 있다는 점에서 제도의 구성요소로서의 규칙과 유사하다고 할 수 있다. 그러나 제도의 구성요소로서의 규칙은 첫째, 특정한 사회적 상호 작용의 반복적 상황에 적용된다는 점 그리고 둘째, 그 위반에 따르는 다양한 형태의 처벌이 명시적 혹은 암묵적으로 함축되어 있거나 연동되어 있다는 점, 마지막으로 셋째, 다른 규칙들과 비교적 정합적인 체계를 이루어서 구체적인 행동 상황에 적용된다는 점 등에서 도덕률과 다르다고 할 수 있다.

첫째, 특정한 사회적 상호작용의 반복적인 상황이라는 것은 사회적인 행동의 공간이라고 할 수 있다. 예를 들어 어느 어촌 공동체에서 그 구성원들이 어업과 관련하여 누가 언제 어떤 어족을 얼마나 잡을 것인가, 대의 민주주의 하에서 입법기관의 구성원을 어떠한 방법과 절차를 통해서 선출할 것인가, 맞벌이 부부가 늘고 있는 상황에서 보육서비스를 누가 얼마만큼의 비용으로 어떻게 제공할 것인가 등의 비교적 구체적으로 정의되지만 그렇다고 일회적이며 우연적인 상호작용의 형태는 아닌 상황들을 의미한다. 따라서 우리는 자율어업을 위한 제도, 선거제도, 복지제도의 일환으로서의 보육관련 제도 등에 대해서 논할 수 있게 된다.

둘째, 도덕률을 위반하는 경우와는 달리 제도의 구성요소인 규칙을 위반하고 그러한 위반이 발각되었을 경우는 처벌이 따르게 된다. 도덕률을 내재화한 사람이 어쩌다가 그에 반하는 행동을 한 경우는 양심의 가책을 느끼게 된다. 또는 도덕률이 내면화 되어 있는가의 중요한 기준은 그 위반이 내적인 심리적 고통으로 이어지는가의 여부라고 할 수 있다. 사회적 규범의 경우 그 위반은 내적인 고통, 즉 죄책감 또는 다른 사람들에게 발각되었을 때 수치심으로 귀결된다. 도덕률의 경우와 마찬가지로 사회적인 규범이 내재화되어 있는가의 여부를 판단하는 중요한 기준이 바로 타인들의 시선으로 인한 수치심의 발생여부이다. 도덕이나 규범에 비해 제도의 구성요소로서의 규칙의 경우는 그 위반에 따른 사회적인 제재가 비교적 분명하다. 사회적인 제재의 수준은 다양하다. 다른 사람으로부터 항의를 받거나 꾸중을 듣는 것과 같은 낮은 수준일 수도 있고, 형법상의 범죄행위를 행한 경우 같이 신체적인 구속에 이를 수도 있다. 규칙을 위반하는 사람에 대한 처벌의 주체가 반드시 공권력을 지닌 정부일 필요는 없다. 공동체로부터의 소외 추방, 국가권력에 의해서 강제된 것은 아닌 자율적으로 정해진 벌금이나 봉사활동 등과 같은 형태의 처벌도 가능하다.

셋째, 제도는 개별적인 규칙이 아니라 그 규칙들의 체계이다. 앞에서 언급했듯이 제도는 개별 규칙들의 단순집합이 아니라 특정한 상황과의 연관 속에서 설정된 규칙들의 구성배열(configuration)인 것이다. 예를 들어 제도의 구성요소로서의 규칙들 중의 하나를 위반하는 경우에는 그에 따른 제재가 따를 가능성이 있다. 이처럼 규칙의 위반에 대한 제재가 독자적인 하나의 '게임'과 같은 상호작용의 상황이 되며 그 게임에서의 행위자들 및 그들의 권리와 의무가 특정화된다. 남의 물건을 훔치지 말라는 규칙을 위반한 경우 전통사회에서처럼 마을회의가 열리고 마을의 노인들이 당사자들의 말을 듣고 도둑질이 실제로 발생했는지 판단할 수 있다. 물건을 훔친 것이 사실이라고 판정된 경우 훔친 물건에 준하거나 더 큰 보상을 하게 할 수도 있고 마을에서 추방하는 등의 엄한 제재를 가할 수도 있다. 즉 규칙의 위반에 대한 처벌과 관련된 행위자들, 규칙 위반의 여부를 판단하는 기준, 그리고 가능한 처벌의 범위 등을 정하는 일련의 규칙체계가 존재하는 것이다. 물론 현대 사회에서는 경찰 및 사법 조직 형사법, 형사소송법 등의 공식적인 행위자들과 법률이 이러한 역할을 한다.

허용규칙이 권리를 창출하는 경우 그 권리의 유효성을 위해 다른 행위자를 설정하고 그 행위자에게 창출된 권리가 효과적으로 행해질 수 있도록 보장하는 의무를 부과할 수도 있다. 이 경우 역시 제도가 규칙들의 구성배열을 통해서 작동하는 한 예이다. 여기서는 권리의 행사를 보장할 의무를 지닌 행위자가 그 의무를 위반하였을 경우에 대한 처벌이 포함될 수도 있다. 예를 들어 일정자격을 갖춘 시민들은 투표에 참여할 수 있다는 규칙, 선거관리위원회는 유권자들이 투표권을 원활하게 행사할 수 있도록 이러저런 방식으로 보조해야한다는 규칙, 그리고 선관위 소속 공무원이 그 의무를 방기하였을 경우 이러저러한 제재를 가할 수 있다는 규칙 등이 선거제도 속에서 구성배열되어 있는 것이다.

제도는 인간이 만들어 낸 것이기 때문에 제도에 대한 정의가 옳다거나 그르다고 분명하게 말할 수는 없다. 우리는 제도가 사람들에 의해서 특정한 사회적 상호작용의 장에서 행동을 규제하기 위해 실제로 사용되는 규칙들의 정합적인 체계라고 정의한 바 있다. 특히 실제로 사용되는 규칙을 강조한 것은 제도에 대한 연구가 성문규칙에 대한 연구로 끝나버리는 것을 경계하기 위해서이다. 대부분의 경우 한 사회의 제도를 이해하기 위해서는 그 사회의 법률 등 성문 규칙을 연구하는 것만으로는 부족하다. 일부 학자들은 성문의 공식적 규칙체계라고 해서 반드시 현실의 행동을 규제하는 제도는 아닐 수 있다는 점을 강조하기 위하여 제도를 게임이론의 균형(equilibrium)의 관점에서 정의하기도 한다. 게임이론의 균형 개념은 각자의 합리적인 선택이 다른 사람들의 합리적인 선택의 바탕이 되어 일단 도달하면 그 누구도 일방적으로 행동을 바꾸고자 하지 않는 상태를 지칭한다. 이러한 균형 개념은 사람들이 왜 규칙을 따르고 즉 제도가 어떻게 안정적으로 지속되는가를 설명하는데 유용할 수 있다. 어느 정도의 안정성과 지속성이 없는 규칙 체계를 제도라고 부를 수는 없다. 대부분의 사람들이 어떤 규칙 체계를 따르는 것이 비록 상상할 수 있는 최선은 아닐지라도 현실의 제약들을 고려할 때 최소한 불가피한 것으로 인식하지 않는다면 제도의 안정성과 지속성은 생겨나지 않을 것이다. 따라서 게임이론의 균형 개념은 우리가 정의한 바와 같이 실제로 사용되는 규칙체계로서의 제도를 이해하는데 유용하다. 그러나 제도를 게임의 균형으로 완전히 환원시켜버리는 것 보다는 제도는 규칙의 체계로 정의

하되 그러한 규칙 체계의 발생, 지속, 효과 등을 이해하기 위해서 특히 지속적이며 행동에 예측 가능한 형태로 영향을 미치는 이유를 이해하기 위해서 "균형"이라는 개념을 사용하는 것이 더 좋을 것이다.

제도를 이해하는데 있어서 중요한 또 하나의 측면은 제도의 층위(level)이다. 앞에서 논의한 규칙들은 행동의 규제에 직접적으로 적용되는 실행수준(operational level)의 규칙들이었다. 그렇다면 이러한 실행수준의 규칙들을 누가 어떻게 만드는가? 예를 들어 정책에 영향을 미치는 대부분의 법령들은 국회에서 국회의원들의 과반수의 출석과 출석의원 과반수의 찬성으로 제정되고 이에 대해서 대통령이 거부권을 행사하지 않으면 법령으로 공표된다. 어민들이 어업과 관련된 규칙들, 예를 들어 누가 언제 어떠한 방식으로 얼마만큼의 물고기를 잡을 수 있는가에 대한 규칙은 정부가 정해왔다. 그러나 자율관리어업 정책이 도입된 이후에는 이에 대한 권한의 많은 부분이 자율어업공동체에 이관되었다. 이 경우는 정부 당국과 자율어업공동체 양자가 모두 어업과 관련된 실행규칙의 제정에 참여한다. 이처럼 누가 어떻게 실행규칙을 결정하는가에 관련된 규칙들을 집합선택 규칙(collective choice rules)이라 하고 제도의 이러한 수준을 집합선택의 수준이라고 한다. 마찬가지로 누가 어떻게 집합선택 규칙을 만드는가의 문제는 헌법선택(constitutional choice) 규칙에 의해서 정해진다. 여기서 헌법이라는 것은 국가의 기본법으로서의 헌법을 말하는 것이 아니라 집합선택의 주체와 방법을 규정하는 규칙들을 지칭하는 것이다. 논리적으로 보자면 이러한 헌법선택규칙은 누가 어떻게 만드는가 하는 문제가 제기된다. 따라서 제도의 수준을 기계적으로 3단계로 나눌 수는 없다. 오히려 규칙들이 층위를 이루어서 한 수준의 규칙체계가 상위의 규칙체계에 의해서 영향을 받게 된다는 것을 이해하는 것이 중요하다. 민주주의 사회에서는 실행수준의 규칙을 정할 수 있는 권한이 행동상황의 당사자들에게 주어지는 경우가 많다.

제3절 공정성(Fairness)

왜 사람들 사이에서 다툼이 일어나는가? 분쟁을 조정하기 위해서 민사법원 등과 같은 제삼자가 중재의 역할을 하는 경우에도 분쟁의 당사자들이 이에 승복하지 못하는 경우가 많다. 인간이 자기이익을 추구하는 한 분쟁의 가능성은 항상 존재한다. 분쟁은 구체적인 사건을 통해서도 나타나지만, 또한 사회제도의 근본적인 원리에 대해서도 발생한다. 공정성(fairness)과 정의(justice)는 사람들 간의 이해관계의 충돌이 어떻게 해결되어야 하는가에 대한 지침을 제시하는 윤리학적 사회철학적인 근본 개념들이다. 이러한 개념들이 중요한 것은 서로 충돌하는 이해관계를 무조건 힘에 의해서만 조정하는 것이 아니라 당사자들이 받아들일 수 있는 원칙들에 입각해서 조정하고자 하는 바람이 사람들에게 있으며 그러한 원칙이 올바르다면 무제한적인 자기이익의 추구를 포기하고 원칙에 승복하고자 하는 의사가 있기 때문이다. 상충하는 이해관계는 사람들이 홀로 살아가지 않고 사회를 이루어 함께 살아가기 때문에 생겨난다. 혼자 살아가는 것보다 사회를 이루어 협동하는 것이 모두를 위해 이익이 되지만, 사회 속에서의 협동은 필연적으로 갈등을 수반할 수밖에 없다. 이러한 갈등이 사회의 파괴로 이어지지 않기 위해서는 먼저 사회 제도의 근본적인 원칙들에 대한 광범위한 합의가 있어야 하고 또 그러한 합의를 바탕으로 생겨나는 권리와 의무가 존중되어야 한다.

존 롤즈(John Rawls)는 공정성과 정의의 문제에 대한 현대적 논의에 가장 큰 영향을 준 철학자이다. 롤즈는 정의 원칙의 핵심에 공정성이라는 윤리적인 원칙이 있다고 보았다. 따라서 그의 정의론은 공정으로서의 정의(Justice as Fairness)를 핵심으로 한다고 볼 수 있다. 롤즈의 정의론에서 공정성과 정의의 개념은 이중적인 관련을 지닌다. 첫째, 공정성은 정의의 원칙을 도출하는 것을 가능하게 하는 원초적인 도덕적 원칙이다. 즉 공정성은 개인 차원의 가치이고 정의는 공정성의 원칙을 바탕으로 하여 설계된 사회제도의 가치이다. 둘째, 정의로운 사회 제도 하에서 공정성의 원칙에 대한 개인의 의무는 구체적으로 정의된다. 즉 공정성의 의무는 개인이 자발적으로 합의한 정의로운 사회제도에 의해 부과되는 의무를 충실히 수행할 것을 요구한다.

롤즈는 정의는 사회제도의 원칙이며 공정성은 개인의 행동에 관한 윤리로 규정한다. 사회제도의 미덕으로서의 정의는 "사회의 기본적인 구조, 권리와 의무의 할당, 사회적—경제적 이득advantage의 분배" 등을 정하는 기준이다(Rawls, 1999[1971], 61). 반면 공정성(fairness)은 약속을 지키는 충직함(fidelity)이나 도움을 받았을 때의 감사하는 마음(gratitude) 등과 함께 개인 차원에서의 윤리적인 원칙이며 도덕적인 의무이다. 공정하다는 것은 타인들과의 관계에 있어서 자기이익의 추구를 적절하게 제한하고 협동을 통해서 서로 이익을 볼 수 있는 상황에서 다른 사람이 원하는 바, 추구하는 이익을 인정하는 것을 의미한다. 즉 공정성은 협동적 상호관계에서 발생하는 개인의 윤리적 의무이다. 롤즈는 사람들이 무지의 장막(veil of ignorance) 뒤로 스스로 들어가서 원초적인 입장(original position)을 취하여 사회제도의 근본적인 원리들에 대해 숙의(deliberation)한다면 정의로운 제도의 요건에 대해서 만장일치로 합의할 수 있을 것으로 보았다. 이러한 만장일치가 가능한 것은 사람들이 공정성의 원칙을 따르고자 하기 때문이다. 즉, 원초적 입장에서 합리적인 개인들이 사회의 제도를 숙의할 때 부과되는 도덕적인 의무는 자기를 희생해서 다른 사람을 돕고자 하는 이타심이나 공동체에 대한 충성심 등이 아니라 공정성인 것이다.

공정성에 대한 원초적인 관념에 입각하여 자발적으로 합의되는 제도는 정의롭다. 이러한 제도는 공정성의 원칙이 의미하는 바를 구체화한다. 롤즈에 따르면 개인의 의무는 그 원천에 따라서 두 가지로 나뉜다. 그 첫째는 자연적인 의무이다. 자연적 의무란 인간으로서 가지는 당연한 의무로서, 예를 들어 자신에게 크게 위험이 되지 않는다면 어려움에 처한 다른 사람을 도와주어야 한다는 의무 그리고 다른 사람들을 해하거나 그들의 정당한 소유물을 훔치지 말아야 한다는 의무 등을 지칭한다. 이러한 의무는 사회의 제도적 특성에 의존하는 것이 아니다. 즉 특별한 약속이나 계약관계에 의해 발생하는 것이 아니며 나와 특별한 관계에 있는 사람들에 대해서만 지게 되는 것이 아니라 인간으로서 마땅히 행하여야 하는 의무이다. 두 번째 종류의 의무는 정의로운 제도에 대해 사람들이 자발적으로 합의함으로써 생겨나는 의무이다. 이러한 의무는 공정성의 원리로부터 나온다. 공정성의 원칙에 의하면 내가 자발적으로 어떤 제도 및 그 규칙들로부터 혜택을 받거나 그러한 제도 규칙들에 의해서 제공된 기회를 이용하여 나의 이익을 추구해 나간다면 나는 그러한 제도에 의해 설정된 규칙에 따라서 내가 하여야 할 바를 행할 의무가 있다.

제4절 정의로운 제도

그렇다면 과연 사람들은 사회제도의 근본적인 가치, 즉 정의의 원칙들에 대해서 합의할 수 있을 것인가? 만약 그렇게 하는 것이 가능하다면 그 합의의 내용은 무엇이 될 것인가? 롤즈는 사회계약론의 전통을 현대적으로 발전시켜 무지의 장막과 원초적 입장이라는 개념들을 통해서 어떤 조건에서 정의의 원칙들에 대한 합의가 가능한지를 논하고 정의로운 제도의 두 가지 근본 원칙을 제시한다. 정의로운 제도의 원칙에 대한 합의를 가로막는 것은 우리가 이미 자신의 장점과 단점을 알고 있으며 어떠한 사회제도가 자신에게 유리하게 작용할지에 대한 판단을 하여 그러한 제도를 타인들에게 강요하려 하기 때문이다. 가난한 사람은 더 많은 재분배를 요구할 수 있고 부자는 그 반대일 수 있다. 높은 지능을 가진 사람은 사회제도가 지적인 능력을 더 높이 평가하고 보상하기를 원할 수 있고, 또 육체적 예술적 능력이 뛰어난 사람은 그와 다르게 생각할 수 있다. 사회를 구성하는 각 개인의 특성, 처지는 다양하다. 롤즈에 의하면 이러한 특성들의 불균등한 분포는 그 자체로서 정의롭거나 부정의한 것은 아니며 다만 사회가 그러한 특성들을 어떻게 다루느냐 하는 것이 정의론의 핵심적인 문제이다. 이러한 차이를 사회적 상호작용에서 영속시키거나 확대시키는 것은 부정의한 것이고 그 우연적 차이를 줄이는 것이 정의로운 것이다. 물론 이에는 사회의 형성을 통해서 모든 사람들이 이득을 본다는 전제가 깔려있다. 따라서 우연적 차이가 초래할 수 있는 불평등의 정도를 통제한다는 것이 자연적으로 유리한 위치에 있는 사람들이 사회의 형성을 통해 손해를 보게 한다는 것을 의미하지는 않는다.

어떻게 사람들이 자신의 특수한 이해관계를 넘어서서 정의로운 제도에 대해서 합의할 수 있을 것인가? 롤즈는 사람들이 자발적으로 무지의 장막을 거쳐서 원초적 입장을 취하게 되면 정의의 원칙들에 대해 합의할 수 있다고 본다. 무지의 장막 뒤로 들어간다는 것은 사회제도의 원칙들에 대한 합의에서 자신의 특수한 이해관계를 관철시키기를 포기한다는 것을 의미한다. 원초적인 입장에 도달하면 모든 사람들은 평등한 입장에서 사회계약을 맺을 수 있다. 원초적 입장에서 개인들은 자기이익에 입각하여 합리적으로 사회제도의 근본적인 원칙을 채택할 것이다. 사회의 구성원들이 원초적 입장을 취하게 되면, 즉 자신의 이해관계를 버리고 불편부당(impartial)한 입장에서 사회제도의 원칙을 선택하게되면 정의로운 제도가 성립될 수 있다. 따라서 무지의 장막 뒤로 자발적으로 들어가는 행위, 즉 사회제도의 원칙에 대한 숙의 과정에서 자신의 이해관계를 넘어서는 것은 근본적으로 도덕적인 결단이라고 할 수 있다. 무지의 장막 뒤에서 잊혀지는 개인의 특성들은 매우 광범위하다. 여기에는 자신의 자연적인 재능, 취향, 사회적인 위치, 소득, 부뿐만 아니라 자신이 속한 세대(generation), 사회의 정치경제적 발전 정도에 대한 지식조차도 잊혀진다. 다만 사회의 상태에 대해 사람들이 알고 있는 것은 사회가 지나친 자원의 희소성에 시달리고 있지는 않다는 것이다. 즉 사회는 자원이 너무나 풍족하여 갈등의 여지가 없는 상태도 아니고 자원이 너무 부족하여 모두가 인간적인 생활을 영위하는 것이 불가능한 상태도 아닌 그 중간 지점에 있는 것으로 가정된다.

롤즈는 원초적 입장을 취한 개인들은 다음과 같은 두 가지의 원칙에 대해 합의할 것이라고 주장한다.

1. 자유의 우선성(Priority of Liberty): 각 개인은 다른 사람들의 동등한 자유와 양립 가능한 가장 광범위한 자유를 가진다.

2. 차등의 원칙(Difference Principle): 사회적 경제적 불평등은 다음의 두 가지 조건을 만족시키는 한에서 정당화된다. 첫째, 그러한 불평등이 모든 사람을 이롭게 해야 한다. 둘째, 모든 사람에게 열려있는 지위에 따른 불평등이어야 한다.

롤즈는 위의 두 가지 원칙들이 동등하게 중요한 것이 아니라, 첫 번째 원칙, 즉 자유의 우선성의 원칙이 먼저 충족되어야 하는 것이라고 주장한다. 두 가지 원칙들 모두 사람들의 삶을 풍족하게 해주는 사회경제적 자원의 희소성의 정도가 너무 심각하지는 않음(moderate scarcity)을 전제로 한다. 따라서 사람들은 물질적인 부의 추구를 위해서 자유를 포기할 필요가 없고 또한 사회적인 약자를 배려하기 위해 다른 사람들이 과도한 희생을 할 필요는 없는 것이다.

롤즈의 정의론은 수많은 논쟁을 불러일으켰고 이후 사회정치 사상의 발전에 큰 영향을 주었다. 롤즈의 정의론에 대한 다양한 비판이 존재한다. 과연 타인들의 자유와 양립 가능한 최대한의 자유란 어떤 것인가? 롤즈가 제시하는 추상적인 자유의 원칙이 현실에서 서로 상충하는 자유의 문제에 직면하여 효과적인 지침이 될 수 있을 것인가? 과연 무지의 장막 뒤에서 논리적으로 도출된 정의의 원칙들이 자신의 이해관계를 잘 알고 있는 현실의 사람들에 의해서 준수될 것인가? 특히 심각한 논쟁의 대상이 된 것은 롤즈의 차등의 원칙이다. 노직(Nozick, 1974)에 따르면 롤즈의 사회계약론은 개인의 모든 특성들을 가려버리는 무지의 장막 뒤에서 개인들의 합리적인 선택에 의해 이루어지는 것이기 때문에 정의의 원칙이 분배의 최종적인 결과로 이루어 질 수밖에 없다고 주장한다. 이에 반대하여 노직은 분배적 정의의 원칙으로서 공정한 경쟁에 의해서 획득한 정당한 권리의 원칙(entitlement principle)을 내세운다. 즉 분배적인 정의는 누가 얼마만큼의 부를 가져야 하느냐라는 형식으로 표현되는 것이 아니라 공정한 경쟁의 절차를 규정하고 그로부터 귀결되는 분배적 불평등은 정당한 것으로 받아들여야 한다는 것이다.

과연 현실의 사람들이 무지의 장막 뒤에서 분배의 원칙에 대해 만장일치로 합의할 수 있을 것인지, 합의한다면 그 내용이 롤즈가 말하는 바와 같은 차등의 원리일 것인지에 대한 실험을 통한 연구들도 행해졌다. 이러한 연구들에 의하면 피험자들은 어느 정도의 기본적인 소득을 보장하는 제약 하에서 사회적 부를 극대화 하는 원리를 선택하거나(Frohlich, Oppenheimer, and Eavey, 1987; Frohlich and Oppenheimer, 1992), 노직이 말하는 바와 같은 공정한 경쟁으로부터 귀결하는 불평등은 인정하는 것으로(Hoffman and Spitzer, 1985) 나타났다.

정의로운 제도의 구체적인 내용에 대해서 또는 개인의 공정성의 원리에 대해서는 이견이 있다. 중요한 것은 정의와 공정성에 대한 원칙 그리고 그러한 원칙들이 준수될 것이라는 믿음이 사회의 구성원들 사이에 널리 공유되어 있다면 이는 커다란 사회적 자산이 된다는 점이다. 이러한 공유된 인식을 바탕으로 사회 구성원들 간에 서로를 이롭게 하는 생산적인 협동의 폭이 넓어질 것이다.

[책임집필 : 안도경]

Chapter 8

뷰캐넌의 공공선택이론

Public Choice

제1절 경제인(HOMO ECONOMICUS)

방법론적 개인주의에 입각한 정치이론의 구성에 가장 기초적인 문제영역이면서 동시에 가장 많은 논란이 이루어지는 분야가 개인의 행위 동기에 관한 규정이다. 뷰캐넌 역시 시장행위모델의 유추를 통하여 집단적 선택이론을 모색하는 데 가장 논란의 여지가 큰 문제가 개별 행위자의 행위 동기에 관한 것이라고 설명한다. '정치의 경제학'을 새롭게 개척한 뷰캐넌은 경제학의 지배적인 이론적 전제인 '경제인'(Homo Economicus) 모델을 그대로 수용하고 있다(Buchanan, 1991, 29－45). 시장 속의 경제행위자는 자신의 선호체계에 입각한 효용계산에 의해 효용극대화를 도모하는 개인합리성(Individual rationality)을 가진다고 가정된다(Buchanan, 1962, 33－34). 뷰캐넌에 의하면 투표나 선거 등 정치적 선택결정에 참여하고 있는 유권자뿐 아니라 정부의 관료, 정치가, 위원회의 위원에 이르기까지 집합적 선택에 임하는 행위자는 '경제인'으로서 사익지향적으로 행동한다. 그는 'Homo Economicus' 모델을 특히 헌법제도를 비교 분석하는 이론체계에 가장 적합한 모델로서 제시한다(Buchanan, 1985, 46).

'Homo Economicus' 모델을 비시장적 제도 영역, 특히 '정치' 분석을 위한 모델로 이용하는 것에 대해서는 일반적으로 광범위한 반감이 존재해 왔다. 뷰캐넌의 설명에 따르면, 많은 정치이론가들은 공익이나 공공선의 개념 모델에 의지하거나 아니면 정치 혹은 정부의 시혜적 독재(benevolent despot) 모델에서 안식처를 찾으려는 경향을 보여 왔다. 뷰캐넌은 이들 '공동선' 모델에 대한 선호가 경험적, 지적 이데올로기적 근거에서 유래했다기보다는 단순히 분석상의 편의를 위한 것이었다고 평가한다. 즉 '공동선'의 개념을 채택함으로써 정부 결정의 윤리적 정당성의 문제를 쉽게 비켜갈 수 있었던 분석적 편의상의 이점이 정치 분석가들로 하여금 여기에 쉽게 의존해버리는 습성을 낳게 했다는 것이다. 그러나 뷰캐넌은 이러한 분석적 편의의 대가로 사회과학 더 넓게는 사회철학 전반에 걸쳐 가중된 혼란이 초래된 것으로 공박한다(Buchanan, 1985, 47－48).

뷰캐넌이 정치행동 및 헌법제도의 비교분석을 위하여 Homo Economicus 모델을 채택하고 있는 것은, 뷰캐넌 자신의 설명을 빌리면, 그것이 경험적으로 검증될 수 있기 때문이라기보다는 방법론적 타당성을 갖기 때문이다(Buchanan, 1989, 382－394). 실제 인간이 그렇게 행동하느냐 하는 경험적 타당성의 문제는 그에게 부차적인 문제이다. 뷰캐넌이 제시하고 있는 Homo Economicus 모델 적용의 방법론적 타당성은 몇 가지로 나뉘어 해명되고 있다.

우선 첫째는 방법론적 원칙상 인간 행위에 대한 동일한 모델이 서로 다른 제도 영역 혹은 규칙체계에 일관되게 적용되어야 한다는 이유에서이다. 시장 상황 하에서 개인이 순이득의 극대화를 위해 자신이 보유하고 있는 모든 능력을 행사한다고 가정한다면, 상응하는 정치적 상황 속에서의 개인 역시 동일한 방식으로 온갖 힘을 다 발휘한다고 보는 것이 방법론적으로 타당하다는 입장이다(Buchanan, 1985, 48－49). 특히 정치체제와 경제제도 등 여러 대안적 제도체계를 비교 분석하고, 정치적 제도개혁의 경제학적 해명을 추구하는 뷰캐넌으로서, 인간의 행위 동기에 관한 상이한 모델의 적용은 제도변화의 효과를 행위동기 상의 변화로부터 분리해낼 수 없게 만든다. 만일

정치와 경제 등의 제도들을 비교 분석하는데 각기 서로 상이한 행위모델을 분석의 토대로 삼는다면 양 제도의 비교분석은 공허해질 뿐이다.[1)]

둘째, 헌법제도에 대한 뷰캐넌의 연구는 상충하는 이익을 가진 개인들이 어떻게 협동의 상호이득을 지향해 나가는가 하는 점을 밝히고자 하는 것이다. 뷰캐넌에 의하면 제도적 규칙이 갈등을 협동으로 어떻게 변환시키느냐 하는 것을 발견하고자 한다면, 이 규칙체계 내에서 상호작용하는 개인을 본래적으로 협동적 존재라고 단순히 가정해서는 안 된다(Buchanan, 1985, 53)고 했다. 뷰캐넌의 기본관점은 행위자의 사익지향이 협동체계 확립의 기초가 되고 또 이것이 궁극적으로는 타인의 이익에도 기여한다는 것을 논증하고자 한 아담 스미스 등 고전파 정치경제학자들의 발견에 기초하고 있다.

셋째, 인간행태에 관한 비관적 냉소주의를 반영하고 있는 모델이 연구목표에 보다 부응한다는 것이다. Homo Economicus 모델은 인간행동에 관한 비관적 냉소주의를 반영하고 있다(Buchanan, 1985, 54–55). 뷰캐넌은 이러한 인간행태에 관한 비관주의적 '최악형 모델'이 여러 대안적 제도들 간의 비교분석에 적합하다고 본다. 왜냐하면 '대안적 제도들 사이의 비교평가과정 속에서는 평가자에게 일종의 모험회피성(risk–aversion)을 강요하는 본질적 측면이 있기 때문이다.' 즉, 제도의 선택문제에 직면하여 각 규칙 체계 하에서 전개될 결과의 시나리오를 상상할 때, 사람들은 마치 모험 기피적인 것처럼 행동할 것이라는 점을 감안하여야 한다는 것이다. 뷰캐넌은 이러한 모험회피적인 태도를 정치에서의 '그래샴 법칙'이라는 관점에서 풀이하고 있다(Buchanan, 1985, 60–64). 홉즈는 『De Cive』에서 '… 사악한 자들은 수적으로 열세이지만 그들을 사전에 식별해 낼 수 없고', '그들에 의한 폐해가 크기 때문에 정직하고 공정한 조건이 갖추어졌다고 하더라도 계속 의심하고 경계

1) 뷰캐넌은 이 문제에 대하여 다음과 같이 기술하기도 한다. "… 시장적 상호행위와 정치적 상호행위에서 연유하는 예견되는 결과의 차이는 두 제도적 배경조건의 구조상의 차이로부터 연유하는 것이지, 서로 다른 제도적 역할로 이동할 때 나타나는 행위동기 상의 변화에서 오는 것은 아니다. 시장과 정치의 차이는 사람들이 추구하는 가치나 이익에 있지 않고 그들이 다양한 이익을 추구하는 배경적 조건에 놓여 있다."(Buchanan, 1987, 특히 p. 1434).

하며', '이들에 의한 불행한 결과를 예견하는 자기방어적 태도를 취하는 것이 필연적'임을 말하고 있다. 마찬가지로 뷰캐넌도 소수 악행자의 위협가능성을 생각할 때 합리적 개인은 최악의 경우를 선택 기준으로 삼을 것으로 본다. 뷰캐넌에 따르면 합리적 개인은 타인의 이타심에 기대하지 않고 '악화'에 의해 입을 폐해를 상정하고 여기에 대비하는 모험 기피적인 태도를 취하게 될 것으로 본다.

뷰캐넌의 기본 입장은 행위 동기 상의 가정 문제는 입헌제도의 비교 분석 단계에서 경험적 타당성보다는 방법론적 관점에서 판단되어야 하는 것이다(Buchanan, 1985, 66). 뷰캐넌은 Homo Economicus 모델을 인간의 생래적 본성으로 설명하는 것도, 또한 경험적 관찰과 부합되는 것으로도 설명하지 않는다. 하지만 그가 행위 동기 가정의 경험적 타당성 문제를 전적으로 배제하고 있는 것만은 아니다. 뷰캐넌에 의하면 Homo Economicus 모델의 경험적 타당성은 그 모델에 담겨있는 '개념적 최저선'이라는 관점에서 수용될 수 있다. 자기이익의 극대추구라는 '경제인' 모델의 개념적 최저선은 "실제적 선택상황에 직면하고 있는 평균적 혹은 대표적 개인이 '덜'(less) 보다는 '더'(more)를 선택한다"는 것이다. 선택상황 속의 한 개별행위자가 '보다 많은 재화를 선호할 것'이라는 관점에서 경제인 모델은 최소한의 수준에서 경험적 타당성을 갖는다는 것이다.

제2절 정부실패 이론으로서 공공선택 이론

시장실패 이론은 시장실패의 교정수단으로써 정부의 시장개입에 대한 규범적 정당화를 도모하고자 했던 후생경제학자들에게 이를테면 이론적 안식처 같은 것이었다. 후생경제학은 경제영역에서 자원배분의 효율성을 위해 요청되는 필요충분조건을 엄정히 하는 한편, 이러한 조건들을 충족시키지 못하는 여러 경제 변수들 간의 관계를 규명함으로써 시장실패의 불가피성을 논증한다. 그러나 뷰캐넌에 따르면 이러한 후생경제이론은 정치적 수단이나 정부의 개입을 단순히 시장실패에 대한 이상적 대안으로 제시하고 있을 뿐, 실제 그것이 작동하는 제도적 체계에 대한 분석은 전적으로 결여하고 있다. 공공선택이론은 '시장실패이론을 상쇄할만한 정부실패이론'으로서 정치적 수단이나 정부의 개입활동이 시장실패의 교정수단으로써 결코 효율적이지 못함을 보여준다(Buchanan, 1989, 24-25).

공공선택이론은 여러 수준의 비시장적-정치적 행동과 의사결정과정에 대한 규범적·계량적 분석 모델을 포함하고 있으며, 이들 분석 모델을 통하여 궁극적으로는 후생경제학자들이 전제하고 있던 이상적인 정치 혹은 정부 모델로서 '자비로운 독재자'(benevolent despot)나 '공동선' 개념의 허구성을 파헤치는 이론이다.[2] 공공선택이론은 시장실패에 대한 정부실패를 논증하는 이론이지만 그렇다고 후생경제 이론과 동렬의 분석수준과 분석 단위를 갖는 것은 아니다. 후생경제이론이 주로 시장체계 내에서 재화의 배분이나 자원의 할당 그리고 비용과 편익배분의 효율성 여부를 분석하는 이론이라면, 공공선택이론은 기본적 질서체계로서 여러 대안적 제도에 관한 비교 분석을 통하여 효율적인 제도체계를 선별하는 목표를 가진다.

2.1 공공선택과 정부의 역설(governmental paradox)

뷰캐넌은 1970년대 이래 미국의 현상을 '정부의 실패 속에서도 정부의 팽창'으로 요약하고 있다(Buchanan, 1975, 92). 그는 또한 이러한 실패를 '정치적 간섭이 배제된 자발적 질서체제'의 원리를 이해하지 못하는 데에서 오는 필연적인 결과로 보고 있다. 뷰캐넌에 의하면 관료조직의 비대화에 대한 반작용이 오히려 관료주의적 팽창의 원천이 되고 있다. 뷰캐넌은 60~70년대 미국 이익집단의 정치를 비판하면서 개혁을 표방하였던 개혁론자들의 주장과 그들의 시도가 관료기구의 확충만을 초래하는 결과를 가져 왔다는 점

2) 공공선택이론의 계보와 각 계보의 이론적 정향 및 특징, 발전과정에 대한 체계적 정리는 Mitchell(1988)에 잘 요약되어 있다.

에 주목한다.[3] 특히 공공재 확충을 명분으로 시장과 경제에 대한 정부의 역할을 늘려나갔던 현상에 대해 비판적이다. 뷰캐넌은 정부의 본연의 위상과 정당한 역할범위의 한계를 입헌적 개혁의 기본취지의 관점에서 해명하고자 한다.

순수한 공공재 확충을 위한 정부제도의 개입이 정당화될 수 있는 것은 그것이 자발적인 사적 계약체제보다 재화생산을 위한 비용을 감축시키는 효과가 있다는 전제로부터이다. 하지만 이러한 효과는 결정에 참여하는 일부의 참여자로 하여금 불리한 조건을 감수하도록 강제됨으로써 발효될 수 있다. 현실적으로 예산과 조세결정은 빅셀의 만장일치 규칙을 통해 도달되는 것이 아니며, 그렇기 때문에 일부의 참여자들은 기회비용이라는 의미에서 손실을 경험하게 된다. 뷰캐넌에 의하면 이러한 기회비용의 손실은 정부역설의 또 하나의 중요한 원천이다. 뷰캐넌은 특히 다수결제도의 의사결정규칙 하에서 공공재 제공을 위한 집합적 결정이 갖는 비효율성의 '역설'에 주목하고 있다.

공공재 생산에 관련된 대안을 앞에 두고 각자는 대안의 가치 비중을 자신의 효용함수 관점에서 평가한다. 다수결제의 의사결정규칙 하에서는 채택된 결정에 반대했던 소수세력은 자신이 낮게 평가한 대안의 채택과 여기에 수반되는 정부의 행동으로 기회비용의 손실을 경험하게 된다. 이뿐만 아니라 투표교환(log-rolling)을 가능하도록 하는 제도의 도입은 특정 소수파들의 편익에 봉사하는 사업의 결정을 허용함으로써, 다수결제도 아래에서 집합적 결정의 비효율성 문제를 더욱 심각하게 만든다. 뷰캐넌은 이 경우 생산적 국가의 작용이 입헌체계 내의 정해진 절차적 규범에 따라 가장 효율적인 결과를 낳는다 하더라도, 편익의 수혜자나 비용의 부담자 모두 '강압감'(being coerced)을 느끼게 된다고 설명한다(Buchanan, 1975, 102). 이러한 강압감은 그 바탕이 계약주의적인 것이기 때문에 생산적 국가가 갖는 본질적 특징으로 풀이된다. 개인은 생산적 국가에 의해 강제되는 규칙을 자신의 영향력 밖에 있는 외재적인 것으로 받아들인다. 이러한 시민들의 정부에 대한 재정적

3) 뷰캐넌의 이러한 생각은 Harris(1989)에서도 구체적으로 분석되고 있다.

좌절은 사경제 부문에 비해 정부부문의 크기가 증대될수록, 공부문의 집권화가 증대될수록 커지기 마련이다.

2.2 다수결제도와 정부실패

오늘날 통상적으로 민주적인 것으로 분류되는 현존하는 정치체계 그리고 민주적인 정치과정에 대한 분석모델에서 가장 친숙한 결정규칙은 다수결제도(majority rule)이다. 뷰캐넌은 다수결제의 의사결정과정이 지배하는 곳에서 집합적 결정에 의해 이루어지는 정부 행동의 한계 및 문제점을 추적하고자 한다. 다수결제도에 의한 집합적 행동은 두 경우를 나누어 분석할 수 있다. 하나는 다수결제도의 실행과정에 입헌적 제약이나 어떠한 원칙적 기준이 요구되는 경우이고, 다른 한 경우는 아무런 제약이나 기준 없이 단순히 다수결제도만 통용되는 경우이다. 뷰캐넌은 후자의 분석을 통하여 다수결제도 그 자체가 안고 있는 내재적 결함을 분석하고, 따라서 적절한 입헌적 제약장치의 필요성을 역설한다.

뷰캐넌은 일단 입헌체계가 정립된 후 다수결제도의 실행과정에 절차적 한계나 어떠한 원칙의 규제가 주어져 있는 경우를 먼저 분석한다. 현실적으로 가장 흔하게 발견되는 이러한 절차적 제한으로는 경제적 효율성의 기준을 들 수 있다. 정부 행동을 위한 다수결 결정이 편익－비용 상의 효율성의 기준을 충족시키도록 제도적으로 강제되고 있는 경우이다. 뷰캐넌은 의회내에서 의안에 대한 투표의 배열이 어떠하든 합의안에 대해 다수결제에 따른 결정이 이루어지고, 그 다수결의 결정이 효율성의 기준을 충족시키고 있는 경우를 상정하여 이 결정의 합리성 여부를 검토한다.

예컨대 3인으로 구성된 집단에서 100단위의 비용이 소요되는 사업계획이 두 사람[4]에게 각각 61, 51의 편익을 보장할 때, 이 사업계획은 다수결의 규칙과 효율성의 기준을 충족시킬 수 있기 때문에 결정으로 채택될 수 있게 된다. 그러나 사업추진에 따른 소요비용이 구성원 3인에 대한 일반세 징수

4) 여기서의 '두 사람'은 곧 majority coalition을 의미한다.

에 의해 충당될 때 어느 한 사람은 －minority－ 조세부담만큼의 효용 감축을 경험해야 한다. 그러나 뷰캐넌에 의하면 이 경우도 다수파가 소수파에 대하여 효용 감축분을 적절히 보상, 그들의 순응을 구매한다면 만장일치적 합의와 동일한 효과가 나타나기 때문에 문제가 되지 않을 수도 있다(Buchanan, 1975, 152). 뷰캐넌이 여기서 문제로 삼고 있는 것은 개별결정 그 자체가 아니라 개별결정들의 축적적 결과이다. 모든 개별적 결정들이 그 낱낱으로는 효율성의 기준을 충족시킨다 하더라도 그 결정들의 집합적 효과는 전혀 비효율성을 띤 것으로 드러날 수 있다는 것이다.

뷰캐넌은 개인적 차원의 합리적 선택이 왜 집단적 차원의 비합리적 결과를 초래하는가 하는 문제는 '개인의 결정'이라는 문제영역에서 해명되어질 수 있다고 본다(Buchanan, 1975, 149－150). 이 문제의 해명을 위해 뷰캐넌은 우회적으로 한 개인적 차원의 시계열적 결정과정의 분석을 원용한다. 왜 한 개인은 일련의 개별적으로 이루어지는 결정과정의 누적적 총합의 결과가 종국적으로 바람직하지 않은 데에도 그 낱낱의 결정을 선택하게 되는가? 이에 대한 뷰캐넌의 해법은 어떠한 의미에서 간명한 것이다. 그는 개인의 낱낱의 결정들 사이의 상호의존효과나 혹은 그 누적적 효과를 감안하지 않고, 근시안적으로만 합리적 선택을 하기 때문으로 본다. 따라서 뷰캐넌은 개별단위의 결정들이 갖는 상호의존효과를 인식한다면 각 개별단위의 행동의 자유에 스스로 제약을 부과함으로써 그 부의 상호의존효과를 내부화할 수 있는 합리적 선택이 이루어질 수 있다고 본다. 즉 장기적 안목의 합리적 선택을 위해서는 일련의 개별적 행동 과정상에 스스로 행위제약이 이루어져야 한다는 것이다. 뷰캐넌은 한 개인적 차원의 시계열적 결정과정의 분석을 통해 얻어지는 이러한 장기적 안목의 합리적 선택 문제를 개인들의 결정들로 구성되는 집합적 결정과정에 그대로 원용한다.

2.3 정치가와 예산의 편향(budgetary bias)

뷰캐넌은 집합적 결정 및 행동과정을 분석하는데 있어서 의사결정규칙이 갖는 효과뿐만 아니라, 이 과정에서 구체적 영향을 미치는 행위자의 행동양식과 그 효과에 대해서도 논점을 맞추고 있다. 그는 이 문제와 관련해서 정치가와 정부 관료의 행동양식을 주로 분석한다. 집합적 결정과정 속의 투표행위자의 선호는 입법부 대표의 개입이나 행정기관 관리들의 일 처리 방식에 의해 심각한 편향곡선을 그리기도 한다.

집합적 결정은 조세를 부담하고 편익을 향유하는 유권자에 의해 직접 행해지는 경우가 드물다. 유권자의 역할은 대개의 경우 입법부나 행정부의 결정과정에 참여하게 될 대표를 선정하는데 한정되어 있다. 그런데 뷰캐넌에 있어서는 입법부나 행정부의 책임 있는 자리를 차지하고 있는 선출직 공직자들이 —통상 그는 이를 정치가로 부른다— 공공부문에 관련된 집합적 결정과정에서 —그 규모나 재원, 종류, 산출결과 등의 결정과정에서— 아무런 개인적 선호를 갖지 않는다고 볼 수는 없다. 뷰캐넌은 합리적 개인의 행위모델을 정치가들의 행동에도 그대로 적용하고자 한다. 즉, 정치가들이나 관료들도 자신의 효용을 극대화할 수 있는 대안을 선택하고자 한다는 것이다.[5] 재선의 전망이나 장기적인 정당지원, 또한 일반대중으로부터의 갈채가 그들의 이러한 효용극대화 행위에 제약을 가져오기도 하지만, 그럼에도 불구하고 이들에게는 다양한 선택의 대안과 재량행위의 자유가 광범위하게 주어져 있기 때문에 '정치적 수입'(political income)을 추구하는 그들의 행동지향은 이들 제약의 부과로써 완전히 제어되지는 않는다.

뷰캐넌은 정치가들의 이러한 효용극대화 행동이 집합적 결정과 행동을 비효율성의 방향으로 편향시켜 나간다는 데에서 문제점을 도출한다. 즉, 어떠한 유인과 동인에 의한 것이든 집합적 결정과 행동과정에 있어서 정치가들의 개인적 선호의 작용은 예산 규모의 비효율적 팽창과 정부의 비효율적

5) 동일한 입장에서 관료나 정치인들의 행동을 체계적으로 분석하고 있는 다른 공공선택이론가의 저작으로는 다음을 대표적으로 들 수 있다. 튤럭(Tullock, 1976; 1979)은 경험적 조사를 인용하여 평균적 인간은 100 중 약 95정도로 좁은 의미에서 '이기적'이라고 주장한다. 또한 그는 정부가 공공선택과정에서 공익을 위해 일한다고 생각하는 전통적 관점은 이미 변화하고 있으며 이러한 공익관점은 구식의 정치학도나 공인들에 의해 여전히 견지되고 있는 낡은 유물일 뿐이라고 냉소적으로 말하고 있다.

인 역할 증대를 초래한다는 것이다. 뷰캐넌은 정치가의 유형을 이데올로기형, 갈채추구형, 모리배형(profiteer) 등으로 나누고, 각각의 유형에 따라 집합적 결정에 자신의 선호를 개재시키는 동인은 다르지만, 그 효과는 동일한 방향으로 귀결되어짐을 논증한다(Buchanan, 1975, 157-159). 전체 공동체를 위하여 순수한 의미에서 공동선을 목표로 하여 노력하거나, 집합적 결과에 영향을 미치는 것 그 자체에 상대적으로 높은 가치를 부여하고 있는 정치가들은 —이데올로기형— 곧잘 집합적 수단, 즉 정부 기제를 활용하여 자신이 선호하는 사회적 목표를 성취하고자 한다. 일반 유권자들을 위해 '선택' 결정하고, 그럼으로써 될 수 있는 한 최대한의 유권자를 즐겁게 하고자 하는 것을 자신의 효용으로 추구하는 정치가들은 -갈채추구형- 비용이 들기는 하지만 여러 하위 집단에게 골고루 편익을 베풀어주는 프로젝트가 일반 세금을 감축하는 활동보다는 표를 끌어모으는데 더욱 효용가치가 높다고 생각한다.[6] 이 경우 개별 프로젝트의 집합적 결과가 갖는 비효율성은 앞서 지적한 바와 같다. 공직을 이용하여 금전적 이득을 추구하는 모리배형의 경우도 예산 규모의 팽창 및 공공부문 확장의 방향으로 나아간다. 그들이 추구하는 뇌물이나 음성수입(kickback), 그리고 이권개입의 가능성은 총 정부예산의 규모나 복잡성이 증대됨에 따라, 더 나아가 경제에 대한 정부의 개입 범위가 클수록 더욱 증대될 수 있기 때문이다(Buchanan, 1975, 158). 빈번한 새로운 사업계획의 결정과 팽창해 가는 지출 프로그램으로 교직된 복합적 공공부문이 '모리'의 기회를 제공해 줄 것이므로 이들은 전혀 새로운 사업계획을 도입함으로써 끊임없이 예산확장을 도모한다는 것이다.

2.4. 관료주의적 지대

한편 뷰캐넌에 의하면 선출된 정치인들에 의한 공부문의 편향된 결정이 있고 난 후에도, 이에 관한 집행과 결정은 또 다른 인적 요소에 의해 동일

6) 뷰캐넌(Buchanan, 1977)은 정치인들의 이러한 행동지향이 유권자들의 무지나 이기적 정책선호때 때문에 부추겨진다는 점을 강조하고 있기도 하다.

방향의 편향성을 다시 덧붙이게 된다. 공공재화 및 용역에 관한 결정의 집행 과정에는 이를 담당할 복합적인 관료조직을 필요로 하는데, 이들 관료 조직 내의 내적 작동과정에서 관료주의적 이해관계가 작용함으로써 예산 팽창의 편향성이 더욱 두드러지게 나타나게 된다. 공부문의 영역에서 정부의 결정과 행동은 재화를 구매하고 직접 생산하는 역할까지를 내포하는 것이므로 과대팽창으로의 편향성의 여지는 그만큼 커지지 않을 수 없다. 뷰캐넌은 이러한 과대팽창을 정부고용이 제공하는 생산자 지대의 잠재적 획득 가능성과 정부 피고용자들이 가지고 있는 투표권 때문인 것으로 설명하고 있다(Buchanan, 1975, 160). 뷰캐넌의 설명에 의하면, 만일 정부의 관료들이 투표할 수 없다면 정부고용으로부터 오는 생산자 지대의 존재는 공공의 재화와 용역의 비용을 증대시킬 것이다. 그러나 결과를 편향시키는 것은 관료들의 투표권에만 있는 것은 아니다. 관료들이 투표권을 가지고 있다 하더라도 그들의 임금 수준이나 승진 및 신분 보장에 관한 결정들이 완전히 시장 메커니즘에 의해 이루어진다면 아무런 문제도 야기되지 않을 수도 있다. 물론 현실 세계에서는 이 두 가지 조건이 충족되지 않고 있다. 정부의 급료나 근로조건이 경쟁적 시장체제에 의하여 결정되지 않음은 물론이고 정부의 피고용 관리들은 충분한 투표권을 보장받고 있을 뿐 아니라, 이들의 투표참여율은 다른 부문에 비해 월등히 높다. 정부의 고용규모가 작다면 문제가 되지 않을 수도 있으나 공부문의 확장 속에서 선거권을 가진 관료계층의 투표권력, 즉 정치적 힘은 결코 무시될 수 없는 규모이다. 그만큼 관료계층은 주요한 '재정적 유권자 집단'이 되고 있으며 선출직을 추구하는 정치가들도 이점을 존중해야 하는 제약 속에 놓여 있다.[7)]

또한 뷰캐넌은 관료조직의 과대팽창 편향성이 관료들의 직접적인 효용 극대화의 행동에 따라 이루어지기도 함을 강조하고 있다. 관료들의 효용극대화 추구는 곧 '관료주의적 지대'의 획득 가능성을 말한다. 관료들은 입법

7) 뷰캐넌은 정부의 팽창요인을 정부의 공급측면과 함께 시민들의 '요구'라는 측면에서도 찾는다. 뷰캐넌이 관료들을 '재정적 유권자 집단'으로 보는 것은 이러한 '요구'의 측면에서 정부재정의 팽창을 설명하는 것과 같은 맥락이다(Buchanan, 1977, 6-10).

당국에 의해 선택된 정책지침을 곧이곧대로 수행하기만 하면 된다는 과거의 교과서적 이상은 현실과 거리가 멀다. 관료들도 선출된 정치인들과 마찬가지로 대안선택의 재량범위가 넓다. 입법기구에 의해 작성된 집합적 결정이 집행관료들에게 권한행사의 여지를 남겨 두지 않을 만큼 확정적인 것은 아니다. 한계가 있긴 하지만 비선출직 정부 관료들도 정부 행동에 관한 재정적 선택을 결정할 수 있는 만큼, 이는 입법기관이나 선출직 집행관들이 구조화된 위계 체계 속의 관료 행동을 완벽하게 통제하고 있지 못함을 나타내 준다. 뷰캐넌은 이들 대안선택과 재정결정의 자유재량 행동 영역에서 관료들 역시 다른 사람들과 마찬가지로 자신의 효용을 극대화하려고 노력하는 존재라고 가정한다. 그는 관료들에게 공익이라는 것은 자신의 이익과 일치하지 않는 한 이것이 지속적으로 추진되기 어렵다는 식으로 관료행위에 관한 비관적 모델을 제시한다.[8] 이들 효용극대화의 행위모델을 관료들의 행동에 적용했을 때 얻을 수 있는 결론은, 뷰캐넌에 의하면 효율성의 기준을 초월하는 예산규모의 팽창과 관료조직의 확장으로 나타난다. 관료적 위계 조직 내에 위치하면서 순지대(純地代)의 획득 가능성을 인지하고 있는 사람들은 조직체계 내에 보상과 처벌구조를 확충하려 든다. 정부 내 경력의 전망이 — 고용 및 승진 기회 — 소속 해당 부처의 예산규모가 증대됨에 따라 더욱 증가한다고 믿기 때문에 관료조직의 성원들은 예산과 기구 확충을 도모한다는 것이다.

제3절 '국가'와 '정치'의 역할 축소를 위한 제도개혁

보다 거시적인 관점에서 보자면, 뷰캐넌의 공공선택이론은 시장제도와 정부 제도를 인간의 사회적 상호행위를 규제하는 두 개의 대안적 제도로

8) 물론 뷰캐넌이나 털록의 이러한 비관주의적 모델과는 상반된 입장의 이론이 있음도 주목해야 한다. 이들 비관주의적 모델과는 상반된 입장의 논자들은 정부 및 관료기구내의 현상이나 일의 추진과정을 순수하게 이기적인 경제인 모델에만 의존한다면 설명할 수 없는 중요한 부분들을 놓치게 된다고 역설한다(Kelman, 1987; 1988).

보고 양자를 효율성의 관점에서 비교 분석한다. 뷰캐넌에 의하면 여기에서 시장과 정부는 기본적 질서체계로서 '제도－조직적 구조'(institutional－organizational)의 두 대안을 의미한다. 공공선택이론은 궁극적으로 시장과 정부의 두 제도체계를 분석하는 것이지만, 후생경제이론과 근본적으로 달리하는 점이 있다면 '실패'에 대하여 어떠한 이상적 모델을 일률적으로 처방하지 않는다는 데에 있다. 공공선택이론은 후생경제이론이 시장실패를 말하면서 정치나 정부를 이상적 처방모델로 제시했던 것처럼, 정부실패에 대한 효과적인 대안적 제도로서 이상화된 시장체계를 다시 내세우지 않는다. 공공선택이론은 시장실패에 대하여 즉각적으로 시장체계의 부활을 역설하기보다는 시장체계가 효과적으로 작동할 수 있는 '적절한 법－제도적 체계'에 보다 관심을 모은다. 뷰캐넌에 의하면 공공선택 이론은 일률적이고 일반화된 처방전을 제시하기보다는 부분별로, 영역별로 나누어 사례에 따라 시장체제의 부활이나 정치적 조직화를 각각의 대안으로 제시한다. 다만 공공선택 이론이 제시하고 있는 진단과 처방의 대체적 방향이 1950~1970년대에 만연된 사조와 비교할 때, 공부문의 역할 축소를 지향하고 자발적 조정체계로 시장체제 회복을 강조하고 있다는 점에서 다소 '우익적'이라는 평가를 받을만하다.[9] 그러나 이러한 공공선택이론의 연구 정향은 뷰캐넌에 의하면, "이데올로기와 무관하며 단지 비교 분석의 산물일 뿐이다."(Buchanan, 1989, 26).

공공선택이론가로서 뷰캐넌은 위에서 살펴 본 바와 같이 Homo Economicus 모델에 의거하여 집합적 행동 속의 행위자, 예컨대 유권자나 관료, 정치인, 의원, 위원회의 위원 등의 행동을 분석한다. 특히 뷰캐넌은 정치인과 관료, 유권자, 이익집단 등 정치적 행위자의 행동을 이러한 효용 극대추구의 Homo Economicus 모델에 따라 분석한다. 뷰캐넌은 일방적이고 즉각적인 효용 극대추구자를 '일괄적 설명모델'(all－encompassing explanatory model)로 채택할 때 정부실패를 쉽게 진단할 수 있다고 본다. 유권자는 투표의 역설(voting paradox)이나 정보실패(information failure)의 개념에 나타나 있는 대로

9) 이러한 평가는 대표적으로 Barry(1987)와 King(1987)에서 발견된다.

효과가 크지 않은 투표행위의 비용을 회피하기 위하여 투표하지 않거나, 설사 투표에 임한다 하더라도 선택 대안을 숙지하는데 드는 비용을 지불하고자 하지 않는다고 상정된다. 정부 관료들은 힘든 의무를 최대한 회피하고자 하며 사익증대의 관점에서 수요나 효율성의 한계를 뛰어넘어 소속 기구나 예산의 확충을 도모하는 존재로 규정된다. 또한, 관료들은 전통적인 공익의 촉진자로서의 역할을 회피하며, 재량권을 남용하여 '지대'를 추구(rent－seeking)하려 드는 존재가 된다. 피선출직 정치인들 역시 현직유지와 재선에 급급하여 유권자들의 환심을 사기 위하여 국책사업을 남발함으로써 적자재정과 자원낭비를 부추기는 존재들로 설명된다.

뷰캐넌은 공공선택에 임하는 행위자의 행위 분석 자체보다는 공공영역에서의 선택을 규율하는 여러 대안적 제도를 비교 분석하는데 초점을 맞추고 있다. Homo Economicus 모델은 경제인의 실제 행동을 설명하기 위한 것이라기보다는 제도적 장치의 선택을 앞두고 사람들이 최소극대원리(minimax principle)에 입각하여 행동한다는 점을 설명하기 위한 이론적 설명 장치이다. 뷰캐넌에 의하면 공공선택이론의 궁극적 탐구지향은 만일 참여자들이 다른 어떠한 행위 동기보다도 압도적으로 경제적 행위 동기에 의해서 지배된다고 가정할 때 "최악의 경우에도 사회조직에 대한 폐해가 극소화될 수 있는 제도를 고안하는 것"이어야 한다(Buchanan, 1989, 34). 뷰캐넌은 '자비로운 독재자'로서 국가, 그리고 '지대추구에 몰두하는' 정치에 의해 가장 최소한으로만 영향받는 제도적 장치를 선호한다.

뷰캐넌은 공공선택이론의 이론적 원천을 아담 스미스(A. Smith)나 맨더빌(Mandeville), 흄(Hume) 등 18세기 사회철학자들에게서 구하고 있다. 이들은 사익추구의 합리적 행위가 의도하지 않은 '공익'이라는 집합적 결과를 가져온다고 주장했다. 뷰캐넌은 이들의 이론으로부터 행위 동기 모델과 관련하여 특히 두 가지 점에 주목하고 있다. 하나는 이들 이론가들이 인간을 좁은 의미의 경제적 이해관계만을 추구하는 존재로 모델화하지 않았다는 점이다. 예컨대 아담 스미스는 Homo Economicus 모델을 주창했지만 그렇다고 해서 경제적 이익만을 지배적인 행위의 동인으로 보지 않았을 뿐만 아니라 오히려 인간은 관습이나 법에 따라서 혹은 동료 의식이나 동정심과 같은 도덕감(moral sentiments)에 따라서 행동하는 존재로 설명하고 있다.

다른 하나는 그러나 사람들이 설사 편협한 경제적 이익에 지배되어 행동한다 하더라도 바람직한 집합적 결과를 낳을 수 있는 사회제도가 얼마든지 존재할 수 있다는 점을 보여주고 있다는 점이다. 예컨대 아담 스미스는 시장제도를 사익추구가 다른 구성원들의 유사한 이익에 손상을 가하지 않는 '특유한 조건'으로 제시하고 있다. 마찬가지로 뷰캐넌은 인간의 개별적인 효용 극대추구 행동이 집합적인 효용증진에도 이바지할 수 있는 배경적인 제도를 모색하고자 하는 것이다. 방법론적 개인주의에 입각하고 있는 그로서는 이러한 제도적 고안 역시 그 속에서 활동하는 개인의 행동을 분석하여 그 결과를 토대로 이루어질 수 있는 것이었다. 뷰캐넌의 공공선택이론이 제도의 비교분석이나 배경적 제도의 고안을 궁극적 탐구의 목표로 삼고 있으면서도 실제로는 유권자나 관료, 정치인 등 공공적 선택에 임하고 있는 행위자의 행위분석에 주안점을 주고 있는 이유도 이로부터 찾을 수 있다.

뷰캐넌에 의하면 통상적 민주정치의 작동과정 하에서도 정부는 쉽게 리바이어던화 된다(Buchanan, 1975, 161－162). 뷰캐넌은 정치가 및 관료들의 행동양식을 예산 과대 팽창의 편향성에 연계시킴으로써 이를 설명하고 있다. 예산규모의 과대 팽창은 그 예산을 결정하고 집행하는 정부의 규모 확장과 정부의 비대화로 귀결되어진다. 문제의 심각성은 정부의 리바이어던화가 정부 기구의 비효율성을 초래할 뿐만 아니라 궁극적으로 설정된 바람직한 목표를 성취하는데 무능을 드러낸다는 데 있다. 정치가들과 관료들의 지대추구행위 또는 효용극대화 행동은 다수결 규칙의 민주적 정치과정과 적당히 결탁하여 경제적 효율성의 기준마저 무력화시키면서 끊임없는 예산팽창과 이에 따르는 엄청난 적자재정의 길로 몰아간다는 것이다.[10] 정부

10) 뷰캐넌과 동일한 관점에서 동일한 결론에 이르고 있는 또 다른 대표적 논변은 니스카넨(Niskanen, 1971; 1973)에게서 보다 상세한 형태로 발견된다. 여기서 니스카넨은 수리적 모델을 이용하여 관료들의 자유재량행위가 공공재 생산에 미치는 영향을 분석하고 있다. 관료들을 자기이익지향적인 예산극대추구자로 규정하고 이러한 행위동기가 정부팽창요인이 된다고 주장하고 있다. 또 그는 이러한 정부팽창에서 오는

의 이러한 상황 하에서의 결정은 자원의 효율적 분배를 왜곡시키며, 편익의 불균등 분배를 심화시킨다. 이뿐만 아니라 정부의 리바이어던화는 사적영역을 위축시키고 개인의 소유권에 대한 잠재적 침해 가능성을 높이며 종국적으로는 개인의 자유를 직접적으로 침해하는 결과를 초래하기까지 할 수 있다.

따라서 뷰캐넌은 '거대한 리바이어던에 맡겨진 운명'을 다시 우리 스스로의 통제하에 되돌려 놓기 위해서는, 자신의 정부가 홉스가 말한 절대 주권자로 변형되지 않도록 입헌적 제약 하에 묶어 두는 것이 중요하다고 역설한다. 뷰캐넌에 의하면 18세기 스미스 등의 위대한 발견 이후 이들이 역설한 '입헌적 제약'의 지혜는 곧 망각되어 왔으며, 입헌적 제약의 중요성은 정치현실 속에서나 이론의 세계에서나 충분히 자각되지 못했다. 뷰캐넌은 미국에서만 하더라도 헌법의 아버지들은 '자치'의 이름 아래 확장되어 가는 정부의 힘을 통제할 필요성을 깨닫지 못했으며, 이러한 입헌적 통제의 필요성 문제는 정치이론가들에 의해 잘못 초점이 맞추어진 상태로 다루어져 왔다고 주장한다.[11] 이들 전통적 정치이론가들은 정부기구에 대한 제한이나 통제문제를 민주적 절차의 유지라는 관점 하에서만 접근하여 선거라는 절차가 이에 대한 유효한 통제 수단이 될 수 있다고 낙관하고 있었다.[12] 그러나 뷰캐넌은 앞서 살펴본 바와 같이, 정부의 리바이어던화가 통상적인 민주적 절차에 의해 이루어져 온 것이라면 문제의 근본적 해결책은 다른 데에서 찾아져야 한다고 주장한다. 그는 이러한 문제의 해결책으로 '집합적 행동에 대한 입헌

비효율성의 문제해결을 위해 관료제도 내에 경쟁체제적 요소를 도입할 것을 정책대안으로 제시한다. 즉 니스카넨은 관점과 이론적 위결뿐만 아니라 문제해결의 처방적 정책대안까지 뷰캐넌과 입장을 공유하고 있음을 알 수 있다.

11) 미국의 역사에서 건국의 시기에 활동했던 인물 중에서 오늘날의 합리적 선택이론에서와 유사한 관점에서 사익지향적인 관료나 정부의 행동을 우려하고 이에 대한 처방전으로써 입헌적 규제를 강조하고 있는 사람으로는 J. Madison을 들 수 있다. *The Federalist Papers,* 특히 no. 10의 Madison 입장에 대한 최근의 분석은 Wilson (1990)에 잘 정리되어 있다.

12) 뷰캐넌은 선거참여를 정부의 결정이나 정부 관료들의 행동을 통제하는데 유효한 수단으로 믿는 참여민주주의론자들의 생각을 '낭만적 이상' 혹은 '선거오류'(ellectoral fallacy)라고 비판하고 있다(Buchanan, 1989, 34)

적 제약'이라는 관점 하에서 문제 해결의 실마리를 찾고자 하며, 이런 관점의 연장선상에서 헌정제도 개혁론을 역설한다.

뷰캐넌이 분석하고 있는 리바이어던화의 문제는 주로 '생산적 국가'의 차원, 즉 공공재 생산 문제를 둘러싸고 시민들 사이의 입헌 후 계약단계에서 등장하는 것이다. 다수결제도로 운영되는 민주정치과정이 과대팽창의 예산규모를 낳는다는 발견은, 뷰캐넌에 의하면 동일한 논리의 연장선상에서 '보호적 국가' 차원에도 그대로 적용된다. 즉, 다수결제도에 기초하고 있는 민주주의 정치과정이 개인의 권리구조를 변형시키기 위하여 정부기구의 공식적 절차를 이용하려드는 한, 보호적 국가의 영역에 대한 침해가 있게 된다는 것이다. 의회기구 내 다수 제휴세력이 기본적 입헌구조 —권리체계— 의 변화를 초래케 하는데 자신들에게 유리한 방향으로 정부기구를 활용하고 권리체계의 유지를 사명으로 하는 보호적 국가가 이를 묵인한다면, 사회구조는 '개인의 권리체계가 정치가들의 변덕에 놀아나는' 입헌적 혼란을 향해 치닫게 된다(Buchanan, 1975, 163). 뷰캐넌은 정부기구 —의회, 행정부, 사법부 등을 포괄한— 를 장악하여 보호적 국가의 한계 —권리체계의 유지 및 집행— 를 뛰어넘어 시민적 합의과정 없이 권리체계를 임의로 변화시키는 것은 입헌적 계약단계에서 헌법을 재작성하는 것과 같다고 본다. 여기서 뷰캐넌의 주장대로 기본적 권리체계를 획정하는 헌법 수립은 통상적인 다수결의 민주적 정치과정에 의해서가 아니라, 만장일치의 입헌적 계약에 의해 이루어져야 하는 일임을 상기할 필요가 있다.

뷰캐넌은 생산적 국가 차원의 과잉예산과 보호적 국가 차원의 권리침탈은 개념적으로 구분될 수 있을지언정 현실적으로는 상호보완관계에 있으며 역사적으로는 긴밀한 결합관계를 보여주어 왔다고 역설한다(Buchanan, 1975, 163–164). 그는 보다 근본적으로는 동일한 철학적 정향이 양 차원의 정부권력 확충을 조장한 것으로 주장한다. 뷰캐넌에 의하면 정부예산의 팽창은 정부에게 '좋은 사회'(good society)의 창조라는 도구적 역할을 떠맡겼던 진보적 자유주의의 전통에서 나온 것이다. 그뿐만 아니라 행정부 관리들의 오만함이나 엘리트의 자의적인 법 해석도 동일한 철학적 연원을 가진다. 뷰캐넌은 리바이어던을 길들이기 위해서는 이러한 철학적 혼동부터 바로 잡아야 한다고 역설한다. 사회선택이론가들에게 모든 구성원의 선택과 무관하게 규정되는 '좋은 사회'는 개인적 가치들로부터 산출되는 사회질서와 모순된다. 입헌 후 계약 단계에서 공사 양 부문에 걸쳐 구성원들의 선택으로부터 나온 결과가 '좋은' 것이지, 이들과 무관한 독자적인 '선'의 기준은 있을 수 없다. 결과의 좋고 나쁨은 그 결과 자체에 내재적인 어떤 실질적 기준에 의해서가 아니라, 그 결과의 도달 수단에 적용되는 절차적 기준에 따라 평가되어야 한다. 그리고 그 절차적 기준은 바로 구성원들의 합의가 된다. 뷰캐넌은 잘못된 철학적 신념을 전도시킬 수 있는 탈미몽(脫迷夢)과 함께 리바이어던을 규율할 수 있는 입헌적 제약에 대한 새로운 합의를 주장하며 이러한 관점에서 헌정제도의 개혁을 주장한다.

[책임집필 : 윤홍근]

제2부

Public Choice

개인과 정치

Chapter 9

선호와 선택

Public Choice

제1절 개인의 선호와 선택

개인의 선택은 선택을 위한 대상들을 고려하면서 출발한다. 선택을 위해 고려되는 대상은 때때로 무수히 많을 수도 있고, 때때로 그 수효가 제한되기도 한다. 또한 개인은 선택의 대상을 고려하면서 어떤 대상을 다른 것보다 더 좋아하거나 덜 좋아한다는 신념, 사고 또는 감정을 지닌다. 그리고 대상들에 대해 지닌 그러한 사고에 근거하여 어느 하나의 대상을 선택하는 것이다.

개인의 일상은 여러 대상들에 대하여 '좋다' 또는 '나쁘다' 등의 판단과 그러한 판단에 따른 선택으로 이루어지고 있다고 할 수 있다. 그러나 개인은 자신이 고려했던 대상들에 대한 판단과 그 결과로써 이루어진 선택 사이의 연계성(linkage)에 대해서는 큰 관심을 두지 않고 지나치는 경향을 보인다. 한편으로는 자신의 선택이 고려해야할 필요가 있는 충분한 수효의 대상들을 고려한 이후에 이루어졌는지에 대해 회의에 빠지는 것을 피하고자 하고, 다른 한편으로는 그러한 호불호(好不好)의 판단과정에 관심을 두기보다는 선택된 결과에 관심을 집중하기를 원하기 때문일 것이다. 그럼에도 불구하고 개인은 종종 자신이 고려 대상들에 대해 지녔던 판단과 자신의 선택 사이의 관계에 대한 질문을 받는 경우가 있다. 자신의 선택이 합리적이었는지에 대해 스스로 질문하기도 하고, 때때로는 타인이 그러한 질문을 제기하기도 하는 것이다.

개인의 선택이란 개인이 일정한 조건 하에서 주어진 대상들에 대한 판단을 통해 이루어진다는 이해방식은 개인이 왜 일정한 선택을 하고, 어떠한 선택을 할 필요가 있는 것인지와 같은 구체적인 질문에 답하기에는 부족하다. 이러한 질문에 답하기 위해서 우리는 개인의 선택 상황을 구성하는 구체적인 요소들을 정의하고 세분화할 필요가 있을 뿐만 아니라 그러한 요소들 사이의 유기적인 결합 과정을 살펴볼 필요가 있다. 다시 말해 선택하는 행위자로서의 개인, 선택의 대안(alternatives), 그리고 개인이 대안들에 대해 지니는 호불호(好不好)의 판단, 즉 선호(preference)를 포함한 선택과 관련된 여러 요소들을 좀 더 구체적으로 살펴볼 필요가 있는 것이다. 본 장에서는 개인의 선택과 관련된 이와 같은 요소들을 검토함으로써 다음과 같은 질문에 답하고자 한다. 첫째, 개인의 합리적 선택이란 무엇을 의미하는가? 또한 그러한 선택은 어떤 상황 하에서 발생하며 서로 다른 상황에서의 합리적 선택과 관련된 요소들은 무엇이 있는가? 둘째, 개인이 합리적 선택을 내리기 위해 개개인들은 어떤 선호를 지니고 있는 것으로 가정되는가? 셋째, 공공선택(public choice)을 사회 구성원 개개인이 내린 합리적 선택을 종합하는 것이라고 할 때 공공선택을 위해 추가적으로 이해할 필요가 있는 요소들은 무엇인가?

경제학은 개인의 선택 상황을 구성하는 요소들 사이에 유기적인 결합이 가능하도록 합리성(rationality)이라는 개념을 활용한다. 경제학에서 가정하고 있는 이러한 합리성 개념은 철학적 사유에서 이용되는 합리성의 의미와는 구별된다. 철학에서의 합리성은 진리를 구현하는 보편적 이성에 대한 믿음을 갖고, 감정, 전통, 권위, 편견에서 벗어난 인간의 이성을 의미하는 것인데 반해 경제학의 합리성 개념은 여러 가지 현실적으로 가능한 대안들 가운데 개인에게 최대의 효용을 가져다주는 대안을 선택하는 것으로 정의되는 것이다

(황수익·강원택, 2006, 82-83). 다시 말해 경제학의 합리성 개념은 개인의 선택 상황을 구성하는 요소들의 결합을 지배하는 하나의 메커니즘(mechanism)이라고 할 수 있는 것이다.

공공선택론(public choice)은 이와 같은 경제학의 합리성 개념을 활용하여 "비시장적 결정의 경제학적 연구 혹은 경제학적 방법론을 정치 현상의 연구에 적용하고자 하는(Muller, 2003, 1)" 연구 분야라 하겠다. 특히 때때로 '협의의 합리성(narrow nationality)'라고도 일컬어지는 합리성 개념을 이용하는데 이는 개인의 욕구를 구성하는 내용적인 측면을 고려하지 않고 욕구의 일관성만을 요구하는 '성긴 합리성(thin rationality)'과 달리 물질적이고 이기적인 자기이익의 추구와 같은 특정 내용의 욕구만을 합리적으로 간주하는 '조밀한 합리성(thick rationality)'을 의미하는 것이다(정준표, 2003, 5-6).

공공선택론은 또한 개별적 사실의 해명보다는 그것들의 공통되는 현상에 관해 설명할 수 있는 모델을 구축하고자 하는데 일차적인 목적을 지닌다. 이를 위해 '인간은 자기 이익(self-interest)을 극대화 하는 것을 목적으로 행동한다'는 점을 가장 기본적인 가정으로 채택하고 있다. 또한 '방법론적 개인주의(methodological individualism)'의 입장에서 모든 사회 현상은 자기 이익을 극대화하고자 하는 인간들의 선택을 통해 발생한다고 간주하고, 개인 또는 집합 행동에 관한 명제를 도출하고자 하는 것이다. 따라서 공공선택에 관한 이론을 이해하기 위해서는 합리적 개인이라는 가정에 대한 이해가 우선될 필요가 있다.

개인의 합리적 선택은 또한 크게 확실성(certainty)의 결정상황, 위험(crisis)의 결정상황, 불확실성(uncertainty)의 결정상황과 같이 개인의 결정이 이루어지는 상황을 구분하여 논의할 수 있다(황수익, 1985). 확실성의 결정상황이란 각 대안의 선택이 어떠한 결과를 가져올 것인지가 확실히 알려져 있는 상황을 의미한다. 따라서 하나의 대안을 선택한 경우 그에 따른 결과를 직접적으로 획득할 수 있는 상황을 의미한다. 이에 반해 위험의 결정상황은 하나의 대안을 선택하는 경우 그에 따라 가능한 결과에 대한 개연성 또는 확률(probability)만이 알려져 있는 상황을 의미한다. 마지막으로 불확실성의 결정상황은 하나의 대안에 대한 선택과 그에 따른 결과의 개연성이 전혀 알려져 있지 않은 상황을 의미한다. 개인의 선택이 발생하는 결정상황에 대한 위와 같은 이론적 구분에도 불구하고 경험적으로 개인은 선택의 결과가 어떤 것인지를 전혀 알 수 없는 상황에서 하나의 대안을 선택하는 경우는 거의 없을 것이다(이준구, 2008). 따라서 위험과 불확실성의 결정상황은 이론적으로 차이가 있음에도 불구하고 경험론적으로는 대안과 결과 사이의 개연성 또는 확률의 크기에 차이가 있는 것으로 이해할 수 있다. 다시 말해 경험적으로는 불확실성의 결정상황은 선택과 결과 사이의 개연성에 대해 전적으로 무지한 상황이라기보다는 하나의 대안을 선택함으로써 나타날 수 있는 결과의 개연성이 아주 약하다고 생각하거나 하나의 대안을 선택함으로써 나타날 것으로 예상되는 결과에 대한 신념이 아주 약한 상황으로 이해할 수 있는 것이다. 따라서 본 장에서는 확실성, 위험, 불확실성으로 구분된 결정상황을 확실성의 상황과 동일한 의미를 지닌 확정성의 결정상황, 그리고 위험과 불확실성의 결정상황을 포괄하여 불확정성의 결정상황이라는 용어를 사용하기로 한다.

우선 확정성의 결정상황 하에서 이루어지는 합리적 선택에 대한 논의는 행위자의 선택과 관련된 내적 일관성(internal consistency)을 강조한다. 특히 여러 대안들에 대해 지닌 선호를 일관되고 체계적인 방식으로 대안들 사이의 양자관계(binary relations)를 비교하고, 그로부터 효용을 극대화할 수 있는 대안을 선택할 것을 요구한다.

이와 같이 내적으로 일관된 개개인의 합리적 선택은 다음과 같은 세 가지 기본 요소들로 세분화하여 논의할 수 있다. 첫 번째 요소는 개개인이 선택을 위해 고려하는 대안들(alternatives)이라 할 수 있다. 공공선택론에서는 대안들과 관련하여 세 가지 상이한 집합을 상정한다. 우선 '대안집합(set of alternatives)'이라는 용어는 특정 맥락 하에서 개개인이 대안으로 고려될 수 있는 모든 원소를 포함한 집합을 의미하는 것이다. 선택의 상황에 따라 이러한 대안집합은 무제한(infinite)의 원소를 포함할 수도 있고 제한된 수효(finite number)의 원소를 포함할 수도 있다. 또한 이 용어는 일정한 선택의 상황을 고려하지 않고 개개인이 선택하는 경우 고려 가능한 모든 대안들을 의미하는 포괄적 의미로써 사용되기도 한다. 이와 달리 '선택가능한 집합(set of feasible alternatives)'이라는 용어는 대안집합의 부분집합에 속하면서 개개인의 선택에 실제 부여된 대안들로 구성된 집합을 표현한다. 또한 '선택집합(set of chosen alternatives)'이라는 용어가 이용되기도 하는데 이는 선택가능한 집합에 속한 대안들 가운데 실제 개개인이 선택하게 되는 대안들로 구성된 집합을 표현한다.

개개인의 합리적 선택에 고려되는 위와 같은 대안들 사이의 차별성을 명확히 하기 위해 선거경쟁과 관련된 간단한 예제를 이용해 보도록 하겠다. 이를 위해 유권자들이 선거에서 특정 후보자를 선택하는 상황을 가정해보자. 또한 유권자의 선택은 후보자들이 지닌 이념(ideology)에 따라 달라질 수 있다고 가정하고, 후보자들이 지닌 이념적 지향의 차이를 [−1, 1]의 실수(real number)로 이루어진 범주로 정의된 일차원(one−dimension)상의 좌파/우파의 공간으로 대표할 수 있다고 가정하자. 다시 말해 이념적 친화성에 따라 후보자를 선택하고자 하는 유권자는 가장 극단적인 좌파적 이념을 지닌 후보를 −1의 위치에 놓고 가장 극단적인 우파적 이념을 지닌 후보를 1의 위치에 놓은 다음 후보자들과 자신의 이념적 거리를 평가하는 것이다. 이 경우 유권자가 고려할 수 있는 모든 대안들을 포함하고 있는 대안집합은 [−1, 1]의 범주 안의 모든 위치에 해당하는 무제한의 원소가 될 것이다. 반면, 실제 선거경쟁에 참여한 후보자의 수효는 제한되기 때문에 선택가능한 집합은 실제 선거경쟁에 참여한 후보자들 각각이 차지하고 있는 이념적 위치들로 구성된다. 그리고 유권자들이 선택가능한 집합에 속하는 후보자들 사이의 비교를 통해 하나 또는 그 이상의 후보자를 실제 선택한 경우 선택된 후보들이 선택집합에 포함되는 원소를 구성하는 것이다.

개개인의 합리적 선택을 위해 고려해야할 두 번째 요소는 개개인이 대안집합 또는 선택가능한 집합에 속한 대안들에 대해 지닌 선호관계(preference relation)이다. 일반적으로 사람들은 자신에게 주어진 대안(alternative)에 대해 일정한 선호 강도를 지니고 있으며 이러한 선호 강도에 따라 다양한 대안들 사이의 관계를 설정할 수 있을 것으로 가정된다. 특히 주어진 대안들 가운데 두 대안을 쌍으로 하여 이항비교(binary comparison)가 가능한 것으로 가정한다. 예를 들어, 한 명의 유권자에게 2011년 서울시장 보궐선거 후보로 나선 박모 후보와 나모 후보 가운데 어느 쪽을 더 좋아하느냐고 묻는다고 하자. 질문을 받은 유권자는 "박모 후보가 더 좋다", "나모 후보가 더 좋다", 아니면 "두 후보 사이에 아무런 차별성을 느끼지 못한다"는 세 가지 가운데 하나로 대답할 것이다. 공공선택론은 '누가 누구보다 더 좋다'고 응답한 경우를 *P* 라는 기호를 사용하여 이 기호의 왼쪽에 있는 대안이 오른쪽에 있는 대안보다 '명백하게 더, 또는 강하게 선호됨(strictly prefer)'을 표현한다. 예를 들어 $_{박모}P_{나모}$로 표현할 경우 유권자는 박모 후보를 나모 후보보다 강하게 선호하고 있음을 나타낸다. 또한 "대안들 사이에 아무런 차별성을 느끼지 못한다"고 응답한 경우를 *I* 라는 기호를 사용하여 표현한다. 따라서 $_{박모}I_{나모}$의 표현은 응답자가 박모 후보와 나모 후보에 대한 '선호의 강도에 차이가 없음(indifferent)'을 나타낸다. 마지막으로 *P*와 *I* 의 두 관계를 혼합하여 *R*이라는 기호를 사용한다. 따라서 $_{박모}R_{나모}$의 표현은 응답자가 박모 후보를 나모 후보보다 더 강하게 선호하거나 또는 두 후보에 대한 선호의 차이가 없다는 의미를 동시에 담고 있어 박모 후보를 나모 후보보다 '약선호(weakly prefer)하고 있음'을 나타낸다. 이렇게 두 대안 사이의 선호관계 전체를 통틀어 행위자의 선호체계라고 부르며 선호체계는 *P*로 표현되는 강선호 관계, *I* 로 표현되는 무차별 관계, *R*로 표현되는 약선호 관계를 통해 구성된다.

이와 같이 주어진 대안들에 대한 이항비교를 통해 구성되는 행위자들의 선호체계는 행위자의 선택이 합리적이기 위해 기본적으로 두 가지 공리(axiom)를 만족시킬 필요가 있다. 첫째, 완결성(completeness) 또는 완비성이다. 이는 행위자가 모든 가능한 두 개의 대안의 조합에 대하여 각 조합에서마다 세 가지 선호관계 가운데 어느 하나의 선호관계를 지녀야 한다는 것이다. 다시 말해 어떤 두 개의 대안묶음을 놓고 비교한다 하더라도 하나가 다른 하나보다 더 선호된다든지 아니면 양자 사이에 아무런 차이를 느끼지 못한다든지 하는 판단을 내릴 수 있어야 한다는 것이다. 만일 행위자가 대안들에 대해 완결성을 만족시키지 못할 경우 행위자가 효용을 극대화하기 위해 어떤 선택을 할 것인지 예측할 수 없게 되기 때문에 이러한 가정이 요구되는 것이다. 완결성과 관련하여 문제가 되는 것은 대안들 사이의 비교 자체가 이치에 맞지 않는 경우이다. 예를 들어, 소설 '소피의 선택(Sophie's choice)'[1]에서 주인공 소피는 폴란드의 집단수용소에서 가스실로 끌려갈 것으로 예정된 두 자녀 가운데 한 명의 자녀만을 살릴 수 있는 선택권이 주어진다. 그러나 부모에게 자녀는 경쟁적인 대안의 의미를 지니지 않기 때문에 두 자녀 가운데 어느 한 자녀의 목숨을 선택하는 것 자체가 가능하지 않는 것이다. 따라서 소피의 선택은 대안들에 대하여 선호체계를 구성하는 것 자체가 불가능한 상태에서 이루어질 수밖에 없는 것으로 합리적 선택을 위한 기본 가정을 만족시키지 못하는 사례에 해당한다. 이와 같은 완결성의 공리를 형식(formal) 논리를 빌어 표현하면 다음과 같다.

[완결성의 공리] 만일 대안집합 X에 속한 원소 가운데 어떤 x, y에 대하여 $x \neq y$이면, xRy 또는 yRx 또는 xIy이어야 한다.

행위자들의 선호체계가 만족시켜야하는 두 번째 공리는 이행성(transitivity) 또는 전이성이다. 이행성은 세 개의 대안 X, Y, Z 가운데 개인이 X를 Y보다 좋아하고, 또한 Y를 Z보다 더 좋아한다면 이는 그 개인이 X를 최소한 Z만큼 좋아한다는 것을 의미한다. 다시 말해, 세 개의 대안 X, Y, Z에 대하여 X와 Y, 그리고 Y와 Z 사이의 행위자의 선호관계가 xRy와 yRz와 같은 경우 X와 Z 사이의 행위자의 선호관계는 zRx가 아닌 xRz가 되어야 한다는 것이다.[2] 이행성의 공리에 대한 이해를 돕기 위해 또 하나의 예제를 들어보자. 행위자가 세 개의 대안 X, Y, Z에 대하여 (X, Y), (Y, Z), (Z, X)의 이항비교를 할 수 있고(완결성을 만족시킴), (X, Y)의 이항비교를 통해 Y를 Z보다 약선호하

1) 윌리엄 스티론(Styron, 1998)의 소설 제목임.
2) 약선호관계가 전이성 또는 이행성이 있다는 것은 강선호 관계와 무차별의 관계 역시 각각 전이성이 있음을 함의한다.

는 *yRx*의 선호관계를, (*Y*, *Z*)의 이항비교를 통해 *Y*를 *Z*보다 약선호하는 *yRz*의 선호관계를 지니고 있다고 가정하자. 이 경우 행위자가 세 대안에 대한 선호의 이행성 공리를 만족시키기 위해 (*Z*, *X*)의 이항비교를 통해 어떤 선호관계를 지녀야 할까?(해답은 각주 참조)[3] 이준구(2008)에 따르면 이와 같은 이행성 공리는 소비자의 선호에 일관성이 있다는 것을 가정하는 것이다. 대안들에 대해 일관성 없는 선호를 지닌 사람은 효용을 극대화할 수 있는 합리적 선택을 할 수 없다는 점에서 이러한 이행성의 공리가 요구된다. 이행성의 공리를 형식 논리를 빌어 표현하면 다음과 같다.

[이행성의 공리] 만일 대안집합 *X*에 속한 원소 가운데 어떤 *x*, *y*, *z*에 대하여 *xRy*이고 *yRz*이면 *xRz*이어야 한다.

위와 같은 두 가지 공리(axiom)를 만족시키는 행위자의 선호체계는 연속적인 효용함수(utility function)로 대표될 수 있음이 증명되었다. 효용함수는 하나의 대안이 행위자에게 부여하는 만족감의 정도를 하나의 실수로 나타내 주는 함수다. 효용함수를 통해 행위자의 선호체계를 대표할 수 있는 경우 아무리 많은 대안들이 주어지더라도 행위자가 선호하는 순서대로 대안들을 나열할 수 있게 된다. 각 대안이 주는 효용수준이 하나의 숫자로 계산되기 때문에 그 숫자의 크기대로 대안들을 배열하면 되기 때문이다. 이러한 효용함수는 추상적인 선호체계를 대표함으로써 분석을 용이하게 하는 기제로 이용된다.

마지막으로 개인의 합리적 선택에 대한 논의는 개인이 대안들에 대해 지니고 있는 선호체계를 통해 형성된 대안들에 대한 선호순위(preference ordering)를 기본 요소로 지닌다. 모든 대안들의 선호순위는 완결성과 이행성이라는 두 가지 공리를 만족시키는 선호를 지닌 개인이 가능한 모든 두 개

---

3) (*X*, *Y*), (*Y*, *Z*)의 이항비교를 통해 *yRx*, *yRz*의 선호관계를 지니고 있기 때문에 *Y*가 두 대안 *X*, *Z*보다 선호되고 있다. 따라서 (*X*, *Y*)의 이항비교를 통해 *xPz*, *zPx*, *xRz*, *zRx*, *xIz* 가운데 어느 하나의 선호관계를 지니는 경우 모두 이행성을 만족시킨다.

의 대안에 대한 양자비교를 통해 강선호, 약선호 또는 무차별선호를 지닐 때 이루어진다. 예를 들어, 세 가지 대안 *X*, *Y*, *Z*에 대하여 개인이 지닌 선호체계를 고려하는 경우 총 13가지의 선호순위가 가능하다.[4] 그리고 개인의 합리적 선택은 대안들에 대해 구성된 선호순위를 통해 가장 선호되는 대안을 선택한다는 것을 의미한다. 만약 $X > Y > Z$의 선호순위를 지닌 경우 합리적 개인은 선호순위에서 가장 우위에 놓인 *X*를 선택해야함을 의미한다. 결국 개인의 합리적 선택은 완결성과 이행성의 공리를 만족시키는 선호를 지닌 개인이 대안들에 대한 양자비교를 통해 형성한 대안들의 선호순위에서 가장 우위에 놓은 대안을 선택하는 것으로 정의될 수 있다.

제 2 절 공공선택(Public Choice)

공공선택(public choice)에 대해 논의하기 위해서는 위와 같은 개인적 선택과 관련된 기본 요소들 이외에 두 가지 요소를 더 고려할 필요가 있다. 첫째, 사회를 구성하는 개인 행위자들의 집합(*N*)이다. 개인의 선택의 경우 *N*은 개인 행위자 한 명에 해당하며, 한국 국회에서의 정책결정을 개별 국회의원들에 초점을 맞추어 분석하는 경우 *N*은 299명이라는 한국 국회의원 총수에 해당할 것이다. 복잡한 사회현상에 대한 분석은 그러한 사회현상을 낳는 행위자를 누구로 볼 것인가에 따라 동일한 사회현상임에도 불구하고 다양한 *N*을 통해 분석할 수 있다. 예를 들어, 한국 국회 내에서의 정책결정은 개별 국회의원을 중심으로 *N*을 299로 간주하고 분석할 수도 있겠지만 개별 국회의원들을 몇 개의 집단으로 구분하여 그 수효를 줄일 수도 있을 것이다. 개

4) 총 13가지의 선호순위는 다음과 같다. 각 선호순위에서 위에 놓일수록 더 선호됨을 의미한다.

(1)	(2)	(3)	(4)	(5)	(6)	(7)	(8)	(9)	(10)	(11)	(12)	(13)
X	*X*	*Y*	*Y*	*Z*	*Z*	*X*	*Y*	*Z*	*XY*	*YZ*	*ZX*	
Y	*Z*	*X*	*Z*	*X*	*Y*							*XYZ*
Z	*Y*	*Z*	*X*	*Y*	*X*	*YZ*	*ZX*	*XY*	*Z*	*X*	*Y*	

별국회의원 모두가 동일한 영향력을 발휘하는 것이 아니라 개별 국회의원들이 소속된 원내 교섭단체에 종속되어 정책결정에 참여한다고 가정하는 경우 *N*은 한나라당, 민주당, 자유선진당과 같이 3으로 축소될 수 있는 것이다. 결국 복잡한 사회현상을 분석하기 위해 *N*의 수효가 얼마나 되어야 할 것인지에 대한 정의는 연구자의 연구주제 및 판단에 달려있다고 볼 수 있으며 이에 따라 연구의 단순화라는 이론적 간결성(parsimony)이 좌우된다고 볼 수 있다.[5]

둘째, 개인이 대안집합(*X*)에 속한 원소들에 대해 지닌 선호관계 뿐만 아니라 이러한 선호의 종합을 통해 나타난 사회적 선호(social preference)를 고려할 필요가 있다. 사회적 선호는 사회 구성원들이 대안집합(*X*)에 속한 대안들에 대하여 지닌 선호체계를 특정 결정규칙을 이용하여 종합함으로써 파악할 수 있다. 이를 위해 대안집합에 속한 대안들에 대해 모든 구성원의 선호관계를 나열하고 이러한 구성원들의 선호관계의 나열을 선호의 개요(preference profile)라고 정의하며, 사회적 상황이라는 용어와 혼용하여 쓰기도 한다. 예를 들어, 3명의 유권자, *A*, *B*, *C*가 두 명의 후보자 *X*, *Y* 가운데 선택해야하는 경우를 생각해보자. 또한 *A*가 *X*, *Y* 두 대안들에 대해 지닌 선호를 P_A, *B*가 대안들에 대해 지닌 선호를 P_B, *C*가 대안들에 대해 지닌 선호를 P_C라는 기호를 이용하여 표현하는 경우를 생각해보자. 이 경우 *A*, *B*, *C* 세 명의 구성원이 두 대안, *X*, *Y*에 대해 지니고 있는 선호관계를 나열한 하나의 선호개요를 *P*라는 표기를 이용하는 경우 $P=(P_A, P_B, P_C)$로 표현될 것이다. 이때 P_A, P_B, P_C는 각 구성원이 대안들에 대해 지니는 강선호 관계를 표현하는 *P*와는 다른 것으로 행위자 *A*의 선호관계, 행위자 *B*의 선호관계, 행위자 *C*의 선호관계를 의미하는 표기이다. 그러면, 각 행위자는 두 개의 대안에 대해 다섯 가지 유형의 선호관계를 지닐 수 있다. 다시 말해 행위자 *A*

5) 분석 모형의 간결성은 과학적 연구 수행을 위한 하나의 중요한 기준에 해당한다. 그러나 어느 정도의 간결성을 추구할 것인가의 문제는 연구 결과가 지니는 함의가 얼마나 풍부한가라는 또 다른 기준을 동시에 고려할 필요가 있다. 분석 모형의 간결성과 연구 결과의 함의에 대한 중요성에 대한 논의는 킹과 그의 동료들(King et al. 1994)의 연구를 살펴볼 것.

가 두 대안에 대해 지니고 있는 선호관계의 표현인 P_A는 두 가지 유형의 강선호 관계, xPy, yPx와, 두 가지 유형의 약선호 관계 xRy, yRx, 그리고 하나의 무차별선호 xIy 가운에 하나에 해당한다. 나머지 두 명의 행위자 역시 동일하게 5가지 유형의 선호관계를 지닐 수 있기 때문에 세 명의 유권자가 두 명의 후보자 가운데 한 명을 선택하는 경우 가능한 선호개요는 총 수효는 5×5×5=125에 해당한다. 시간적, 공간적 조건 하에서 이렇게 가능한 선호개요 가운데 특정의 선호개요가 표현되고 있을 것으로 예상할 수 있으며 이러한 특정의 선호개요가 이루어지고 있는 경우를 사회적 상황이라는 용어로 표현하기도 하는 것이다. 따라서 일정한 사회적 조건 하에서 $P=(P_A, P_B, P_C)=(xRy, xPy, xIy)$와 같은 특정한 유형으로 표출되었다고 가정할 경우 이는 X와 Y라는 두 대안에 대한 사회적 선호(social preference)를 형성하기 위해 두 대안에 대한 사회 구성원들의 선호를 나열한 하나의 선호개요 또는 하나의 사회적 상황이라고 할 수 있는 것이다. 결국, 공공선택을 위한 환경은 사회구성원의 수효(N), 대안집합에 포함된 대안의 수효, 각 구성원이 대안들에 대해 지닌 선호관계, 그리고 각 구성원들이 대안에 대해 지닌 선호관계를 종합한 선호 개요라는 네 가지 기본 요소로 구성되며 특정한 결정규칙을 적용함으로써 대안들에 대한 사회적 선호순위(preference ordering)가 구성된다고 볼 수 있다.

마지막으로 공공선택을 위한 위와 같은 세분화된 기본 요소들을 중심으로 2011년 서울시장 선거 사례를 재해석해보도록 하겠다. 우선 논의를 간단히 하기 위하여 '박모'와 '나모' 두 후보만이 출마한 선거경쟁을 가정해보자. 또한 세 명의 유권자 A, B, C가 최다득표제(plurality rule)[6]를 이용하여 당선

6) 최다득표제(plurality voting rule)라는 용어는 상대다수제 또는 단순다수제(박찬욱, 2004) 및 최다수제(안청시, 1992), 또는 종다수투표제(황수연, 2005)라는 용어와 혼용하여 쓰이고 있는 것이다. 본 장에서는 다수대표제(majoritarian formula)를 최다득표제(plurality), 선착제(FPTP), 절대다수제(absolute majority)의 세 가지 범주로 구분한 정준표·정영재(2005 : 8)의 논의에 따라 최다득표제라는 용어를 사용하기로 한다. 이러한 용어 구분은 일반적으로 다수결제(majority rule)가 다수대표제를 의미하는 포괄적 용어로 이용될 뿐 아니라 과반수 이상의 득표를 요구하는 절대다수제와 동일한 의미임에도 불구하고 때때로 세 명 이상의 후보자가 경쟁하는 선거와 같은 상황에서 최다득표 후보를 선택함에도 불구하고 '다수결에 따른 후보 선택'과 같

자를 결정한다고 가정해보자. 그러면, 공공선택을 논의하기 위한 첫 번째 요소인 사회 구성원의 수효는 *A*, *B*, *C* 3명이 해당된다. 둘째, 각 개인이 선거경쟁에서 생각해 볼 수 있는 차별적인 후보자는 무수한(infinite) 반면, 2011년 서울 시장 선거라는 시기적, 맥락적 특수성을 고려한 경우 3명의 유권자에게 주어진 대안집합의 수효는 박모 후보와 나모 후보로 압축된 2명이 해당된다. 셋째, 각 행위자가 두 후보에 대한 비교를 통해 지니게 되는 선호관계는 주지하였듯이 각각의 행위자에게 있어 5가지 유형이 가능하다. 이 가운데 다음과 같은 하나의 특수한 사회적 상황 또는 선호개요를 가정해보자. $P=(P_A,\ P_B,\ P_C)=($박모P나모, 박모P나모, 박모I나모$)$. 이와 같은 선호개요는 유권자 *A*는 박모 후보를 나모 후보보다 강하게 선호하고 있으며, 유권자 *B* 역시 박모 후보를 나모 후보보다 강하게 선호하고 있고, 유권자 *C*는 박모 후보와 나모 후보에 대한 선호의 강도에 차별성이 존재하지 않음을 보여준다. 마지막으로 두 대안에 지닌 구성원들의 선호개요를 보여주는 *P*를 최다득표제(plurality voting) 규칙에 적용하는 경우 *A*와 *B* 유권자는 진정선호(sincere preference)에 따라 투표할 경우 박모 후보를 지지할 것이기 때문에 사회적 선호 순위는 '박모>나모'의 순위로 구성되며 그 결과 박모 후보가 공공선택이 될 것으로 예상할 수 있다. 사실 이와 같은 이론적 예측의 정확성은 공공선택을 위해 어떤 규칙(rule)을 이용할 것인지, 그리고 유권자들이 자신의 진정선호가 아닌 전략적 선호(strategic preference)를 표출할 유인(incentive)은 없는 것인지 등을 고려할 필요가 있다.

[책임집필 : 한정훈]

은 용어가 이용되고 있어 혼란을 야기하기 때문이다. 이러한 관점에서 본 장에서는 다수결제(majority rule) 대신 과반수제라는 용어를 사용함으로써 최다득표제와의 구분을 용이하게 하고자 한다.

Chapter 10

불확정성과 기대효용

Public Choice

제 1 절 불확정성의 결정상황

순수 이론적 측면에서 개인의 선택은 행위와 결과 사이의 인과적 결합의 양태에 따라 세 가지 범주의 결정상황에서 발생하는 것으로 알려져 있다(황수익, 1985). 우선 확실성의 상황은 각 행위가 특정의 결과를 틀림없이 가져오리라는 것이 알려진 상황이다. 둘째, 위험성(risk)의 상황은 각 행위가 초래할 수 있는 결과가 둘 이상이고 그 각각이 발생할 개연성이 알려진 상황이다. 셋째, 불확실성의 상황은 각 행위가 초래할 수 있는 결과가 둘 이상이고 그 각각이 발생할 개연성이 알려져 있지 않거나 무의미한 경우이다. 프랭크 나이트(Frank Knight, 1921)는 이와 같이 행위와 결과 사이의 개연성 또는 확률분포의 존재여부에 따라 위험성 하의 의사결정과 불확실성 하의 의사결정을 엄밀히 구분할 필요가 있음을 제시하였다. 그러나 최근에는 불확실성이 개재된 선택과 위험성이 개재된 선택을 구태여 구분하지 않는 추세를 보이고 있다. 더구나 어떤 행위자가 불확실한 미래와 관련된 선택을 할 때 그는 일정 정도의 위험을 부담하고 있다는 사실을 고려할 필요가 있다. 따라서 불확실성은 바로 위험성을 의미한다고 해도 좋을 정도로 양자는 불가분의 관계를 맺고 있는 것이다(이준구, 2008). 본 장에서의 불확정성의 결정상황은 이러한 논의에 근거하여 위험의 결정상황과 불확실성의 결정상황을 내포하는 의미로 사용된다. 이와 같이 결정상황 구분의 단순화를 통해 본 장에서는 불확정성의 결정상황에서의 개인의 선택 및 공공선택의 문제를 다루고자 한다. 그러면 불확정성의 결정상황에서의 선택을 이해하기 위해서는 어떤 요소들을 고려할 필요가 있는가? 그리고 불확정성의 결정상황에서의 선택을 예측하는데 일반적으로 활용되는 기대효용모형이란 무엇이며 어떻게 과정을 통해 그러한 모형을 구축할 수 있는가?

불확정성의 결정상황에서의 개인의 선택은 우선 각 대안들과 관련된 불확정성의 정도에 관한 논의를 포함할 필요가 있다. 다시 말해 하나의 대안에 대한 선택이 하나의 결과를 선택하는 것과 같은 확정성의 상황과 달리 불확정성의 결정상황은 하나의 대안에 대한 선택이 하나의 결과와 직접적으로 연결되지 않기 때문에 하나의 선택이 낳을 결과들에 대한 개연성의 정도를 이해해야 하는 것이다. 예를 들어, 행위자는 일정한 선택을 통해 *X* 또는 *Z*라는 결과를 얻을 확률이 50대 50이라거나, *Y* 또는 *Z*라는 결과를 얻을 확률이 50대 50 또는 *X*, *Y*, *Z*라는 결과를 동일한 확률로 얻을 것이라는 등 하나의 행위와 결부되어 일정한 결과가 나타날 수 있는 확률만을 알고 있거나, 그러한 확률에 대한 믿음을 지니고 있을 수 있다. 즉 행위자는 *X*, *Y*, *Z* 가운데 어떤 하나의 결과를 성취하기 위해 선택하면서, 동시에 성취하고자 하는 결과를 얻지 못할 수도 있다는 위험(risk)을 감수해야 하는 것이다. 이론적으로 불확정성의 결정상황은 하나의 선택이 어떤 결과를 가져올 지에 대한 믿음, 즉 다양한 결과들 가운데 어떤 결과들이 발생할 확률에 대한 정보가 전혀 없는 경우 역시 포함한다. 그러나 개인은 자신의 일상에서 선택을 내리고자 할 때 전적으로(completely) 아무런 지식이나 정보가 없는 경우는 드물기 때문에 현실적으로는 결과들이 발생할 확률에 대한 믿음이 약한 상황을 의미할 수 있다. 따라서 다양한 결과들이 지닌 발생확률의 정도와 그러한 확률에 대한 믿음의 강약이 논의에 고려될 필요가 있을 것이다.

불확정성(uncertainty)의 결정상황에서의 개인의 선택을 이해하기 위해서

요구되는 또 다른 중요한 요소는 행위자에 의해 선택되는 행위 뿐만 아니라 선택되지 않는 행위로부터 발생할 수 있는 결과에 대한 확률을 고려해야한다는 것이다. 예를 들어, 한 행위자가 세 가지 행위, A_1, A_2, A_3 가운데 하나를 선택할 수 있고 그러한 선택을 통해 X, Y, Z라는 각각의 결과가 일정한 확률로 발생한다고 가정하자. 더욱 구체적으로 A_1을 선택함으로써 X와 Z라는 결과가 발생할 확률이 50대 50이라고 가정하자. 이 경우 일정한 선택으로부터 발생할 결과에 대한 확률 뿐만 아니라 발생하지 않을 결과에 대한 확률을 고려할 필요가 있다는 것은 A_1을 선택하는 경우 X가 발생할 확률인 $P_r(X|A_1)$이 1/2이고 동일한 선택으로부터 Z가 발생할 확률인 $P_r(Z|A_1)$가 1/2이라는 것 이외에 A_1의 선택으로부터 발생하지 않은 결과인 Y의 확률인 $P_r(Y|A_1)$이 0이라는 것을 고려할 필요가 있다는 것이다. 동일한 논리를 A_2의 행위로부터 Y와 Z라는 결과가 발생할 확률이 50대 50이라고 가정하는 경우에 적용해보자. 그러면, A_2의 선택행위는 $P_r(X|A_2)=0$, $P_r(Y|A_2)=1/2$, $P_r(Z|A_2)=1/2$라는 확률분포로 표현될 수 있는 것이다. 결국 하나의 선택행위는 그 선택에 따라 발생하거나 발생하지 않을 결과들에 대하여 0보다 크거나 같고 1보다 작거나 같은 크기의 확률이 부여된 결과로써 표현될 수 있는 것이다. 그리고 이때 각 결과에 부여된 확률의 총합은 1이 될 것이다. 결국 A_1을 선택함으로써 발생할 것으로 예상되는 결과들에 대한 신념은 A_1이라는 선택을 각 결과가 발생확률만큼의 가중치(weight)를 부여한 확률분포 또는 복권(lottery)을 의미한다. 따라서 행위자의 A_1이라는 대안의 선택은 A_1을 선택함으로써 $A_1=(1/2\times X,\ 0\times Y,\ 1/2\times Z)$과 같은 확률분포가 발생할 것이라는 신념에 따른 선택으로 표현할 수 있으며 그 결과 불확정성의 결정상황에서의 선택은 결국 여러 확률분포 또는 복권 가운데 어느 하나를 선택하는 것과 같다고 하겠다.

제2절 기대효용 모형

불확정성(uncertainty)의 결정상황은 결과에 대한 평가를 그 결과를 가져오는 행위에 대한 평가와 대응시키는 방식에서 확정성(certainty)의 결정상황과 또 다른 차별성을 지닌다(황수익, 1985). 확정성의 결정상황에서는 결과에 대한 평가가 그 결과를 가져오는 행위에 대한 평가와 직접적으로 연결되는 반면, 불확정성의 결정상황에서는 결과에 대한 평가가 그 결과를 가져오는 행위에 대한 평가가 기대효용함수(expected utility function)를 통해 대응된다. 불확정성의 결정상황에서 개인이 선택한 행위는 각 결과에 할당된 확률을 이용하여 각 결과로부터 예상되는 효용을 가중한(weighted) 효용을 통해 평가되는 것이다. 이때, 각 결과에 부여된 확률은 개개인이 각 결과가 발생할 것이라고 믿는 정도를 측정하는 지표로 이해된다(Fisher, 1921). 기대효용(Expected Utility)이란 이렇게 각 결과에 부여된 확률에 의해 각 결과가 지닌 효용이 가중된 효용을 의미하며, 기대효용모형은 불확정성의 결정상황에서 개인의 합리적 선택은 기대효용을 극대화하는 것이라는 설명을 제공하며 가장 광범위하게 활용되는 모형이라 할 수 있다.

기대효용이론을 개발한 폰 노이만(J. von Neumann)과 모겐스턴(O. Morgenstern)은 여러 결과들이 확률적으로 발생하는 경우 합리적 개인은 어떤 선택을 해야 할 것인가의 문제를 다루었다. 이들은 가능한 결과들 각각에 서로 다른 확률이 결부되면서 예상되는 다수의 확률분포 또는 복권(lottery)들에 대하여 기수적(cardinal) 효용함수를 이용하여 일관되고 완결된(complete) 선호순위를 구성할 수 있으며, 합리적 개인은 이러한 과정을 통해 기대효용을 극대화하는 확률분포 또는 복권을 선택할 것이라는 주장을 전개하였다. 이때 복권들에 대하여 일관된 순위를 구성하기 위해서는 확정성의 상황에서 선호순위(preference order)를 구성하기 위해 만족시켜야 했던 두 가지 공리(axiom)인[1] 완결성(completeness)

1) 개인의 합리적 선택과 관련된 완결성과 이행성의 공리에 대한 설명은 본서의 제9장을 참조할 것.

과 이행성(transitivity)이외에 독립성(independence)과 연속성(continuity)이라는 또 다른 두 가지 공리를 추가적으로 만족시킬 필요가 있다.

우선 독립성이란 서로 다른 두 복권에 대한 선호는 두 개의 복권을 이들과 독립적인(independent) 새로운 복권과 선형조합(linear combination)하는 경우에도 변화하지 않아야 한다는 조건이다. 독립성의 조건을 세 가지 복권 A_1, A_2, A_3에 적용하기 위해 한 명의 행위자가 두 복권 $A_1=(1/2\times X,\ 0,\ 1/2\times Z)$과 $A_2=(0,\ 1/2\times Y,\ 1/2\times Z)$로 두고 A_1을 A_2보다 약선호하는 ${}_{A_1}R_{A_2}$의 선호를 지니고 있는 경우를 가정하자. 그러면, 독립성의 조건은 0과 1사이의 어떠한 실수 t에 대하여, 다시 말해 $t\in(0,\ 1]$인 어떤 t에 대하여 복권 A_1과 A_3의 선형조합(linear combination)인 $t\times A1+(1-t)A_3$라는 새로운 복권이 복권 A_2와 A_3의 선형조합인 $t\times A_2+(1-t)\times A_3$라는 새로운 복권보다 약선호 되어야 한다는 조건이다. 좀 더 구체적으로 두 복권에 대한 선호가 주어져 있는 경우에 두 복권에 대한 선호를 두 복권과 전혀 다른 또 다른 복권에 대한 선호와 결합하여 결정해야 하는 경우 동일한 강도(t)의 선호를 기존의 두 복권에 부여하고 있다면 새로운 복권 때문에 두 복권에 대한 기존의 선호가 변화되어서는 안된다는 조건이다. 이를 약선호 관계를 표현하는 기호인 R을 사용하여 나타내면 다음과 같다

[독립성의 공리] 세 가지 서로 다른 복권 A_1, A_2, A_3와 $t\in(0,\ 1]$인 어떤 t에 대하여 만일 ${}_{A_1}R_{A_2}$이면 ${}_{t\times A_1+(1-t)\times A_3}R_{t\times A_2+(1-t)\times A_3}$이다.

둘째, 연속성(continuity)이란 세 가지 서로 다른 복권 A_1, A_2, A_3이 있고 이들에 대하여 행위자가 A_1을 A_2보다 약선호하고 A_2는 A_3보다 약선호하는 ${}_{A_1}R_{A_2}R_{A_3}$의 선호를 지니고 있는 경우, 행위자가 복권 A_1과 A_3의 선형조합과 복권 A_2에 대하여 무차별한(indifferent) 선호를 지닐 수 있는 그러한 복권 A_1과 A_3의 선형조합이 가능한 확률 p가 존재해야 한다는 조건이다. 이를 무차별 선호관계를 나타내는 기호인 I를 이용하여 나타내면 다음과 같다.

[연속성의 공리] 세 가지 서로 다른 복권 A_1, A_2, A_3에 대하여 행위자의 선호가 $A_1RA_2RA_3$이면 $A_2Ip\times A_1+(1-p)\times A_3$를 만족시키는 그러한 확률 $p\in[0, 1]$이 존재한다.

폰 노이만과 모겐스턴(von Neuman and Morgenstern, 1947)은 복권에 대한 선호관계가 위와 같이 완결성, 이행성, 독립성, 연속성이라는 네 가지 공리를 만족시키는 경우 개인의 선호는 효용함수(utility function)로 대표될 수 있으며 가능한 결과들에 대한 효용비교를 통해 합리적 선택이 이루어짐을 증명한 것이다. 다시 말해 개인이 하나의 확률분포를 선택함으로써 얻게 되는 기대효용이 다른 확률분포를 선택함으로써 얻는 기대효용보다 더 크게 만드는 그러한 효용함수가 존재하는 경우 개인은 두 확률분포 가운데 더 높은 효용을 가져다주는 그런 확률분포를 선택한다는 것이다. 이때 하나의 확률분포를 선택함으로써 얻게 되는 기대효용은 확률에 의해 가중된 각 결과로부터의 효용의 선형조합으로 나타나게 된다. 그리고 이러한 효용함수를 '폰 노이만 모겐스터른 효용함수'라고 일컫는다.

그러면 구체적으로 기대효용 모형은 어떻게 만들어지는 것인가? 이를 위해 기대효용 모형을 구성하는 요인들을 세분화해보도록 하자. 불확정성의 결정상황을 모형화하기 위해서는 다음과 같은 세 가지 요소에 대한 이해가 필요하다. 첫째, 대안들을 원소로 하는 대안집합 또는 가능한 결과들의 집합, 둘째, 각 대안과 결부된 발생 가능 확률의 집합으로 만들어지는 확률분포 또는 복권, 셋째, 이러한 불확정성의 결정상황에서 선택을 통해 얻을 수 있는 기대효용(expected utility)이 그것이다. 예를 들어 m개의 한정된 가능한 결과 또는 대안들로 구성된 대안집합(X)을 다음과 같이 표현하자: $X=\{x_1, x_2, \cdots\cdots, x_m\}$. 또한 대안집합($X$)에 속하는 각 대안들과 결부된 발생 가능 확률분포(λ) 또는 복권을 다음과 같이 표현하자: $\lambda=\{\lambda_1, \lambda_2, \cdots\cdots, \lambda_m\}$. 이러한 표현방식은 대안집합($X$)에 속한 하나의 대안인 x_1이 실현될 확률은 λ_1 임을 의미한다. 따라서 확률분포(λ)에 속한 각 확률은 0보다 크거나 같고, 이들 각 확률의 합은 1이 된다. 또한 각 대안별 확률의 크기가 변화하면서 무수히 많은 확률분포를 예상해 볼 수 있으며, 가능한 모든 확률분포를 원소로 하는 상위집합을 람다(Λ)로 표현할 수 있다. 이러한 표현에 따를 경우, 불확정성 하에서 한 명의 행위자가 내리는 선택은 람다(Λ)에 포함된 무수한 확률분포들 가운데 하나의 확률분포를 선택하는 것이 된다. 결국, 한 명의 유권자가 불확정성의 결정상황 하에서 어떤 확률분포를 선택할 것인지를 알기 위해서는 람다(Λ) 내의 각 확률분포들에 대한 유권자의 선호를 고려해야 한다. 따라서 람다(Λ) 내의 하나의 확률분포(λ)에 대한 기대효용은 대안집합 X에 속한 가능한 각각의 대안들에 대한 효용을 $U=\{u(x_1), u(x_2), \cdots\cdots, u(x_m)\}$으로 표현하는 경우 다음과 같이 표현할 수 있다.

$$EU(\lambda) = \lambda_1 u(x_1) + \lambda_2 u(x_2) + \dots\dots + \lambda_m u(x_m) = \sum_{j=1}^{m} \lambda_j u(x_j)$$

즉, 확률분포 λ를 선택함으로써 얻게 되는 기대효용 $EU(\lambda)$는 결국 m개의 대안 각각으로부터 얻게 되는 효용을 각 대안에 부여된 확률로 가중(weighting)한 것들의 합이라 할 수 있다. 또한 이러한 대안과 확률의 결합을 통한 기대효용이 람다(Λ) 내의 어떤 두 개의 대안적 확률분포 λ와 μ에 대하여 다음의 관계를 만족시키는 경우 이를 "선호관계를 기대효용으로 대표한다"고 일컫는다.

$$_{\lambda}R_{\mu} \Leftrightarrow \sum_{j=1}^{m} \lambda_j u(x_j) \geq \sum_{j=1}^{m} \mu_j u(x_j) \quad (1)$$

$$_{\lambda}P_{u} \Leftrightarrow \sum_{j=1}^{m} \lambda_j u(x_j) > \sum_{j=1}^{m} \mu_j u(x_j) \quad (2)$$

$$_{\lambda}I_{\mu} \Leftrightarrow \sum_{j=1}^{m} \lambda_j u(x_j) = \sum_{j=1}^{m} \mu_j u(x_j) \quad (3)$$

결국, 불확정성의 결정상황에서 개인의 합리적 선택은 위와 같이 서로 다른 두 개의 확률분포들이 지닌 기대효용을 양자비교하고, 그 결과 구성되는 확률분포들에 대한 선호순위에서 최상위의 선호순위에 위치한 확률분포를 선택하는 것이라 할 수 있다. 또한 불확정성의 결정상황에서 공공선택은 이러한 사회 구성원들이 지닌 확률분포에 대한 선호개요를 기반으로 일정한 결정규칙(decision rule)을 적용함으로써 이루어지는 것으로 볼 수 있다. 이와 같이 불확정성의 결정상황에서 기대효용이론의 활용은 복잡한 문제를 단순화하고 보편적으로 적용할 기준을 제시해주는 장점을 지닌 것으로 평가되고 있다(정준표, 2003, 16).

불확정성의 결정상황에서의 선택은 주변에서도 쉽게 목격할 수 있다. 대표적으로 선거경쟁에서 유권자들의 후보자 선택을 예로 들어보자. 유권자 개개인은 한 명의 후보자가 입후보한 선거경쟁에서는 후보자에 대한 자신의 투표 여부를 결정하기 위해 입후보자의 당락이 결정될 수 있는 다음과 같은 세 가지 결과를 예측할 수 있다. $X=\{X_1$(당선확정득표에서 두 표 이상 부족한 상황), X_2(당선확정득표에서 한 표 부족한 상황), X_3(당선확정득표를 획득한 상황)$\}$. 유권자 개인은 자신의 투표를 제외한 상황에서 위의 세 가지 결과 각각이 어느 정도로 발생 가능했을 것인지에 대한 믿음을 지니며 각 결과의 발생가능성에 대한 믿음이 각 결과에 대한 확률에 해당한다. $\lambda=\{\lambda_1$(당선확정득표에서 두 표 이상 부족한 상황이 발생했을 가능성), λ_2(당선확정득표에서 한 표 부족한 상황이 발생했을 가능성), λ_3(당선확정득표를 획득했을 가능성)$\}$. 이 경우 유권자 개인의 선택은 입후보자에게 투표를 할 것인가 아니면 하지 않을 것인가의 문제이다. 따라서 유권자 개인은 자신이 투표를 했을 경우 세 가지 결과의 변화에 따른 효용과 각 결과에 부여된 확률을 통해 투표참여의 기대효용을 구할 뿐만 아니라 자신이 투표하지 않았을 경우에 대한 기대효용을 구한 이후 두 기대효용을 비교함으로써 최종적인 선택을 하게 되는 것이다.

한국 정치학계에서도 기대효용모형을 이용하여 불확정성의 결정상황에서의 공공선택을 연구한 다수의 문헌을 찾아볼 수 있다. 유권자들의 투표참여율에 대한 분석을 시행한 다수의 연구(김재한, 1993; 김재한, 2011; 김욱,

1998; 김욱, 2002; 강원택, 2002; 한정훈·강현구, 2009)가 있으며, 한미동맹의 변화요인에 대한 분석(한석희·하현용, 2008) 및 남북관계의 발전에 대한 설명(박상현·최준영, 2009) 등에도 활용되고 있는 실정이다.

[책임집필 : 한정훈]

Chapter 11

콩도르세의 역설

Public Choice

제1절 콩도르세 역설의 발견

콩도르세의 역설(Condorcet paradox) 또는 투표의 역설(paradox of voting)은 합리적 개인 가정을 만족시키는 개개인이 셋 이상의 대안에 대하여 자신의 선호에 일관된 선택을 하였음에도 불구하고 과반수 규칙(majority rule)을 활용하여 하나의 공공선택이 이루어지지 않고 대안들 사이의 사회적 선호가 순환(cycle)에 빠지는 상황을 의미한다. 이때 합리적 개인 가정이란 개인의 선호가 완결성(completeness)과 이행성(transitivity)이라는 두 가지 공리를 만족시킴을 의미하여, 개인이 자신의 선호에 따라 일관된 선택을 한다는 것은 개인이 주어진 대안들 가운데 가장 선호하는 대안을 선택한다는 것을 의미한다.[1] 콩도르세는 이렇게 사회구성원의 개개인이 셋 이상의 대안에 대해 합리적 선택을 했음에도 불구하고 과반수 규칙을 활용하여 개개인의 선택을 종합할 경우 비합리적 결과, 즉 집단 선호의 순환이라는 역설이 발생할 수 있음을 발견한 것이다.

이와 같은 콩도르세의 발견은 일반적으로 다양한 영역의 공공선택을 위

1) 합리적 개인 가정과 선택에 대해서는 본 저서의 제9장을 참조할 것.

해 현실적으로 적용되고 있을 뿐만 아니라 규범론적인(normative) 측면에서도 사회 내 다수의 개인이 공평한(fair) 규칙으로 용인되고 있는 과반수 규칙의 문제점을 지적한 것이다. 셋 이상의 대안이 경쟁하고 있는 상황에서 과반수 규칙을 적용할 때 사회의 공공선택은 다른 모든 대안들에 대해 과반수 승자가 되지 못하는 대안 가운데 어떤 하나로 결정되는 경우가 있다는 발견은 과반수 규칙의 승자에 대한 불신을 야기하기에 충분한 것이었다. 학제적으로는 이와 같은 과반수 규칙을 활용한 공공선택의 문제를 해결하기 위해 다수의 연구자들이 과반수 규칙 이외의 대안적 투표규칙들에 대한 연구를 진행하였다. 예를 들어, 보르다(Borda, 1781)는 유권자의 수(number)만을 고려하는 과반수 규칙과 달리 유권자가 지닌 선호 강도(intensity)의 차별성을 고려할 수 있는 점수투표제(scoring voting rule)의 도입을 제시하였다. 본서의 제12장에서 다룰 다양한 투표규칙들 역시 한 집단의 공공선택이 과반수 규칙을 활용할 때 보다 더 민주적인 선택을 가져올 수 있을 것인가에 대한 질문을 해결하기 위한 방안으로 제시되어 온 것이다. 애로우(Arrow, 1951)로 대표되는 또 다른 부류의 학자들은 과반수 규칙을 또 다른 규칙으로 대체함으로써 콩도르세 역설의 문제를 해결하고자 한 다양한 시도들이 성공적일 수 없음을 증명하였다. 또한 블랙(Black, 1948)의 경우는 대안적 투표규칙을 제시하기 보다는 사회 구성원 개개인의 선호에 대한 깊이 있는 이해가 콩도르세 역설의 문제를 해결할 수 있는 또 다른 대안이 될 수 있음을 보여주기도 하였다.[2] 그러면 콩도르세 역설은 구체적으로 어떤 상황을 묘사하는 것인가? 콩도르세 역설은 사회 구성원들이 고려해야할 대안의 수가 늘어남에 따라 그리고 사회구성원의 수가 늘어남에 따라 어떤 변화가 발생하는가? 콩도르세 역설이 과반수 규칙을 활용한 공공선택의 문제점을 지적한 것이라면 그러한 문제를 해결하기 위해 어떤 방안들이 논의되어왔는가? 마지막으로 콩도르세 역설이 함의하는 바는 무엇인가? 본 장에서는 이러한 문제들에 집

2) 다양한 투표규칙과 콩도르세(M. de Condorcet) 역설의 문제와의 관계에 관해서는 제11장을, 애로우(K. Arrow)의 불가능성 정리는 제13장을, 블랙(D. Black)의 중위투표자에 관한 논의는 제14장 등을 참조할 것.

표 11-1 콩도르세 역설의 사례

A	B	C
x	y	z
y	z	x
z	x	y

중하고자 한다.

국내에서 콩도르세의 역설이 발생하는 경우에 대해 자세히 설명하고 있는 문헌으로는 황수연(2005)의 연구를 들 수 있다. 황수연(2005)은 콩도르세의 역설이 발생하는 상황을 이산적인(discrete) 대안의 경우와 연속적인(continuous) 대안의 경우 및 다차원의 공간에서의 발생가능성까지 논의를 확대하고 있으나, 여기서는 아래와 같은 간단한 사례를 이용하여 이산적인 경우에 집중하여 논의를 진행하고자 한다.

<표 11－1>은 콩도르세의 역설이 발생하는 간단한 사례를 보여준다. <표 11－1>에는 세 명의 유권자 A, B, C가 세 명의 후보 x, y, z에 대해 지닌 선호 순위를 보여준다. 예를 들어, 유권자 A는 $x>y>z$의 형태로 후보자 x를 후보자 y보다 강선호하고 후보자 y를 후보자 z보다 강선호하고 있음을 가정한 것이다. 그러면, 과반수 규칙(majority rule)을 이용할 경우 <표 11－1>과 같은 세 명의 유권자들이 세 명의 후보에 대해 지닌 선호개요로부터 어떠한 공공선택이 이루어질 것인가? 우선, 세 명의 후보 각각을 두 명씩 짝을 지어 가능한 모든 일대일 대결 상황을 고려하도록 하자. 그러면 (x, y), (y, z), (z, x)와 같은 세 쌍의 대결을 생각해 볼 수 있다. 첫 번째 쌍, (x, y)의 대결에서는 유권자 A와 C가 x를 y보다 선호하고 있기 때문에 x가 승자가 된다. 두 번째 쌍, (y, z)의 대결에서는 유권자 A와 B가 y를 z보다 선호하기 때문에 y가 승자가 된다. 마지막으로 (z, x)의 쌍에서는 유권자 B와 C가 z를 x보다 선호하기 때문에 z가 승리하게 된다. 따라서 3명의 후보자에 대하여 과반수 규칙을 적용하였을 때 후보자들에 대한 사회적 선호 순위는 x는

표 11-2 콩도르세 역설의 사례 확장 I

A	B	C
x	y	(또 다른 대안들)
y	(또 다른 대안들)	x
(또 다른 대안들)	x	y

y보다 선호되고, y는 z보다 선호됨에도 불구하고 z가 x보다 선호되는, $x>y>z>x$과 같은 사회적 선호순위(preference ordering)가 형성된다. 이 결과는 사회적으로 다른 모든 후보와의 일대일 경쟁에서 승리하는 후보가 존재하지 않는 사회적 선호의 순환(cycle)을 보여주고 있는 것이다.

위와 같은 콩도르세 역설의 상황과 관련하여 더욱 심각한 문제는 콩도르세의 역설 현상이 위의 사례에서 제시된 것과 같이 세 명의 후보와 세 명의 유권자에만 국한되지 않고, 후보자의 수나 유권자의 수가 증가할수록 발생 가능성이 더욱 높아진다는 것이다. 우선 <표 11-2>는 후보자의 수를 늘렸을 경우에도 여전히 콩도르세 역설이 발생함을 보여준다.

<표 11-2>는 <표 11-1>의 유권자 선호 순위에서 z후보가 차지하던 위치에 z 이외의 다수의 대안들이 놓여 있음을 가정한 경우이다. 이때 (또 다른 대안들) 내부에서의 순위는 <표 11-1>에서 제시되었던 세 대안 사이에 발생하는 콩도르세 역설에 아무런 변경을 가하지 못한다. 예를 들어 (또 다른 대안들)의 위치에 각 유권자들은 두 명의 후보 z와 k를 고려하고 있으며 이들에 대한 선호 순위는 $z>k$라고 가정하자. 이는 세 명의 행위자가 세 가지 대안을 가지고 있는 상황에서 세 명의 행위자가 네 가지 대안을 고려하는 상황으로 변화한 것을 의미한다. 이러한 대안집합에 속하는 원소의 수가 변화하고 있음에도 불구하고 하나의 대안을 사회적으로 선택하는 문제는 <표 11-3>의 설명에 적용된 논리에 따라 동일하게 해결될 수 있다. 과반수 규칙을 적용하여 세 유권자의 선호를 종합한 결과는 4명의 후보자들에 대한 사회적 선호 순위가 $x>y>z>k>x$가 됨을 보임으로써 후보자, 즉

표 11-3 콩도르세 역설의 사례 확장 Ⅱ

집단 I	집단 II	집단 III
x	y	z
y	z	x
z	x	y

대안의 수를 증가시킨 경우에도 순환이 발생하고 있음을 보여주는 것이다.

<표 11-3>은 후보자, 즉 대안의 수효를 고정시킨 채 행위자, 즉 유권자의 수를 늘린 경우이다. 특히 다수의 유권자를 대안들에 대해 동일한 선호를 지닌 세 집단으로 분류하고 각 집단이 동일한 수로 구성되어 있음을 가정하고 있다. 이와 같이 세 가지 대안에 대해 동일한 선호를 지닌 유권자 집단 각각이 동일한 수로 구성되었다는 가정은 현실에서 쉽게 찾아보기 힘들 수도 있으나 행위자의 수가 세 명 이상으로 늘어난 경우에도 콩도르세의 역설이 발생할 수 있음을 보여주는데 용이하다고 하겠다. 결국 <표 11-3>은 세 명의 개별 유권자를 한 명 이상으로 구성된 세 집단으로 변경한 경우에 해당하기 때문에 <표 11-1>의 설명을 위해 적용된 동일한 논리에 의해 콩도르세 역설이 발생함을 알 수 있다.

<표 11-4>는 <표 11-2>와 <표 11-3>을 통해 각각 대안과 행위자의 수가 늘어난 경우를 혼합한 것이다. 행위자의 경우는 다수의 대안들에 대해 유사한 선호를 지닌 세 집단을 구분하고 있으며 각 집단의 수가 동일하다고 가정한다. 대안의 경우에는 (또 다른 대안들)로 표현된 부분에 둘 이상의 대안이 고려될 수 있음을 가정하고 있다. 따라서 <표 11-4>는 세 명 이상의 유권자가 세 명 이상의 후보자를 고려해야 하는 선거경쟁의 상황에서도 <표 11-1>의 설명에 이용된 동일한 논리에 따라 콩도르세 역설이 발생할 수 있음을 보여주는 사례이다. 결국 콩도르세 역설은 세 명 이상으로 구성원이 셋 이상의 대안들 가운데 각자의 선호에 따라 일관되게 하나의 대안을 선택하였음에도 불구하고 과반수 규칙을 적용하는 경우 대안

표 11-4 콩도르세 역설의 사례 확장 Ⅲ

집단 Ⅰ	집단 Ⅱ	집단 Ⅲ
x	y	(또 다른 대안들)
y	(또 다른 대안들)	x
(또 다른 대안들)	x	y

들에 대한 사회적 선호 관계는 이행성(transitivity)을 만족시키지 못할 수 있음을 의미한다.

제2절 콩도르세의 역설에 대한 대응

위와 같은 콩도르세 역설의 발견은 그러한 역설이 야기하는 문제에 대응하기 위한 두 측면의 연구를 발전시켜왔다고 볼 수 있다. 첫째, 실제 정치적 결정상황에서 위와 같은 콩도르세 역설이 얼마나 빈번히 발생하는가를 규명하고자 하는 연구 분야이다. 블랙(Black, 1958)은 수리적 계산을 통해 세 명의 유권자가 세 개의 대안에 대한 가능한 모든 선호 순위를 고려한 경우 콩도르세 역설이 발생할 확률은 0.0556임을 보이고 있다. 라이커(Riker, 1982)는 블랙의 논의를 심화하는 과정에서 후보자 수가 증가하면서 콩도르세 역설이 발생할 확률이 유권자의 수가 증가하면서 콩도르세 역설이 발생할 확률보다 훨씬 빠르게 증가함을 보이고 있다. 예를 들어 3명의 후보가 경쟁하고 유권자의 수가 무한대로 증가하는 경우를 가정할 때 콩도르세 역설이 발생할 확률은 0.088에 해당한 반면, 유권자의 수를 무한대로 고정시키고 후보자의 수를 3명에서 4명, 4명에서 5명으로 늘려감에 따라 콩도르세의 확률이 발생할 확률은 0.176, 0.251이 되면서 급격히 증가하고 있어 유권자의 수보다는 후보자의 수가 콩도르세 역설이 발생할 확률에 강한 영향을 미침을 주장하였다.

표 11-5 유권자, 후보자의 수 변화와 콩도르세 역설의 발생 확률

		유권자의 수					
		3	5	7	9	11	무한대
후보자의 수	3	0.056	0.069	0.075	0.078	0.080	0.088
	4	0.111	0.139	0.150	0.156	0.160	0.176
	5	0.160	0.200	0.215			0.251
	6	0.202					0.315
				… … …			
	무한대	≒ 1.00	≒ 1.00	≒ 1.00	≒ 1.00	≒ 1.00	≒ 1.00

출처 : Riker(1982, 122).

<표 11-5>는 위와 같이 유권자의 수와 후보자의 수가 늘어감에 따라 콩도르세 역설이 발생할 확률의 변화를 정리한 것이다. <표 11-5>는 유권자의 수를 고정하고 후보자의 수를 늘려감에 따라 콩도르세 역설이 발생할 확률이 빠르게 증가하는 반면, 후보자의 수를 고정하고 유권자의 수를 늘려가는 경우 그 증가 추세가 크지 않음을 보여준다. 예를 들어 한국의 대통령 선거나 지역구 국회의원의 선거와 같이 유권자의 수는 큰 반면 경쟁력 있는 후보자의 수가 3명 정도인 선거에서 과반수 규칙을 적용하여 당선자를 결정하고자 하는 경우(후보자의 수=3; 유권자의 수=무한대), 8.8%의 비율로 콩도르세의 역설 상황에 직면할 가능성이 있음을 보여준다. 캠벨과 툴락(Campbell and Tullock, 1965)은 이와 같은 라이커(Riker, 1982)의 이론적 결론을 모의실험(simulation)을 통해 입증하였다.

그러나 수리적 계산이나 모의실험이 보여주는 결과와 달리 실제 정치경쟁에서 콩도르세 역설 사례를 발견하기 힘들다는 주장도 제기되고 있다(Niemi and Wright, 1987; Feld and Grofman, 1992). 소수의 연구를 제외하고는 콩도르세 역설에 대한 사례 연구는 수리적 계산에서 보이는 것만큼 빈번하게 관찰되지는 않는다는 점에 동의한다. 과반수 규칙을 적용한 현실 사회의

정치적 결정과정에서 콩도르세의 역설 상황이 이론적 예측과 달리 더 드물게 관찰되는 이유는 다양한 측면에서 찾아볼 수 있을 것이다. 그 가운데 하나는 유권자들의 전략적 투표행태(strategic voting behavior)이다. <표 11−5>의 콩도르세 역설 발생 빈도에 대한 이론적 계산은 유권자들이 후보자들에 대한 진정선호(sincere preference)에 따라 투표할 것이라는 가정에 따른 예측인 반면, 현실적으로 다수의 유권자들은 전략적으로 최선의 후보가 아닌 차선의 후보를 선택할 수도 있으며 그 경우 콩도르세의 역설이 발생하지 않을 수 있는 것이다.3)

콩도르세의 역설이 발견된 이후 발전한 또 다른 유형의 연구는 콩도르세의 역설을 해결하기 위한 방안에 초점을 맞추고 있다. 이러한 연구는 만일 콩도르세 역설이 이론적으로 무시할 수 없는 발생 확률을 지니고 현실적으로도 그 발생이 관찰된다면 이를 해결할 수 있는 방안은 무엇인가라는 질문을 제기하고 이에 대한 해답을 찾고자 하는 것이다. 우선 생각해 볼 수 있는 해결책은 콩도르세 역설이 대안들 사이의 일대일 경합의 승자를 결정하기 위해 과반수 규칙을 적용한다는 측면에서 찾아진다. 다시 말해, 과반수 규칙이 아닌 다른 투표규칙을 이용하는 경우 콩도르세 역설의 문제가 해결되는지를 모색하는 것이다. 그 가운데 보르다제(Borda rule)나 승인투표제(approval voting rule) 등 제12장에서 고려되는 투표규칙들이 대표적이라 할 수 있다. 그러나 노벨 경제학상 수상자인 애로우(Arrow, 1951)는 이러한 생각이 전적으로 틀렸음을 증명하면서 20세기 정치학계에 가장 심오한 통찰력 가운데 하나를 제공하고 있다(Shepsle and Bonchek, 1997). 반면, 애로우와 비슷한 시기에 블랙(Black, 1958)은 대안적 투표규칙을 모색하기보다는 유명한 중위투표자 정리(median voter theorem)를 통해 개별 유권자의 선호에 일정한 제약을 가함으로써 콩도르세의 역설을 해결할 수 있는 방안을 제시하고 있는 것으로 이해된다.

콩도르세 역설의 발견은 결국 유권자의 수효나 후보자의 수효를 제한할

---

3) 유권자들의 전략적 행태(strategic behavior)에 관한 자세한 논의는 셉슬리와 본첵(Shepsle and Bonchek, 1997)을 참조할 것.

수 있는 제도적 장치가 마련되지 않는다면 과반수 규칙을 이용하여 사회 전체가 진정으로 원하는 그런 대안을 선택하기 힘들다는 점을 함의한다. 따라서 과반수 규칙을 이용하여 사회적 대안을 채택하는 대부분의 경우에 우리는 사회 전체의 비일관적(incoherent) 선택이 이루어질 수 있음을 감내하거나, 유권자의 수 또는 후보자의 수를 줄이면서 나타날 수 있는 문제점들을 고려할 필요가 있을 것 같다. 이러한 콩도르세의 역설 가능성에 대하여 한 가지 희망적인 사실은 과반수 규칙을 이용하는 경우에도 유권자들은 개별적, 독립적으로 후보자의 선호를 지니고 있기보다는 상호 정보 교환 및 집단화를 통해 선호를 표출하기를 원한다는 것이다. 이렇게 사회에서 관찰되는 유권자들의 상호의존성은 유권자들의 수효를 감소시키는 기제(mechanism)로 작용하여 과반수 규칙을 이용하는 경우에도 콩도르세 역설의 발생 가능성을 낮추는 효과를 발휘하는 것이다. 한편, 콩도르세 역설의 문제를 해결해가는 과정에서 고민해야할 또 다른 측면은 콩도르세의 역설을 해결하는 과정에서 유권자들의 선호에 대한 일정한 제약 또는 집단화된 다수의 횡포가 나타날 경우 소수파의 선호가 극단적으로 표출될 가능성이 있으며 그에 따라 민주주의 체제에 대한 도전이 야기될 수 있다는 점이다(박효종, 1995).

[책임집필 : 한정훈]

Chapter 12

투표규칙

Public Choice

제1절 과반수 규칙에 대한 논쟁

현대 사회에서 관찰되는 공공선택의 특징은 사회의 일부에 해당하는 사람들의 선택을 통해 나머지 일부를 규율할 수 있다는 것이다. 다시 말해 사회적으로 선택이 이루어질 필요가 있는 이슈와 관련하여 다수(majority)와 소수(minority)로 구분된 하나의 사회는 다수의 선택에 의해 소수가 규율되는 모습을 보이는 것이다. 그러면 왜 다수의 시민들의 의견이 나머지 사회를 규율해야 하는 것일까? 과반수 규칙(majority rule)을 옹호하는 한편에는 계몽주의 사상가인 루소(Rousseau, 1762, 153)가 있다. 그에 따르면 사회 다수의 의견은 '일반의지(general will)'를 의미하기 때문에 사회 다수의 의견에 따르는 것이 타당하다. 개인이 사회 다수의 의견과 다른 의견을 표출한 경우 그러한 의견은 개인이 실수를 범한 것이며 개인이 믿고 있었던 것이 '일반의지'가 아니었음을 의미한다는 것이다.

콩도르세(Condorcet, 1785)는 과반수 규칙을 옹호한 주장을 더욱 구체화한 것으로 평가된다. 그는 계몽된 시민들은 어떤 결정이 사회에 가장 좋을 것인가에 대해 정직하게 판단하고자 하며, 이들의 판단은 잘못되는 경우보다는 옳은 경우가 더 많다고 가정하였다. 이러한 논리의 바탕에는 대수의 법칙(property of large numbers)이 존재한다. 다시 말해 더 많은 다수가 주장하는 의견은 더 적은 소수가 주장하는 의견과 비교할 때 맞을 가능성이 틀릴 가능성보다 더 높다는 것이다. 배심원 정리(jury theorem)로 알려진 콩도르세의 이러한 논리는 이후 많은 학자들의 주목을 받아왔다(예를 들어, Grofman et al., 1983; Grofman and Owen, 1986).

다른 한편에서는 과반수 규칙의 문제점이 제기된다. 고대 그리스 철학자인 아리스토텔레스(Lord, 1984)는 다수결 규칙은 단지 부자들에 비해 수적으로 우위에 있는 가난한 사람들에 의해 운영되는 통치의 모습을 대표하는 것이라고 폄하하였다. 또한 보르다(Borda, 1784)는 최다득표제(plurality rule)의 문제점을 보임으로써 때때로 다수의 판단이 잘못될 수 있음을 주장하였다. 예를 들어, 3명 이상의 후보자 가운데 한 명의 당선자를 결정하는 경우 특정 후보자가 일부 선거구민의 지지를 통해 다수의 의사와는 상관없이 손쉽게 당선될 수도 있음을 보인 것이다. 이러한 단점을 보완하기 위해 보르다(Borda, 1784)는 선거에서 특정 후보의 선출은 각각의 유권자가 후보자들 전체에 대한 표출하는 선호 순위에 따라야 함을 주장하였다. 다시 말해 유권자들의 선호 순위에 근거하여 평균적으로 가장 높은 점수를 획득한 사람이 당선되어야 한다는 것이다.

그러면, 아래에서는 실증적(positive)인 측면에서 과반수 규칙(majority rule)과 그 대안으로 제시되는 다양한 투표규칙(voting rule)들 가운데 네 가지 주요한 규칙을 검토해 보기로 하겠다. 이를 위해 먼저 각 투표규칙을 정의하고, 각각이 현실정치에서 활용되고 있는 현황 및 특성을 살펴보도록 하겠다. 특히 다음의 세 가지 기준을 중심으로 논의를 전개하고자 한다. 첫째, 각 투표규칙을 이용하는 경우 유권자들은 어떤 방식을 통해 자신의 선호를 표출하는가? 다시 말해 각 결정규칙은 유권자들에게 몇 개의 또는 몇 번의 선호 표출 기회를 부여하고 있는가? 둘째, 각 투표규칙은 유권자들에게 전략적 투표를 행사할 유인(incentive)을 부여하는가? 만일 부여한다면 어떤 상황에서 그러한 투표행위가 가능한가? 전략적 투표행위(strategic voting behavior)는 정치적 맥락에 따라 다양한 유형에 대해 논의할 수 있으나 여기서는 다수 또는 소수의 유권자 집단이 후보자들의 상대적 당선가능성을 변경하고자 하는 유인이 존재하고 그에 따라 실제 행동하는 경우로 한정하여 논의할 것이다.[1] 셋째, 콩도르세 승자(Condorcet winner)가 존재하는 경우 과반수제 이외의 투표규칙들은 그러한 승자를 어느 정도 빈도(frequency)로 선택할 수 있는 것인가? 다시 말해, 하나의 투표규칙이 콩도르세 승자를 선택하는데 효율적이라고 할 수 있는가?

위와 같은 기준을 통해 각 투표규칙들을 용이하게 비교 검토하기 위해 다음과 같은 특수한 선거경쟁의 사회적 상황을 가정해보자. 첫째, 유권자들은 5인의 후보자로 구성된 선택가능한 후보자(대안) 집합 Y를 지닌다: $Y=\{a, b, c, d, e\}$. 둘째, $N=55$. 즉 사회를 구성하는 유권자들의 총 수는 55명이다. 셋째, 5명의 후보자에 대하여 각 유권자의 강선호관계에 따른 선호순위 가운데 6가지 선호 순위를 가정하고 이에 따라 55명의 유권자를 6개의 집단으로 구분한다.[2]

<표 12-1>은 이러한 가정에 따라 5명의 후보자에 대해 서로 다른 선호순위를 지닌 6개의 유권자 집단을 가정한 것이다. 예를 들어 유권자 집단 Ⅰ는 5명의 후보자에 대하여 $a>d>e>c>b$라는 동일한 선호순위를 지닌 18명의 유권자로 이루어졌으며, 유권자 집단 Ⅱ는 $b>e>d>c>a$라는 동일한 선호순위를 지닌 12명의 유권자로 이루어졌다. <표 12-1>의 각 유권자 집단에서 특정 후보 아래 그어진 밑줄은 승인투표제(approval voting rule)가 시행되는 경우 각 집단에 소속한 유권자들이 밑줄이 그어진 후보와 그 위쪽에 위치한 후보들에 대해서만 승인(approve)할 것임을 표현하고 있다. 예를 들어, 유권자 집단 Ⅰ는 e 후보 아래에 밑줄이 그어져 있으며 이는 승인투표규칙이 시행되는 경우 이 집단에 속하는 유권자 18인은 후보자 a, d, e에 대해서만 승인할 것임을 의미한다. 아래에서는 위와 같이 가정된 사

1) 전략적 행위에 대한 이러한 측면과 개별 유권자의 유인에 따른 전략적 행동의 가능성을 기준으로 결정규칙은 분석한 연구로는 사리(Saari, 1990)을 들 수 있다.

2) 각 유권자가 5명의 후보자에 대해 지닐 수 있는 선호순위는 120가지에 해당할 것이다: $5\times4\times3\times2\times1 = 120$.

표 12-1 55명의 유권자들이 5개의 대안에 대해 지닌 강선호 관계의 특정 사례[3]

I	II	III	IV	V	VI
(18)	(12)	(10)	(9)	(4)	(2)
a	b	c	d	e	e
d	e	b	c	b	c
e	d	e	e	d	d
c	c	d	b	c	b
b	a	a	a	a	a

회적 상황을 통해 다양한 투표규칙들의 특성과 공공선택에 대해 설명하도록 하겠다.

제2절 콩도르세 승자 규칙(Condorcet procedure)

콩도르세 승자 규칙은 대안집합에 속한 모든 대안들을 두 대안 사이의 일대일 경쟁으로 나누었을 때 나머지 모든 대안들과의 일 대 일 경쟁에서 과반수를 획득하는 대안을 집단의 제1 선호로 선택하는 규칙으로 정의된다. <표 12-1>의 선호 개요를 통해 콩도르세 승자를 발견하기 위해 다음과 같은 두 개의 대안들 사이의 일 대 일 경쟁을 쉽게 알아볼 수 있는 행렬을 만드는 것이 도움이 된다.

<표 12-2>는 모든 가능한 두 개 대안 사이의 일 대 일 경쟁을 보여주는 것으로 각 수치는 열에 있는 대안이 행에 있는 대안과 경쟁했을 때 얻게 되는 득표수를 의미한다. 예를 들어, 두 대안 (a, b)의 경쟁에서 총 55표 가운데 <표 12-2>의 1열 2행의 18이라는 수치는 a가 b와의 경쟁에서 18

3) <표 12-1>의 원자료는 말케비치(Malkevitch, 1990)의 논문 그림 2에서 제시된 것으로 다양한 결정규칙을 이용하는 경우 결정규칙에 따라 서로 다른 사회적 선택이 이루어질 수 있음을 보이기 위해 고안된 것이다. 여기서는 셉슬리와 본첵(Shepsle and Boncheck, 1997, 168)의 표 7.1을 표의 제목만 수정한 채 재인용하였다.

표 12-2 대안들 사이의 일대일 경쟁에서의 득표 현황

	a	b	c	d	e
a	0	18	18	18	18
b	37	0	16	26	22
c	37	39	0	12	19
d	37	29	43	0	27
e	37	33	36	28	0

표를 얻게 됨을, 2열 1행의 37이라는 수치는 *b*가 a와의 경쟁에서 37표를 얻음을 의미한다. 동일한 논리로 <표 12-2>에 나타난 대안들 사이의 모든 일 대 일 경쟁을 고려한 경우 사회적 선호는 $e>d>c>b>a$가 됨을 알 수 있다. 즉 대안 *e*는 *a*와의 대결에서 37표를, *b*와의 대결에서 33표를, *c*와의 대결에서 36표를, *d*와의 대결에서 28표를 획득하면서 자신을 제외한 나머지 모든 대안들과의 일 대 일 대결에서 55표의 과반수 이상을 획득하는 대안이다. 따라서 대안 *e*가 공공선택안이 되는 것이다.

일반적으로 공공선택을 위해 가장 좋은(best) 대안을 뽑는 것으로 간주되는 콩도르세 승자 규칙의 문제점은 콩도르세 승자가 항상 존재하는 것은 아니라는 점이다. 다수의 후보자가 경쟁하는 경우 콩도르세 역설(Condorcet paradox)에서 보이듯이 과반수 규칙에 따른 승자의 순환(cycle)이 발생하여 어느 대안도 최종적으로 선택되지 못하는 결과가 나타날 수 있는 것이다. 이러한 이유 때문에 과반수 규칙의 대안으로써 다양한 투표규칙들이 논의된다. 그 가운데 아래에서는 4가지 주요 투표규칙에 대해 살펴보기로 하겠다.

제3절 최다득표제(plurality rule)[4]

최다득표제는 각각의 유권자가 하나의 대안에 대해 한 표를 행사했을 때 가장 많은 표를 획득한 대안이 승리하는 규칙으로 정의할 수 있다.[5] 미국과 영국 의회 의원을 선출하는 선거제도는 최다득표제의 대표적인 선거제도로 간주될 뿐 아니라 한국 역시 지역구 국회의원 선거 및 대통령 선거에서 최다득표제를 시행하고 있다.

최다득표제의 장점은 후보자 또는 대안의 수가 두 명 또는 두 개로 제한된 경쟁상황에서는 공정한 사회적 선택을 위해 필요하다고 간주되는 조건들을 만족시키는 유일한 투표규칙이라는 점이다(May, 1952). 그러나 최다득표제는 대안의 수가 셋 이상으로 늘어나면서 공공선택에 여러 문제를 야기할 수 있음이 지적되어 왔다. 예를 들어, 콕스(Cox, 1987)는 공간모형(spatial

---

4) 최다득표제(plurality voting rule)라는 용어는 상대다수제 또는 단순다수제(박찬욱 2004) 및 최다수제(안청시, 1992), 또는 종다수투표제(황수연, 2005)라는 용어와 혼용하여 쓰이고 있는 것이다. 본 장에서는 다수대표제(majoritarian formula)를 최다득표제(plurality), 선착제(FPTP), 절대다수제(absolute majority)의 세 가지 범주로 구분한 정준표·정영재(2005, 8)의 논의에 따라 최다득표제라는 용어를 사용하기로 한다. 이러한 용어 구분은 일반적으로 다수결제(majority rule)가 다수대표제를 의미하는 포괄적 용어로 이용될 뿐 아니라 과반수 이상의 득표를 요구하는 절대다수제와 동일한 의미임에도 불구하고 때때로 세 명 이상의 후보자가 경쟁하는 선거와 같은 상황에서 최다득표 후보를 선택함에도 불구하고 '다수결에 따른 후보 선택'과 같은 용어가 이용되고 있어 혼란을 야기하기 때문이다. 이러한 관점에서 본 장에서는 다수결제(majority rule) 대신 과반수제 또는 과반수 규칙이라는 용어를 사용함으로써 최다득표제와의 구분을 용이하게 하고자 한다.

5) 이러한 결정규칙은 함수로도 표현이 가능하다. 이를 위해 유권자가 선택가능한 대안 집합을 Y로 표기하고, 개별 유권자 i가 Y에 속한 대안들에 지닌 선호순위를 P_i로 표기하고, n명으로 구성된 유권자 집단의 집합을 N으로 표기하고, n명의 유권자가 지닌 선호 개요(prefrence profile)를 $(P_1, P_2, \cdots, P_n)$으로 표기하기로 하자. 또한 Y에 속한 두 대안 x와 y가 사이의 사회적 강선호 관계를 F_P, 약선호 관계를 F_R, 무차별 관계를 F_I로 표기하기로 하자. 그러면 $xF_Py(P_1, P_2, \cdots, P_n)$은 두 개의 대안 x와 y에 대해 n명의 유권자의 선호순위를 고려할 경우 x가 y보다 사회적으로 강선호 된다는 것을 의미한다. 이러한 표기법에 따라 단순 다수결 규칙을 사회적 함수로 표현하면 다음과 같다:

$$xF_p(P_1, P_2, \ldots, P_n)y \Leftrightarrow \#\{i \in N \mid xP_iz, \text{ for } all\ z \in Y\} > \#\{i \in N \mid yP_iz, \text{ for } all\ z \in Y\}$$

model)을 활용하여 세 명 이상의 후보가 최다득표제를 통해 경합하는 경우 모든 후보자들과의 일 대 일 대결에서 승리할 수 있는 중위수 후보(centrist)가 승리하는 것이 아니라 또 다른 후보가 선출될 수 있음을 보였다. 메릴(Merrill, 1984; 1985) 역시 모의실험(simulation)을 통해 세 명 이상의 후보가 경합하는 경우 최다득표제가 결선투표제 또는 승인투표제에 비해 콩도르세 비효율적(Condorcet inefficient)임을 증명하였다. 다시 말해 셋 이상의 대안 가운데 콩도르세 승자가 존재하는 경우에 최다득표제는 결선투표제와 승인투표제와 비교할 때 콩도르세 승자를 대안으로 선택하는 빈도가 더 낮다는 것이다.

최다득표제의 특징을 유권자가 지니는 선택의 기회라는 측면에서 살펴볼 때, 최다득표제는 개별유권자가 단 한 명의 후보자에게 한 표를 행사할 수 있는 기회를 부여한다는 특징을 보인다. 그러면, <표 12－1>과 같은 유권자 선호 가정에 최다득표제를 적용하는 경우 공공선택안으로 결정되는 대안은 무엇인가? 모든 유권자들이 5가지 대안들에 대한 자신의 선호순위(preference ordering)에 따라 진실하게(sincere) 투표한다고 가정할 때, 개별 유권자들은 자신이 속한 집단이 가장 선호한다고 가정된 후보에게 한 표를 행사할 것이다. 예를 들어, I 집단에 속한 18명의 유권자는 *a* 후보에게 투표하는 것이다. 이렇게 각 집단에 속한 유권자들이 <표 12－1>의 선호 가정에 따라 최상위 후보에게 한 표씩을 행사한다면, *a* 후보는 총 18표, *b* 후보는 총 12표, *c* 후보는 총 10표, *d* 후보는 총 9표, *e* 후보는 총 6표를 획득할 것이다. 그 결과 5명의 후보자에 대한 사회적 선호 순위(social preference ordering)는 $a>b>c>d>e$가 되고, 최다득표제에 따른 공공 선택은 a 후보로 결정되는 것이다.

최다득표제의 또 다른 특징은 전략적 투표 행태가 발생하는 경향이 높다는 것이다. 유권자가 자신의 표가 사표(waste vote)가 되는 것을 방지하고자 하는 투표행위는 최다득표제로부터 예상되는 대표적인 전략적(strategic) 투표행태다(Duverger, 1954; Rae, 1971; Riker, 1982; Cox, 1997). 사표방지를 위한 전략적 투표란 유권자가 자신이 행사한 한 표가 당선자 결정에 영향을 미치지 못하고 사표가 되는 것을 방지하기 위해 자신이 가장 선호하는 후보보다 차선의 후보에게 표를 행사하는 투표행태를 의미한다. 따라서 유권자가 행사한 한 표가 사표가 된다는 것은 유권자가 가장 선호하는 후보의 당선 가능성이 낮아 유권자가 행사한 한 표가 당선자 결정과는 무관한 표가 됨을 의미한다. 또한 전략적 투표란 이렇게 당선 가능성에 대한 인식을 통해 가장 선호하는 후보가 아닌 당선 가능성이 높은 차선의 후보를 선택하는 것과 같이 유권자 자신이 후보자들에 대해 지닌 선호순위를 뒤바꿔 투표하는 것을 의미한다. 예를 들어 <표 12-1>에서 집단 V 또는 VI에 속한 유권자들은 다른 집단에 속한 유권자들의 선호를 고려할 때 최다득표제 하에서 *a*와 *b* 후보자가 경합하고 있다는 인식이 가능하며 이 경우 *e*후보의 당선 가능성이 매우 낮다고 생각할 수 있다. 그 결과 각 집단에 속한 유권자들은 *e* 후보를 가장 선호함에도 불구하고 e의 당선가능성이 낮아 자신의 표가 사표가 될 것을 예상하고 *a*, *b* 가운데 더 선호하는 *b*후보가 당선되는데 기여할 목적으로 *e*후보보다 덜 선호하는 *b* 후보에게 표를 행사할 수 있는 것이다.

본 장에서 검토하고자 하는 최다득표제의 마지막 특성은 최다득표제는 콩도르세 승자 선택에서 비효율적(inefficient)[6]이라는 점이다(Fishburn and Gehrlein, 1976; Fishburn and Gehrlein, 1977; Merrill, 1984; Merrill, 1985; Cox, 1984; Cox, 1987). 최다득표제가 콩도르세 승자선택에서 비효율적이라는 것은 유권자 집단 전체가 후보자들에 대해 지닐 수 있는 가능한 모든 선호 개요(preference profile)를 최다득표제를 통해 집단의 선택으로 종합하는 경우 다른 투표규칙에 비해 콩도르세 승자를 선택하는 빈도가 상대적으로 낮다는 것이다. 하나의 투표규칙의 콩도르세 효율성 또는 비효율성에 대한 측정은 유권자들이 전략적 투표행태가 아닌 진정선호(sincere preference)에 따라 투

6) 여기서 비효율적이라는 용어는 유권자들의 상이한 선호 개요(preference profile)를 통해 형성된 다양한 사회적 상황(social states)을 고려할 때 특정 결정규칙이 얼마나 빈번히 그러한 상황들로부터 콩도르세 승자를 선택할 수 있는 지를 표현하는 것이다. 따라서 동일한 수효의 주어진 사회적 상황들로부터 특정 결정규칙이 콩도르세 승자를 선택하는 빈도가 낮으면 낮을수록 더 비효율적인 결정규칙이라 할 수 있다.

표한다는 가정 하에서 이루어진다. 따라서 위와 같은 전략적 투표행태는 최다득표제를 통해 콩도르세 승자를 선택할 수 없는 상황에서도 콩도르세 승자를 선택하는 것이 가능하게 만드는 요인이 될 수 있을 것이다. 그러나 하나의 투표규칙이 다른 투표규칙과 비교할 때 콩도르세 승자를 선택하는데 어느 정도 효율적인가에 대한 문제는 이러한 전략적 투표행태의 가능성을 배제한 채 논의된다. 이 경우 최다득표제는 다른 투표규칙에 비해 상대적으로 콩도르세 비효율적이라는 특성을 지닌 것이다.

최다득표제가 지닌 콩도르세 비효율성에 대하여 최근에는 최다득표제가 당선자를 결정하는데 미치는 영향 뿐만 아니라 투표규칙과 입후보 및 당선자 결정과정의 내생성(endogeneity)을 고려할 필요가 있다는 주장이 제기되었다(Wright and Riker, 1989). 이들은 잠정적 후보자들의 입후보 여부에 대한 결정은 어떤 투표규칙이 시행되고 있는 것인지에 대한 판단을 통해 이루어지기 때문에 최다득표제가 시행되고 있는 경우 입후보할 가능성을 낮춤으로써 콩도르세 비효율성을 결과할 수 있다는 것이다. 다시 말해 최다득표제를 통해 당선자를 결정하는 과정만을 고려한 경우 최다득표제가 콩도르세 비효율적일 수 있는 반면, 최다득표제는 잠정적 후보군 가운데 당선 가능성이 높을 것으로 예상되는 두 명의 후보만이 입후보하도록 유도하기 때문에 잠정적 후보군을 포함하여 유권자 선호를 고려하는 경우 다른 투표규칙보다 콩도르세 승자를 더 빈번히 선택하는 규칙일 수 있다는 것이다. 그러나 일반적으로 투표규칙들의 콩도르세 효율성에 대한 비교가 선거경쟁에 입후보한 정해진 수의 후보자를 대상으로 이루어진 유권자 선호 개요 및 당선자 결정결과를 통해 이루어진다는 점에서 최다득표제가 다른 규칙들에 비해 상대적으로 콩도르세 비효율적이라는 주장이 수용되고 있다.

제 4 절 최다득표 결선투표제(plurality runoff)

최다득표 결선투표제는 2단계의 투표과정을 거쳐 승자를 결정하는 방식이다. 제1단계에서 유권자는 한 명의 후보자에 대하여 한 표를 행사한다. 이때 규정된 득표 한계선(threshold) 이상의 표를 획득한 후보가 있는 경우 그 후보가 당선되어 제1단계 투표로 승자가 결정된다. 만일, 제1단계 투표에서 규정된 득표 한계선 이상의 표를 획득한 후보가 없는 경우에는 제1단계 투표에서 가장 많은 표를 획득한 두 명의 후보 또는 일정 득표 이상을 획득한 후보 전원이 제2단계 경쟁에 진입한다. 그리고 제2단계 투표에서 유권자들은 제2단계 경쟁에 진입한 후보들 가운데 한 명의 후보에게 표를 행사하고 제2단계 경쟁에서 다수의 표를 획득한 후보가 승리하는 규칙이다. 특히 최다득표 결선투표제는 제2단계 경쟁에서 최다득표 후보가 승자가 되는 규칙이며, 때때로 제2단계 경쟁에 참여한 후보자의 수에 따라 최다득표가 아닌 투표자의 과반수 이상의 표를 획득한 후보자가 당선되기도 한다.

현실적으로 최다득표 결선투표제는 다수 국가들의 대통령 선거에서 주로 이용되는 투표규칙이라 할 수 있다(Blais et al., 1997). 예를 들어 프랑스는 대통령과 의회 양자 모두의 선거에서 약간씩의 차이가 있으나 최다득표 결선투표 규칙을 이용하여 당선자를 결정한다. 제1단계에서는 대통령 선거와 의회 선거 모두 투표자의 과반수 지지를 기준으로 당선자를 결정하는 반면, 제2단계 투표에서 대통령 선거는 절대적 과반수(absolute majority), 의회 선거는 최다득표(plurality)의 유권자 지지를 기준으로 당선자를 결정한다.

최다득표 결선투표제는 원칙적으로 유권자에게 두 차례에 걸쳐 후보자에 대한 선호를 표출할 수 있는 기회를 부여한다는 특징을 지닌다. 그러나 두 차례에 걸쳐 투표소를 방문해야하는 비용 및 후보자 결정 시간의 지연 등의 문제를 심각하게 고려하는 경우 제1단계 투표에서 유권자에게 모든 입후보자에 대하여 선호순서를 표현하도록 함으로써 보르다제(Border rule)와 유사한 방식으로 운용될 수 있는 가능성도 존재한다.

프랑스 의회 선거에서 시행되는 최다득표 결선투표 방식을 <표 12-1>의 예제에 적용해보도록 하자. 제1단계 투표에서 5명의 후보자 누구도 55명으로 구성된 유권자의 과반수에 해당하는 28표를 획득하지 못하고 있다. 또한 프랑스 의회 선거에서는 투표자의 12.5% 이상의 지지를 획득하지 못한 후보자는 제 2 단계 경쟁에서 제외되기 때문에 단 6표의 지지를 받은 *e*후보는 제 2 단계 경쟁에서 제외되고 나머지 4명의 후보는 제 2 단계 경쟁에 참여할 수 있다. 그러나 당선 가능성 또는 선거 이후 연합 정권 참여 등에 대한 전략적 고려를 통해 현실적으로 제 1 단계 경쟁에서 가장 많은 표를 획득한 두 후보인 *a*와 *b* 후보가 제 2 단계 결선투표 단계에 진입한다. 이제 55명의 유권자들은 최초 5명의 후보자 가운데 제 2 단계 선거경쟁에서 선택가능한 후보가 *a*와 *b*로 압축된 상황에 놓이게 된다. 그리고 제 2 단계 투표에서 집단I에 속한 유권자들은 *a*후보에게 투표함으로써 *a*후보는 18표, 나머지 집단에 속한 후보자들은 *b*후보를 *a*후보에 비해 선호하고 있기 때문에 *b*후보에게 투표함으로써 *b*후보는 37표를 획득하게 된다. 그 결과 <표 12-1>의 유권자 선호 개요에 근거할 때 최다득표 결선투표 규칙에 따른 사회적 선택은 *b* 후보가 되는 것이다.

최다득표 결선투표제의 또 다른 특징은 최다득표제에서 볼 수 있는 전략적 투표와 유사한 유형의 전략적 투표가 발생할 가능성이 높다는 점이다. <표 12-1>의 예제를 이용하면, 집단 IV에 속한 9명의 유권자들은 제 1 단계 투표에서 자신들이 가장 선호하는 후보인 *d*에게 투표할 경우 그러한 투표는 사표(wasted vote)가 되고 궁극적으로 *a*와 *b* 후보를 제 2 단계의 경쟁후보로 만들어 자신들이 가장 선호하지 않는 두 후보 가운데 한 명이 최종 승자가 될 것이라는 우려를 지닐 수 있다. 이러한 우려는 결국 제 1 단계 선거경쟁에서 자신들이 두 번째로 선호하는 후보인 *c*후보에게 투표함으로써 *c*후보를 제 2 단계 선거경쟁에 진입시키려는 유인을 발생시키는 것이다. 만일 이와 같이 제 1 단계 선거경쟁에서 집단 IV에 속한 유권자들의 전략적 투표가 이루어지는 경우 제 2 단계 선거경쟁에 진입하는 후보는 *a*와 *c*가 될 것이며, 제 2 단계 선거경쟁 결과 최종 승자는 *c*후보가 될 것이다. 최다득표 결선투표제는 또한 후보자들에게 의제조작(agenda manipulation)이라는 전략적 행위를 가능하게 한다. 예를 들어 제 2 단계 결선투표에서 강력한 경쟁자가 될 것으로 예상되는 후보를 제 1 단계 선거경쟁에서 떨어뜨리기 위한 목적으로 지니고, 자신이 선호하지 않음에도 불구하고 경쟁자를 지지하는 유권자들의 표를 분산시킬 것으로 예상되는 제3의 후보에 의해 선호되는 선거경쟁 의제를 제시할 수 있는 것이다.

최다득표 결선투표제는 또한 콩도르세 승자를 선택하는 문제와 관련하여 다음의 두 가지 측면을 주목할 만하다. 첫째, 두 명의 후보만이 경쟁하는 경우에 최다득표 결선투표제는 최다득표제와 완전히 동일한 정도로 콩도르세 효율성이 낮다(Wright and Riker, 1989). 그러나 세 명 이상의 후보자가 경합하는 경우 최다득표 결선투표제는 최다득표제에 비해 콩도르세 효율적(efficient)이라고 할 수 있다. 그 이유는 다수의 후보자 가운데 최다득표제를 통해 한 명의 당선자를 결정하는 경우와 달리 제1단계 선거경쟁을 통해 두 명 정도의 후보로 당선 가능자를 축소시킴에도 불구하고 여전히 한 명 보다는 많은 수의 후보자가 제2단계 결선투표에서 경쟁하는 것을 허용하고 있기 때문에 콩도르세 승자가 제1단계 선거경쟁 단계에서 배제될 가능성이 낮아지기 때문이다. 머릴(Merrill, 1984; 1985)의 모의실험(simulation) 결과는 세 명 이상의 후보가 경합하는 경우 최다득표제와 최다득표 결선투표제 사이에 대략 20% 정도 최다득표 결선투표제가 콩도르세 승자를 선택하는데 더 효율적임을 보여준다.

제5절 보르다제(Borda count)

보르다제(Borda count)는 유권자들이 모든 후보자에 대하여 선호를 표현할 수 있는 기회를 부여하는 규칙이다. 구체적으로 각 유권자는 가장 선호하지 않는 후보자에게 0점을 그 다음으로 가장 낮은 순위에 해당하는 후보자에게 1점을 부여하는 과정을 반복하여 가장 선호하는 후보자에게 후보자의 총수효에서 1을 뺀 점수를 부여하는 방식을 통해 선호하는 후보자에게 더 높은 점수를 부여하는 방식이다. 따라서 유권자가 각 후보자에게 부여하는 보르다 값(Borda scoring)은 유권자의 선호 순위에서 해당 후보보다 낮은 선호 순위에 놓인 후보들의 수효와 동일하다.

보르다제는 후보자들이 획득한 점수를 계산하는 비용 및 시간으로 인해 선거경쟁에서는 빈번히 이용되고 있지는 않다. 현실적으로 슬로베니아 의회(National Assembly of Slovenia)에서 두 명의 소수인종 대표자를 선출하는데 이용되고 있으며 몇몇 국가의 의회 의원 선출을 위해 부분적으로 이용되고 있을 뿐이다. 그러나 당선자 결정을 위해 후보자들에 대한 유권자들의 선호를 충분히 고려할 필요가 있는 운동경기의 수상자 선정이나 다수의 대학학생자치회 선거 및 교수연합회 선거 등에서는 빈번히 이용되고 있다.

보르다제는 유권자들이 후보에게 부여한 보르다 값(Borda scoring)을 후보별로 총합하였을 때 가장 높은 점수를 획득한 후보를 당선시키는 규칙이다. 유권자가 후보자에 대해 지니는 선호를 완전히 표현할 기회를 부여한다는 것은 보르다제의 명백한 장점이라 할 수 있다. 그러나 유권자들이 후보들을 명확히 비교할 수 있는 충분한 정보를 얻기 위해 노력을 기울여야 하는 심리적 부담감을 증가시킬 뿐만 아니라 그러한 정보가 없는 경우 선호를 왜곡하거나 우연적 요소에 의해 후보자에게 점수를 부여할 수 있다는 단점을 지닌다. 현실적으로도 이러한 단점들로 인해 다른 규칙들에 비해 그 활용도가 낮다고 볼 수 있다.

유권자의 선호표출과 관련하여 보르다제(Borda rule)는 유권자가 주어진 모든 대안에 대해 선호를 표출할 뿐만 아니라 모든 대안에 대한 선호 순위(ordering)를 부여할 것을 요구한다는 특징을 지닌다. <표 12-1>의 유권자 선호 가정에 보르다제를 적용하는 경우 어떤 후보가 당선될 것인가? 18명의 유권자로 이루어진 집단 Ⅰ에서 후보자 *a*에 대한 보르다 값은 각 유권자가 a에 대해 4점을 부여하고 있기 때문에 18×4=72점이 된다. 나머지 집단에 속한 유권자들은 a를 최하의 선호순위에 두고 있기 때문에 0점의 보르다 값을 부여하게 된다. 따라서 55명의 유권자가 *a* 후보에게 부여하는 보르다 값의 총합은 18×4+12×0+10×2+9×0+4×0+2×0=72가 되어 후보자 *a*의 최종 보르다 값은 72점이 된다. 동일한 계산법에 따라 *b* 후보의 보르다 값은 18×0+12×4+10×3+9×1+4×3+2×1=101점, *c* 후보의 보르다 값은 107점, d후보의 보르다 값은 136점, *e*후보의 보르다 값은 134점이 된다. 그 결과 <표 12−1>의 유권자 선호 가정에 보르다제를 적용한 경우 각 후보자들의 사회적 선호 순위는 $d>e>c>b>a$가 되어 *d*가 공공선택안으로 결정될 것이다.

보르다제의 또 다른 특징은 전략적 투표 행태로부터 심각하게 영향을 받는 규칙이라는 점이다(Smith, 1999). 보르다제를 이용하여 공공선택안을 결정하는 경우 유권자들은 자신이 지닌 진정 선호(sincere preference)에 따른 후보자 선호 순위(preference ordering)와 달리 특정 후보를 당선시키기 위해 다른 후보에 대해 지니고 있는 실제 선호 순위를 숨기고 그보다 더 높거나 낮은 순위를 표출하는 전략적 행동을 취하기 쉽다는 것이다. 예를 들어 <표 12−1>의 유권자 선호가정에 보르다제를 이용하는 경우 *d*후보가 2점 차이로 *e*후보를 앞서서 공공선택안이 됨을 알 수 있었다. 이 경우 d후보보다 *e*후보를 더 지지하는 집단 Ⅱ와 집단 Ⅲ에 속한 유권자들은 *d*후보와 *e*후보가 경합하고 있는 상황에서 *d*후보에 대한 자신들의 선호도를 한 단계씩만 낮추면 자신들이 더 선호하는 후보인 *e*후보를 당선시킬 수 있음을 인지할 수 있는 것이다. 이러한 인식은 유권자가 지닌 진정선호(sincere preference)를 따르지 않고 *d*후보에 대한 선호를 낮추는 전략적 행동을 취하려는 유인으로 작용할 것이다. 보르다(Borda, 1781) 자신 역시 이와 같은 전략적 투표행태에 따른 문제점을 인식하고 "나의 계획(scheme)은 단지 정직한 사람들을 위해 고안된 것이다"고 진술하고 있다. 한편 사리(Saari, 1990)는 보르다제가 위와 같은 전략적 투표 행태에 의해 영향을 받기는 하지만 최다득표제나 승인투표제보다는 그 정도가 덜하다고 주장한다. 특히 사리(Saari, 1990)는 후보자가 세 명인 경우에는 소수 유권자들에 의해 당선자가 조작될 가능성이 가장 낮은 제도라는 것을 증명하였다.

전략적 선호 표출의 가능성에도 불구하고 보르다제는 두 가지 측면에서 규범론적(normative)으로 옳은(right)제도로 평가된다. 첫째, 유권자들이 대안들에 대해 지닌 선호의 표현을 제한하지 않는다. 즉, 보르다제에서는 행위자들이 모든 대안에 대해 자신이 지닌 선호를 완전하게 표출할 수 있는 기회를 지닌다. 둘째, 공공선택안을 결정하는 가운데 모든 대안들에 대한 유권자들의 선호 강도가 고려된다는 것이다. 다시 말해 각 대안에 대한 사회적 선호를 파악하기 위해 유권자들이 대안들에 대한 상대적 선호 강도가 모두 고려된다는 것이다. 프랑스 과학아카데미 보르다(Borda, 1781)가 이러한 제도를 후보자 선출 방안으로 제시하였을 때 아카데미 내부의 결정규칙으로 채택함으로써 보르다제의 타당성을 뒷받침하였다. 그러나 역설적이게도 프랑스 과학아카데미 내부의 결정경쟁 규칙으로 이용되던 보르다제는 프랑스 왕정의 복원을 가져온 나폴레옹(Napoleon Bonaparte)에 의해 보르다제는 잘못된 제도라는 공격을 받으면서 1800년 개정되었다.

보르다제의 또 다른 특징 가운데 하나는 규범론적인 측면에서 콩도르세 승자규칙이 추구하는 방향과 다른 기준을 지닌다는 것이다. 콩도르세 승자규칙은 모든 대안들이 일대일 경합을 벌이고 그러한 경합에서 모두 승리하는 대안이 사회적으로 좋은 대안이라고 간주하는 반면, 보르다제는 행위자들이 대안들에 대해 지닌 선호 순위의 평균이 가장 높은 후보자가 가장 좋은 후보라는 주장을 근간으로 하는 것이다. 영(Young, 1988)은 이와 같이 서로 다른 규범론적 주장에 근거한 콩도르세 승자와 보르다제를 비교, 검토한 후 만일 콩도르세 승자가 존재하는 경우에는 보르다제 역시 콩도르세 승자를 선택할 수 있을 뿐만 아니라, 일정한 조건이 부여되는 경우에는[7] 보르다제가 콩도르세 승자보다 더 나은 대안을 선택할 수 있음을 보이고 있다.

제 6 절 승인투표제(approval voting rule)

승인투표제는 유권자가 행사할 수 있는 투표 수효에 제한을 두지 않고 자신이 승인하는 모든 후보에 대해 투표할 수 있는 규칙으로 정의된다. 따라서 개인은 자신의 승인 여부에 따라 후보자 가운데 누구에게도 투표하지 않을 수도 있으며, 모든 후보에 대해 투표할 수도 있는 것이다. 당선자는 이러

7) 이에 대해서는 영(Young, 1988)을 참조할 것.

한 유권자의 선택을 통해 가장 많은 승인을 받은 후보로 결정되는 것이다. 승인투표제는 유권자가 후보자에게 지닌 선호에 따라 점수를 부여하지 않는다는 점에서 보르다제와 차이가 있으며, 한 명의 후보자가 아닌 다수의 후보에게 대한 승인여부의 결정이 가능하다는 점에서 최다득표제와도 차별적이다. 최근에 한국 사회에서 주목을 끌었던 TV 프로그램 가운데 하나인 '나는 가수다'라는 프로그램에서 등장 가수들의 순위를 정하기 위해 이용하였던 제도는 승인투표제를 활용한 하나의 사례에 속하는 것이다.

승인투표제를 <표 12−1>의 선호 개요에 적용하기 위해 <표 12−1>에 각 유권자 집단이 승인하는 후보들 가운데 맨 아래 순위에 놓인 후보에 밑줄을 그어두었다. 예를 들어, 집단 Ⅰ의 경우 선호 순위의 위에서부터 세 명의 후보 a, d, e를 승인함을 알 수 있다. <표 12−1>에 나타난 여섯 개 유권자 집단을 총합한 결과 a 후보는 18명의 유권자에게 승인을, b 후보는 26명의 유권자에게 승인을, c 후보는 21명의 유권자에게 승인을, d 후보는 55명의 유권자에게 승인을, e 후보는 55명의 유권자에게 승인을 받고 있다. 따라서 5명의 후보에 대한 사회적 선호 순위는 $d=e>b>c>a$가 되어 d와 e 후보가 동률로 가장 높은 위치의 사회적 선호 순위를 점하게 되고 이들이 사회적으로 선택되는 대안이 되는 것이다.

승인투표제는 일반적으로 가장 전략적 투표의 가능성이 낮은 것으로 평가받는다(Brams and Fishburn, 1978). 유권자는 자신이 승인할 수 있는 모든 후보에 대해 승인할 수 있으므로 진정선호에 따라 승인여부를 결정할 수 있는 것이다. 특히 최다득표제와 비교할 때, 승인투표제는 승인하고자 하는 모든 후보를 승인할 수 있도록 허용하기 때문에 최다득표제로부터 예상되는 사표(wasted vote)에 대한 우려를 불식시킨다. 그럼에도 불구하고, 승인투표제가 전적으로 방(防)전략적(strategy−proof; 전략을 방어하는)인 것은 아니다. 니에미(Niemi, 1984)는 각 유권자들이 몇 명의 후보에게 투표할 것인가에 따라 최종 승자가 결정될 수 있다는 점에서 승인투표제 역시 유권자들에게 전략적 계산(strategic calculation)을 가능하게 함을 지적하였다. 또한 사리(Saari, 1990) 역시 세 명의 후보자가 경합하는 경우 승인투표제에 따른 당선자 결정은 보르다제(Borda rule)와 비교할 때 몇몇 소수의 유권자가 자신의 선호를 조작(manipulation)함으로써 그 결정을 바꿀 수 있는 가능성이 높음을 보였다. 또한 브람스와 피시번(Brams and Fishburn, 1983)은 유권자들이 여러 후보에 대하여 승인하고 있는 경우 특정 후보를 지지하는 유권자 집단이 단 한 명의 지지후보만을 승인함으로써 전략적 우위에 놓일 수 있다는 사실을 보였다.

승인투표제는 콩도르세 승자가 존재하는 경우 다른 투표규칙에 비해 콩도르세 승자를 선택할 가능성이 더 높다고 알려져 있다(Brams and Fishburn, 1978). 콕스(Cox, 1985)는 공간모형을 활용하여 세 명 이상의 후보가 승인투표제를 통해 경합하는 경우에도 다른 모든 후보와의 일 대 일 경쟁에서 중위수 후보자(centrist)가 승리할 수 있음을 보이고 있다. 이를 통해 승인투표제는 다른 투표규칙에 비해 콩도르세 효율적이라고 간주되고 있다.

제 7 절 투표규칙과 공공선택

<표 12-1>의 예제에 6가지의 투표규칙을 적용한 경우 최다득표제는 a후보를, 최다득표 결선투표제는 b후보를, 보르다제는 d후보를, 승인투표제는 d 또는 e후보를 공공선택안으로 결정하였다. 콩도르세 승자가 e후보였던 점을 고려할 때 승인투표제만이 유일하게 <표 12-1>의 예제에서 콩도르세 승자를 사회적으로 선택할 수 있음을 보여준다. 이렇게 투표규칙에 따라 공공선택이 달라질 수 있다는 사실을 통해 다음의 몇 가지 측면을 주목할 필요가 있다. 첫째, 일정 수의 후보자에 대하여 일정 수효의 유권자들이 지닌 선호 순위를 고려하였을 때, 어떤 후보자를 사회적 승자로 결정할 것인가의 문제는 어떤 결정규칙을 채택할 것인가의 문제와 밀접히 관련되어 있다는 것이다. 다수의 사회에서 헌법(constitution)이 투표규칙을 규정하고 있다는 점을 고려할 때 투표규칙의 선택과 관련된 헌법 규정에 대한 정치적 투쟁이 발생하는 요인을 여기서 찾아볼 수 있다(Shepsle and Boncheck, 1997, 172). 또한 하위 법률(law)을 통해 투표규칙을 규정하는 사회의 경우 한편으

로는 헌법에 비해 법률개정이 용이하다는 점에서 투표규칙의 개정에 대한 사회적 갈등의 해소가 쉽게 이루어질 수 있다는 점을 생각해 볼 수 있는 반면, 다른 한편으로는 그만큼 투표규칙의 개정에 대한 사회적 갈등이 빈번히 발생할 수 있다는 사실도 주목할 만하다.

둘째, 다수의 학자들은 유권자들이 선호 강도에 따라 후보자들에게 점수를 부여하는 규칙보다는 선호하는 후보자에 대한 승인여부에 수적인 측면의 제한을 두지 않은 투표규칙이 오히려 거짓 선호에 따른 '전략으로부터 면제되는'(strategy-proof) 경향이 있다는 점에 동의한다. 예를 들어, 유권자의 선호에 따라 후보자들에게 점수를 부여하는 방식인 최다득표제나 보르다제는 유권자들이 후보자들에 대한 승인여부만을 결정하는 승인투표제에 비해 유권자들이 진정 선호를 표출하기 어렵게 만든다는 것이다. 따라서 그만큼 전략적 행위의 영향을 받게 되는 것이다.

셋째, 승인투표 역시 유권자들을 전략적 투표 행태로부터 완전히 격리시킨 것은 아니다. 기바드(Gibbard, 1973)와 새터스와트(Satterthwaite, 1975)가 증명하였듯이 특정 유권자 또는 유권자 집단이 거짓된 선호를 표출함으로써 최종 당선자 결정에 영향을 미칠 수 있는 선호조작(manipulation)으로부터 면제된 투표규칙은 독재(dictatorship)밖에 없다. 따라서 어떤 투표규칙 하에서도 일정 정도의 전략적 투표 행태가 발생한다는 점을 고려할 때 정치학적으로 더욱 중요한 질문은 전략적 투표를 행사하는 조건과 정치적 결과에 초점이 맞춰질 필요가 있을 것 같다. 특히 현대 사회의 선거경쟁 공간에서 후보자들에 대해 점증하는 정보량과 유권자들의 정치에 대한 무관심 증대라는 이율배반적 현상을 고려할 때 모든 후보자, 모든 유권자를 각각 동일한 능력과 자원을 지닌 동질적인(homogeneous) 행위자로 간주하는 것보다는 후보자 각각 및 유권자 집단의 차별성을 파악하고 세분화함으로써 누가 어떤 조건에서 전략적 투표 행태의 경향성을 드러내며 그 정치적 효과가 무엇인지에 대한 구체적인 논의가 필요할 것으로 보인다.

[책임집필 : 한정훈]

Chapter 13

사회후생함수와 불가능성 정리

Public Choice

제 1 절 사회후생함수

한 사회의 기본 제도를 설계할 때, 또는 정책을 수립할 때 다양한 사회적 대안들 간에 공동체 차원에서 선호의 순위를 정할 필요가 있다. 이를 위해서 과연 사회적 대안들의 어떠한 측면들이 어떻게 고려되어야 할 것인가? 이 문제에 접근하는 한 방법은 사회후생함수라는 개념을 통해서이다. 사회후생함수는 사회적 의사결정방식을 일컫는 경제학적 용어로 본서의 다른 장에서 논의된 투표규칙(voting rule) 등을 포괄하는 것이다. 사회후생함수를 이용하여 사회적 대안들 간에 순위를 정하는 데는 여러 가지 변수들이 고려되겠지만 공공선택의 관점에서 볼 때는 개인의 선호 또는 복지와 관련된 변수들, 즉 방법론적 개인주의의 관점에서 중요한 변수들이 설정되게 된다. 이는 물론 개인들과는 무관하게 공동체 전체의 목적을 정하고 이러한 목적에 근거하여 사회적 대안들의 서열을 정하는 것과는 근본적으로 다른 접근법이다. 또한 개인과 관련된 변수들이라고 해도 과연 개인과 관련된 어떠한 변수들을 어떻게 고려하여야 하는가 하는 어려운 문제가 제기된다고 볼 수 있다.

연구자 또는 정책입안자의 주관적인 기준이 개입할 여지를 줄이기 위해서는 개인의 선호, 복지, 행복 수준 등에 대한 가정을 도입하지 않고 그냥 개인의 선호를 주어진 것으로 그대로 받아들이고 그 선호를 어떻게 사회적으로 집계할 것인가 또는 그러한 선호를 바탕으로 해서 사회적 대안들 간의 우열을 어떻게 설정할 것인가라는 문제만 해결하려 시도할 수 있다. 이 경우 경제학에서 흔히 사용하는 기준은 파레토 효율성이다. 파레토 효율성의 기준에 의하면 하나의 사회 상태 또는 정책은 그로부터 이탈을 통해, 다시 말해 다른 사회 상태 또는 정책으로의 변경을 통해 한 명이라도 효용이 증대되면서 동시에 다른 어느 누구의 효용도 감소하지 않는 경우가 발생한다면 전자는 파레토 효율의 기준을 충족시키지 못하며 따라서 후자에 비해서 파레토 열위의 상태 또는 정책이라고 정의된다.

파레토 최적 또는 파레토 효율성이라는 개념은 공공선택론적인 관점에서 정의되는 공익 개념의 가장 기본적인 형태라고 할 수 있다. 공공선택론적 공익 개념의 특징은 사회구성원들의 선호 또는 이익을 바탕으로 공익 개념을 구성한다는 점이다. 그 중에서도 사회 선택적 공익 개념들은 이러한 방법론적 개인주의가 가장 직접적으로 적용된 공익 개념이라 할 수 있다. 사회선택적 공익 개념에서 공익을 구성하는 것은 개인들의 선호 또는 개인들의 이익이다. 이 중에서도 개인에게 이익이 되는 것은 무엇인가, 또는 진정한 사적인 이익이란 무엇인가와 같은 다소 논쟁이 있을 수 있는 문제들을 회피하고 가장 논란이 적은 형태로 공익을 정의하는 것이 파레토 효율성 기준이다. 즉 파레토 효율은 최소한의 공익 개념이며, 외부효과가 없는 이상적인 시장적 거래의 조건 하에서는 자연발생적으로 달성될 수 있는 가치이다.

그러나 공공정책과 관련하여 파레토 효율성 기준은 몇 가지 문제점을 지닌다. 첫째, 사람들의 선호가 직접적으로 관찰되지 않는다는 것이다. 둘째, 중요한 정책의 문제에서는 이득을 보는 사람들과 손해를 보는 사람들이 있기 마련이어서 파레토 최적에 해당하는 선택들이 너무 많다는 점이다. 따라서 파레토 효율성은 사회의 상태나 정책을 평가하는 기준으로 상당한 설득력이 있음에도 불구하고 파레토 효율의 기준을 충족시키는 사회 상태 또는 정책이 다수가 있을 때 그 중에서 무엇을 선택해야 할 것인가라는 또 다른 문제에 봉착할 수 있는 기준인 것이다. 특히 공공정책의 문제는 많은 경우 어떤 정책을 채택하는가에 따라서 이득을 보는 사람과 손해를 보는 사람이 생긴다는 점을 고려할 때, 파레토 효율의 기준만으로는 공익에 따르는 선택이 무엇인가를 결정하기 어려운 경우가 많고 여러 대안들 중 하나를 선택할 추가적인 기준이 필요하게 되는 것이다. 그렇다면 파레토 최적이라는 기준으로만은 충분하지 않을 경우는 어떻게 해야 하는가?

이처럼 파레토 기준만으로는 사회적인 선택의 방향이 분명하게 제시되지 못하는 경우에 사회후생함수라는 개념이 유용하게 된다. 사회후생함수란 개인들의 후생(복지 welfare)을 사회전체의 후생으로 전환시키는 함수를 의미한다. 먼저 실수 값을 가지는 사회후생함수는 아래와 같은 형태를 띤다.

$$W = F(U_1,\ U_2,\ \cdots,\ U_n)$$

여기서 U_1, U_2, …, U_n는 n명의 사회 구성원 각자의 후생 수준을 나타내며, F는 사회후생함수, W는 실수의 값을 지니는 사회후생 수준이다. 실수값의 사회후생함수라는 것은 개인의 후생 수준을 종합해서 하나의 실수 값으로 변경시킴으로써 각 사회상태의 만족도를 상호비교하고 서열을 정할 수 있게 해주는 함수라는 뜻이다.

실가 사회후생함수는 여러 가지 형태를 띨 수 있다. 예를 들어 개인들의 후생수준을 합산할 수도 있고, 곱할 수도 있고 또는 단순히 최저의 후생수준에 해당하는 개인의 후생을 사회의 후생수준으로 정의할 수도 있다. 벤담(J. Bentham)의 공리주의는 사회의 후생수준을 개인들의 후생수준의 합으로 보는 특정한 사회후생함수를 주장한 것으로 해석할 수 있다. 반면 롤즈(Rawls)가 그의 『정의론』(A Theory of Justice)에서 주장한 '차등의 원칙'(the difference principle)은 상당히 평등주의적인 것으로서 사회의 후생수준은 최저 수준의 후생을 지닌 개인의 후생수준에 의해 정의된다는 특정한 형태의 사회후생함수를 주장한 것으로 해석할 수 있다.

사회후생함수는 파레토 효율이라는 기준의 한계를 극복하기는 하지만 동시에 여러 가지 문제점들을 지닌다. 첫 번째 문제는 사람들의 후생 또는 효용의 수준을 어떻게 관찰할 것인가의 문제이다. 후생 또는 효용은 주관적인 만족도를 나타내는 개념으로서 특정한 객관적인 지표에 의해 측정되기 어렵다. 예를 들어, 벤담의 공리주의의 원칙을 각 개인의 효용의 합으로 사회적 대안들의 서열을 정하는 것으로 이해해 보자. 그렇다면 개인의 효용의 수준은 어떻게 측정할 것인가? 각 개인으로 하여금 각 사회적 대안에 대해서 1에서 100 사이의 숫자 중에서 하나를 선택하도록 할 것인가? 왜 최대의 만족도가 개인 간에 동일하게 100이어야 하는가? 또한, 소박한 심성을 지녀서 웬만하면 자신의 처지에 만족하는 사람은 여러 대안들에 대해 100에 가까운 만족도를 표명하는 반면, 욕심이 많은 어떤 사람은 자신이 가장 선호하는 한 대안에 대해서만 100을 나머지 대안들은 0에 가까운 점수를 주는 경우가 발생할 때 사회후생함수는 욕심이 많은 사람의 선호를 소박한 사람의 선호보다 더 비중 있게 반영하게 된다. 과연 이렇게 하는 것은 공정한 것인가? 이처럼 실수치 사회후생함수를 구성하기 위해서는 개인들 간에 후생수준의 비교가 불가피하게 된다. 또한 어떤 정책에 대한 각 개인의 주관적인 만족도를 측정하는데 성공하였다 하더라도 그 다음으로 사회적 후생 수준을 집계하기 위해서는 집계방식에 대한 논의가 필요하다. 예를 들어 동일한 소득 수준에 대해서 서로 다른 주관적인 만족도를 가지고 있는 두 사람의 만족도를 합함으로써 사회후생수준을 측정하는 경우를 생각해보자. 이 경우 사회후생수준을 극대화하기 위해서는 만족도가 떨어지는 사람의 소득을 증가시킴으로써 가능할 것이다. 그러나 이러한 조치는 상식적인 공정성의 관념을 위배하는 것이 된다. 따라서 개인의 후생수준에 대한 측정방안 뿐만 아니라 측정된 개 개인의 후생수준을 어떤 후생함수를 통해 집계할 것인가에 따라 사회후생수준이 달리 평가되는 문제가 발생할 수 있는 것이다.

제 2 절 부의 극대화

위와 같은 사회후생함수가 지닌 문제점을 해결하려는 한 가지 방안은 관찰가능하고 사람들이 보편적으로 가치를 부여하는 기준에 입각하여 사회후생함수를 구성하고자 노력에서 찾아볼 수 있다. 이러한 연구를 통해 형성된 대표적인 개념이 '부의 극대화'(wealth maximization)이며 그 창시자들의 이름을 따서 흔히 칼도르－힉스 기준(Kaldor－Hicks criterion)이라고 불린다. 칼도르－힉스 기준 또는 부의 극대화(wealth－maximization)는 파레토 효율성 기준만으로 공익을 정의하기에 어려운 경우에 흔히 쓰이는 기준이며, 정부의 공공정책 수립에도 큰 영향을 미치는 기준이다. 부의 극대화 이론은 "잠재적인 파레토 기준"이라고 부를 수도 있다. 즉, 사회적인 부가 극대화되면 어떤 정책을 통해서 손해를 보는 사람들이 이득을 보는 사람들에 의해서 충분히 보상을 받을 수 있게 되고, 결국 모두의 부가 증대하는 효과를 가져 올 수 있다는 것이다.

그러나 칼도르－힉스 기준의 문제점은 부의 극대화 이론이 잠재적인 파레토 기준일 뿐이라는 점에 있다. 다시 말해 부의 극대화 정책이 채택되었을 때, 그 정책으로 인한 손해가 충분히 보상된다는 보장이 없을 뿐만 아니라 그러한 보상이 행해질 필요성이 명시적으로 요구되지 않을 수 있다는 것이다. 물론 현실의 정치과정에서는 정도의 차이가 있겠으나 칼도르－힉스 기준에 따라 정책을 선택하는 선행조건으로 다양한 이해관계 당사자들의 정치적인 협상과 보상의 문제가 필연적으로 제기된다. 그러나 본질적으로 정치적인 협상과정은 미래의 수익과 손실에 대한 불확실성 및 예상되는 손실에 대한 회피 경향 등으로 인하여 실제적인 보상 협상이 큰 어려움을 겪게 되는 경우가 많고 그러한 협상이 파업이나 시위와 같은 정치적인 투쟁의 형태로 표출되어 예상치 못했던 추가적인 비용이 발생할 수 있다. 협상과정에서 발생할 것으로 예상되는 이러한 비용은 광의의 '거래비용'(transaction cost)의 일환으로 볼 수 있는 반면, 이를 협상 이전에 미리 측정하는 것은 불가능하다. 물론 정치 문화가 협상의 비용을 어느 정도 예상할 수 있게 해 준다. 즉 성숙한 협상의 문화가 정착되어 있고 공정성의 규범이 준수되는 사회에서는 부의 극대화 기준이 정책의 원리로 채택될 가능성이 높으며, 그 결과 파레토 최적이 더 쉽게 달성될 수도 있다. 엄밀하게 말하자면 칼도르－힉스 기준은 부의 극대화 기준과 동일한 것은 아니다. 파레토 효율성 기준에서와 마찬가지로 칼도르－힉스 기준에서는 사람들이 추구하는 것이 무엇인가를 명확하게 정의하지 않는다. 오히려 가장 추상적인 의미에서의 선호와 효용의 개념을 바탕으로 해서 파레토 효율의 기준에 '잠재적인 보상'의 가능성을 추가한 것이 칼도르－힉스 기준이라고 할 수 있다. 이에 비해서 부 극대화 기준은 명시적으로 화폐 가치를 극대화 하고자 한다. 다른 식으로 표현하자면 칼도르－힉스 기준과 사람들의 선호가 화폐가치로 표현될 수 있다는 가정을 더할 때 부의 극대화 기준이 도출된다고 할 수 있다.

부의 극대화 기준은 법경제학에서 보통법하의 법원의 판결 원리의 진화를 설명하는 핵심적 개념일 뿐만 아니라 나아가서 정부의 정책 결정의 기본적 원리로서 옹호되기도 한다(Posner, 2011[1973]). 과연 화폐 가치로 측정되는 부의 극대화가 사회적 선택의 기본원리가 될 수 있는가에 대해서는 비판적인 입장이 많다(예를 들어, Dworkin, 1980). 그러나 부의 극대화 기준은 효용 극대화 기준에 입각한 전통적인 공리주의적 관점의 문제점인 효용의 관찰 불가능성 그리고 사회적으로 용인 가능한 선호 기준의 부재와 같은 문제점들을 극복하는 장점이 있다. 또한 화폐가치라고 하는 객관적이며 상호 비교 가능한 기준을 제시함으로써 사회적으로 용인 가능한 개인의 선호에 대한 적극적인 기준을 제시하는 것으로 볼 수 있다. 또한 극대화 하고자 하는 부를 미래의 가치(혹은 생산적 효율성)를 포함하는 것으로 정의하고 부의 극대화에 대한 합의를 위한 거래비용의 문제가 고려된다면 부의 극대화는 간단하게 묵살할 수만은 없는 공익의 기준이 될 수 있다(Johnsen, 1986).

제3절 애로우의 불가능성 정리

위와 같이 실가 사회후생함수를 정의하고자 하는 접근 외에도 규범적인 (normative) 사회후생함수의 가능성을 탐색하고자 하는 접근이 있다. 규범적인 접근은 흔히 공리적(axiomatic) 접근의 형태로 이루어지는데, 여기서 공리적 접근이란 직관적으로 타당한 것으로 받아들여질 수 있는 일련의 조건들, 즉 공리들을 제시한 다음에 이러한 공리들을 만족시키는 사회후생함수는 과연 있는지, 그리고 만일 그러한 함수가 존재한다면 어떠한 형태를 띠는 지의 문제를 다룬다. 규범적 사회후생함수에 대한 가장 중요한 연구 결과는 애로우(Kenneth Arrow)의 불가능성 정리(Impossibility Theorem)이다.

콩도르세가 개인의 합리적 선택은 과반수제(majority rule)를 통해 집단의 합리적 선택으로 전환되지 않을 수 있다는 콩도르세의 역설(Condorcet paradox)을 발견하였을 때 다수의 학자는 이러한 문제점이 과반수 규칙(majority rule)이라는 사회후생함수의 특성 때문에 발생한 것이 아닌가라는 의심을 지녔다고 볼 수 있다. 그 결과 콩도르세의 역설을 해결하기 위한 다양한 제도적 대안들에 대한 연구가 진행되었으며, 애로우(Arrow, 1951) 역시 주어진 대안들에 대한 사회 구성원들의 일관된(coherent) 선호순서들을 하나의 일관된 사회의 선호순서로 취합할 수 있는 그런 제도(사회후생함수)가 있느냐는 문제를 다룬 학자에 속한다(황수익, 1985). 그는 사회후생함수에 대한 모색을 실가의 사회후생함수의 구체적이고 다양한 유형에서 찾기보다는 공정한(fair) 사회후생함수가 충족시켜야할 공리(axiom)를 제시하고 그러한 공리를 만족시키는 사회후생함수의 존재여부에서 찾고 있다. 이를 위해 그는 합리적 개인 선호 가정을 위해 요구되는 두 가지 공리인 완결성(completeness)과 이행성(transitivity)에 더하여 집단의 선택을 위해 이용되는 규칙(rule) 또는 방법(method)이 공정한(fair) 것으로 받아들여지기 위해 필요한 최소한(minimal)의 조건으로써 네 가지 공리를 제시한다. 이때 그가 제시한 공리가 최소한의 조건이라는 의미는 누구나 네 가지 공리 이외의 공리를 더 추가할 수 있는 반면, 일관된 개인의 선택을 일관된 집단의 선택으로 공정하게 종합하고자 하는 어떤 규칙이든 적어도 이 네 가지 조건은 만족시킬 필요가 있다는 것이다.

합리적 개인 선호 가정을 위해 충족되어야 하는 두 가지 공리인 완결성과 이행성에 대해서는 이미 다른 곳에서 언급하였다.[1] 그러면, 애로우(Arrow, 1951)가 제시한 사회후생함수가 공정한 것으로 받아들여지기 위해 필요한 최소한의 네 가지 공리는 무엇인가? 사회적 의사결정 방법[2]이 갖추어야 할 공정성의 조건으로써 애로우(1951)가 제시한 네 가지 공리 가운데 첫 번째는 개인선호의 비제한성(Universal Domain)이다.[3] 개인선호의 비제한성(*U*)은 한 집단에 소속된 모든 개인이 대안 집합에 속하는 모든 대안에 대해 완결성과 이행성을 만족시키는 선호관계를 통해 선호순위를 구성할 수 있어야 한다는 것이다. 이는 사회적 대안들에 대하여 각 개인의 선호가 완결성과 이행성을 충족시키는 경우 그 선호의 유형에 대해서는 어떠한 제한도 가해져서는 안 된다는 조건이다. 따라서 이 조건이 하나의 사회적 의사결정방법이 유별난 대안에 대한 개개인의 선호를 배제한다거나 괴팍한 사회구성원의 선호를 배제할 어떠한 정당한 근거도 없다는 것을 함의한다.

애로우(Arrow, 1951)가 제시한 두 번째 공리는 파레토 최적 또는 만장일치(Pareto Optimality or Unanimity)이다. 파레토 최적(*P*)의 조건은 만일 한 집단 구성원 모두가 두 대안 *X*와 *Y* 가운데 *X*를 *Y*보다 선호하는 경우 집단 전체 역시 *X*를 *Y*보다 더 선호하여야 한다는 것이다. 이 공리는 한 집단 구성원 모두가 두 대안에 대해 동일한 선호를 표현하고 있음에도 불구하고 집단 전체의 선호가 구성원 전체의 선호와 다르게 표출되는 불공정성을 방지하고자 한 것이다.

세 번째 공리는 무관한 대안으로부터의 독립성(Independence from Irrelevant

1) 본 저서의 제9장을 참조할 것.
2) 경제학적 용어로는 사회후생함수(social welfare function)로 표현될 수 있다.
3) 보편성(Universal Admissibility)의 조건이라고 일컬어지는 것으로 기존의 국내 문헌들을 살펴볼 때, 광범성(unrestricted domain)(박영작, 1988), '모든 선호의 무차별 수용(이정전, 2006)' 이라는 용어와 혼용하여 쓰이고 있다.

Alternatives)이다. 이 조건은(*IIA*) 집단 구성원 각각이 두 대안 *X*와 *Y*에 대해 일정한 유형의 선호관계를 지니고 있으며 이러한 선호관계가 변하지 않는다면 두 대안 *X*와 *Y*에 대한 집단의 선호에도 변화가 있지 않아야 한다는 것이다. 특히 집단 구성원들이 두 대안 *X*와 *Y*에 대한 선호관계가 변하지 않은 상태에서 또 다른 대안 *Z*에 대한 선호가 변화하더라도 두 대안 *X*와 *Y*의 집단의 선호에는 변화가 없어야 한다는 것이다. 2011년 서울시장 선거에서 서울시 각 유권자가 박모, 나모 후보에 대해 지니고 있는 선호가 변하지 않은 채 제3의 후보인 안모 후보에 대한 서울시 유권자들의 선호에 변화가 있는 경우를 가정해보자. 이 경우 무관한 대안으로부터의 독립성이라는 조건이 의미하는 바는 안모 후보에 대한 서울시 유권자들의 선호에 변화가 있다고 하더라도 박모와 나모 두 후보에 대한 선호관계가 변하지 않은 한 박모, 나모 후보에 대한 집단의 선호가 변하지 않아야 한다는 것이다. 다시 말해, 서울시 전체 유권자 집단이 박모, 나모 후보에 대해 지니는 선호관계를 고려하는 문제와 관련하여 제3의 후보인 안모 후보에 대해 서울시 유권자의 선호 변화는 무관하기(irrelevant) 때문에 박모와 나모 후보에 대한 선호관계에 영향을 미치지 말아야 한다는 것이다.

마지막으로 네 번째 조건은 비독재성(Nondictatorship)이다. 비독재성(*D*)은 집단 구성원들과 무관하게 집단의 선호를 지배하는 그런 특정 집단 소속원이 존재하지 않아야 한다는 것이다. 이 역시 명백하게 최소주의적 조건에 해당하는 것으로 어느 한 개인의 능력과 자질의 문제를 떠나서 아무리 뛰어난 개인이라도 홀로 집단의 선호를 결정할 수 없어야 한다는 조건이다. 애로우의 불가능성 정리(impossibility theorem)는 위의 네 조건을 동시에 만족시키면서 사회적 대안들에 대한 구성원들의 합리적 선호순위를 집단의 선호순위로 일관되게(consistent) 전환시키는 그런 기제(mechanism) 또는 사회후생함수는 존재하지 않는다는 것이다.

이와 같은 애로우의 정리는 종종 다음과 같은 오해를 불러일으키기도 한다. 즉, 애로우의 불가능성 정리가 결국 집단의 선택은 집단 구성원의 선호를 적실히 반영함으로써 이루어질 필요가 있다는 민주주의 이념이 공정하고(fair), 민주적인 방법을 통해서는 실현불가능하다는 것을 증명했다는 것이다. 애로우의 정리가 함의하는 바는 이러한 오해와 같이 집단 구성원들의 선호를 종합하여 집단의 선호로 전환하는 모든 기제가 항상 일관되지 못하거나(inconsistent) 불공정하다(unfair)는 것을 의미하는 것은 아니다. 오히려 어떤 사회후생함수라고 할지라도 집단 구성원의 선호를 '항상 모든 상황 하에서' 집단 전체의 일관된 선호로 전환할 수 없다는 것이다. 예를 들어 과반수 규칙은 개인선호의 비제한성, 파레토 최적, 무관한 대안으로부터의 독립성, 비독재성이라는 네 가지 조건을 모두 만족시키는 사회후생함수임에도 불구하고 종종 이행성(transitivity)이 결여된 집단의 선호순위를 형성한다는 것이다. 좀 더 구체적으로 <표 13-1>의 사례를 이용해 보자. <표 13-1>은 논의를 간단히 하기 위해 다음과 같은 가정에 따른 행위자 선호분포를 보여준다. 첫째, 세 명의 행위자 *A*, *B*, *C*로 구성된 사회에 대한 가정이다. 둘째, 세 가지 대안 *X*, *Y*, *Z* 가운데 하나를 과반수 규칙을 이용하여 사회적으로 선택하고자 한다는 가정이다. 셋째, 각 행위자에 대한 선호의 제한이 없으나 논의를 간단히 하기 위해 세 가지 대안에 대해 강선호(strict preference)를 표현하는 경우만을 가정하고 있다. 이러한 가정에 따라 세 가지 대안에 대해 6가지 서로 다른 유형의 강선호를 표현할 수 있는 세 명의 행위자로 구성된 사회는 총 6×6×6=216가지의 서로 다른 사회적 선호개요(preference profile)가 가능하다. <표 13-1>은 이 가운데 하나의 사회적 선호개요를 가정한 것이다. <표 13-1>에서 가정된 사회적 선호개요를 과반수 규칙을 통해 집계하는 경우 *A*, *B*, *C*라는 세 명의 행위자로 이루어진 집단은 *X*를 *Y*보다 선호하고, *Y*를 *Z*보다 선호함에도 불구하고 *X*를 *Z*보다 선호하는 집단 선호의 일관성을 충족시키지 못하고 *Z*를 *X*보다 선호하는 집단선호의 순환(cycle)에 직면하게 됨을 보여준다.

위의 가정을 통해 구성된 216가지 서로 다른 사회적 선호개요 가운데 이와 같이 집단선호의 순환이 발생하는 경우는 총 12가지이다. 집단선호의 순환이 발생하는 12가지 상황은 우선 <표 13-1>에서 세 가지 대안들의 선호순위를 그대로 둔 채 세 명의 행위자의 위치를 <표 13-1>에 나타난

그림 13-1 콩도르세 순환의 예시

A	*B*	*C*
X	*Z*	*Y*
Y	*X*	*Z*
Z	*Y*	*X*

것과 같이 *ABC*순에서 *ACB*, *BAC*, *BCA*, *CAB*, *CBA*로 변경하는 경우에도 집단선호의 순환이 발생하기 때문에 6가지의 순환이 발생하는 상황을 인식할 수 있다. 다음으로 행위자들이 지닌 대안의 선호 순위를 변경한 후 다시 행위자들의 순서를 변경함으로써 나머지 6가지 집단 선호의 순환이 발생하는 선호개요를 얻을 수 있다. 다시 말해 *A*행위자가 지닌 세 대안의 순위를 $X>Y>Z$로부터 $X>Z>Y$로 바꾸고, *B* 행위자가 지닌 세 대안의 순위를 Y>X>*Z*로, C 행위자가 지닌 세 대안의 순위를 $Z>Y>X$로 변경한 후, 다시 행위자의 순위를 바꿈으로써 집단선호의 순환(cycle)이 발생하는 나머지 6가지 선호개요를 얻을 수 있는 것이다.

위와 같이 가정된 상황을 고려할 때, 애로우(1951)의 불가능성 정리는 가능한 구성원들의 선호를 종합한 216가지의 선호개요 가운데 12가지 순환이 발생하는 선호개요를 통해 공공선택을 하는 경우 집단의 선택이 순환(cycle)의 문제에 직면하는 것을 해결할 수 있는 공정한 기제는 존재하지 않음을 보인 것이다. 따라서 특정의 투표규칙 또는 사회후생함수가 구성원의 선호를 집단의 선호로 전환하는 과정에서 항상 비일관적이라는 것이 아니라 어떠한 사회후생함수도 모든 사회적 상황에 대하여 구성원의 선호를 일관되게 종합할 수 없다는 것을 보인 것이다. 그리고 그의 연구가 더욱 중요한 이유는 제도적 대안을 모색함으로써 위와 같은 콩도르세 역설을 해결하려던 동시대의 연구자들의 희망이 전적으로 오류에 지나지 않으며 콩도르세의 역설은 개인의 선호를 집단의 선호로 종합하는 어떤 방법(method)도 벗어날 수 없는 문제임을 밝혔다는데서 찾아볼 수 있다. 결국 애로우의 정리는 집단 구성원 개개인의 선호를 일관되게 집단의 선호로 종합하기 위해서는 공정성(fairness)이 일정 부분 훼손될 수밖에 없음을 함의한다. 예를 들어 공공선택이 선호가 유사한 사람들끼리 자발적으로 소집단을 결성하고 소속된 소집단의 영향력 하에서 자발적으로 선호를 제한하여 이루어진 경우 개인 선호의 비제한성(*U*)이라는 조건을 위반하기는 하지만 집단의 구성원들이 받아들일 수 있는 공공선택인 것이다. 또는 집단의 의사결정과정에서 특정한 개인(위원회의 의장 등)에게 더 많은 권한을 위임하여 비독재성을 위반하는 형태로 사회선택이 이루어질 수도 있다. 이러한 권한 위임은 특정한 개인이 지닌 전문성 때문이거나 위임하는 구성원들의 자발성에서 기인할 수 있을 것이다.

그러면 애로우가 제시한 4가지 최소주의적 조건들은 모두 공정성과 직접적으로 관련된 것인가? 우선 파레토 최적(*P*) 또는 만장일치의 조건은 그렇다고 볼 수 있다. 집단 구성원 사이에 일정한 동의가 이루어졌음에도 불구하고 집단의 선호가 이러한 동의를 반영하지 못한다면 집단의 선호를 구성하기 위한 기제(mechanism)는 공정하다고 볼 수 없기 때문이다. 또한 비독재성(*D*) 조건 역시 공정성과 관련된다. 독재자를 인정하는 것 자체가 비공정한 것이기 때문이다. 이에 반해, 무관한 대안으로부터의 독립성(*IIA*)의 조건은 공정성을 위한 조건이라기보다 구성원의 선호를 적절하게 또는 타당하게 종합하기 위한 조건으로 볼 수 있다. 다시 말해 두 개의 대안에 대한 집단의 선호관계를 판단하기 위해서는 집단의 구성원들이 두 개의 대안에 대해서 지니고 있는 선호관계를 이용하는 것이 적절하다는 것이다. 두 개의 대안에 대한 집단의 선호관계를 판단하는 과정에서 제 3 의 대안이 두 대안 사이의 선호관계에 영향을 미치지 않아야 한다는 것이다. 그러나 이 조건 역시 집단 구성원의 선호를 종합하는 과정(procedure)에서 충족되어야 하는 조건에 해당한다는 측면에서 절차적 공정성의 조건으로 간주할 수 있다.

위의 세 가지 조건과 달리 개인 선호의 비제한성(*U*)의 조건은 공정성의 조건과 거리가 먼 것이라 할 수 있다(Shepsle and Bonchek, 1997). 이 조건은 단순히 집단 구성원의 선호가 이루어질 영역(domain)에 관한 조건이다. 다시 말해 이 조건은 모든 고려 가능한 환경에 대하여 집단의 결정을 위한 기제가 작동할 필요가 있다는 것이다. 이 역시 집단의 결정을 위해 바람직한 조건일지 모른다. 그러나 만일 애로우의 불가능성 정리가 필연적으로 일관성(consistency)과 정당성(fairness) 사이의 교환(trade-off)을 보여주는 것이라면 아마도 보편성 조건은 주장할 필요가 없는 것일 수 있다. 다시 말해 우리는 보편성 조건을 완화함으로써 일관성과 정당성 모두를 만족시키는 결정기제를 고안해 낼 수 있는 것이다. 던컨 블랙(Black, 1958)의 단봉형 선호 정리(single-peakedness theorem)는 이와 같은 애로우의 네 가지 조건 가운데 공정성의 기준과는 일정 정도 거리가 있는 보편성 조건을 완화함으로써 과반수 규칙을 이용하여 합리적인 공공선택이 가능함을 보인 것이다. 블랙의 정리는 하나의 집단이 선택해야하는 다수의 대안들 가운데 세 가지 대안으로 구성되는 모든 대안집합들을 고려할 때, 집단 구성원 어느 누구도 어느 하나의 대안을 나머지 대안들에 대해 가장 나쁜 대안으로만(worst) 간주하지 않는다는 조건만을 만족시킨다면 일관성 있는 공공선택이 가능하다는 것이다. 다시 말해 모든 구성원이 고려가능한 모든 대안들의 양자 비교를 통해 선호관계를 형성할 수 있어야 한다는 개인 선호 비제약성의 조건을 '고려가능한 모든 대안들 가운데 세 가지 대안으로 이루어진 모든 대안집합에 대해 집단 구성원 모두가 어느 하나의 대안을 가장 나쁜 대안으로 간주하지 않는다'는 조건으로 완화시키는 경우 과반수 규칙을 이용한 합리적 공공선택이 가능하다는 것이다. 센(Sen, 1966)은 이러한 블랙(Black, 1958)의 정리를 일반화함으로써 가장 나쁜 대안으로 간주하지 않는다는 조건 뿐만 아니라 가장 좋은 대안으로 간주하지 않거나, 중간의 대안으로 간주하지 않는다는 조건을 만족시키는 경우에도 과반수제에 따라 합리적인 공공선택이 가능함을 보여주었다.

또한 현실적으로 사회적 의사결정을 위해 꼭 공정성의 조건만이 우선시되는 것이 아닐 수도 있다. 롤즈(Rawls, 1971)가 정의론에서 보이듯이 사회적 불평등의 해소가 우선적으로 달성될 필요가 있거나, 개개인이 주어진 대안들에 대한 선호의 강도(intensity)의 차별성을 구분할 필요가 있는 경우 등 사회적 의사결정 규칙의 활용은 애로우가 제시한 공정성의 조건보다 사회적으로 우선시되는 가치가 반영될 필요가 있는 것이다.[4]

[책임집필 : 한정훈]

4) 사회적 불평등성의 해소의 필요성 또는 개개인의 선호 강도의 차별성을 고려한 의사결정규칙의 고안이 애로우의 불가능성 정리와 지니는 차이에 대한 자세한 논의는 이정전(2006)을 참조할 것.

Chapter 14

중위투표자 정리의 기초

Public Choice

제1절 중위투표자 정리의 역사적 기원

1908년 스코틀랜드에서 태어난 블랙(Black, 1948)은 '콩도르세의 역설'(Condorcet paradox)이 단순히 수학적으로 호기심을 자극하는 사례에 한정되는 것이 아니라 투표의 결과를 조작할 가능성과 연관될 수 있음을 지적하였다. 특히 블랙은 만일 개개인이 대안에 대해 지니고 있는 선호를 특정한 방식으로 배열할 수 있는 경우 다수결 규칙(majority rule)을 이용한 집단의 선택 역시 일관되고 합리적인 방식으로 이루어질 수 있음을 보였다. 사실 애로우(Arrow, 1951)의 '불가능성 정리'(impossibility theorem)는 블랙이 이와 같은 집단의 합리적 선택이 가능할 수 있는 방안을 제시한 이후 발표되었다. 블랙의 논의는 정치 시장에서는 본질적으로 공정한 결정이 달성되지 않을 수 있음을 지적한 애로우의 주장을 논리적으로 반박한 것으로 정치적 결정이 '안정적'으로 이루어질 수 있는 가능성을 제시하였다.

블랙의 이와 같은 논의는 집단이 '만장일치에 약간 부족한 합의'라는 최소한의 합의가 이루어지면 일관되고 합리적인 집단적 선택이 가능할 수 있다는 믿음에서 탄생하였다. 예를 들어, 한 회사의 직원들이 점심으로 김치찌

개, 칼국수, 돈까스 가운데에 어느 하나를 선택하려고 하는 상황을 가정하자. 일부 회사 직원들은 김치찌개를 가장 선호하는 반면 칼국수를 가장 싫어하고, 나머지 회사 직원들은 칼국수를 가장 선호하는 반면 김치찌개를 가장 싫어하는 경우를 가정하자. 이 경우 돈까스에 대해서는 이 회사 직원 누구도 가장 싫어하는 것으로 간주하지 않고 있으며 이러한 조건만, 즉 세 가지 대안 가운데 모든 집단 구성원이 가장 싫어하는 하나의 대안이 존재하지 않는 조건만 충족되는 경우, 그 집단은 다수결 규칙을 통해 이행적(transitive)인 선호를 구성할 수 있다는 것이다. 이는 이론적으로 '단봉형 선호정리'(single-peaked theorem)라고 불리는 것으로 집단의 선택을 위해 주어진 모든 대안들을 3개의 대안으로 구성될 수 있는 부분집합으로 나누었을 때 모든 부분집합에 대하여 집단에 소속된 모든 구성원이 동시에 가장 싫어하는 대안이 존재하지 않다면, 이는 주어진 모든 대안들에 대한 사회적 강(强)선호 관계가 이행적일 수 있는 충분조건에 해당한다는 것이다(Black, 1958). 그리고 집단의 선택을 위해 주어진 모든 대안들을 3개의 대안으로 구성될 수 있는 부분집합으로 나누었을 때 모든 부분집합에 대하여 집단에 소속된 모든 구성원이 동시에 가장 싫어하는 대안이 존재하지 않는다는 조건을 '단봉형 선호조건'이라고 부르는데 그 이유는 이 조건을 만족시키는 경우 집단에 속한 각 구성원이 대안들에 지닌 선호 곡선이 하나의 봉우리(peak)를 지닌 방식으로 그려지기 때문이다. 이때 봉우리에 해당하는 선호를 부여하는 대안의 위치를 표현하기 위해 행위자의 '최대선호점'(the most preferred point), '이상점'(ideal point) 또는 '지복점'(bliss point)이라는 용어가 사용된다(이하에서는 이들 중 이상점(理想點)이라는 표현을 주로 사용하기로 한다.)

<그림 14-1>은 단봉형 선호조건을 공간상에 표현한 것이다. <그림 14-1>에 표현된 2차원의 공간의 x축은 대안들, y축은 각 대안에 대한 효용의 크기를 나타내고 있다. 또한 x축에 표현된 연속적 대안들의 시작점을 X로, 끝점을 Z로 가정한다. <그림 14-1>에 나타난 각각의 선은 세 명의 행위자 A, B, C 각각이 대안들에 대해 지닌 선호를 효용으로 표현한 효용함수이다. 이에 따르면 행위자 A는 X라는 대안을 가장 선호하고 있으며, 행위

자 B는 Y라는 대안을, 행위자 C는 Z라는 대안을 가장 선호하고 있음을 알 수 있다. 이렇게 각 행위자가 가장 선호하는 대안의 위치인 X, Y, Z를 각 행위자의 이상점(ideal point)이라 한다. <그림 14-1>의 모양을 지닌 효용함수가 단봉형 선호조건을 만족하는지를 살펴보기 위해 x축에 나타난 연속적 대안들 가운데 임의로 다음과 같은 위치에 놓은 세 가지 대안인 k, j, r로 이루어진 대안의 부분집합을 가정해보자:

$$X<k<Y<j<r=Z$$

행위자 A, B, C의 선호에 따르면 세 가지 대안에 대하여 행위자 A는 대안 r을 가장 싫어하고, 행위자 B 역시 대안 r을 가장 싫어하고, 행위자 C는 대안 k를 가장 싫어한다. 따라서 임의의 세 가지 대안 k, j, r에 대하여 대안 j는 모든 행위자들이 가장 싫어하는 대안이 아님을 알 수 있다. 이렇게 어떤 세 가지 대안에 대하여 행위자들이 가장 싫어하지 않는 대안이 존재하는 경우는 이와 같은 단봉을 지닌 선호로 표현될 수 있다. 역으로 각 행위자가 단봉형 선호를 지니고 있는 경우 위와 같이 어떤 세 가지 대안으로 이루어진 대안의 부분집합에 대해서도 모든 행위자들은 어느 하나의 대안을 가장 싫어하지 않게 된다. <그림 14-1>은 단봉형 선호를 좀 더 이해하기 쉽게 표현하고 있다. 행위자들이 지닌 선택의 대안들을 가로축으로, 행위자들의 선호 강도를 세로축으로 할 때, 행위자들의 선호는 하나의 대안에 대하여 봉우리를 지니며, 다른 선택 대안들이 선호의 봉우리를 차지하는 선택 대안에서 멀어질수록 선호도가 떨어지게 됨을 보여준다.

그림 14-1 단봉형 선호

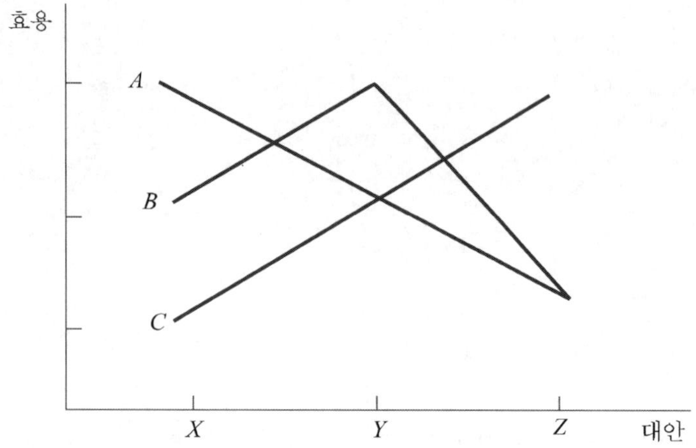

블랙(Black, 1958)은 행위자들의 선호가 이와 같이 단봉형 선호를 지니는 경우 콩도세의 역설이 해소될 수 있음을 주장하였다.[1] 다시 말해, 집단에 소속된 개개인이 단봉형 선호를 지닌 경우 중위투표자(median voter)의 이상점이 다수결 투표의 승자가 된다. 중위투표자 정리(median voter theorem)라고 명명된 이 이론은 결국 유권자의 선호에 단봉형 선호라는 것과 같은 조건을 부여함으로써 콩도세의 역설을 해결할 수 있는 가능성을 제시한 것이다. 블랙의 중위투표자 정리가 지닌 영향력은 이러한 발견이 이루어진 이후 다양한 분야에서 수많은 연구를 통해 적용되고 있다는 점에서 찾을 수 있다. 선거경쟁에 관한 연구뿐만 아니라 의회나 집단 내부의 결정에 대한 활용은 일일이 열거하기 힘들 정도다. 특히 다운즈(Downs, 1957)가 호텔링(Hotelling, 1927)의 공간 경제모형을 적용하여 합리적 유권자는 이념 공간상에서 자신의 이념적 위치로부터 가장 가까운 거리에 있는 정당을 선택하게 되고, 양당 사이의 경쟁을 가정할 때 그 결과는 양당이 중위투표자의 위치로 수렴하게

1) 투표의 역설(paradox of voting) 또는 콩도세의 역설(Condorcet paradox)의 발생여부를 다양한 유형의 단봉형 선호를 보여주는 그림을 통해 쉽게 설명하고 있는 기본서로는 켈리(Kelly, 1988)를 참조할 것.

될 것이라는 주장을 제기하면서 이들이 선거정치 및 의회정치 연구에 미친 영향은 선구적이며 또한 지대한 것으로 평가될 수 있다(박찬욱, 2000, 254).

제2절 중위투표자 정리의 발전

중위투표자 정리는 몇 가지 가정을 전제로 하고 있음에 주목할 필요가 있다. 첫째, 다수결 규칙을 이용하여 다수결 승자를 정하기 위해서는 유권자의 수가 홀수일 필요가 있다. 그러면 만일 유권자의 수가 짝수인 경우 어떤 결과가 나타나는가? 일차원의 연속적 이슈 공간에 대한 가정 하에서 유권자의 수가 짝수라면 중위에 위치한 두 명의 유권자의 이상점을 양극단으로 한 공간 모두가 콩도르세 승자가 될 수 있는 이상점의 위치가 된다. 다시 말해, 이론적으로는 중위에 위치한 두 명의 유권자의 이상점이 다른 모든 대안과의 경쟁에서 승리할 수 있는 콩도르세 승자가 될 것이기 때문에 중위투표자 정리는 유권자의 수가 짝수이거나 홀수이거나에 상관없이 성립한다고도 볼 수 있다. 그러나 중위의 이상점에 위치한 두 명의 후보자가 선거에서 경쟁하는 경우를 가정하면 이 두 후보자 사이에 동수(tie)가 발생하기 때문에 일반적으로 모든 투표규칙은 시행 이전에 동수 문제를 해결할 수 있는 특별한 절차를 마련해 두고 있다.

둘째, 중위투표자 정리는 모든 유권자가 투표에 참여할 것이라고 암묵적으로 가정한다. 만일 유권자 가운데 일부가 투표에 참여하지 않는 경우는 어떻게 될 것인가? 이 경우에는 투표 참여자들의 이상점 분포만을 고려하여 중위투표자의 위치가 재조정될 것이다. 따라서 유권자들의 투표참여에 대한 가정을 통해 이론적 예측을 하거나, 실제 참여한 유권자들의 이상점 분포에 근거하여 실질적인 예측을 내릴 수 있을 것이다.

셋째, 중위투표자 정리는 일반적으로 일차원의 이슈 공간에서의 경쟁을 가정한다. 공간이론(spatial theory)은 유권자 개개인이 자신을 둘러싼 정치적 환경을 이해하는데 활용하는 신호, 지름길 장치 또는 효율화 장치로써 '이념'

을 활용하고 있다는 사실에 주목한다(Downs, 1957, 96-113; North, 1981, 49; Hinich and Munger, 1994, 10). 또한 이념이 개인적 경험과 이익, 지식, 판단과 평가, 정치문화, 정치역사, 정치적 연대, 정당체제 등 정치적 사고의 다양한 요소들을 종합적으로 연계하는 기능을 지니는 것으로 이해한다(Hinich and Munger, 1994, 100-102). 따라서 대안적 정책들이나 선거경쟁에 참여하는 후보들이 선택과 당선을 위해 경쟁하는 공간이 일차원이라는 것은 경쟁하는 정책들이나 후보들의 정책적 선호가 이념에 의해 대표될 수 있음을 의미한다. 따라서 선거경쟁에 나서는 두 후보가 지닌 정책적 선호를 종합하여 한 후보가 다른 후보에 비해 더 진보 또는 좌파적 입장에 놓인다고 가정할 수 있다. 한국 학계에서 문우진(2005)은 이러한 일차원의 이슈 공간을 가정하고 '지역본위투표'가 유권자들의 합리적 선택에 의해 이루어짐을 보이고 있다. 그러면 이러한 일차원의 이슈 공간 가정이 타당하지 않는 경우는 어떤 결과가 예상될 것인가? 다시 말해, 선거경쟁에 나서는 후보들의 정책적 입장이 이념을 통해 종합되지 못할 경우 어떤 상황이 발생할 것인가? 예를 들어, 한 후보자가 경제정책에 대해서는 진보인 반면 남북문제에 대해서는 보수적 입장을 지니고 있다는 정책적 입장을 표명한 경우, 이 후보자는 이념으로 대표되는 일차원의 이슈 공간에서 어느 한 위치를 차지하고 있기보다는 경제문제와 남북문제라고 하는 각기 다른 이슈의 공간을 종합한 2차원의 공간에서 정책적 위치를 점하고 있다고 보아야 할 것이다. 이런 상황이 발생한 경우는 어떻게 할 것인가?

플로트(Plott, 1967)는 '다차원'의 이슈 공간에서도 각 행위자들이 지닌 이상점이 방사상으로 대칭적인 분포를 띠고 있는 경우 과반수에 따른 균형이 존재함을 증명하였다. 이는 선거경쟁에 참여하는 후보자들의 정책적 입장 또는 집단적 선택의 대안들이 일차원의 공간에서 어느 하나의 위치를 점하고 있기보다 2차원 이상의 공간에서 하나의 위치를 점하고 있는 경우에도 선택에 직면한 행위자들의 이상점의 위치가 가정된 다차원의 공간에서 일정한 조건을 만족하는 경우 블랙의 중위투표자 정리가 성립함을 보이고 있는 것이다. 그러나 플로트가 제시한 다차원의 이슈 공간에서 집단의 합리적 선택에 대한 희망은 맥켈비(McKelvey, 1976)에 의해 아주 협소한 것으로 드러났다. 맥켈비는 다차원의 공간에서 플로트가 가정하는 행위자의 이상점 분포에 관한 조건이 아주 미세하게라도 빗나간 이상점의 분포 상황에서는 다수결 투표에 따른 다수결 승자가 존재하지 않는다는 점을 증명해 보였다. '혼돈의 정리'(chaos theorem)라고 명명된 이러한 발견은 다차원의 이슈 공간에서의 집단의 선택은 어떤 결정이든 우연히 이루어질 수 있으며, 누가 대안들에 대한 투표의 순서를 결정하는가와 같은 의제설정(agenda setting) 역할에 따라 최종적 선택이 결정됨을 보여 주었다.

맥켈비의 혼돈의 정리가 의미하는 바의 중요성을 인식하기 위해 다음과 같은 사례를 활용해 보자. 한국 국회 내에서 4대강 개발 사업을 전반적으로 막대한 예산을 투입하여 추진하고자 하는 의원들, 동일한 사업을 일정한 제한을 두고 추진하고자 하는 의원들, 그리고 현 상태(status quo)를 유지하고자 하는 의원들 등 세 부류가 있다고 가정해 보자. 이때 4대강 사업이 일차원의 이념적 이슈로 간주할 수 있다고 가정하자. 다시 말해, 사업을 통한 성장을 중시하는 주장과 4대강 사업에 들어갈 재원을 복지 등과 같은 분배에 활용할 필요가 있다는 주장 사이의 대립적 이슈로 가정하자. 이 경우 세 집단의 의원들이 4대강 개발 사업에 대한 세 가지 대안적 정책에 대해 모두 현 상태를 유지하는 것을 가장 싫어하지 않는다면 블랙의 단봉형 선호조건을 만족시킴으로써 다수결의 승자가 존재할 것으로 예상할 수 있다. 그러나 4대강 개발 사업이 위와 같이 일차원의 이념적 이슈가 아니라 성장과 분배의 갈등적 요소와 환경보존과 개발이라는 갈등적 요소를 동시에 담고 있으며 국회의원들의 4대강 사업에 대한 선호가 이러한 두 가지 갈등적 요소에 의해 구성되는 경우 2차원의 정책적 이슈로 가정할 수 있다. 이 경우 맥켈비의 혼돈의 정리는 세 가지 대안 가운데 어떠한 대안도 다수결 투표에 따라 결정될 수 있을 뿐만 아니라, 특히 세 가지 대안을 두 가지 대안씩 짝을 이루어 투표하는 순위를 누가 정할 것인가에 따라 최종 대안이 결정될 수 있음을 의미하는 것이다. 결국 맥켈비의 주장은 다차원의 공간에서 경쟁하는 이슈에 대한 집단의 선택은 공정하지 않거나 또 일관적이지 않을 수도 있음을 보여 주고 있다. 셉슬리와 웨인게스트(Shepsle and Weingast, 1981)는 다차원의 공간에서 경쟁하는 이슈들의 문제를 해결하기 위해 '제도유인적 해결책'(structure－induced equilibrium)을 제시하였다. 다시 말해, 국회 내에 존재하는 상임위원회와 같은 제도들을 통해 다차원의 공간에서 경쟁하는 이슈들을 순차적으로 다루는 경우 혼돈을 피할 가능성이 높아진다는 것이다. 위에 예시된 4대강 개발 사업과 같은 경우도 성장과 분배의 갈등에 대한 합의의 문제는 국토해양위원회 또는 기획재정위원회에서 다루고, 개발과 보존의 갈등에 대한 합의의 문제는 환경노동위원회에서 다루는 방식으로 각각의 갈등적 요소를 독립적으로 해결할 필요가 있다는 것이다. 이정전(2005, 187－88)의 연구는 한국 국회에서 이러한 제도유인적 해결 가능성에 대해 다루고 있다.

제3절 단일차원에서의 중위투표자 정리

애로우(K. Arrow)의 불가능성 정리(impossibility theorem)에도 불구하고 대부분의 민주주의 국가에서 지도자나 공공정책을 선택할 때 다수결 원칙(majority rule)에 의존하고 있는 경향을 보인다. 본 절에서 민주주의 국가에서 후보자나 공공정책을 선택할 때 '누가 결정하는가'에 관해 살펴보고자 한다. 다시 말해서, 다수결 투표규칙이 어떻게 작동하는가를 살펴보고자 한다. 이에 대해 민주주의 정부이론은 놀라울 정도로 단순한 하나의 해답을 제공해 준다. 그 해답은 바로 '중위투표자 정리'에 있다.

어느 한 사회가 공공재(국방 또는 국립공원) 공급에 얼마의 공공자금을 지출할 것인가에 대해 결정한다고 가정해 보자. 사회의 구성원인 투표자들은 공공재 공급에 드는 지출과 관련하여 자신들이 '가장 선호하는' 지출(예산)수준을 가지고 있고, 자신들이 가장 선호하는 수준에 가까운 지출수준을 항상 선택한다고 가정해 보자. 이제 투표자들을 일직선상에서 지출의 크기 순서로 배열해 보기로 하자. 즉, 공공재 공급비용과 관련하여 가장 작은 예

표 14-1 중위투표자 정리의 예

투표자가 선호하는 지출수준	투표자의 수
0원	25명
50억 원	15명
100억 원	20명(중위투표자)
150억 원	35명
200억 원	5명

산을 선호하는 투표자들을 맨 왼쪽에 배열하고, 가장 큰 예산을 선호하는 투표자들을 맨 오른쪽에 배열한다고 가정해 보자. <표 14-1>은 한 사회 내에서 투표자들의 총 수는 100명이며, 필요한 공공재 공급에 드는 예산의 크기는 0원에서 200억 원이라고 가정해 보자. 또한 <그림 14-2>는 이러한 가정들을 막대그래프의 형태로 나타내고 있다. 이러한 단순한 가정들 하에서 과연 어떠한 지출(예산)수준이 선택되는지 살펴보기로 하자.

<그림 14-2>의 종축은 투표자들이 선호하는 지출수준을 나타내고, 횡축은 투표자들의 수를 나타낸다. "중위투표자 정리"(median voter theorem)에 따르면 '다수결 투표 규칙'(majority voting rule)은 "중위투표자가 가장 선호하는 안(案)을 선택한다"는 다소 놀라운 결과를 제시하고 있다. 중위투표자는 투표자의 분포 상 한 가운데에(middle) 위치한 투표자를 말한다. 예를 들면, 투표자들이 선호하는 지출수준을 크기 순서로 배열한다면 양 끝에서부터 50번째에 해당하는 투표자가 중위투표자가 되고, 그때의 지출수준이 최종적으로 선택되게 됨을 의미한다. 따라서 <그림 14-2>의 경우 중위(median)투표자가 선호하는 지출수준은 100억 원임을 알 수 있다. 반면에 투표자들의 평균(mean) 지출 규모는 90억 원이다 : 즉, [(0원×25명)+(50억원×15명)+(100억원×20명)+(150억원×35명)+(200억원×5명))/100명]=90억원. 또한 투표자들에게 가장 빈번하게 나타나는 지출수준(최빈수)은 150억 원임을 알 수 있다.

그림 14-2 중위투표자 정리의 예

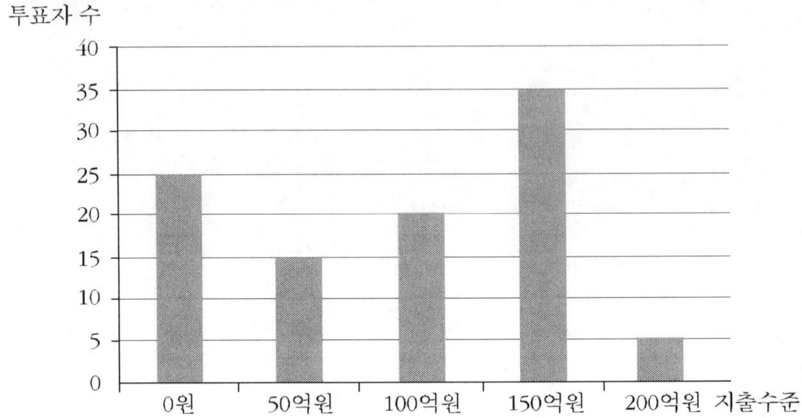

따라서 중위투표자의 선호가 투표결과를 결정한다. 왜냐하면 중위투표자가 가장 선호하는 지출수준은 두 개의 지출수준을 투표에 붙이는 경우, 어떤 다른 지출수준과 경쟁하더라도 반드시 승리하게 된다. 예를 들면, <표 14-1>에서 100명의 투표자들 중 절반 이상이 공공재 공급과 관련하여 100억 원 또는 그 이상의 지출수준을 원하고, 나머지 절반은 100억 원 또는 그 이하의 지출수준을 원하고 있다. 만약 어떤 사람이 80억 원의 지출수준을 제안한다면 100억 원 또는 그 이상을 선호하는 모든 투표자들은 중위투표자의 선호수준인 100억 원에 찬성 투표할 것이다. 반면에 어떤 사람이 120억 원을 제안한다면 100억 원 또는 그 이하를 선호하는 모든 투표자들은 중위투표자의 선호수준인 100억 원에 찬성 투표할 것이다. 두 경우 모두에 중위투표자는 자신의 주위에 절반 이상의 지지자들을 가지게 될 것이다.

그러면 중위투표자 정리에서 "콩도르세 투표역설"(Condorcet voting paradox) 문제는 어떻게 해결되는가? 투표자들이 일직선상을 따라서 어느 한 점을 선택하고, 각 투표자는 자신이 가장 선호하는 점을 선택한다면 콩도르세 역설은 발생하지 않는다. 왜냐하면 중위투표자가 가장 선호하는 안은 다른 어떤 대안들과 경쟁해도 승리하기 때문이다. 중위투표자 정리는 다음 두 가지 중요한 점을 시사하고 있다. 첫째, 만약 두 정당이 각각 자신의 당선 기회를 극대화하기 위하여 총력을 기울인다면 두 정당은 "중위투표자가 선호하는 위치로 이동해야만 한다"는 점이다. 예를 들면, 공공재 공급비용으로 민주당은 150억 원을 제안하고, 공화당은 100억 원을 제안한다고 가정해 보자. <표 14-1>에 나타난 투표자들의 선호[2)]를 고려할 때 민주당의 제안('위치')이 공화당보다 '더 인기'가 있을 것이다. 왜냐하면 민주당이 제안한 150억 원이 어떤 다른 지출안보다 더 많은 지지자들(여기서 35명)을 가지고 있기 때문이다. 그러나 공화당은 투표자의 50%이상(즉, 25명+15명+20명=60명)의 표를 얻게 되어 선거에서 승리하게 된다. 즉, 공화당은 100억 원을 원하는 20명의 투표자들로부터 지지를 얻고, 50억 원을 원하는 15명의 투표자와 0원을 원하는 25명의 투표자들로부터 찬성투표를 얻기 때문이다. 만일 민주당이 선거에서 승리하려면 민주당은 자신의 정강정책을 중위투표자 쪽으로 이동해야만 한다. 따라서 중위투표자 정리는 양당제도 하에서 두 정당이 왜 서로 유사한 정강정책(platform)을 제안하는지를 설명하는 데 유용하다. 왜냐하면 두 정당은 선거에서 승리하기 위하여 모두 중위투표자가 선호하는 안이나 위치 쪽으로 옮겨 가기 때문이다.

중위투표자 정리의 두 번째 시사점은 '소수자(minority)의 견해가 무시된다'는 점이다. 예를 들면, 인구(투표자)의 40%가 국립공원 건설에 '열렬히' 찬성하지만 나머지 60%는 공원 건설에 반대한다고 가정해 보자. 이 경우에 40%의 소수자들은 국립공원 건설에 많은 예산이 지출되기를 '강하게' 원하고 있지만[3)] 중위투표자의 선호가 0원이기 때문에 국립공원 건설안은 통과할 수 없게 된다. 이것이 바로 민주주의의 논리이다. 민주사회에서는 모든 사람들의 선호를 고려하기 위하여 정치적으로 타협해야 한다. 그러나 다수결 투표 원칙은 소수자의 견해를 무시하고 투표자들의 분포 상 "한 가운데에 있는 투표자"의 선호만 중시하게 되는 경향이 있다.

2) 더 많은 지지 투표자를 가지고 있는 경우를 '더 인기있다'고 할 수 있다.
3) 이를 '소수 투표자의 선호 강도(intensity)가 강하다'고 말한다.

정책공간(policy space)이 1차원(one dimensional)인 경우[4] 콩도르세 승자(Condorcet winner)가 발생할 충분조건은 중위투표자 정리에 의해 제공된다. 중위투표자 정리가 성립하려면 투표자의 선호가 '단일정점'(single-peaked)이거나 '단일교차적'(single-crossing)이어야 한다. 즉, 중위투표자 정리는 '단일정점(單一頂點) 선호'(single-peaked preferences)나 '단일교차성 선호'(single-crossing preferences)하에서 성립한다. 이들 두 가지 선호는 서로 간에 논리적으로 아무런 상관관계가 없다. 그러나 이들 두 선호는 "중위 위치(median position)가 바로 콩도르세 승자"라는 동일한 결론을 가져다준다. 단일정점 선호와 단일교차성 선호 하에서 각각 중위투표자 정리가 어떻게 성립하는지를 살펴보기로 하자. 첫째, 단일정점 선호 하에서 중위투표자 정리가 성립하는 과정을 설명해 보기로 하자. 단일정점 선호는 아래의 <그림 14-3>을 이용하여 나타낼 수 있다. 먼저 주민(투표자)들이 일직선 도로를 따라 똑같이 떨어진 거리에 각각 위치해 있다고 가정하자. 이제 버스정류장이 이 도로의 어딘가에 설치된다고 가정해 보자. 모든 주민들은 버스정류장이 가능한 한 자신들의 집 근처에 설치되기를 선호한다고 가정하자. 만일 버스정류장 설치가 주민들의 다수결 투표에 의해 결정된다면 어느 곳에 설치될 것인가? 즉, 두 지점씩을 서로 비교한다면 어느 위치가 선정될 것인가?

그림 14-3 주민들의 거주 위치

주민들의 수(n)가 홀수라면 이 질문에 대한 대답은 간단하다. 즉, 두 개의 위치(지점)를 서로 비교하는 경우 각 주민은 자신의 집 근처에서 가장 가까이 위치한 지점에 찬성 투표할 것이다. 가장 많은 수의 투표자들에게 가장

4) 정책공간이란 '선택의 범위'를 말하며, 1차원이란 선택범위가 1개임을 의미한다.

가까운 지점이 가장 많은 표를 얻을 것이다.

이제 발생가능한 모든 경우에 두 가지 선택안을 비교하여 투표하는 과정에 대해 살펴보기로 하자. 이것은 실제적인 사례라기보다는 사고의 실험 과정(thought experiment)이라고 할 수 있다. 투표가 여러 차례에 걸쳐 진행되고, 선택안이 여러 개인 경우 투표과정은 현실적으로 실용적이지 못하기 때문이다. 그러나 이러한 과정을 통해 우리는 하나의 중요한 결과를 얻을 수 있다. 이러한 과정을 통해 '최종 선택되는 지점'은 모든 다른 대안(지점)들에 대해 승리하며, 이를 '콩도르세 승자'라고 부른다. 즉, 중위투표자(한 가운데에 위치한 투표자)가 선호하는 지점(선택안)이 선택된다. 왜냐하면 최소한 절반의 시민(투표자)들이 중위투표자의 선호에 항상 찬성 투표하기 때문이다.

이러한 결과는 중위투표자 정리의 기본 토대를 제공해 준다. 주민들의 수가 '홀수'라면 한 명의 중위투표자가 존재하게 된다. 그러나 만일 주민들의 수가 '짝수'라면 한 명의 중위투표자가 아니라 중심에서 가장 가까이 위치한 두 개의 지점들이 중위(median)로 선택될 것이다. 이 경우 최종 선택되는 지점은 중위에 위치한 두 지점 사이가 될 것이다. 이러한 결과가 초래되는 근

그림 14-4 복수정점의 선호 경우

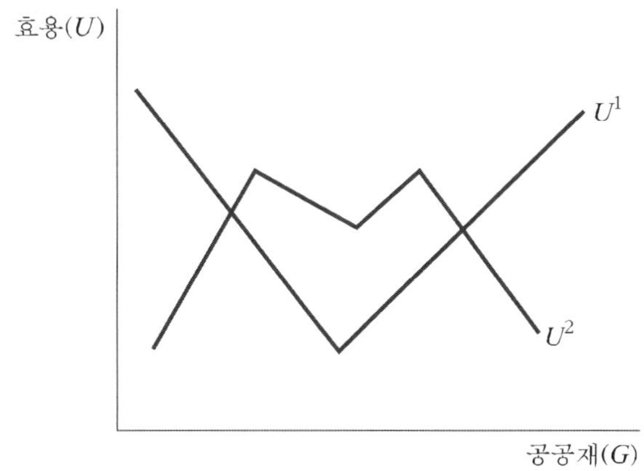

그림 14-5 단일정점의 선호 경우

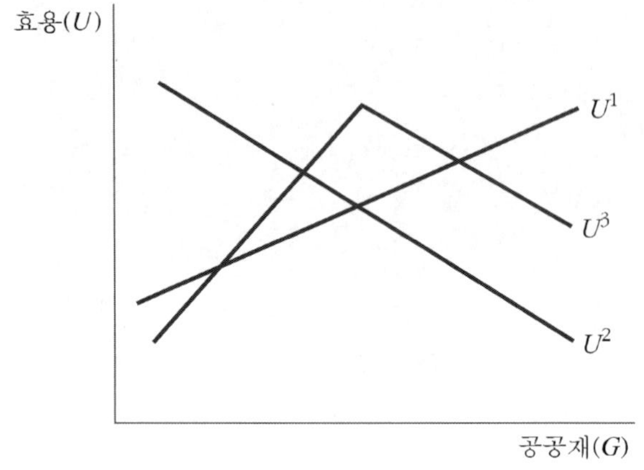

본 원인은 각 주민(투표자)들이 단일정점 선호(single-peaked preference)를 가지고 있고, 선택(투표) 대상이 단일차원(single-dimensional)이기 때문이다. 주민들이 선호하는 선택안이 한 개('단일') 존재할 때 그때의 선호를 '단일정점'(single-peaked)이라고 부르고, 선택 대상이 하나인 경우 '단일차원'(single-dimensional)이라고 부른다. <그림 14-4>는 두 투표자들의 선호가 각각 2개의 정점(double-peaked)을 가지고 있는 경우를 보여주고 있다. 반면에 <그림 14-5>는 세 투표자들의 선호가 각각 하나의 정점(single-peaked)을 가지고 있는 경우를 보여 주고 있다.

위에서 살펴 본 버스정류장 설치의 경우 각 주민들은 자신의 집 가까이에 있는 지점(정류장)을 가장 선호하고, 다른 지점들은 그들이 자신의 이상점[5](ideal point)에 얼마나 가까이에 있는가에 따라 순위를 매긴다. 따라서 이 경우 주민들의 선호는 '단일정점'을 가지게 된다. 또한 주민들은 하나의(1차원) 선택변수를 가진다. 따라서 주민들의 선택대상은 '단일차원'을 가지게 된다. 이는 주민들이 버스정류장을 설치하기 위해 일직선상에 위치한 어느 한

5) 이상점(ideal point)이란 "가장 선호하는 점"을 말한다.

지점을 선택하기 때문이다.

이제 중위투표자 정리의 첫 번째 일반적 형태는 다음과 같이 나타낼 수 있다.

중위투표자정리(단일정점의 선호 경우): 투표자들의 수가 홀수이고, 정책선택 공간이 1차원(즉, 정책선택 대상이 한 개)이라고 가정하자. 이 경우에 만일 투표자들이 '단일정점인 선호'를 가지고 있다면 각 투표자들이 선호하는 선택안 중에서 "중위"에 위치한 선택안이 최종적으로 선택되며, 이것이 바로 '콩도르세 승자'가 된다.

이 경우는 '투표자들이 선호하는 선택안'을 중심으로 중위투표자 정리를 정의하고 있다. 이러한 중위투표자 이론은 무엇보다도 정치 분석에 자주 적용되어 왔다. 이제까지 우리는 일직선상을 '지리적 관점'에서 이해하고 분석하였다. 그러나 일직선상을 좌파에서 우파에 이르는 '정치적 스펙트럼'(political spectrum)으로도 나타낼 수 있다. 그러면 주민은 이제 '투표자'가 되고, 주민의 거주 위치는 '정치적 선호'(political preferences)를 나타내게 된다. 편의상 두개의 정당이 있다고 가정하자. 두 정당은 일직선상에서 각각 자신의 '위치'를 선택한다고 가정하자. 이 경우 각 정당이 선택하는 위치는 두 정당이 드러내는 '정치적 스펙트럼' 또는 '메니페스토'(manifesto)를 의미한다. 이제 두 정당은 '어느 지점에서' 자신의 정치적 스펙트럼을 나타낼 것인가? 즉, 두 정당은 자신의 정치적 스펙트럼을 어디에 놓을 것인가? 앞에서와 마찬가지로 투표자들은 항상 자신의 정치적 선호에 가장 가까이에 있는 정당에 찬성 투표할 것이다. 이를 살펴보기 위해 먼저 어느 한 정당(예를 들면, A정당)의 위치를 분포의 중앙이 아닌 다른 지점에 고정시킨다고 가정한 후 다른 정당(예를 들면, B정당)이 어떻게 자신의 위치를 선택하는지를 살펴보기로 하자. <그림 14-6>과 <그림 14-7>은 A정당이 중위수의 오른쪽과 왼쪽에 위치한 경우를 가정하고 있다. <그림 14-6>에서와 같이 만일 B정당이 투표자의 절반 이상이 존재하는 영역에서 A정당의 바로 왼쪽에 위치한다면 B정당은 과반수의 투표를 획득할 것이다. 반면에 <그림 14-7>에서와 같이

그림 14-6 A정당이 중위수의 오른쪽에 위치한 경우

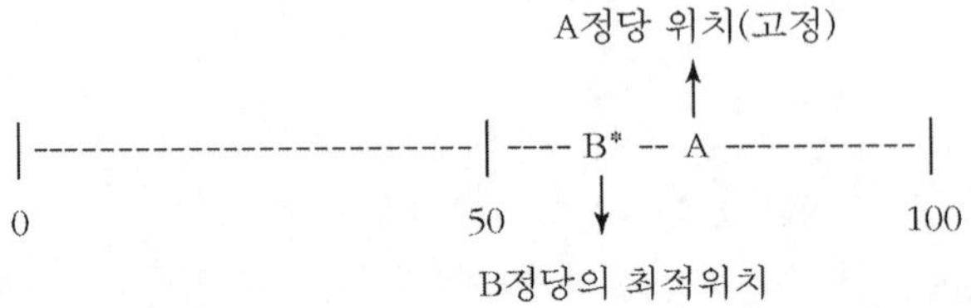

만일 B정당이 투표자의 절반 이상이 존재하는 영역에서 A정당의 바로 오른쪽에 위치한다면 B정당은 과반수의 투표를 획득할 것이다. 그러면 A정당은 이러한 사실을 깨닫고 자신의 현재 위치에 만족해하지 않고, 자신의 위치를 가운데 쪽으로 옮기려 할 것이다. 따라서 두 정당의 최적(균형) 위치는 정치적 스펙트럼의 "한 가운데서 서로 나란히 위치"하게 될 것이다.

이러한 "중심으로의 집적(agglomeration)현상"을 호텔링(H. Hotelling)의 "최소차별의 원칙"(principle of minimal differentiation)이라고 불렀다. 최소차별의 원칙은 민주주의 국가들에서 정당들의 행위에서 자주 찾아 볼 수 있다. 예를 들면, 미국의 민주당(진보정당)은 공화당(보수정당) 지지자들을 끌어오기 위하여 종종 '오른쪽으로' 이동해 가는 것을 목격할 수 있다.

중위투표자 정리는 단순하지만 하나의 분명한 결과를 가져다준다. 그러나 다음의 두 가지 치명적인 단점도 가지고 있다. 첫 번째 단점은 중위투표자 정리를 충실하게 적용하려면 투표자 수가 '홀수'이어야만 한다. 이 조건은

그림 14-7 A정당이 중위수의 왼쪽에 위치한 경우

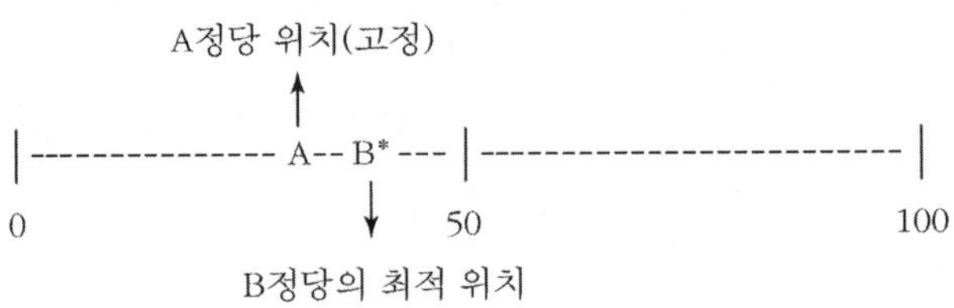

중위투표자를 지지하는 투표자들이 과반수 이상이어야 한다는 것을 의미한다. 그러나 투표자 수가 짝수인 경우 두 명의 중위투표자들 사이에 존재하는 모든 위치에 대해 투표를 붙이면 그 결과는 동수(tie)를 이루게 된다. 따라서 이 경우에 중위투표자 정리는 이들 중에서 어느 위치가 최종적으로 선택될지에 관해서는 분명한 해답을 제공해 주지 못한다. 그러므로 투표자 수가 짝수인 경우에는 투표결과가 단지 '중위경향'(median tendency)이 있다는 것만 말해 줄 수 있다. 두 번째 그리고 가장 치명적인 단점은 중위투표자 정리는 투표 또는 선택 대상이 '하나뿐'(즉, 1차원)인 경우에만 적용될 수 있다는 점이다. 이는 앞에서도 언급했듯이 투표대상이 단일차원이어야만 함을 의미한다. 그러나 선택(투표)대상이 여러 개인 경우(즉, 다차원(multidimensional)인 경우), 중위투표자 정리는 제한적으로 작동된다는 문제가 있다.

둘째, 단일교차(single-crossing)적 선호 하에서 중위투표자 정리가 성립하는 과정을 설명해 보기로 하자. 이를 위해 먼저, 정책선택 대상(또는 정책공간)이 1차원이라고 가정하자. 즉, 정책 선택안이 좌측에서부터 우측으로 순서적(이행적)으로 배열(transitively ordered)된다고 가정하자. 다음으로, 투표자들이 정치적 스펙트럼 상 왼쪽(좌측)에서부터 오른쪽(우측)으로 순서적으로 배열된다고 가정하자. 특히 두 번째 가정을 "선호의 단일교차성"(single-crossing)이라고 부른다. 첫 번째 가정은 앞에서와 동일하지만 두 번째 가정은 새로이 추가된 것이다. 두 가정의 차이는 첫 번째 가정은 '선택안'에 관련된 것이고, 두 번째 가정은 '투표자'와 관련된 것이다. 이들 두 가지 가정이 의미하는 바는 "왼쪽(좌측)에 위치한 투표자들"은 "왼쪽(좌측)에 있는 선택안"을 더 선호하고, "오른쪽(우측)에 위치한 투표자들"은 "오른쪽(우측)에 있는 선택안"을 더 선호한다는 것을 말한다. 선호의 단일교차성 조건을 공식적으로 정의하면 다음과 같다:

정의 1 (선호의 단일교차성 조건): 첫째, 두 명의 투표자가 있다고 가정하자. 두 명의 투표자 i와 j는 일직선상에서 $i < j$의 관계가 있다고 가정한다. 이는 투표자 i가 투표자 j의 좌측에 위치해 있음을 의미한다. 둘째, 두 가지 선택안이 있다고 가정하자. 두 개

의 선택안 x와 y는 일직선상에서 $x<y$의 관계가 있다고 가정한다. 이는 선택안 x가 선택안 y의 왼쪽에(또는 선택안 y가 선택안 x의 오른쪽에) 위치해 있음을 의미한다.

정의 2: 어느 한 투표자의 경우 선택안 x로부터 얻는 효용이 선택안 y로부터 얻는 효용보다 크다면 이러한 관계는 다른 투표자의 경우에도 동일하게 적용된다. 첫째, 투표자 j의 경우 선택안 x로부터 얻는 효용이 선택안 y로부터 얻는 효용보다 크다면 이러한 관계는 투표자 i의 경우에도 동일하게 성립한다. 즉, $u_j(x)>u_j(y)$이면 $u_i(x)>u_i(y)$이다(여기서 상첨자 j와 i는 투표자를 나타낸다). 따라서 두 투표자 모두에게 있어서 선택안 x로부터 얻는 효용이 선택안 y로부터 얻는 효용보다 더 크다. 둘째, 투표자 i가 선택안 y로부터 얻는 효용이 선택안 x로부터 얻는 효용보다 크다면 투표자 j의 경우에도 마찬가지이다. 즉, $u_i(y)>u_i(x)$이면 $u_j(y)>u_j(x)$이다. 따라서 두 투표자 모두에게 있어서 선택안 y로부터 얻는 효용이 선택안 x로부터 얻는 효용보다 더 크다. 그러므로 두 경우 모두에 있어서 선호하는 선택안은 한 번씩 교차하게(crossing) 됨을 알 수 있다. 즉, 투표자 i가 선택안 y보다 x를 선호하면 투표자 j의 경우에도 마찬가지이다. 결국, 두 선택안들 중에서 선호되는 하나의 선택안은 두 투표자들에게 동일하게 선호된다.

중위투표자는 좌측에서 우측으로 배열된 일직선상에서 한 가운데에 위치한 투표자를 말한다. 따라서 절반의 투표자들은 중위투표자의 좌측에 위치하고, 나머지 절반의 투표자들은 중위투표자의 우측에 위치하게 된다. 이제 두 선택안 x와 y가 존재하고, 선택안 x와 y는 $x<y$라고 가정하는 경우(즉, 선택안 x는 좌측에 있고, 선택안 y는 우측에 위치함) 단일교차성 조건에 따르면 중위투표자가 선택안 x를 선호하면 좌측에 있는 모든 투표자들도 x를 선호하게 된다. 반면에 중위투표자가 선택안 y를 선호하면 우측에 있는 모든 투표자들도 y를 선호하게 된다. 따라서 중위투표자에 찬성하는 투표자들은 항상 과반수가 존재한다. 그 결과 '중위투표자'가 선호하는 "선택안"이 콩도르세 승자가 된다. 예를 들면, 중위투표자가 선택안 x를 선호하면 x가 바로 다수결 투표에서 콩도르세 승자가 된다. 따라서 단일교차성 조건 하에서 중위투표자 정리를 공식적으로 정의하면 다음과 같다:

중위투표자정리(단일교차적 선호 경우): 투표자들의 수가 홀수이고, 정책선택 공간이 1차원이라고 가정하자. 이 경우에 만일 투표자들의 선호가 '단일교차성' 조건을 충족한다면 '중위투표자'가 선호하는 "선택안"이 '콩도르세 승자'(최후의 승자)가 된다.

표 14-2 중위투표자 정리의 두 의미

	단일정점적 선호 하에서의 중위투표자 정리	단일교차적 선호 하에서의 중위투표자 정리
공통점	중위투표자가 선호하는 선택안이 콩도르세 승자임	
차이점	투표자들이 선호하는 선택안들 중에서 '중위'를 의미함	중위투표자가 선호하는 '선택안'을 의미함

단일정점 조건과 단일교차성 조건은 모두 선호와 관련된 것이지만 이들 조건은 본질적으로 서로 다르다. 그러나 두 조건은 하나의 동일한 결과를 가져다준다는 점이 흥미롭다. 즉, "중위투표자가 선호하는 선택안이 콩도르세 승자"라는 점이다. 그러나 여기에는 미묘한 차이가 존재한다. 단일정점적 선호 하에서는 투표자들이 선호하는 선택안들 중에서 '중위'를 의미하지만, 단일교차적 선호 하에서는 중위투표자가 선호하는 '선택안'을 의미한다. 이를 정리하면 위의 <표 14-2>와 같다.

그러나 단일정점 가정과 단일교차성 가정은 논리적으로 서로 간에 아무런 상관이 없다. 아래의 <그림 14-8>은 이러한 무관성을 보여주고 있다. <그림 14-8>에서 선택안들(정치적 스펙트럼들)은 수평축을 따라서 좌측에서 우측으로 배열되어 있다고 가정하자. 또한 세 명의 투표자들이 좌측에서 우측으로 배열되어 있다고 가정하자. 즉, 투표자 3은 투표자 2의 왼쪽에 있고, 투표자 2는 투표자 1의 왼쪽에 있다고 가정한다. 두 가지 선택안 x와 y가 있고($x<y$라고 가정하면) 단일교차성 조건은 세 투표자 모두에서 충족되지만, 투표자 3의 경우 단일정점 조건이 충족되지 않고 있음을 볼 수 있다. 이는 두 가지 가정이 논리적으로 아무런 상관이 없음을 의미한다.

중위투표자 정리의 매력은 선호의 '강도'(intensity)에 의존하지 않는다는

그림 14-8 단일교차성 가정은 성립하지만 단일정점이 아닌 경우

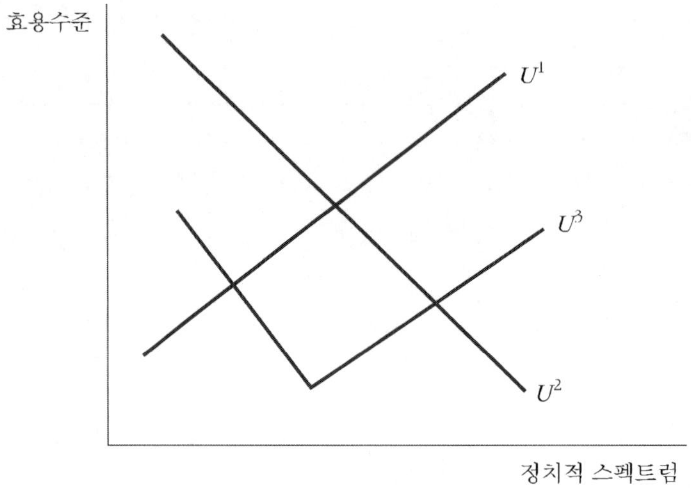

점이다. 따라서 어느 누구도 자신들의 선호를 '그릇되게' 나타내려고 하지 않을 것이다.[6] 이는 모든 사람들에게 '진실한(sincere) 또는 정직한 투표'가 최선의 전략임을 의미한다. 예를 들면, <그림 14-9>에서 나타난 바와 같이 중위투표자의 왼쪽에 있는 어느 투표자(그림에서 A점에 위치한)가 자신의 선호를 A점에서 더 왼쪽으로(즉, △점으로) '그릇되게' 나타낸다고 하더라도 중위투표자의 위치는 바뀌지 않는다. 반면에 이 투표자가 자신의 선호를 A점에서 좀 더 오른쪽으로(즉, ▲점으로) '그릇되게' 나타낸다고 하더라도 중위투표자의 위치는 역시 바뀌지 않는다. 똑같은 논리로 중위투표자의 오른쪽에 있는 투표자들도 자신의 선호를 '그릇되게' 나타내려고 하지 않을 것이다. 마지막으로 중위투표자는 자신이 가장 선호하는 선택안을 가지며 자신의 선호를 그릇되게 표현함으로써 어떠한 이득도 얻을 수 없게 된다. 따라서 모든 투표자들은 자신의 선호를 '진실되게' 나타내려고 할 것이다.

이제까지 우리는 중위투표자 정리가 우리가 기대하는 분명한 결과를 어

6) 정확히 말하면, 자신들의 선호를 그릇되게 나타낼 유인을 가지고 있지 않을 것이다.

그림 14-9 투표자 A의 진정한 선호 표출

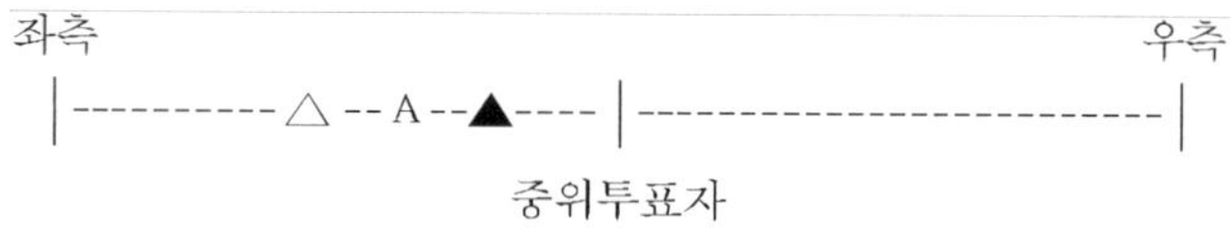

떻게 가져다주는지에 관해 살펴보았다. 그러면 중위투표자 정리의 결과가 과연 '효율적'인가? 다수결 투표 결과 선택된 안이 '중위투표자의 선호'를 반영하기 때문에 그 결과가 효율적인 선택이 되려면 이는 '중위투표자가 가장 선호하는 안'이 되어야만 한다. 그러나 이것이 실현될 것이라는 보장이 없다. 따라서 일반적으로 중위투표자 정리는 효율적인 결과를 가져다주지 못할 것이다. 또한 구체적 정보나 자료가 없는 경우 중위투표자 정리의 결과가 효율적인 선택보다 더 '왼쪽'에 위치할지, 아니면 더 '오른쪽'에 위치할지 예측하기 어렵다.

중위투표자 정리가 가지는 또 다른 문제점은 실제로 그 적용이 매우 '제한적'이라는 점이다. 중위투표자 정리는 정책선택의 대상이 하나뿐(1차원)일 때만 잘 작동된다. 그러나 정책차원이 1차원 이상인 경우 중위투표자 정리는 매우 제한된 환경에서 작동되는 경향이 있다. 이에 관해서는 아래에서 살펴보기로 하자.

제 4 절 다차원에서의 중위투표자 정리

앞에서 살펴본 버스정류장의 설치 위치를 결정하는 문제는 선택대상이 1차원이었다. 이제 여기에 두 번째 선택대상이 추가될 수 있다. 즉, '버스정류장 설치 위치'와 '버스가 도착하는 시간'을 결정하기 위한 투표로 선택대상을 확장할 수 있다. 이와 같이 선택대상이 두 개인 경우(즉, 선택대상이 2차원인 경우) 선호가 단일정점이라고 하더라도 선택대안들은 더 이상 이행적(순서

그림 14-10 선택대상이 둘인 경우의 단일정점

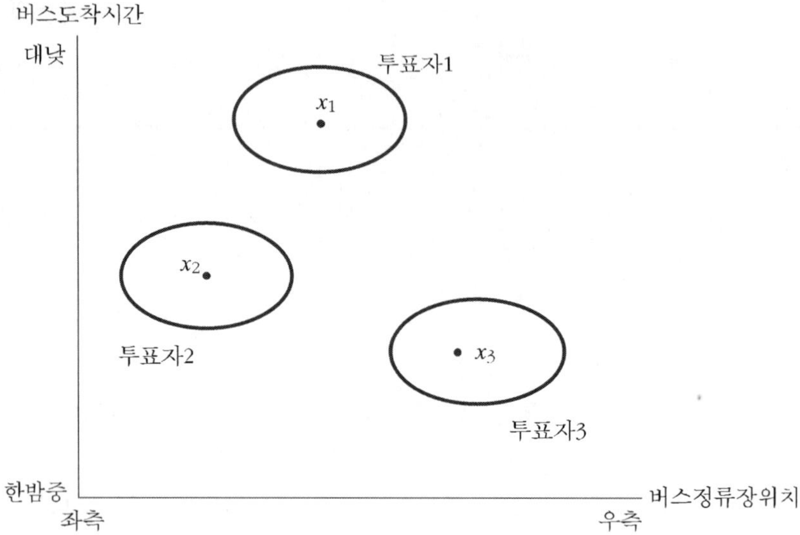

적)으로 배열되지 못하게 된다. 이러한 결과는 어느 한 주민의 버스정류장 설치 위치와 버스도착 시간에 대한 무차별곡선들을 고려함으로써 설명될 수 있다. 아래 <그림 14-10>에서 버스정류장 설치 위치는 수평축에 두고, 버스도착 시간은 수직축에 표시하기로 하자. 그림의 원점은 수평축(버스정류장 위치)을 기준으로 볼 때는 거리의 맨 좌측을 나타내고, 수직축(버스도착 시간)을 기준으로 볼 때는 한밤중을 나타낸다. 이 경우에 단일정점 선호는 어느 한 주민은 하나의 가장 선호하는 위치를 가지고 있으며, 이로부터 멀어질수록 연속적으로 자신의 효용이 감소한다는 것을 의미한다.

<그림 14-10>에서 x_i는 투표자 i의 '가장 선호하는 위치'(또는 이상적 위치)를 나타내고, 이 점 주위의 타원형은 당해 주민의 두 대안에 대한 선호를 나타내는 무차별곡선들 중의 하나를 나타낸다. 여기서 무차별곡선은 수평적으로 퍼져있는 타원형의 모습을 띄고 있다. 이는 각 주민들이 버스정류장의 위치가 자신의 선호위치에서 멀어지는 것보다 버스도착 시간이 자신

의 선호시간보다 늦어질수록 상대적으로 선호의 감소가 더 크다는 것을 의미한다.

이제 이를 이용하여 선택 대상이 2차원인 경우 더 이상 중위투표자 정리가 적용되지 않으며, 그 결과 다수결 투표는 이행적인 결과를 가져다주지 못함을 보여줄 수 있다. 세 명의 투표자(투표자 1, 2, 3)가 있으며, 이들 투표자는 각자가 선호하는 위치를 가지고 있다고 가정하자. <그림 14-10>에서 투표자가 선호하는 위치는 x_i로 표시되어 있다: 즉, x_1, x_2, x_3로 나타나 있으며, 이는 세 투표자들의 이상점(bliss point)을 의미한다. 이제 이러한 3개의 이상적 위치들 중 어느 위치가 선택될 것인가? 세 가지 선택안들에 대한 세 명의 주민들의 선호 순위는 아래 표와 같다.

<표 14-3>에서 보면 투표자 1이 가장 좋아하는(이상적) 선택안은 x_1이고, 투표자 2와 3이 가장 좋아하는 선택안은 각각 x_2와 x_3임을 알 수 있다. 이러한 선호 순위는 <그림 14-10>에서 나타난 타원형의 선호와 일치하고 있다. 세 가지 선택안에 대한 투표자들의 선호 순위가 이러한 경우 다수결투표는 '비이행적인' 사회적 선호순위(intransitive social ordering)를 초래함을 쉽게 알 수 있다. 따라서 선호가 단일정점이라고 하더라도 사회적 선호순위는 비이행적(非移行的)이며, 중위투표자 정리는 더 이상 성립하지 않게 된다. 따라서 중위투표자 정리는 선택대상이 하나 이상일 경우에는 적용되지 않는다.

그러나 다수의 선택대상이 주어진 경우에도 만일 투표가 각 선택대상에 대해 '별개로' 이루어진다면 중위투표자 정리는 성립할 수 있다. 예를 들면,

표 14-3 투표자들의 선호 순위

선호순위\투표자	투표자 1	투표자 2	투표자 3
첫 번째 선호(이상적 선호)	x_1	x_2	x_3
두 번째 선호	x_2	x_3	x_1
세 번째 선호	x_3	x_1	x_2

그림 14-11 효율적 투표결과

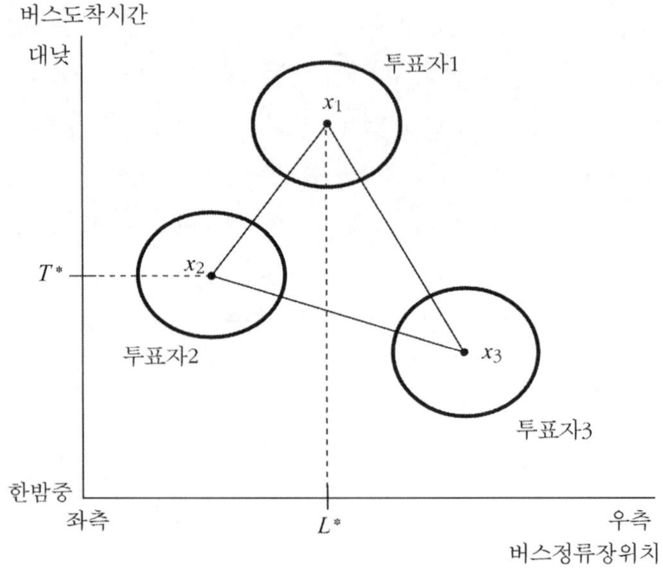

버스정류장 위치 선정(수평축)의 경우 투표자 1이 중위투표자가 되고, 버스도착 시간(수직축)의 경우 투표자 2가 중위투표자가 된다. 따라서 버스정류장 설치에 대한 투표결과는 x_1을 수직으로 연장해서 수평축과 만나는 점(L^*)에서 결정되고, 버스도착 시간에 대한 투표결과는 x_2를 수평으로 연장해서 수직축과 만나는 점(T^*)에서 결정된다(<그림 14-11> 참조). 그러므로 이와 같이 "선택 대상을 따로 투표"(item-by-item voting)하는 경우 일부 선호에 대해 '비효율적인' 투표결과가 초래될 수 있다. <그림 14-11>에서 세 투표자들의 이상점들(즉, x_1, x_2, x_3)을 연결함으로써 하나의 '삼각형'을 만들 수 있다. 최종 선택된 대안이 이와 같은 삼각형 밖에 놓여 있을 때 비효율적인 투표결과가 발생한 것으로 볼 수 있다. 따라서 효율적인 투표결과가 발생하려면 최종 선택된 점이 삼각형 안에 놓여 있어야만 한다.

[책임집필 : 이성규]

Chapter 15

중위투표자 정리와 게임이론

Public Choice

본 장에서는 유권자가 아닌 후보자의 전략적 행동에 중점을 맞추고자 한다. 투표자들과 투표자 선호에 대한 분포를 주어진 것으로 가정할 때 '후보자들'은 자신들의 정치적 정강정책(platform)을 수립하는 과정에서 '최적의 전략'(optimal strategies)을 선택할 필요가 있다. 어느 한 선거에서 두 명의 후보자만 있고, 투표자들은 일직선상의 정치적 스펙트럼(political spectrum)을 따라서 고르게 분포해 있다고 가정하자. 또 각 투표자들은 일관성 있는 선호(즉, 단일정점인 선호)를 가지고 있다고 가정하자. 이러한 가정 하에서 '두 후보자'는 '중위투표자'의 선호와 일치하는 지점에 자신들의 정치적 스펙트럼을 위치시키려 할 것이다. 이것을 "중위투표자 정리"(median voter theorem)라 부른다. 중위투표자는 투표자들의 분포 상 '한 가운데'(중위)에 위치한 투표자를 의미한다. 정확히 말하면, 중위투표자는 100분위 상 50번째 있는 투표자를 말한다.

여기서 간단한 게임이론을 사용하여 중위투표자 정리를 설명해 보기로 한다. 분석의 편의상 투표(선거) 게임이 두 단계로 이루어져 있다고 가정한다. 제 1 단계에서 후보자들은 정치적 스펙트럼 상에서 자신들의 위치를 결정하고, 제 2 단계에서는 투표자들이 이들 후보자들 중에서 한 명을 선출한다. 분석의 편의상 두 명의 후보자만 있다고 가정했기 때문에 제 2 단계에서 투표자들은 두 명의 후보자를 상대로 자신들의 선호를 결정한다. 이를 '투표자의 선호결정'이라고 한다. 그리고 제 1 단계에서 후보자들은 자신의 최적 위치를 결정하며, 이때 결정되는 내쉬균형(Nash equilibrium)이 바로 '중위투표자 정리'에 해당된다.

제1절 이산적 정치적 스펙트럼과 중위투표자 정리

먼저 정치적 스펙트럼이 이산적인(discrete) 경우를 고려해 보자. 90만 명의 투표자들이 있다고 가정해 보자. 각 투표자들은 5가지 정치적 스펙트럼 중에서 자신이 선호하는 하나의 위치를 가지고 있다고 가정하자. 정치적 스펙트럼은 극좌파, 좌파, 중도파, 우파, 극우파 등 5가지로 구성되어 있고, 투표자들은 정치적 스펙트럼의 한 가운데를 중심으로 이산적으로 분포되어 있다고 가정하자. 투표자들의 위치는 이산적으로 분포되어(discrete distribution) 있다고 가정한다.

<그림 15-1>은 위와 같은 가정을 막대그래프의 형태로 나타낸 것이다. 막대그래프의 높이(횡축)는 각 정치적 스펙트럼(종축)에 위치해 있는 투표자들의 수를 나타낸다. 설명의 편의상 총 90만 명의 투표자들 중에서 40만 명은 좌파 지지자들이고, 20만 명은 극우파 지지자들이고, 마지막으로 극좌파, 중도파, 우파 지지자들은 각각 10만 명이라고 가정한다. 이제 투표자들은 선거에서 정치적 스펙트럼 상에서 자신들의 선호위치에 가장 가까이에 있는 후보자에게 찬성투표를 던질 것이다. 만약 두 후보자가 같은 선호를 가진 투표자 집단으로부터 정치적으로 "똑같이 떨어져" 있다면 각 투표자는 동전을 던져서 후보자를 선택한다고 가정하자. 이 경우 각 후보자는 정확히 절반의 투표자들로부터 지지를 얻게 된다.

다음으로 어느 대통령 선거에서 두 명의 후보자가 입후보했다고 가정해 보자. 두 명의 후보자는 편의상 후보자 '갑'과 후보자 '을'이라고 하자. 5가지

그림 15-1 투표자들의 분포가 이산적인 경우

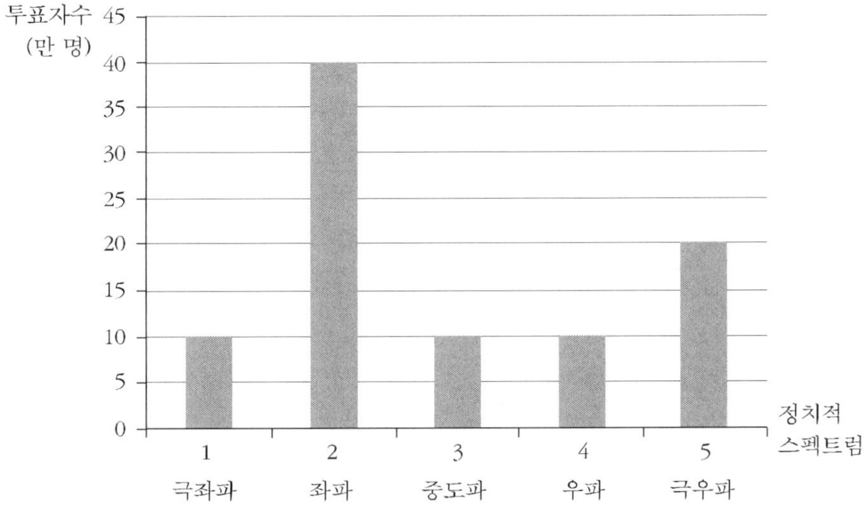

정치적 스펙트럼에 대한 지지 투표자들의 수는 위의 <그림 15-1>과 같다고 하자. 이러한 가정 하에서 두 후보자가 얻는 득표수 또는 보상(payoff)은 아래 <표 15-1>과 같다고 가정하자. <표 15-1>은 두 명의 후보자가 자신의 정치적 스펙트럼에 따라 얻을 것이라고 예상되는 득표수(보상)를 나타내고 있다.

표 15-1 두 후보자의 정치적 스펙트럼 결정 게임의 보상

(단위: 만 명)

		후보자 을				
		극좌파	좌 파	중도파	우 파	극우파
후보자 갑	극좌파	45, 45	10, 80	30, 60	50, 40	55, 35
	좌 파	80, 10	45, 45	50, 40	55, 35	60, 30
	중도파	60, 30	40, 50	45, 45	60, 30	65, 25
	우 파	40, 50	35, 55	30, 60	45, 45	70, 20
	극우파	35, 55	30, 60	25, 65	20, 70	45, 45

<표 15-1>의 각 칸의 숫자가 나타내는 바는 다음과 같다. 각 칸의 첫 번째 숫자는 후보자 갑이 자신의 정치적 스펙트럼에 대해 자신이 얻는 지지자 수를 나타내고, 두 번째 숫자는 후보자 을이 자신의 정치적 스펙트럼에 대해 자신이 얻는 지지자 수를 나타낸다. 예를 들면, 첫 번째 칸은 두 후보자가 모두 극좌파적 정치적 스펙트럼을 제시하는 경우로써 두 후보자는 각각 45만 명의 투표자들로부터 지지를 얻고 있음을 나타내고 있다. 세 번째 칸의 경우 후보자 갑은 극좌파적 정치적 스펙트럼을 제시하고, 후보자 을은 중도파적 정치적 스펙트럼을 제시하고 있다. 이 경우 갑 후보자는 30만 명의 투표자들로부터 지지를 받고 있고, 을 후보자는 60만 명으로부터 지지를 얻고 있음을 알 수 있다.

이러한 배경 하에서 과연 두 후보자는 자신의 득표수를 극대화하기 위하여 어떻게 최적 정치적 스펙트럼(위치)을 선택할 것인가? 다시 말하면, 투표자들의 표가 두 후보자들에게 어떻게 배분될 것인가? 이에 대한 대답으로 두 후보자는 "동일한" 정치적 스펙트럼을 선택하게 될 것이다. 이러한 경우는 <표 15-1>에서 대각선을 따라서 모두 5번 발생한다. 예를 들면, <표 15-1>에서 첫 번째 칸은 두 후보자가 모두 동일한 극좌파적 정치적 스펙트럼을 제시하고, 7번째 칸의 경우 두 후보자는 모두 좌파적 정치적 스펙트럼을, 13번째 칸의 경우 두 후보자는 모두 중도파적 정치적 스펙트럼을, 19번째 칸의 경우 두 후보자는 모두 우파적 스펙트럼을, 마지막으로 25번째 칸의 경우 두 후보자는 모두 극우파적 정치적 스펙트럼을 제시한다. 5가지 경우에서 두 후보자의 정치적 스펙트럼이 똑같기 때문에 두 후보자는 각각 총 투표자의 절반에 해당하는 45만 명으로부터 지지를 얻게 된다.

만약 두 후보자가 서로 '다른' 정치적 스펙트럼(위치)을 선택한다면 더 좌파적 후보자는 자신의 왼쪽에 위치에 있는 모든 표들을 얻게 되고, 반면에 더 우파적 후보자는 자신의 오른쪽에 위치에 있는 모든 표들을 얻게 된다. 따라서 <그림 15-2>에서 볼 때 후보자 갑이 좌파적 스펙트럼에 위치해 있고, 후보자 을이 극우파적 스펙트럼에 위치해 있다고 가정해 보자.

이 경우 후보자 갑은 좌파적 스펙트럼에서 40만 명의 투표자들로부터

그림 15-2 후보자의 위치와 득표의 차별성

```
극좌파          좌파          중도파          우파          극우파
|--------------|--------------|--------------|--------------|
               ↓            중위투표자                       ↓
            후보자 갑                                    후보자 을
```

지지를 얻고, 극좌파적 스펙트럼에서는 10만 명의 지지자들을 얻고, 그리고 중도파 스펙트럼에서는 10만 명의 지지자들을 얻고 있다(<그림 15-2>에서 중도파는 극우파보다는 좌파에 더 가깝기 때문이다). 반면에 후보자 을은 극우파적 스펙트럼에서 20만 명의 투표자들로부터 지지를 얻고, 우파적 스펙트럼에서 10만 명의 지지자들을 얻고 있다(<그림 15-2>에서 우파는 좌파보다는 극우파에 더 가깝기 때문이다). 그 결과 후보자 갑이 얻는 총 득표수는 60만 명이 되고, 후보자 을은 총 30만 명의 득표를 얻게 된다. 이러한 결과는 <표 15-1>의 10번째 칸에 해당되며 이때의 보수(득표수)는 (60, 30)이 된다. 이와 같이 정치적 스펙트럼이 다른 경우 두 후보자가 얻는 득표수(보수)를 구할 수 있다.

이제 이 게임의 균형을 유도해 보기로 하자. 이를 위해 두 후보자에 대한 '우월전략'(dominant strategy)을 찾아보기로 하자. 후보자 갑의 경우 좌파적 스펙트럼은 극좌파적 스펙트럼에 비해 우월한 전략이고, 우파적 스펙트럼은 극우파적 스펙트럼보다 우월한 전략임을 알 수 있다. 마찬가지로 후보자 을의 경우도 좌파적 스펙트럼이 극좌파적 스펙트럼에 비해 우월한 전략이고, 우파적 스펙트럼이 극우파적 스펙트럼보다 우월한 전략임을 알 수 있다. 이러한 추론을 통해 두 가지 극단적 전략(즉, 극좌파적 스펙트럼과 극우파적 스펙트럼)이 제거되고, 이제 세 가지 전략(즉, 좌파적, 중도파, 그리고 우파적 스펙트럼)이 남게 된다. 이제 두 후보자는 '중도파적' 스펙트럼이 우파적 스펙트럼보다 '우월'하다는 것을 알게 된다. 따라서 두 후보자는 열등한 전략인 우파적 스펙트럼을 제거하고, 중도파적인 스펙트럼이 남게 된다. 그러면 이제 두 가지 전략(즉, 중도파와 좌파적 스펙트럼)만이 남게 된다. 마지막으로 두

후보자는 이들을 비교해 볼 때 좌파적 스펙트럼이 중도파적 스펙트럼보다 우월하다는 것을 알게 된다. 최종적으로 중도파 스펙트럼은 제거되고, 좌파적 스펙트럼만이 남게 된다. 따라서 두 후보자가 "좌파적" 스펙트럼을 선택하는 것이 '내쉬균형'(Nash equilibrium)이 된다. 내쉬균형은 <표 15-1>에서 '7번째 칸'에 해당되는 정치적 스펙트럼이다: 즉, (후보자 갑: 좌파 스펙트럼, 후보자 을: 좌파 스펙트럼). 이때 두 후보자가 얻는 보수는 (45, 45)이다.

후보자의 정치적 위치(정치적 스펙트럼)를 결정하는 게임을 통해 유도된 내쉬균형이 가지고 있는 몇 가지 중요한 특징은 다음과 같다. 첫째, 두 후보자는 내쉬균형에서 "동일한" 위치("동일한" 정치적 스펙트럼)를 가지고 있다. 이러한 결과를 "최소차별의 원칙"(principle of minimum differentiation)이라고 부른다. 최소차별의 원칙은 두 명의 경기자가 벌이는 '위치선정 경쟁'(locational competition)의 일반적 결과에 해당된다. 예를 들면, 대통령 선거에 입후보한 두 명의 후보자가 정치적 정강정책을 선택하거나, 길거리에서 두 명의 핫도그 상점 주인이 위치를 선정하거나, 전자제품 회사들이 제품의 특성을 선택하는 과정 등에서 일반적으로 유도되는 결과들이다. 투표자들이나 구매자들을 자신의 선호에 따라 일직선상에 배열할 수 있다면 후보자나 판매자들은 각각 자신의 경쟁자들의 선택과 '비슷하게' 하는 것이 최상이라는 것을 알게 된다.

두 번째 특징은 '두 후보자'는 자신의 정치적 스펙트럼을 "중위투표자"의 선호에 위치시키게 된다는 점이다. 앞의 예에서 총 900만 명의 투표자들 중에서 중위투표자는 양 끝에서 450만 명 째에 해당되는 투표자를 말한다. 앞의 예의 경우 중위투표자는 정치적 스펙트럼 상 "좌파적" 스펙트럼에 위치해 있는 투표자를 말한다. 따라서 두 후보자가 자신의 정치적 위치를 정할 때 중위투표자의 선호에 위치시키게 된다. 이러한 결과는 중위투표자 정리로부터 유도된 결과이다.

셋째, 중위투표자의 위치는 정치적 스펙트럼 상의 '기하학적 중심'(geometric center)과 일치할 필요는 없다. 만일 투표자들의 분포가 대칭적이라면 두 가지 중심이 일치할 것이다. 그러나 투표자들의 분포가 <그림 15-1>에서처럼 왼쪽으로 기울어져(skewed) 있다면 중위투표자는 기하학적 중심의 왼쪽에 위치해 있을 것이다. 마찬가지로 투표자들의 분포가 오른쪽으로 경사져 있다면 중위투표자는 기하학적 중심의 오른쪽에 위치해 있을 것이다. 이러한 투표자들의 비대칭성은 도시지역의 국회의원 후보자들이 농촌지역의 국회의원 후보자들보다 더 진보(좌파)적인 경향이 있음을 설명하는 데 유용하다. 반대로 농촌지역의 국회의원 후보자들이 도시지역의 국회의원 후보자들보다 더 보수(우파)적인 경향이 있다.

중위투표자 정리는 두 가지 다른 방식으로 표현할 수 있다. 첫째, 중위투표자의 선호 위치는 두 후보자가 출마한 선거에서 바로 "후보자들의 균형위치"라고 표현할 수 있다. 둘째, 중위투표자가 가장 선호하는 위치가 바로 '콩도르세 승자'(Condorcet winner)라고 표현할 수 있다. 두 개씩 짝을 지어(pairwise) 투표에 붙이는 경우 콩도르세 승자의 위치는 모든 다른 위치에 대해 투표하더라도 반드시 승리하게 되는 위치를 말한다. 예를 들면, 만약 *M*이 중위투표자의 위치이고 *L*이 *M*의 왼쪽에 있는 어떠한 위치라고 한다면, *M*은 *M* 또는 *M*의 오른쪽에 있는 위치를 선호하는 모든 투표자들로부터 표를 얻게 될 뿐만 아니라, 심지어 *M*의 왼쪽(즉, *L*보다 *M*에 더 가까이 위치해 있는)에 위치해 있는 일부 투표자들로부터도 표를 얻게 된다. 그 결과 *M*은 50% 이상의 표를 얻게 될 것이다. 이러한 두 가지 표현 방식은 동일하다. 왜냐하면 후보자가 두 명뿐인 선거에서 다수결의 지지를 획득하려는 두 후보자는 '콩도르세 승자'의 위치를 선택하려 하기 때문이다.

마지막으로 중위투표자 정리가 성립하려면 각 투표자의 선호가 '합리적'이어야만 한다. 투표자의 선호가 합리적이어야 한다는 것은 각 투표자의 선호가 '단일정점'을 가지고 있어야 한다는 것을 의미한다.[1] 즉, 각 투표자는 정치적 스펙트럼 상에서 자신이 가장 선호하는 위치가 단 하나만 존재해야 하며, 여기서 양 방향으로 멀어질수록 자신의 효용이 감소해야 한다. 중위투표자 정리는 실제의 경우에서도 자주 볼 수 있다. 예를 들면, 대부분의 민주주의 국가들의 대통령 선거에서 주요 입후보자들은 투표자들에게 '매우 유

1) 이를 "블랙의 조건"(Black's condition)이라고도 부른다.

사한' 약속이나 정책을 공약하고 있음을 쉽게 볼 수 있다.

제2절 연속적 정치적 스펙트럼과 중위투표자 정리

중위투표자 정리는 정치적 스펙트럼(위치)이 연속적인 분포를 가지고 있는 경우에서도 적용될 수 있다. 선택해야 할 스펙트럼이 3개(좌파－중도파－우파) 또는 5개(극좌파－좌파－중도파－우파－극우파)가 아니라 무한한 개수의 정치적 스펙트럼이 존재한다고 가정하자. 즉, 정치적 스펙트럼이 '연속적으로' 분포되어 있다고 가정하자. 이 경우 정치적 스펙트럼이 0과 1사이에 있는 실선을 따라서 무한히 분포되어 있다. 이산적인 분포의 경우와 마찬가지로 투표자들은 일직선상의 정치적 스펙트럼을 따라서 분포되어 있다고 가정한다. 그러나 분포가 연속적이기 때문에 투표자의 선호나 위치를 나타내기

그림 15-3 투표자들의 분포가 연속적인 경우 : 균일분포

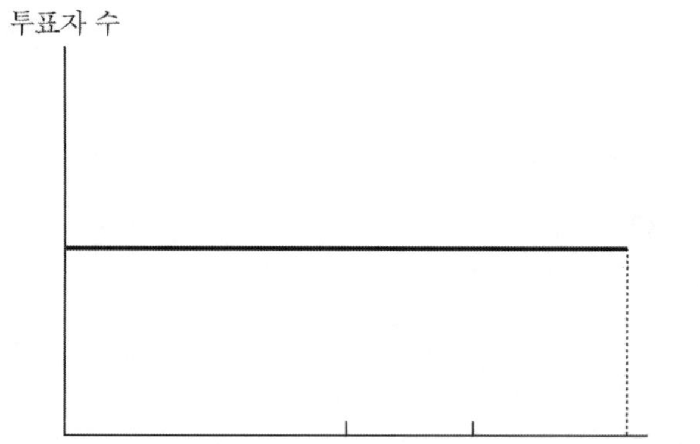

그림 15-4 투표자들의 분포가 연속적인 경우 : 정규분포

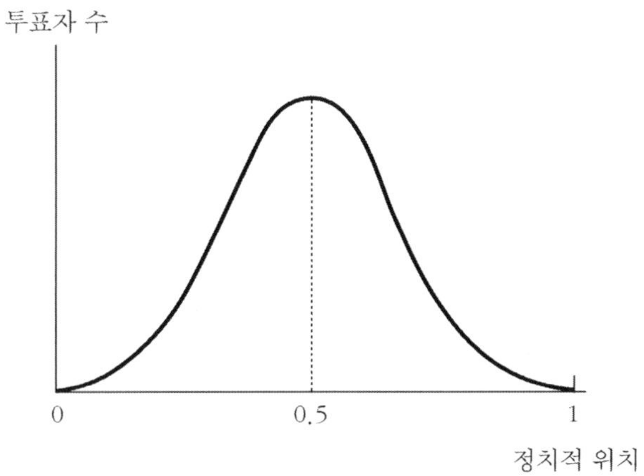

위하여 막대그래프가 아니라 '분포함수'(distribution function)를 사용하기로 하자. <그림 15-3>과 <그림 15-4>는 두 유형의 투표자 분포함수를 보여주고 있다. <그림 15-3>은 균일분포(uniform distribution)를 나타내고 있고, <그림 15-4>는 대칭적인 정규분포(normal distribution)를 나타내고 있다.

각 그림에서 곡선 아래의 면적은 총 투표자들의 수를 나타낸다. 예를 들면, <그림 15-3>에서 보면 0과 1사이에 위치해 있는 어떤 한 점인 x점에서의 투표자 수는 0과 x점 사이의 균일분포함수 아래의 면적을 계산함으로써 구할 수 있다. 두 유형의 연속적인 분포함수에서 중위투표자는 정치적 스펙트럼의 한 가운데, 즉 0.5지점에 위치해 있다.

그러나 투표자들의 분포함수가 연속적인 경우 두 후보자가 얻는 득표수(보수)를 하나의 표로 만들 수 없다는 단점이 있다. 후보자가 얻는 득표수는 이산적인 경우에만 표로 만들 수 있다. 그러나 연속적인 분포함수의 경우에도 이산적인 분포의 경우와 동일한 논리를 사용하여 다음과 같이 게임의 해(解)를 구할 수 있다.

후보자 갑과 후보자 을이 선택할 수 있는 정치적 스펙트럼(위치)들을 고

려해 보자. 두 후보자는 자신의 '내쉬균형 전략'(Nash equilibrium strategy)을 구해야 한다는 것을 잘 알고 있다. 즉, 각 후보자는 경쟁자의 균형전략에 대해 자신의 최적 반응(best response)을 찾아야 한다. 다음과 같이 각 후보자의 최적반응을 찾을 수 있다.

먼저 <그림 15-3>에서와 같이 후보자 을이 정치적 스펙트럼 상 어느 한 지점인 x점에 위치해 있다고 가정하자. 그러면 후보자 갑은 자신이 선택하는 위치에 따라 투표자들의 표가 어떻게 나누어지는 지를 계산할 수 있다. <그림 15-5>는 후보자 갑이 위치할 수 있는 세 가지 가능성을 보여준다. 첫째, 만일 후보자 갑이 x의 좌측에 있는 어느 한 지점(A점)에 위치한다면 A점 좌측에 있는 모든 표와 또 A점과 x점 사이에 있는 표의 절반을 얻게 될 것이다. 둘째, 만일 후보자 갑이 x의 우측에 있는 어느 한 지점(B점)에 위치한다면 B점 우측에 있는 모든 표와 또 B점과 x점 사이에 있는 표의 절반을 얻게 될 것이다. 마지막으로 후보자 갑 역시 x지점에 위치한다면 자신과 후보자 을이 각각 절반씩(즉, 50대 50씩)의 표를 나누어 가질 것이다. 이제까지 우리는 후보자 을이 정치적 스펙트럼 상 x지점을 선택했다는 가정 하에서 후보자 갑이 선택할 수 있는 세 가지 가능한 전략에 관해 설명하였다.

그러면 세 가지 가능성 중에서 어느 전략이 후보자 갑의 '최적 반응'(best response)이 되는가? 그 대답은 "중위투표자에 대한 x의 상대적 위치"에 달려 있다(여기서 x는 후보자 을의 위치라고 가정함). 만일 <그림 15-6>와 같이 후보자 을이 선택하는 x점이 중위투표자의 '우측'에 위치해 있다면, 후보자 갑의 최적반응은 자신이 얻는 득표수를 극대화하기 위한 전략을 선택

그림 15-5 후보자들의 상대적 위치와 득표의 분산

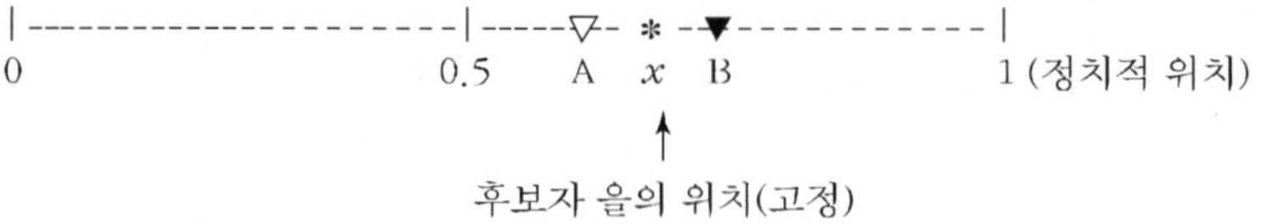

그림 15-6 상대 후보가 중위투표자의 우측에 위치한 경우

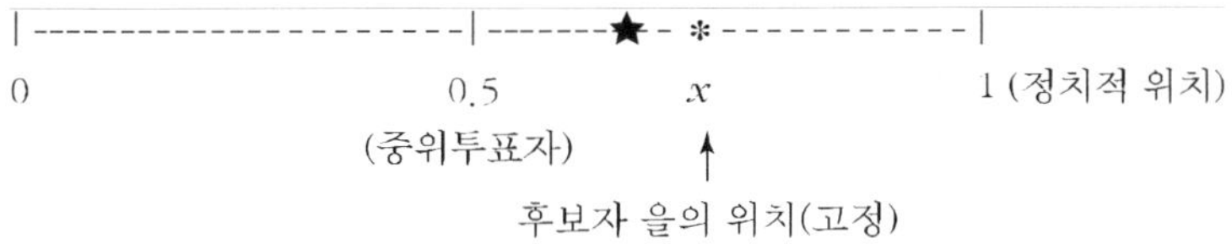

하게 될 것이다. 이는 후보자 갑이 자신의 위치를 x점의 바로 좌측에(즉, ★점에) 위치시키는 것을 의미한다. 이 경우에 후보자 갑은 0과 x점 사이에 있는 모든 표를 얻으며, 반면 후보자 을은 x점과 1사이에 있는 모든 표를 얻을 것이다. x점이 중위투표자의 우측에 있는 경우 0과 x점 사이의 분포곡선 아래의 면적에 해당하는 투표자 수가 x점과 1사이에 있는 투표자 수보다 더 많을 것이다. 따라서 후보자 갑은 과반수의 표를 얻음으로써 선거에서 승리하게 된다.

반면에 <그림 15-7>에서와 같이 후보자 을이 선택하는 x점이 중위투표자의 '좌측'에 위치해 있다면 후보자 갑의 최적 반응은 x점의 바로 우측에(즉, ★점에) 위치하는 것이다. 그 결과 후보자 갑은 x점과 1사이에 있는 모든 표를 얻을 것이다. 마지막으로 후보자 을이 선택하는 x점이 중위투표자 지점에 위치해 있다면 후보자 갑의 최적 반응은 자신의 정치적 위치를 역시 x점에 위치하는 것이다.

또한 후보자 을의 최적반응 전략도 이와 같이 추론할 수 있다. 즉, 후보자 갑의 위치를 고정시킨 후 자신의 최적 반응을 선택하면 된다. <그림

그림 15-7 상대 후보가 중위투표자의 좌측에 위치한 경우

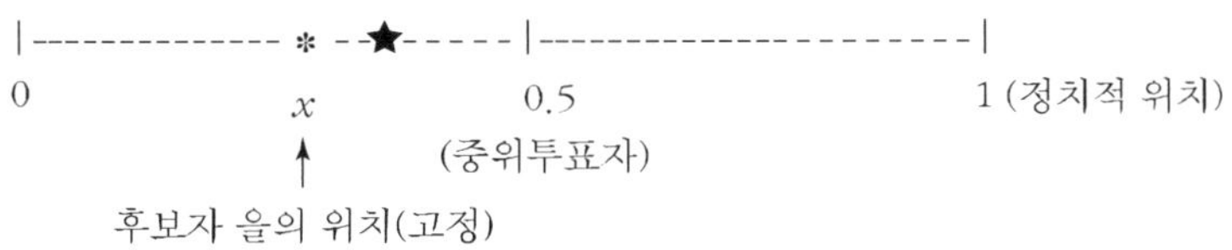

그림 15-8 두 후보자의 최적 반응 곡선

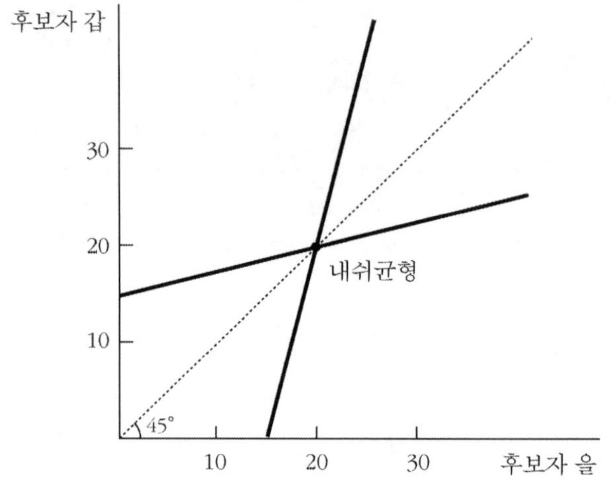

15−8>은 두 후보자의 최적 반응 전략을 보여주는 하나의 예시이다.

<그림 15−8>에서 두 후보자의 최적 반응 곡선은 중위투표자의 위치에 도달하기 전까지는 45도선의 위나 아래에 위치해 있다. 그러나 중위투표자의 위치에 도달하면 최적 반응 곡선은 45도선 위에 놓이게 된다. 즉, 후보자 갑의 위치가 중위투표자 지점에 있는 경우 후보자 을의 최적 반응은 자신의 위치를 또한 중위투표자 지점에 놓는 것이다. 반면에 후보자 을의 위치가 중위투표자 지점에 있는 경우 후보자 갑의 최적 반응은 자신의 위치를 역시 중위투표자 지점에 놓는 것이다. 마지막으로 최적 반응 곡선들이 중위투표자의 위치를 지나는 경우 두 후보자의 최적 반응 곡선은 다시 45도선의 위나 아래에 위치하게 된다.

이제까지 우리는 두 후보자의 최적 반응 전략들에 관해 설명해 왔다. 내쉬균형은 두 후보자의 최적 반응 곡선들의 교차점에서 발생한다. 두 최적 반응 곡선들이 교차하는 점은 바로 '중위투표자의 위치'가 있는 점이다. 내쉬균형의 도달과정을 다음과 같이 직관적으로도 설명해 볼 수 있다. 먼저 어느

한 후보자의 위치를 '고정시킨 후' 이를 기준으로 자신의 최적 반응 전략을 반복적으로 추론하면 된다. 즉, 각 후보자는 경쟁자의 위치를 '주어진 것'으로 하고 자신의 최적 반응을 나타내는 위치를 선택하면 된다. 예를 들어, <그림 15－7>에서와 같이 후보자 을이 "후보자 갑이 자신의 위치를 x지점에 위치시킬 것"이라고 예상한다면 후보자 을은 자신의 위치를 x점의 바로 '좌측'에 위치시키기를 원할 것이다. 그러면 후보자 갑은 다시 그 지점의 바로 '좌측'에 위치하려고 할 것이고, 이것을 보고 후보자 을은 다시 바로 그 '좌측'에 위치시키려 할 것이다. 이러한 과정이 끊임없이 진행될 것이다. 마침내 두 후보자가 자신의 위치를 중위투표자의 지점에 위치시키는 경우 추론은 끝이 나며, 이때의 두 후보자의 선택은 각자에게 '최적 반응'이 된다. 따라서 내쉬균형은 두 후보자가 '중위투표자의 위치'에 자신들의 정치적 스펙트럼을 위치시키는 것이다!

중위투표자 정리의 가장 치명적인 한계점은 첫째, 선택이슈가 하나뿐인 경우에만 적용가능하다는 점이다. 즉, 두 후보자 간의 정치적 차이가 1차원의 스펙트럼상에 표시될 수 있을 때에만 적용이 가능하다. 만일 선택대상이 두 개(2차원) 또는 그 이상(다차원)이라면 투표자들은 2차원적인 이슈공간(issue space)에서 흩어지므로 중위투표자 정리는 더 이상 성립되지 않는다. 예를 들면, 선택대상이 '사회적 이슈'와 '경제적 이슈'가 있는 경우 사회적 이슈에 대한 보수적 또는 진보적 입장(위치)이 경제적 이슈에 대한 보수적 또는 진보적 입장(위치)과 일치하지 않는 경우를 들 수 있다. 두 번째 한계점은 각 투표자들의 선호가 '단일정점'이어야 한다는 점이다. 즉, 각 투표자들은 하나의 가장 선호하는 지점(위치)을 가지고 있어야 하며, 이 지점으로부터 멀어질수록 자신의 효용이 감소해야만 한다. 따라서 이슈공간(선택대상)이 두 개(2차원)인 경우 중위투표자의 위치를 찾을 수 없다.

투표자들과 마찬가지로 "후보자들"도 자신의 정강정책(platform)을 결정하는 데 전략적으로 행동할 수 있다. 두 명의 후보자가 입후보한 선거에서 두 후보자는 '중위투표자가 선호하는 위치'에 자신들의 정치적 스펙트럼을 위치시키는 것이 최선의 전략이다. 이러한 일반적 결과를 우리는 "중위투표자 정리"(median voter theorem)라고 부른다. 중위투표자 정리는 앞에서 살펴보았듯이 투표자들의 분포가 이산적이거나 연속적인 경우에도 성립한다.

제3절 전략적 게임과 중위투표자 정리

선거경쟁의 결과를 전략적 게임(strategic game)을 이용하여 설명해 보기로 하자. 선거경쟁 게임의 참가자는 후보자들이고, 후보자들이 제시하는 정책을 '포지션'(position)이라고 한다. 하나의 정책만 있다고 가정하고, 정책포지션은 1차선 상의 하나의 점으로 표시된다고 가정하자. 먼저 후보자들은 정책포지션을 선택하고, 이것을 보고 투표자들은 자신들이 가장 좋아하는 포지션에 가까이 있는 후보자들을 지지한다. 가장 많은 지지(표)를 얻은 후보자가 당선된다.

수많은 투표자들이 있고 각 투표자는 자신이 '좋아하는' 하나의 포지션(position) 또는 위치를 가지고 있다고 가정하자. 투표자들이 좋아하는(선호하는) 포지션들의 분포는 균일분포(uniform distribution) 또는 정규분포(normal distribution)를 가질 수 있다. 특히 투표자들의 선호 포지션들에 대한 분포는 반드시 균일한 분포를 가질 필요는 없다. 즉, 대다수의 투표자들은 어느 한 점 주위에서 좋아하는 포지션들을 가질 수 있고, 소수의 투표자들은 다른 한 점에서 좋아하는 포지션을 가질 수 있다. 투표자들이 좋아하는 포지션들 중에서 "중위(median)포지션"은 아주 특별한 의미를 가진다. 다음의 특성을 가지는 포지션을 '중위포지션'이라 한다. 즉, 투표자들의 절반이 m이라는 포지션을 좋아할 때 이를 중위포지션이라 한다. 분석의 편의상 투표자들이 좋아하는 중위포지션이 하나뿐이라고 가정하자.

주어진 어느 한 포지션에 대한 각 투표자들의 '싫어하는' 정도는 주어진 포지션과 투표자 자신이 좋아하는 포지션 간의 '거리'에 의해 나타난다. 특히 어떤 임의의 수치 $k(k>0)$에 대해 어떤 투표자가 좋아하는 포지션이 x^* 라고 가정하면 포지션 x^*-k와 x^*+k는 무차별하다고 할 수 있다. <그림

그림 15-9 투표자의 무차별한 포지션과 효용(보수)

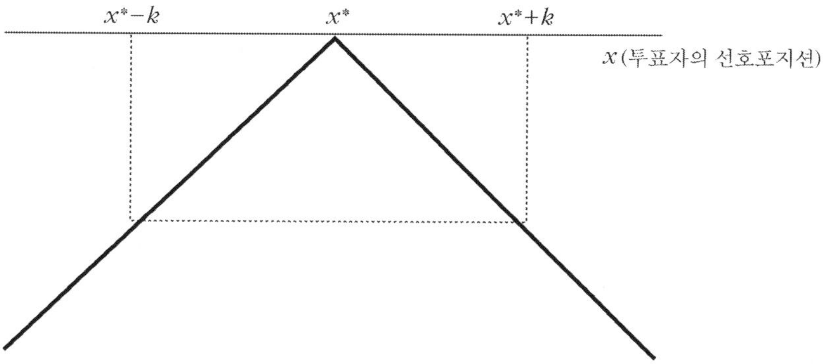

15-9>는 어느 한 투표자가 좋아하는 포지션이 x^* 일 때 $x^* -k$와 $x^* +k$ 간의 거리가 같음을 나타내고 있다.

이러한 가정 하에서 선거에 출마한 각 후보자들은 자신들의 포지션을 투표자들이 좋아하는 포지션에 가까이 위치시키려 한다. 왜냐하면 투표자들은 자신의 좋아하는 포지션에 가까이 있는 후보자들을 지지하기 때문이다. 예를 들면, 3명의 후보자(후보자 1, 2, 3)가 있고 이들의 포지션을 각각 x_1, x_2, x_3라고 가정해 보자. 이 경우, 후보자 1은 <그림 15-10>에서 V_1구간에 있는 투표자들로부터 표를 얻을 수 있다. 즉, x_1의 왼쪽에 위치한 모든 투표자들과 $1/2(x_1+x_2)$ 포지션의 왼쪽에 있는 투표자들로부터 지지를 얻을 수 있다. (여기서 $1/2(x_1+x_2)$는 x_1과 x_2의 중간점을 말한다.) 반면에 후보자 2는 V_2구간에 있는, 즉 $1/2(x_1+x_2)$와 $1/2(x_2+x_3)$ 사이의 있는 투표자들로부터 지지를 얻을 수 있다. 마지막으로 후보자 3은 V_3구간에 있는, 즉 $1/2(x_2+x_3)$의 오른쪽에 위치한 투표자들로부터 표를 얻을 수 있다. 만약 투표자들이 좋아하는 포지션이 $1/2(x_1+x_2)$이라면 투표자들은 자신들의 표를 후보자 1과 2 사이에 균등하게 분할하여 투표하고, 또 $1/2(x_2+x_3)$이라면 투표자들은 자신들의 표를 후보자 2와 3 사이에 균등하게 분할하여 투표한다고

그림 15-10 세 후보자의 포지션과 각 후보자가 얻는 득표

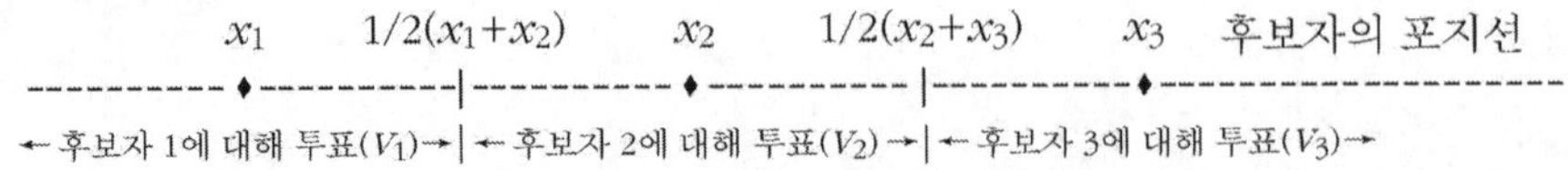

가정한다. 또 만약 두 명의 후보자 또는 그 이상의 후보자들이 동일한 포지션을 가진다면 투표자들로부터 균등한 지지를 얻는다고 가정한다. <그림 15−10>는 세 후보자의 포지션과 각 후보자들이 얻는 득표(지지)를 나타내고 있다.

이러한 투표경쟁 과정을 호텔링(Hotelling)의 "선거경쟁(electoral competition) 모형"이라고 한다. 논의를 간편하게 하기 위하여 두 명의 후보자가 있다고 가정해 보자. 그러면 두 후보자 최적반응 함수(best response function)를 구함으로써 이 게임의 내쉬균형(Nash equilibrium)을 유도할 수 있다.

먼저, 후보자 2의 포지션(x_2)을 고정시킨 후 후보자 1의 최적 포지션(best position)을 구해 보기로 하자. 이를 위해 다음 세 가지 경우로 나누어 생각해 보기로 하자. 첫째, 후보자 2의 포지션(x_2)이 투표자들의 '중위 포지션'인 m의 왼쪽(즉, $x_2 < m$)에 있다고 가정해 보자. 이때 만약 후보자 1이 x_2의 '왼쪽'에 있는 어느 한 포지션을 선택한다면(예를 들면, <그림 15−11>에서 x_1점) 후보자 2는 1/2(x_1+x_2) 지점의 오른쪽에 있는 모든 투표자들로부터 지지(표)를 얻을 수 있다(여기서 1/2(x_1+x_2)는 투표자들이 좋아하는 포지션을 나타낸다). 따라서 후보자 2는 이 경우 투표자들로부터 50%(=m 포지션) 이상

그림 15-11 후보자 1의 위치 선정

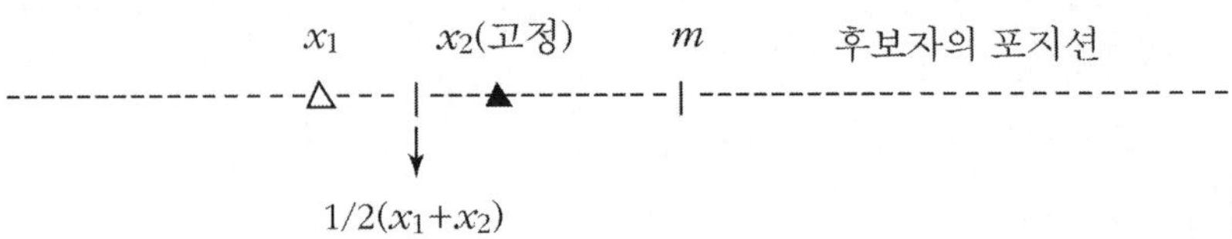

그림 15-12 후보자 1의 위치 선정

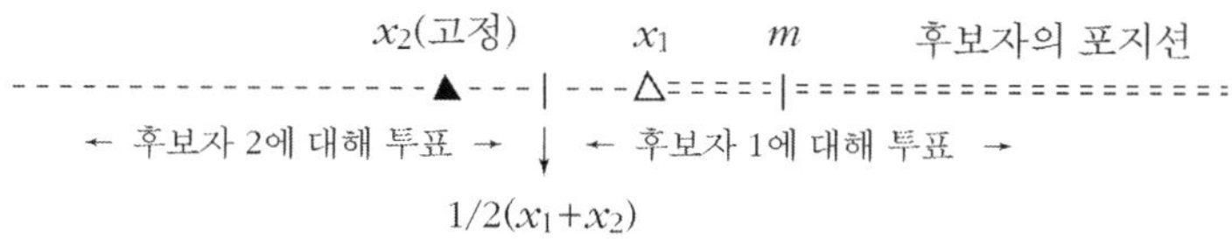

의 표를 얻을 수 있다. 그 결과 후보자 2가 승리하고 후보자 1은 패배한다.

이번에는 (후보자 2의 포지션이 '중위 포지션'인 m의 왼쪽(즉, $x_2 < m$)에 있다는 가정 하에서) 후보자 1이 x_2의 '오른쪽'에 있는 어느 한 포지션을 선택한다고 가정해 보자. 이 경우에는 위와 반대로 후보자 1이 승리하고 후보자 2가 패배한다(<그림 15-12> 참조).

그러나 다음 <그림 15-13>에서와 같이 후보자 1이 자신의 포지션(x_1)을 중위 포지션(m)에서 멀리 떨어져 위치한다면 후보자 1은 오히려 패배하게 된다.

따라서 후보자 2의 포지션이 x_2에 고정되어 있는 경우 후보자 1의 최적반응은 x_2와 x_1의 중간점($=1/2(x_1+x_2)$)이 중위포지션인 m보다 '작아야' 한다. 즉, 후보자 1의 최적반응 조건은 $1/2(x_1+x_2) < m$이어야 한다(만약 중간점인 $1/2(x_1+x_2)$가 중위포지션인 m과 같다면 두 후보자는 타이(tie)가 된다). 이 조건은 곧 $x_1 < 2m - x_2$와 같다. 따라서 후보자 2가 자신의 포지션을 x_2에 고정시키는 경우 후보자 1의 최적반응(x_1)은 x_2보다 크고 $2m - x_2$보다 작은(즉, x_2와 $2m - x_2$ 사이에 있는) 모든 포지션들이 된다(여기서 x_2점과 $2m - x_2$점은 각

그림 15-13 후보자 1의 위치 선정

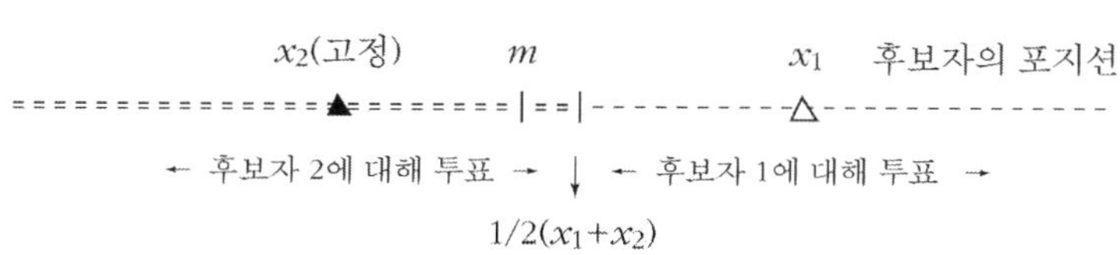

각 제외된다).

둘째, 후보자 2의 포지션이 '중위포지션'인 m의 오른쪽(즉, $x_2>m$)에 있다고 가정해 보자. 이 경우 첫 번째 경우와 동일한 논리가 적용된다. 즉, 이 경우에 후보자 1의 최적반응은 $2m-x_2$보다 크고 x_2보다 작은(즉, $2m-x_2$와 x_2 사이에 있는) 모든 포지션들이 된다(여기서도 x_2점과 $2m-x_2$점은 각각 제외된다).

마지막으로 후보자 2의 포지션이 '중위 포지션'인 m과 같다(즉, $x_2=m$)고 가정해 보자. 이 경우에 후보자 1의 최적반응은 후보자 2의 포지션과 '동일한' 포지션, 즉 '중위'포지션(m)을 선택하는 것이다! 만약 후보자 1이 m 이외의 다른 포지션을 선택한다면 그는 패배하게 된다. 만약 후보자 1이 m을 선택한다면 그는 최소한 후보자 2와 타이(동수)를 이루게 된다.

이제까지의 논의를 요약하면 다음과 같다. 즉, 후보자 1의 최적반응 함수(best response function, $B_1(x_2)$)는 다음과 같이 정의된다:

그림 15-14 후보자 1의 최적반응 함수($B_1=B_1(x_2)$)

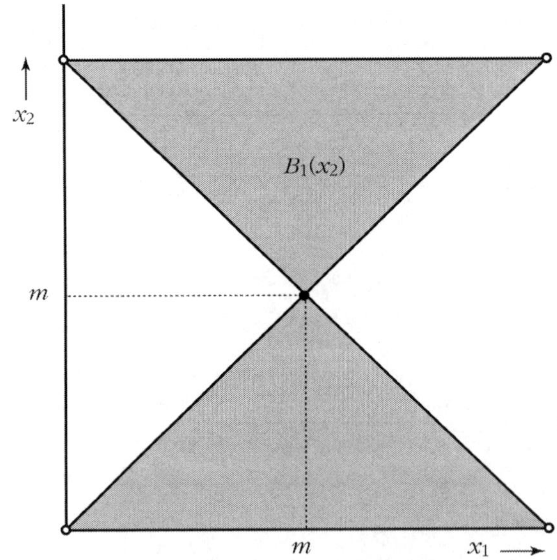

(주의: 위 그림에서 회색 영역의 양끝은 최적반응 함수에서 제외된다.)

그림 15-15 후보자 2의 최적반응 함수($B_2=B_2(x_1)$)

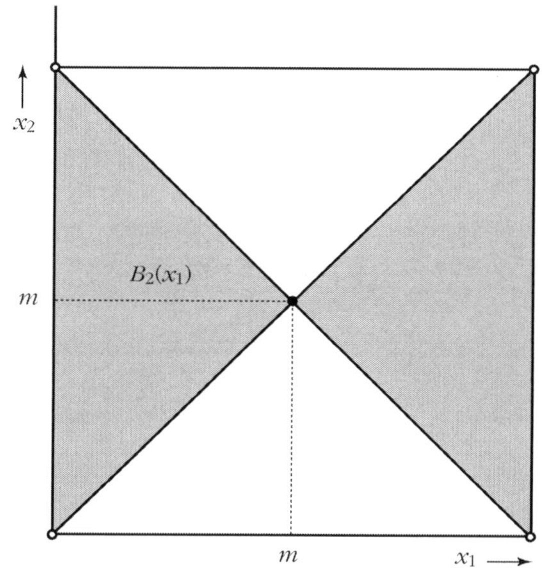

(주의: 위 그림에서 회색 영역의 양끝은 최적반응 함수에서 제외된다.)

$x_2<m$이면 x_1은 $x_2<x_1<2m-x_2$가 되고,

$x_2=m$이면 $x_1=m$이 되고,

$x_2>m$이면 x_1은 $2m-x_2<x_1<x_2$가 된다.

다음으로 후보자 1의 포지션을 x_1에 고정시킨 후 후보자 2의 최적반응(best response)을 구해 보기로 하자. 이때 후보자 2는 (앞에서 살펴 본) 후보자 1과 동일한 유인을 가지게 된다. 그 결과 후보자 2의 최적반응 함수($B_2(x_1)$)는 후보자 1과 같게 된다. 호텔링(H. Hotelling, 1929)의 선거경쟁 모형에서의 두 후보자들의 최적반응 함수는 <그림 15-14>와 <그림 15-15>와 같이 표현할 수 있다.

이제 두 후보자의 최적반응 함수들을 포개면 이 게임은 하나의 내쉬균

형(Nash equilibrium)이 존재함을 알 수 있다. 유일한 내쉬균형은 두 후보자가 투표자들의 '중위포지션'(median position)인 m을 선택하는 것이다.

선거에서 투표자들로부터 다수결을 얻기 위한 두 후보자들 간의 경쟁의 결과 두 후보자는 '똑같은' 포지션을 선택하게 된다. 이때 두 후보자가 선택하는 포지션은 바로 투표자들이 좋아하는 포지션들 중에서 '중위'에 해당되는 포지션(즉, '중위포지션')을 말한다. 호텔링에 따르면 미국의 경우 공화당과 민주당 간의 투표획득 경쟁은 두 정당이 서로 다른 정책포지션을 선택하는 게 아니라 매우 유사한 정책(platform)을 선택하게 된다.

[책임집필 : 이성규]

Chapter 16

중위투표자 정리의 사례

Public Choice

제1절 정부의 지출 결정

정부가 공공재 공급과 관련된 지출수준을 결정한다고 가정해 보자. 소득수준이 다른 세 명의 개인들(부유층, 중간층, 빈곤층)이 있다고 가정해 보자. 각 개인들은 자신들이 가장 선호하는 지출수준을 가지고 있으며, 이들 수준은 개인들 간에 서로 다르다고 가정한다. 마지막으로 소득수준이 높을수록 더 많은 공공재 지출을 선호한다고 가정한다. <그림 16－1>은 세 명의 각 개인들이 선호하는 공공재 공급의 지출수준(종축)과 각 지출수준에서 각 개인들이 얻는 효용수준(횡축)을 나타내고 있다.

위 그림에서 G^p는 빈곤층(poor)이 선호하는 지출수준을 나타내고, G^m는 중간층(middle)이 선호하는 지출수준, 그리고 G^r는 부유층(rich)이 선호하는 지출수준을 나타낸다. 이들 간의 관계는 $G^p < G^m < G^r$이다. 즉, 빈곤층은 가장 낮은 수준의 지출을 선호하고, 부유층은 가장 높은 수준의 지출을 선호함을 알 수 있다. 만일 지출수준이 G^p수준을 초과하여 증가하면 빈곤층의 효용이 감소한다. 따라서 빈곤층은 G^r보다 G^m수준을 선호한다. 반면에 부유층은 G^m이나 G^p수준보다 G^r수준을 선호한다. 그러나 만일 지출수준이 G^r

그림 16-1 정부의 공공재 공급의 지출수준 결정

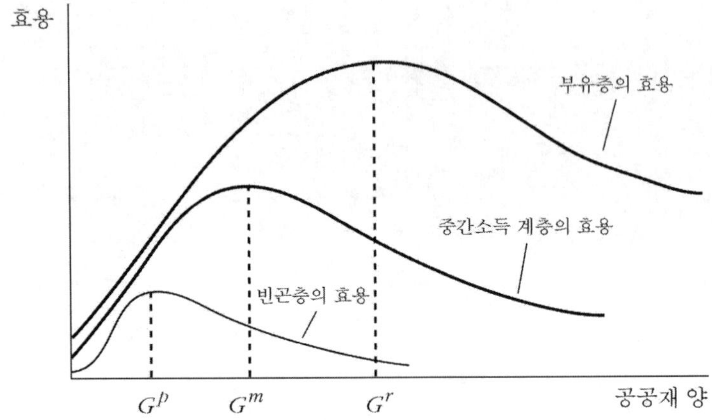

수준보다 낮은 경우 부유층은 G^p보다 G^m수준을 선호한다.

먼저, G^p와 G^m수준에 대해 투표에 붙여 보기로 하자. 이 경우 중간층과 부유층들은 G^m에 찬성 투표할 것이므로 G^m수준이 승리하게 된다. 다음으로, G^m과 G^r수준에 대해 투표에 붙여 보기로 하자. 이 경우 중간층과 빈곤층들은 G^r보다 G^m수준에 찬성 투표할 것이므로 G^m수준이 다시 승리하게 된다. 좀 더 일반적으로 보면, G^m과 'G^m보다 더 적은 어떤 지출수준'에 대해 투표해 보면 중간층과 부유층은 G^m수준을 선호할 것이고 이에 찬성 투표할 것이다. 반면에 G^m과 'G^m보다 더 큰 어떤 지출수준'에 대해 투표해 보면 중간층과 빈곤층은 G^m을 선호할 것이고 이에 찬성 투표할 것이다. 결국 두 경우 모두 G^m은 과반수의 득표를 얻어서 승리하게 될 것이다. 따라서 '중위투표자'(median voter)는 G^m보다 더 높은 수준의 지출을 선호하는 투표자의 수와 G^m보다 더 낮은 수준의 지출을 선호하는 투표자의 수가 정확히 일치할 때의 투표자를 의미한다. 이러한 결과는 일반적이다. 즉, 다수결 투표에서 균형 지출수준은 중위투표자가 가장 선호하는 수준과 일치한다.

제2절 공공재 공급수준 결정

어느 농촌지역에 해충이 발생하여 농작물에 큰 피해를 준다고 가정해 보자. 해충이 빠른 속도로 번지기 때문에 어느 농부 혼자만의 노력으로 해충을 완전히 없앨 수 없다. 또 농약살포 효과가 사라지면 해충이 다른 농장으로 전이되기 때문에 농부들은 해당 지자체가 전 지역에 걸쳐 농약을 살포함으로써 해충을 박멸해 주기를 바랄 것이다. 해당 지자체는 농약살포에 드는 비용을 조달하기 위하여 농부들에게 세금을 부과할 수 있다. 편의상 각 농부들은 농약살포에 드는 비용의 일부를 일정하게 부담한다고 가정하자. 농약살포에 따른 혜택이 농가마다 서로 다르고, 또 서로 다른 금액의 비용(세금)을 부담하기 때문에 농부들은 최적 농약 살포량에 대해 각기 다른 의견들을 가지고 있을 것이다. 편의상 마을에 세 명의 농부들이 살고 있다고 가정하자. 이들 농부들을 김최대씨, 이평균씨, 박최소씨라고 부르기로 하자. 아래 <그림 16-2>는 이들 세 명의 농부들이 농약살포로부터 얻는 순 편익(=편익-비용>0)을 보여 주고 있다.

그림 16-2 다수결 규칙과 공공재 공급수준

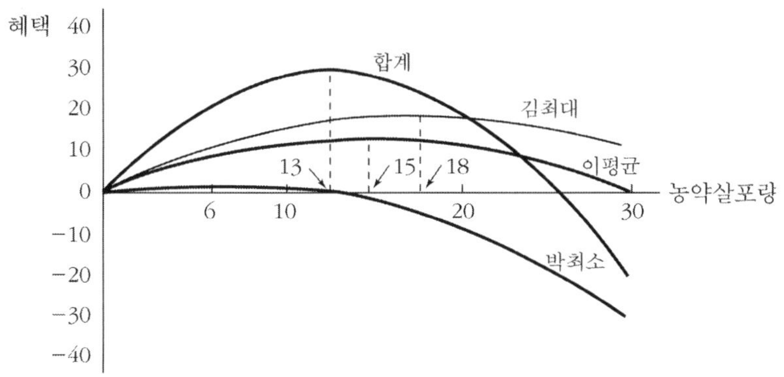

<그림 16-2>에서 이평균씨는 농약살포에 따른 자신의 순 편익을 극대화하기 위하여 해당 지방자치단체가 평당 15리터의 농약을 살포해 주기를 바라고 있다. 이러한 농약 살포량을 이평균씨의 "이상적 농약 살포량"(즉, 가장 선호하는 농약 살포량)이라고 부른다.[1] 마찬가지로 박최소씨의 이상적 농약 살포량은 평당 6리터이고, 김최대씨의 이상적 살포량은 평당 18리터임을 볼 수 있다. 농약 살포량이 증가할수록 각 농부의 순 편익이 증가하며, 각 농부의 순 편익은 자신의 이상적 농약 살포량에서 극대가 된다. 농약 살포량이 농부들의 이상적 살포 수준을 초과하면 순 편익은 감소한다. 농부들의 선호가 이러한 특성을 가지고 있으면 이를 '단일정점(single-peaked) 선호'라고 부른다. 세 농부들 중에서 이평균씨는 '특별한' 선호를 가지고 있다. 왜냐하면 박최소씨는 자신보다 더 낮은 이상적 농약 살포량을 가지고 있고, 김최대씨는 자신보다 더 높은 이상적 농약 살포량을 가지고 있기 때문이다. 다시 말하면, 세 명의 농부들 가운데 이평균씨의 이상적 농약 살포량은 중위(median)에 해당된다. 이러한 이유로 이평균씨를 '중위투표자'라 부른다.

해당 지자체가 최적 농약 살포량을 결정하기 위하여 농부들에게 다수결 투표 규칙을 적용한다면 '이평균'씨의 이상적 살포량이 채택될 것이다. 왜 그런가? 세 가지 선택안(농약 살포량)들에 대해 두 가지씩 투표에 부친다면 과반수의 농부들이 평당 15리터를 선호하기 때문이다. 먼저, 농약 살포량을 평당 15리터와 10리터를 투표에 부친다면 이평균씨와 김최대씨는 평당 15리터를 선호할 것이다. 그 결과 15리터의 농약 살포량이 과반수의 찬성을 얻는다. 다음으로, 농약 살포량을 평당 15리터와 18리터를 투표에 부친다면 이평균씨와 박최소씨가 평당 15리터를 선호할 것이다. 그 결과 15리터의 농약 살포량이 과반수의 찬성을 얻는다. 따라서 15리터의 농약 살포량은 어떤 다른 수준의 농약 살포량과 투표해도 승리하게 된다. 이러한 투표결과를 '중위투표자 정리'라고 한다. 만일 투표자들이 단일정점의 선호를 가지고 있다면 과반수의 투표자들은 '중위투표자의 이상적 농약 살포량'을 선호할 것이다.

---

1) 보다 일반적으로 이를 '이상적 정책'(ideal policy)이라 부른다.

다수결투표 규칙은 중위투표자의 이상적 정책이 선택되는 안정적인 결과를 가져다준다. 그러면 다수결투표 규칙은 과연 '사회적으로 효율적인 결과'(socially efficient outcome)를 가져다주는가? '모든' 사람들이 자신들의 상태를 개선시키는 정책에 찬성 투표하기 때문에 다수결투표 규칙은 항상 파레토 효율적인 선택을 가져다준다. 앞의 예에서 15리터의 농약 살포량은 파레토 효율적이다. 왜냐하면 15리터가 아닌 양의 농약을 살포함으로써 두 사람(과반수)의 상태가 더 나빠지기 때문이다. 즉, 농약 살포량이 15리터가 아닌 경우 이평균씨와 박최소씨의 상태가 나빠지거나 이평균씨와 김최대씨의 상태가 나빠지기 때문이다.

그러나 대개 중위투표자의 이상적 정책은 '사회적 순 편익을 극대화하는 정책'과 일치하지 않는다. 직관적으로 볼 때 사회적 순 편익을 극대화하는 정책은 투표자들의 선호의 '강도'(intensity)와 '극단성'(extremity)에 달려 있다. 그러나 중위투표자의 이상적 정책은 선호의 강도와 아무런 상관이 없다. 두 정책은 단지 우연히 일치할 수 있다. 이를 살펴보기 위해 세 명의 농부들이 있다고 가정해 보자. 이 경우 사회적 순 편익은 어떻게 구해지는가? 사회적 순 편익은 세 농부들의 각자의 순 편익을 수직적으로 합(合)함으로써 구할 수 있다. <그림 16-2>에서 사회적 순 편익을 극대화하기 위하여 해당 지자체는 평당 15리터가 아니라 평당 "13리터"의 농약을 살포해야 한다. 따라서 중위투표자의 이상적 농약 살포량과 사회적 순 편익을 극대화하는 농약 살포량이 서로 '다르다'는 것을 알 수 있다.

중위투표자의 이상적 정책이 사회적 순 편익을 극대화하지 않는다면 어떻게 파레토 효율적이 되는가? 이러한 수수께끼는 다음과 같이 쉽게 해결될 수 있다. 중위투표자의 이상적 정책은 투표자들이 선택할 수 있는 여러 정책들 가운데서 유일하게 파레토 효율적이다. 투표자의 선택대상은 해당 지자체의 조세제도에 의해 제한을 받는다. 농약 살포량을 15리터에서 13리터로 줄임에 따라 발생하는 비용절감분을 투표자들에게 적절히 배분한다면 세 명의 농부들의 상태는 모두 이전보다 더 나아질 것이다. 그러나 이러한 상황은 거의 발생하지 않을 것이다.

다수결투표 규칙의 원리는 위에서와 같이 매우 단순한 경우에만 분명한 의미를 가진다. 그러나 상황이 복잡해지면 과반수의 지지를 얻는 정책이 나타나지 않을 수도 있다. 이제 해당 지자체가 농약 살포량과 농부들의 농약 살포비용(세금) 부담을 함께 결정해야 한다고 가정해 보자. 이 경우 중위투표자가 아니라 "과반수의 투표자들이 선호하는" 선택안이 채택될 수 있다. 이를 살펴보기 위해 다음 두 가지 정책 꾸러미를 고려해 보자. 우선, 농약 살포량을 S라고 하고, 박최소씨의 조세부담을 $T_{박}$, 이평균씨의 조세부담을 $T_{이}$, 김최대씨의 조세부담을 $T_{김}$이라 하자. 이때의 총 조세수입은 $T_{박}+T_{이}+T_{김}$가 된다. 다음으로, 농약 살포량은 S로 동일하지만, 박최소씨의 조세부담은 $T_{박}-1$, 이평균씨의 조세부담은 $T_{이}-1$, 김최대씨의 조세부담은 $T_{김}+2$라 하자. 조세수입 면에서 두 선택안은 동일함을 볼 수 있다: 즉, $(T_{박}-1)+(T_{이}-1)+(T_{김}+2)=T_{박}+T_{이}+T_{김}$. 그러나 이들 두 정책 꾸러미를 비교해 보면 박최소씨와 이평균씨(즉, 과반수)는 첫 번째 정책 꾸러미($T_{박}$과 $T_{이}$)보다 두 번째 정책 꾸러미(($T_{박}-1$)과 ($T_{이}-1$))를 더 선호할 것이다.

제3절 정당 간의 포지션 경쟁

대개 정치인들은 선거에서 당선되는 것이 핵심 목표이고, 그러기 위하여 경쟁자의 정치적 포지션(position)을 주어진 것으로 한 상태에서 자신의 득표를 극대화하려 한다. 후보자들의 득표극대화 전략은 다음과 같이 서술할 수 있다. 우선 두 개의 정당이 있다고 가정해 보자: R당과 D당. R당은 D당의 포지션을 주어진 것으로 하고 자신의 득표를 극대화한다. 다음으로 경쟁 이슈가 하나뿐이라고 가정하자. 이슈는 정부의 공공지출(G) 수준이라고 가정한다. G_R은 R당의 포지션(즉, R당이 선호하는 지출수준)을 나타내고, G_D은 D당의 포지션(즉, D당이 선호하는 지출수준)을 나타낸다. 이제 G_D의 주어진 특정 수준에 대하여(즉, G_D의 수준을 주어진 것으로 하고) G_R의 득표를 극대화하는 최적 포지션을 찾을 수 있다. 마찬가지로 G_R의 주어진 특정 수준에 대하여 G_D의 최적 포지션을 찾을 수 있다.

이러한 가정 하에서 각 정당은 경쟁자의 포지션을 고정시킨 후 자신의 득표를 극대화한다. 이때 각 정당은 최적 포지션을 어떻게 결정하는가? 이를 위해 G_m을 중위투표자가 선호하는 지출수준이라고 가정하자. 우선, 만일 D당이 <그림 16-3>에서 자신의 포지션을 G_D(여기서 $G_D > G_m$)에서 선택한다고 가정해 보자. 그러면 만약 R당이 G_m과 G_D사이에서 자신의 포지션(G_R)을 결정한다면 G_m수준만큼의 또는 G_m수준보다 더 적은 지출수준을 선호하는 '모든' 투표자들과 또 G_R수준보다 조금 더 큰 수준의 지출을 선호하는 '일부' 투표자들로부터 찬성표를 얻을 것이다. 따라서 R당은 투표자의 50%이상(과반수)으로부터 표를 얻음으로써 선거에서 승리한다. 이에 반응하여 이제 D당은 G_m과 G_R사이에 있는 새로운 포지션인 G'_D수준을 선택한다. 이 경우에 D당은 R당의 G_R수준에 대해 투표하면 승리하게 된다. 이에 반응하여 R당은 다시 G'_D와 G_m사이에 있는 새로운 포지션인 G'_R 수준을 선택하게 된다. 이러한 과정은 두 정당이 '동일한' 포지션, 즉 중위투표자의 위치인 G_m수준에 위치할 때까지 계속된다. 그 결과 두 정당은 "중도적인"(middle-of-the-road) 포지션을 선택한다.

그러나 중위투표자 정리는 다음 두 가지의 한계점이 있다. 첫째, 일반적으로 다수결투표의 경우 균형이 존재하지 않을 수도 있다. 그러나 개별 투표자의 선호가 '단일정점'이라면 반드시 균형이 존재한다. 현재의 예에서 투표자의 단일정점 선호 조건은 정당의 정책 이슈를 단일차원(일직선상)을 따라서 배열될 수 있어야 함을 의미한다. 그러나 선택 이슈가 하나 이상인 경우(예를 들면, 일부 투표자는 어떤 이슈에 대해서는 진보적이지만, 다른 이슈에 대해서는 보수적인 경우) 중위투표자 정리는 성립되지 않는다. 둘째, 이제까지 우리

그림 16-3 정당 간의 포지션 경쟁

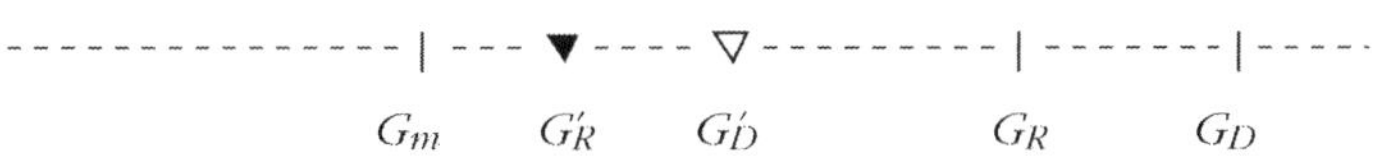

는 투표자들이 정치과정('투표')에 참가하는 데 따르는 여러 가지 비용 문제들을 무시해 왔다. 투표자들이 정치과정에 활발하게 참가하는 데에는 여러 비용들이 수반된다. 그러한 비용은 대개 정보획득 또는 투표장에 가는 비용 등을 의미한다. 또한 투표자들이 투표에 참가하는 데 따르는 비용이 투표로부터 얻는 편익보다 더 클 수가 있다. 만일 투표 참가에 드는 비용이 투표로부터 얻는 편익보다 매우 크다면 투표당일날 날씨가 조금만 변해도 투표자들은 투표에 참가하지 않으려 할 것이다. 마지막으로 투표자들의 선호가 중위투표자 '근처에' 있는 경우 투표자들은 투표에 적극적으로 참가하지 않으려 할 것이다. 만약 투표자들이 정당의 포지션이 중위투표자의 선호를 잘 반영하고 있다고 믿는다면 투표에 잘 참가하지 않으려 할 것이다. 이 경우 극단주의자들은 중위투표자 성향의 투표자들보다 더 적극적으로 투표에 참가하려 할 것이다. 따라서 양 극단에 있는 투표자들이 적극적으로 투표에 참가한다면 중위투표자 정리의 효과가 부분적으로 '감소'될 것이다.

제 4 절 정치적 관세 결정

일반적으로 무역정책은 국가 전체의 후생을 증진시킨다고 알려져 있다. 과연 무역정책은 국가 전체의 후생을 증진시키는가? 그러나 현실 세계에서 무역정책의 결정되는 과정을 보면 무역정책의 경우 '국민의 후생'은 거의 존재하지 않는다고 할 수 있다. 국민 후생은 존재하지 않고 오직 개인들의 사익(self-interest)추구 욕구만이 존재할 뿐이다. 그러면 사익만 추구하는 개인들의 선호가 어떻게 무역정책 결정과정에 반영되는가? 따라서 다음에서는 정치경제적인 측면에서 무역정책의 결정과정에 관해 살펴보기로 한다.

정치학자 또는 공공선택학자들은 이미 오래 전에 '정당간의 경쟁 모형'을 사용하여 "투표자들의 선호가 실제 정책에 어떻게 반영되는지"를 설명해 왔다(Downs, 1957). 정당간의 투표경쟁 모형은 다음과 같이 단순하게 나타낼 수 있다. 우선, 한 나라에 두 개의 정당이 서로 경쟁하고 있다고 가정해 보자. 각 정당은 다음 선거에서 승리(집권)하기 위하여 투표자들에게 할 수 있는 모든 약속(공약)을 경쟁적으로 한다. 둘째, 두 정당(*A*당과 *B*당)이 투표자들에게 약속하는 정책은 한 가지만 있다고 가정해 보자. 우리의 경우 관세율(tariff rate) 수준 결정이 유일한 정책이라고 가정하자. 따라서 각 정당이 제시하는 정책(관세율)은 일직선상의 한 점으로 나타낼 수 있다. 셋째, 각 투표자들은 정책에 대해 서로 다른 선호를 가지고 있다고 가정한다. 다시 말하면, 투표자들이 선호하는 관세율 수준은 투표자들마다 서로 다르다. 예를 들어, 어떤 국가가 기술집약적인 재화(예를 들어, IT산업)를 수출하고, 노동집약적인 재화를 수입한다고 가정해 보자. 그러면 숙련기술이 높은 투표자들은 낮은 관세율을 선호할 것이고, 숙련기술이 낮은 투표자들은 높은 관세율을 선호하게 될 것이다.[2] 그러므로 각 투표자들이 선호하는 관세율 순서로 투표자들을 일직선상에 배열할 수 있다. 즉, 가장 낮은 관세율을 선호하는 투표자는 가장 왼쪽에 두고, 가장 높은 관세율을 선호하는 투표자를 가장 오른쪽에 배열한다.

이와 같은 기본적인 가정 하에서 "과연 두 정당은 투표자들에게 어떤 정책(관세율 수준)을 제시할 것인가?" 그 대답은 "두 정당은 중간에(middle ground) 위치한 투표자가 선호하는 관세율 수준을 제시할 것이다". 다시 말하면, 두 정당은 '중위투표자'가 선호하는 정책(관세율)을 제시할 것이다. 여기서 '중위(中位)투표자'란 일직선상에서 중간에 위치한 투표자를 말한다. 이러한 결과가 나타나는 이유를 살펴보기 위하여 <그림 16-4>를 살펴보기로 하자.

---

2) 즉, 국제시장에서 경쟁력이 있는 (또는 숙련기술이 높은) 투표자들은 낮은 관세율을 선호하고, 경쟁력이 없는 (또는 숙련기술이 낮은) 투표자들은 높은 관세율을 선호할 것이다.

그림 16-4 정당 간의 관세율 경쟁

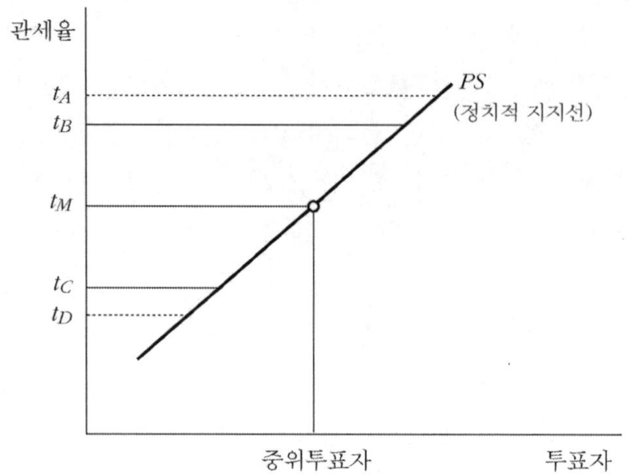

<그림 16-4>에서 투표자들은 자신들이 선호하는 관세율 수준을 중심으로 배열되어 있다. 그림에서 횡축은 투표자들을 나타내고, 종축은 투표자들이 선호하는 관세율이 나타나 있다. 투표자들이 선호하는 관세율은 우상향하는 직선으로 표시되어 있다. 이를 "정치적 지지선"(*PS*)이라고 부른다. 그림에서 t_M은 중위투표자가 선호하는 관세율을 나타낸다. 만약 두 정당 중에서 *A*정당이 t_A의 관세율을 제시한다고 가정해 보자. t_A의 관세율은 중위투표자가 선호하는 관세율 수준보다 훨씬 더 높음을 알 수 있다. 그러면 상대 정당인 *B*당은 투표자들에게 t_A보다 약간 더 낮은 t_B의 관세율을 제시할 것이다. 낮은 관세율을 선호하는 '거의 모든 투표자들'(이를 '과반수 투표자'라 함)은 t_A보다 t_B를 더 선호하게 된다. 따라서 각 정당은 상대정당(또는 경쟁하는 정당)에 비해 "더 낮은 관세율을 제시하고 자" 경쟁할 것이다. 다시 말하면, 각 정당은 중위투표자가 선호하는 관세율보다 더 높은 수준의 관세율을 제시하는 경우 상대 정당보다 '조금이라도 더 낮은' 관세율을 제시하고자 할 것이다. 이를 "더 낮은 관세율 제시전략"(undercutting strategy)이라 한다. 상

대 정당보다 '조금이라도 더 낮은' 관세율을 제시하는 정당이 선거에서 승리하기 때문이다. 그 이유는 t_B가 t_M에 더 가까이 위치해 있기 때문이다. 따라서 각 정당은 t_B의 관세율을 제시함으로써 자신의 정치적 이익을 극대화시킬 수 있다. 요약하면, 선거에서 어느 한 정당이 t_A의 관세율을 제시하는 경우 상대(경쟁) 정당은 이보다 더 낮은 t_B의 관세율을 제시함으로써 과반수의 득표를 얻어 선거에서 승리하게 된다.

반면에 각 정당이 중위투표자가 선호하는 관세율보다 낮은 관세율을 제시하는 경우에는 상대 정당보다 '조금이라도 더 높은' 관세율을 제시하고자 경쟁할 것이다. <그림 16-4>에서 t_C의 관세율은 t_D수준보다 t_M에 더 가까이 위치해 있음을 볼 수 있다. 만약 어느 한 정당이 투표자들에게 t_D의 관세율을 제시한다면 상대 정당은 이보다 약간 더 높은 t_C의 관세율을 제시함으로써 과반수 득표를 얻을 수 있다. 그러나 이러한 경우는 발생하지 않을 것이다.

따라서 '득표 극대화'를 추구하는 각 정당은 투표자들에게 중위투표자가 선호하는 관세율 수준(t_M)에 가장 가까운 관세율을 제시하고자 경쟁할 것이다. 각 정당은 궁극적으로 중위투표자가 선호하는 관세율 수준을 제시함으로써 과반수 득표를 얻어 선거에서 승리하게 된다.

정치학자와 공공선택학자들은 이러한 단순 모형을 다양하게 수정해 왔다. 예를 들면, 일부 정치학자들은 '정당 지지자들(당원)의 중요성'을 강조하고 있다. 정당 지지자들(당원)은 종종 정치적 이념을 바탕으로 자신들이 좋아하는 정당을 지지하게 된다. 따라서 이들로부터 지지를 이끌어 내기 위해서 각 정당은 이들이 선호하는 정책을 제시하고자 할 것이다.

이와 같이 투표경쟁에 관한 중위투표자 모형은 "현실 세계에서 정책결정이 어떻게 이루어지는지"를 분석하는데 매우 유용하다고 할 수 있다. 무엇보다도 현실 세계의 경우 정책의 소득분배 효과가 정책이 효율성에 미치는 효과보다 더 중요하다고 할 수 있다. 따라서 정책의 소득분배 효과를 분석하는 데 중위투표자 모형은 유용한 분석 수단을 제공해 준다.

그러나 무역정책의 경우 중위투표자 모형이 잘 작동하지 않는 분야에

표 16-1 정당 간 관세율 경쟁

두 정당의 관세율 경쟁	결 과
두 정당이 중위투표자가 선호하는 관세율보다 더 높은 관세율을 제시하는 경우 (즉, t_A와 t_B가 경쟁하는 경우)	t_B(더 낮은 관세율)가 과반수의 득표를 획득
두 정당이 중위투표자가 선호하는 관세율보다 더 낮은 관세율을 제시하는 경우 (즉, t_C와 t_D가 경쟁하는 경우)	t_C(더 높은 관세율)가 과반수의 득표를 획득 (이 결과는 비현실적임)

해당된다. 무역정책과 관련하여 중위투표자 모형은 종종 '그릇된 예측'을 제시해 주기 때문이다. 중위투표자 모형에 의하면 어떤 정책은 "얼마나 많은 투표자들을 기쁘게 해 주느냐"를 기반으로 해서 선택되어야 한다. 중위투표자 모형의 경우 과반수의 투표자를 기쁘게 하는 정책이 궁극적으로 채택되는 경향이 있다.

중위투표자 모형이 작동하지 않는 경우를 살펴보기 위하여 다음 두 가지 경우를 고려해 보자. 먼저, 다수의 사람들에게 편익을 가져다주고 소수의 사람들에게만 손해를 끼치는 정책을 고려해 볼 수 있다. 이러한 정책은 중위투표자 모형에서는 '정치적으로 승리'(political winner)하게 될 것이다. 다음으로, 다수의 사람들에게 손해를 주고 소수의 사람들에게만 편익을 가져다주는 정책을 고려해 볼 수 있다. 이러한 정책은 중위투표자 모형에서는 분명히 '정치적으로 패배'(political loser)하게 될 것이다. 그러나 정부가 실시하는 대부분의 보호무역 정책들은 전자보다는 '후자'에 더 가깝다고 할 수 있다. 왜냐하면 대부분의 보호무역 정책들은 소수의 사람들에게만 이익(이를 소수자의 '특수이익'(special interest)이라 함)을 가져다주기 때문이다. 그럼에도 불구하고 보호무역 정책들은 많은 나라들에서 빈번하게 실시되고 있다. 따라서 보호무역 정책의 경우 중위투표자 모형은 올바른 예측을 제시해 주지 못하고 있다. 중위투표자 모형에 따르면 전자의 정책이 마땅히 채택되어야 하나 현실 세계에서는 오히려 '후자'의 정책이 주로 채택되기 때문이다. 예를 들면,

미국의 설탕수입쿼터(sugar import quota)의 경우 수입쿼터는 대다수의 미국 소비자들(투표자들)에게 커다란 손해를 가져다 주지만 소수의 설탕산업들에게만 큰 이익을 가져다 준다고 알려져 있다. 그럼에도 불구하고 설탕수입쿼터는 여전히 실시되고 있다. 어떻게 이런 정책이 정치적으로 발생하고 있는가? 이에 대해서 중위투표자 모형은 설득력 있는 설명을 제시하지 못하고 있다.

[책임집필 : 이성규]

Chapter 17

합리적 기권

Public Choice

제1절 합리적 기권 모형

공공선택론은 사익(self-interest)을 추구하는 유권자 가설에 따라 유권자가 투표에 참여하는 것보다 참여하지 않는 것이 더 합리적 선택이라는 것을 합리적 기권(rational abstention)이라고 부른다. 본 장에서는 이러한 합리적 기권모형을 구성하는 기본 요소들에 대해 알아보고, 그러한 요소들이 어떻게 결합하여 유권자의 합리적 기권을 낳게 되는 지를 살펴보고자 한다. 또한 이론적 예측과 달리 현실적으로 무수히 많은 유권자들이 투표에 참여하는 현상을 설명하기 위한 학제적 노력을 살펴보고자 한다.

다운즈(Downs, 1957)의 투표의 계산(calculus of voting) 모형에서 시작하여 라이커와 오데숙(Riker and Ordeshook, 1968)에 의해 집대성된 이 이론은 합리적 개인은 두 명의 후보자가 경합하는 선거에서 자신이 선호하는 후보자에게 투표하는 것보다 기권하는 것이 자신의 효용을 극대화하는 행동일 수 있음을 보이고 있는 것이다. 우선 다운즈(Downs, 1957)는 합리적 유권자가 투표에 참여할 것인가를 결정하는 상황을 다음과 같이 모형화하였다.

$$R = p \times B - C$$

이때 R은 유권자가 투표에 참여함으로써 얻는 이득(reward)을, p는 유권자 개인의 한 표가 자신이 선호하는 후보자를 당선시키는데 기여할 수 있는 확률(probability)을, B는 유권자 자신이 선호하는 후보자가 당선됨으로써 얻을 수 있는 효용(benefits)을, 그리고 C는 유권자가 투표에 참여함으로써 지불해야하는 비용(cost)을 의미한다.

다운즈(Downs, 1957)에 따르면 유권자는 $R>0$인 경우에 투표하고 $R<0$인 경우 기권하게 된다. 현실적으로 투표에 참여함으로써 지불해야하는 비용인 C는 아주 미미함에도 불구하고 0보다 큰 값을 가질 것이다. 유권자는 투표 당일 투표소까지 가기 위해 발품을 팔아야할 뿐만 아니라 투표소 앞에서 상당 시간 동안 기다려야하는 시간적 비용을 지불해야 한다. 또한 투표소에 가지 않은 경우 아침 일찍 가족과 함께 장거리 여행을 떠나 즐거운 시간을 보낼 수 있었다면 투표소에 감으로써 그러한 여행을 취소해야하는 기회비용도 발생할 수 있는 것이다. 한편, 유권자는 자신이 선호하는 후보자가 당선됨으로써 얻게 되는 효용 B를 개인에 따라 상당히 크게 느낄 수도 있다. 후보자가 자신의 집 앞에 도로를 포장할 것을 약속함으로써 그러한 공약이 실현되는 경우 얻게 될 이익을 고려할 수도 있다. 그러나 유권자 개인의 한 표는 지역구 선거의 경우 수십만 유권자 가운데 한 표, 대통령 선거의 경우 수백만의 유권자 가운데 한 표에 불과하기 때문에 유권자가 자신의 표를 행사함으로써 선호하는 후보자를 당선시키는데 기여하는 가치 또는 확률은 거의 0에 가까울 것이다. 따라서 개별 유권자는 자신이 선호하는 후보자의 당선을 통해 얻을 수 있는 효용(B)이 아무리 크다 할지라도 자기의 한 표가 후보자의 당락을 좌우할 영향력(p)에 의해 효용이 할인되기 때문에 거의 0에 수렴하는 $p \times B$의 값을 지니게 된다. 반면 유권자가 투표에 참여하면서 지불해야하는 비용은 분명히 0보다 큰 값을 지니게 되며, 그 결과 유권자의 투표참여여부를 결정하는 전체적인 이득, R은 0보다 작은 값이 될 것이라는 것이다. 따라서 이러한 자신이 선호하는 후보자의 당선을 통해 얻게 되는 효

용, 자신의 한 표가 선호하는 후보자를 당선시키는데 기여하는 영향력, 그리고 자신이 투표에 참여함으로써 지불해야하는 비용을 비교하고, 그 결과 나타나는 참여에 따른 이익의 크기를 고려하는 합리적 개인은 투표에 참여하기보다는 기권하게 된다는 것이다.

제 2 절 합리적 기권 모형의 발전

그러면 이와 같은 합리적 기권의 가능성에도 불구하고 현실적으로 다수의 유권자들이 대부분의 선거에 참여하고 있는 현실은 어떻게 설명할 것인가? 공공선택론에서는 유권자의 합리적 기권의 문제를 해결하기 위해 크게 두 측면에서 논의를 진행해 왔다고 볼 수 있다. 첫 번째 측면은 라이커와 오데슉(Riker and Ordeshook, 1968)에 의해 제시된 것이다. 이는 다운즈의 모형에 투표행위 자체와 관련된 요인 이외의 투표행위 외적 요인을 고려함으로써 투표참여로부터 얻는 이득이 0보다 커질 수 있음을 고려한 것이다. 라이커와 오데슉이 다운즈의 모형을 발전시켜 합리적 유권자의 투표참여 결정모형으로 제시한 것은 다음과 같다.

$$R = p \times B - C + D$$

다운즈의 모형과 비교할 때, 추가된 D라는 요소는 유권자 개인이 투표참여라는 공적의무(duty)를 이행함으로써 얻게 되는 심리적, 공적 효용을 의미한다. 이는 투표 참여와 직접적으로 관련된 요소라기보다는 투표 참여 또는 불참의 결정이 이루어진 후 발생하는 사후적 또는 외적 요인에 해당한다. 유권자가 투표 참여여부 결정에 이러한 심리적, 공적 효용을 고려하는 경우 때때로 투표참여에 따른 비용을 넘어서는 이익(R)이 발생할 수 있으며 그 결과 유권자는 투표에 참여하게 되는 것이다.

이와 같은 라이커와 오데슉의 투표참여 모형은 한국의 정치현상을 설명하기 위한 다수의 연구에서 활용되고 있는 실정이다. 김재한(1993; 2011)의 경우는 한국의 제14대 대통령 선거에서 유권자들의 투표참여 행태를 분석한 결과 유권자 개개인의 후보자에 대한 선호와 선거결과에 대한 예측에 따라 투표참여 행태가 달라지고 있음을 발견하였을 뿐만 아니라, 또 다른 연구에서는 2000년부터 2010년 사이에 이루어진 선거에서 투표참여율 및 2010년 지방선거에서의 투표참여여부 결정에 연령이 미치는 영향력을 추정하기 위해 투표참여 모형을 활용하고 있다. 또한 김욱(1998, 2002)은 한국 선거에서는 위와 같은 심리적 효용에 대한 고려에도 불구하고 투표 참여에 드는 비용(C)이 상대적으로 크기 때문에 투표참여가 감소하고 있음을 주장하였으며, 강원택(2002)은 제14대, 제15대 대통령 선거에서 투표참여가 감소한 원인이 정치적 불만족의 증대 때문임을 밝히고 있다. 조성대(2000)는 위의 투표참여 모형의 가정을 확대하여 미국 대통령 선거에서 다수의 후보가 경합하는 상황에서의 투표참여의 문제를 다루고 있다. 더욱 최근에는 선거 경쟁도와 선거비용 지출의 차별성이 지역구 수준의 투표참여율에 미치는 영향에 위와 같은 투표참여 모형을 활용하고 있다(한정훈·강현구, 2009).

라이커와 오데슉(Riker and Ordeshook, 1968)의 논의는 유권자가 지닌 대안(alternative)과 각 대안의 선택으로부터 예상되는 결과(consequence)에 대한 믿음(belief)을 통해 기대효용모형으로 재구성할 수 있다. 이를 위해 한 명의 유권자가 두 명의 후보자, A와 B 가운데 누구에게 투표할 것인지 또는 투표에 아예 불참해야하는 것인지를 결정하는 상황에 처해 있음을 가정하자. 이 유권자에게는 다음과 같은 4개의 결과(outcome)가 발생한다. 1) x_1 = 기권하고 A가 당선되는 경우, 2) x_2 = 투표하고 A가 당선되는 경우, 3) x_3 = 기권하고 B가 당선되는 경우, 4) x_4 = 투표하고 B가 당선되는 경우가 이에 해당한다. 유권자는 네 가지 결과 각각이 발생할 확률에 대한 고려를 통해 네 가지 결과에 대한 하나의 확률분포를 지닌다. 그리고 각 결과에 대한 효용을 기대효용함수 u로 대표할 수 있다고 가정하자. 그러면,

$$u(x_1) = u_A$$
$$u(x_2) = u_A + (D - C)$$
$$u(x_3) = u_B$$
$$u(x_4) = u_B + (D - C)$$

가 될 것이다. 여기서 u_A는 A 후보자가 승리하게 되면서 얻을 수 있는 효용을 의미하고, D는 유권자가 자신의 의무(duty)를 이행함으로써 얻게 되는 효용(Riker and Ordeshook, 1968), C는 투표에 따른 비용을 의미한다. 이 때 D와 C는 각각 0보다는 크거나 같다.

유권자의 선택에 대한 논의를 간단히 하기 위해 유권자가 A 후보를 더 선호하고 있다고 가정하자. 이 경우 $u_A > u_B$가 된다. 또한 선거에서 당선자 결정규칙은 최다득표제(plurality rule)라고 가정하자. 각 유권자는 다른 유권자 역시 자신과 마찬가지로 어떤 결과가 발생할 지에 대해 불확실할 것이라고 가정할 수 있다. 이제 다른 유권자들로부터 후보자 A가 얻은 득표를 V_A라고 표현하고, 후보자 B가 얻은 득표를 V_B라고 표현하자. 또한 $\mathrm{P}(V_A = V_B)$를 후보자 A와 B가 다른 유권자들로부터 얻은 득표가 동일한 경우가 발생할 확률로 정의하자. 만일 두 후보자의 득표가 동일한 경우 동전 던지기를 통해 승자를 결정한다고 가정하자.

각 유권자의 결정은 A에게 투표, B에게 투표, 불참이라는 세 가지 대안 가운데 하나를 선택하는 것이다. 각각의 선택은 유권자에게 직접적인 결과를 가져다주는 것이 아니다. 개인의 선택이 결과와 직접적으로 연계되지 않은 선택과 결과 사이의 연계의 불확실성으로 인해 유권자는 발생할 결과에 대해 믿음(belief)을 지니고 이런 믿음은 각 결과에 대한 확률로 모형화될 수 있다. 예를 들어, 유권자가 자신이 선호하는 후보인 A에게 투표한다고 가정하자. 이 경우 결과 x_1의 확률은 0에 해당한다. 또, 결과 x_2에 부여되는 확률은 다른 유권자들의 투표에 의해 A가 이기고 있거나 동률인 경우 유권자의 투표에 의해 A가 승리하는 확률적 상황($P(V_A \geq V_B)$)과 다른 유권자들의 투표에 의해 A가 B에게 단 1 표가 적은 상황에서 유권자가 자신의 표 행사를 통해 A와 B 후보자의 득표가 동일하게 만들고 그에 따라 1/2의 당선확률을 부여하는 상황($(1/2) \times P(V_A = V_B - 1)$)의 합에 해당한다. 수식으로 표현하면 다음과 같다.

$$P(V_A \geq V_B) + (1/2)P(V_A = V_B - 1)$$

또한 결과 x_3의 확률은 0이 되고, 결과 x_4의 확률은 A가 B에게 1 표 이상 지고 있는 상황에서 자신의 표 행사에도 불구하고 A가 패배하는 경우의 확률($P(V_A < V_B - 1)$)과 A가 B에게 정확히 1표 차로 지고 있는 상황에서 자신의 표 행사로 A와 B의 득표가 동일해지고 그에 따라 A의 당선확률이 1/2이 되게 만드는 경우의 확률($(1/2)P(V_A = V_B - 1)$)의 합이 될 것이다. 수식으로 표현하면 다음과 같다.

$$P(V_A < V_B - 1) + (1/2)P(V_A = V_B - 1)$$

결국, 유권자가 A에게 투표함으로써 얻을 수 있는 기대효용은,

$$\begin{aligned}
&EU(A\text{ 후보자에 투표}) = u(x_1) \times 0 + u(x_2) \times (P(V_A \geq V_B) + (1/2)P(V_A = \mathrm{V}_B - 1)) \\
&\quad + u(x_3) \times 0 + u(x_4) \times P(V_A < V_B - 1) + (1/2)P(V_A = V_B - 1) \\
&\quad = u(x_1) \times 0 + (u_A + (D - C)) \times (P(V_A \geq V_B) + (1/2)\mathrm{P}(V_A = V_B - 1)) \\
&\quad + u(\mathrm{x}_3) \times 0 + (u_B + (D - C)) \times P(V_A < V_B - 1) + (1/2)P(V_A = V_B - 1) \\
&\quad = u_A \times P(V_A \geq V_B) + ((u_A + u_B)/2) \times (P(V_A = V_B - 1) \\
&\quad + u_B \times P(V_A < V_B - 1) + D - C
\end{aligned}$$

유사한 논리에 따라 유권자가 기권함으로써 얻을 수 있는 기대효용을 구하면,

$$E_U(\text{기권}) = u_A \times P(V_A \geq V_B + 1) + ((u_A + u_B)/2) \times (P(V_A = V_B) + u_B \times P(V_A < V_B)$$

이다. 따라서

$$E_U(\text{A 후보자에 투표}) - E_U(\text{기권}) = ((u_A - u_B)/2) \times P(V_A = V_B, \text{또는 } V_B - 1) + (D - C)$$

가 된다. 이때, $P(V_A = V_B$, 또는 $V_B - 1)$는 유권자의 한 표가 특정 후보의 선거에서의 당선 여부나 결정적인 영향력을 행사할 수 있는 확률, 유권자가 중추적(pivotal) 행위자가 될 수 있는 확률을 의미한다. 다수의 유권자가 참여하는 일반적 선거에서 이러한 확률은 매우 낮으며 거의 0에 근접할 것으로 간주된다. 결국, 유권자는 A후보자의 당선으로부터 얻는 효용과 B 후보자의 당선으로부터 얻을 것으로 생각되는 효용의 차($u_A - u_B$)가 아주 크거나, 투표참여와 같은 의무이행으로부터의 얻게 되는 효용이 비용을 초과하는 경우 기권하는 것보다는 A후보자에게 투표하게 될 것이다. 반면, 유권자가 A후보자의 당선으로부터 얻는 효용과 B 후보자의 당선으로부터 얻을 것으로 생각되는 효용의 차($u_A - u_B$)가 크지 않다고 생각하거나, 투표참여에 따른 확실한 비용이 발생하고($C > 0$), 좋은 시민이 되는 것으로부터 큰 이익을 얻는다고 생각하지 않을 때($D = 0$)는 기권하는 것이 자신의 효용을 극대화하는 것이 된다. 이와 같은 기대효용모형을 통해서도 투표참여 외적 요인인 공적효용(D)의 중요성을 확인할 수 있다.

라이커와 오데슉(Riker and Ordeshook, 1968)이 제기한 공적의무(D) 수행에 따른 이익과 유사한 또 다른 투표참여 외생적 효용(exogenous utility)으로는 투표참여를 통해 자신을 표현함으로써 얻게 되는 이익(Brennan and Lomasky, 1993)을 들 수 있다. 그러나 이와 같이 투표참여와 직접적으로 관계된 효용 이외의 외생적 효용을 고려한 주장은 투표에 참여한 사람은 누구나 $D > C$의 효용 구조를, 투표에 참여하지 않는 사람은 누구나 $C > D$의 효용

구조를 지닌 것으로 간주할 수 있기 때문에 두 가지 효용구조 가운데 어느 한 편이 유권자들의 실제 행동에 부합하는지를 검증할 수 있는 방법이 존재하지 않는다는 문제점을 지닌다. 이러한 문제점에 대한 인식을 통해 캐플런(Caplan, 2007)의 최근 연구는 공공선택론의 사적이익추구적 유권자 가설을 부정하고 투표자는 비합리적 믿음에 근거하여 투표한다고 하는 합리적 비합리성(rational irrationality) 개념을 제시하고 있다.

위와 같이 투표행위에 영향을 미치는 외적 요인을 중심으로 합리적 기권의 문제를 해결하기 위한 방안과는 다른 또 다른 방안을 제시하는 연구들이 존재한다. 이들은 유권자 개인이 자신의 참여가 자신이 선호하는 후보자의 당선에 영향을 미칠 것이라는 주관적(subjective) 확률에 대해 내리는 평가에 초점을 맞추고 있다. 이 방안 가운데 하나는 전망이론(prospect theory)에 근거하여 유권자들은 자신들의 한 표가 선거 결과에 결정적인 영향력을 행사할 수 있는 확률을 고평가(overestimate)하는 경향이 있음을 주장한다. 다른 하나는 레드야드(Ledyard, 1984)가 제기한 것으로 유권자가 투표상황에 대해 지닌 개인적 신념(belief)을 통해 발생하는 세 가지 균형 상태이다. 첫 번째 균형 상태는 다른 모든 사람이 투표하지 않는 경우 반드시 투표한다는 것이다. 이는 유권자 개인의 투표가 선거결과에 결정적인 영향력을 행사할 것으로 예상하기 때문에 가능한 것이다. 두 번째 균형 상태는 다른 모든 사람이 투표한다면 유권자 개인은 절대 투표하지 않는다는 것이다. 이는 유권자 개인의 투표가 결과에 영향을 미치지 못할 것이라는 것이 거의 확실하기 때문에 발생한다. 마지막 세 번째 균형 상태는 투표참여의 비용이 많이 들지 않는다고 생각하는 사람들은 투표하고, 투표참여의 비용이 이익보다 크다고 생각하는 사람들은 투표하지 않으며, 투표하는 것과 투표하지 않는 것과 무차별한(indifferent) 소수의 사람들이 존재하는 균형이라는 것이다.

합리적 기권의 문제를 해결하기 위한 위와 같은 논의들에도 불구하고 아직 학계의 전반적 동의를 형성한 해결책이 제시되고 있지는 않다. 피오리나(Fiorina, 1989) 이러한 합리적 선택이론에 따른 투표참여 이론의 문제점을 '합리적 선택을 잡아먹는 모순(paradox that ate rational choice theory)'이라고 표현하고 있다. 그러나 공공선택론의 합리적 기권을 이해하는데 있어 주의할 점은 합리적 기권 이론이 "당신은 합리적 개인으로써 투표하지 말아야 한다"는 것을 주장하는 것이 아니라는 것이다. 합리적 기권이론은 오히려 특정 유형의 유권자, 다시 말해, 위에서 고려된 요인을 중심으로 자신의 투표 참여 여부를 전적으로 결정하고자 하는 유권자들이 선거 당일 투표하지 않고 집에 머무를 행동유인(incentive)이 있을 수 있다는 점을 보여주는 것이라 할 수 있다.

[책임집필 : 한정훈]

Chapter 18

연합의 이론

Public Choice

제1절 최소승리연합과 최소연결승리연합

앞에서 설명한 '중위투표자'와 '합리적 기권자' 개념들이 양당제를 전제로 논의한 것이라면, 다당제 특히 내각책임제에서는 연합(coalition) 개념이 주로 원용되고 있다.[1] 연합에 관한 대표적 개념은 최소승리연합(minimal winning coalition; MWC)이다. 라이커(Riker, 1962)에 의하면, 거대연합은 승리의 전리품 분배에서 자기 몫을 극대화시키기 위해 깨질 수밖에 없으며, 완전한 승리 이후에도 계속 유지되는 거대연합은 독재체제가 아닌 한은 있을 수 없다고 한다. 즉 승리에 필요하지 않은 정당은 연합에서 배제된다는 것이다. 예컨대 *A*가 30%, *B*도 30%를 차지하고 있을 때 *A*와 *B*만으로 과반수승리연합이 되기 때문에 굳이 승리에 불필요한 *C*를 연합에 포함시키지 않는다는 것이다.

연합과 관련된 다른 주요 개념은 최소연결승리연합(minimal connected winning coalition; MCWC)이다. 이에 따르면 연합은 이념이 유사한 자끼리 구성되고 그러한 연결이나 승리에 불필요한 파트너를 제외하면서 형성된다고

1) 이 장의 일부는 김재한(2012a; 2012b)에서 그대로 따온 것임을 밝힌다.

한다(Axelrod, 1970). 이념적으로 *A*, *B*, *C*, *D* 순서로 배열될 때 승리연합 *A*+*B*+*C*가 *A*나 *C*가 빠지면 승리연합이 되지 않고 *B*가 빠지면 연결연합이 되지 않는다면 연합 *A*+*B*+*C*는 최소연결승리연합이다. 실제 연합은 그러한 최소연결승리연합으로 형성된다는 것이다.

이합집산이 가능한 체제에서는 연합의 논의가 매우 유용하다. 일찍이 김재한(1994b)은 연합이론을 1990년 3당합당에 적용한 바 있다. 당시 의석 2/3 이상을 승리연합으로 보고 최소승리연합이 민정(민주정의당)+평민(평화민주당)과 민정+민주(통일민주당)+공화(신민주공화당)의 두 경우뿐임을 계산하였다. 또한 2/3 이상의 최소연결승리연합이 평민+민주+민정과 민주+민정+공화의 두 가지임을 계산하였다. 1990년에 발생한 3당합당은 위의 최소승리연합 가설과 최소연결승리연합 가설이 공통으로 예측한 연합형태 즉 민주+민정+공화임을 주장하였다.

김희민(1994)은 각 정당들이 2/3다수 합당을 선호했고 양김씨의 경쟁관계로 민주당과 평민당이 함께 연합에 참여할 수 없었기 때문에 민정+민주+공화의 3당합당이 필연적이었다고 주장한다.

3당합당 이후에도 한국의 정당들은 이합집산을 거듭해오고 있다. 특히 정당 간의 연합과 결별뿐 아니라 정당내부의 파벌 간 연합과 결별도 변화무상할 정도로 매우 동태적이다.

제2절 권력지수

섀플리-슈빅(Shapley-Shubik) 지수와 반자프(Banzhaf) 지수는 패배연합을 승리연합으로 바꾸는 데에 공헌하는 정도를 측정하는 대표적 권력지수(power index)이다. 무작위로 행위자들을 하나씩 포함시켜 승리연합(winning coalition)을 구성할 때 자신이 선택됨으로써 승리연합의 구성이 마감될 빈도수를 계산한 것이 섀플리-슈빅 지수이며, 여러 승리연합들 가운데 자신이 빠지면 그 승리연합이 와해되는 빈도수를 계산한 것이 반자프 지수이다.

예컨대, 갑(40%), 을(30%), 병(20%), 정(10%)이 단순 과반수제로 움직일 때 과반수 승리연합은 갑+을, 갑+병, 갑+을+병, 갑+을+정, 갑+병+정, 을+병+정, 갑+을+병+정 등 일곱 가지이다. 7개의 과반수 승리연합에 갑은 6번, 을은 5번, 병은 5번, 정은 4번씩 포함된다. 30%의 을과 20%의 병은 과반수승리에 대한 기여가 동일하다. 단순 지분과 승리 기여도는 늘 일치하는 것은 아니다. 더 극단적인 예를 보자. 세 집단이 각각 49%, 48%, 3%의 의석을 갖고 있을 때 단순 과반수제에서는 각 집단의 권력지수가 1/3씩 동일하다. 왜냐하면 49%가 과반수연합을 형성할 능력과 3%가 과반수연합을 형성할 능력은 동일하기 때문이다.

김준한(1989)은 제13대 국회에서의 정당별 권력지수를 계산하여 정당간 연합가능성을 추정한 바 있다. 김재한(1994b)도 제13대 국회의석수로 각 당의 섀플리값(Shapley value)와 반자프-콜만(Banzhaf-Coleman)지수를 계산하였는데, 민정 1/2, 평민, 민주, 공화는 각각 1/6이었다. 3당합당 직전 민정 43%, 평민 24%, 민주 20%, 공화 12%, 무소속 2%의 의석비에서 계산된 것이다.[2] 당시 국회의원을 대상으로 실시한 여론조사에서 제13대 국회 운영에 대해 공화당 의원들은 불만을 표시한 의원이 단 1명도 없었다. 공화당은 주어진 의석비 12%에 비해 상대적으로 더 큰 1/6만큼의 영향력을 행사했다는 점을 간접적으로 보여주는 것이다. 배형(1996)은 제 3 대 국회부터 제13대 국회까지 정당별 권력지수를 각각 계산한 바 있다.

이러한 권력지수로 한국정당의 권력을 측정할 때 주의가 필요하다. 정당의 권력이 국회 의석으로만 구성되는 것이 아니기 때문이다. 장외투쟁과 실력행사라는 수단이 있어 여당이 국회 과반수를 점하더라도 국회 소수 야당의 반대에 부딪혀 안건을 제대로 통과시키지 못할 때가 있다.

---

2) 반올림으로 인해 합이 101%이다.

제3절 흥정집합

연합내부 배분의 대표적 개념은 흥정집합(bargaining set)이다(Owen, 1982). 전리품 분배에 갈등이 크면 그 승리연합은 유지되기 어렵다. 기존 승리연합의 구성원이 더 큰 몫을 위해 기존 연합에서 이탈할 때 그 와해된 승리연합의 잔류자가 그 이탈자를 제외한 승리연합을 새로이 구성하여 모두에게 더 나은 조건으로 분배할 수 있으면 이탈자를 억제시킬 수 있다. 그러한 기존 배분방식을 흥정집합으로 부른다.

예컨대, 동일한 의석수를 갖는 *A*, *B*, *C* 3당이 과반수로 승리연합을 구성한다고 하면 두 당 이상이면 승리연합이다. *A*와 *B*의 승리연합의 분배방식은 여러 가지가 있다. *A*와 *B*가 각각 1/2씩 나눌 때 *B*가 이탈하여 자신은 2/3를 갖고 *C*는 1/3을 갖는 새로운 승리연합을 형성했다고 하자. *A*는 이탈자 B를 제외시키고 *C*에게 1/3보다 더 큰 1/2을 주고 자신은 본래 받았던 1/2을 다시 얻는 승리연합을 추진할 수 있다. 따라서 *B*로서는 이탈하여 승리연합 구성에 성공할 가능성이 작다. 이러한 1/2씩 갖는 분배방식은 흥정집합에 속하며, *A*와 *B*는 기존 승리연합을 이탈하려는 동기가 작다.

이와 달리 만일 *A*와 *B*가 각각 2/3와 1/3을 얻는다면 상황은 달라진다. 기존 배분방식에 불만인 *B*는 *C*와 새로운 승리연합을 구성하면서 1/2씩 나누기로 했다고 하자. 그 경우 *A*는 기존 연합에서 받았던 2/3를 유지한 채 *C*가 받고 있는 1/2을 제공할 수가 없다. 따라서 2/3와 1/3의 분배방식은 흥정집합에 속하지 아니하고, 매우 불안정한 배분방식이며, 그 승리연합은 와해되기 쉽기 때문에 잘 채택되지 않을 것이다.

김재한(1994b)은 흥정집합 개념으로 1990년 3당합당 전후의 배분비율을 계산하였다. 평민+민주+공화 야3당의 승리집합은 각각의 이득을 1/3씩 균등하게 분배할 때 그 연합을 유지할 수 있다. 어느 정당이 의석수가 더 많다고 1/3보다 더 많은 이익을 취하려 하면 그 연합은 깨지게 된다. 당시의 평민+민주+공화 야3당의 공조 분열과 민정+민주+공화 3당합당은 야

3당 간 분배방식에 관한 이견으로 시작된 것일 수 있다고 주장하였다. 또한 합당 후 민자당은 민정, 민주, 공화계의 당무회의 구성비를 9:7:4로 합의했다는 주장이 있었지만 이 구성비는 흥정집합(안정적 배분방식)에 해당되지 않는다. 물론 9:7:4의 구성은 아예 시행되지 못했다. 대신에 국회 상임위원 자리를 6:4:2로, 당간부직을 5:3:2로, 시도지부장 인선은 7:4:3으로 배분한 바 있다. 이 세 가지 분배방식은 모두 흥정집합에 속한다. 이러한 분배방식에서 만일 민정계가 평민당과의 연합을 통해 자기 몫을 더 많이 추구한다면, 민주계와 공화계는 민정계가 평민당에게 제시한 평민당의 몫보다 더 큰 몫을 평민당에게 배분하는 새로운 제안으로 대응할 수 있다. 따라서 민정계가 더 많은 요구를 하기가 어려웠다. 흥정집합에 해당되는 분배방식을 통해 민자당은 다음 선거까지 의석 과반수의 승리연합을 유지할 수 있었다.

제 4 절 내부고발

공공선택이론의 아주 오래된 주제 하나가 바로 협력(cooperation)이다. 죄수딜레마(prisoners' dilemma) 상황에서는 서로 배반하는 것이 유리하여 협력이 잘 성사되지 않는데, 어떠한 기제가 협력을 유도할 것인가 하는 연구였다. 협동은 개인주의가 팽배한 구미(歐美)사회에서 긍정적으로 평가되는 경향이 있다.

죄수딜레마 상황에서 두 죄수가 서로 협력해서 처벌 받지 않는 결과는 외부 사람들에게 나쁜 결과이다. 유착(癒着), 야합(野合), 카르텔(cartel) 등은 협력이라기보다 담합(collusion)이나 패거리라고 불린다.

양심선언과 내부고발(whistle-blowing)처럼 조직에 대한 배신이 사회적으론 오히려 긍정적인 경우가 있다. 협력과 담합의 형성에는 집단내부의 신뢰가 중요한 요인인 반면, 담합의 와해에는 내부고발이 매우 효과적이다(金哉翰, 2000; 김재한, 2004). 리니언시(leniency)와 플리바게닝(plea bargaining) 모두 내부고발을 유도하여 담합을 와해시키는 제도이다. 리니언시 제도는 1990년대 후반 한국에 처음 도입되어 2005년부터 제1순위로 자진신고를 한 업체에는 과징금을 전액 면제해주고, 제2순위로 자진신고를 한 업체는 과징금을 50% 감면해 주고 있다. 플리바게닝은 사건 규명과 범인 체포에 기여한 공범의 형량을 감경하거나 기소를 하지 않는 제도이다.

[책임집필 : 김재한]

제 3 부

Public Choice

정부와 정책

Chapter 19

클럽재와 자원배분

Public Choice

제1절 클럽재와 경합성

공공재는 일반적으로 비경합성과 비배제성을 가진 재화로 정의된다. 비경합성이란 한 개인의 소비가 다른 개인의 소비를 감소시키거나 방해하지 않는다는 특성을 의미하고, 비배제성이란 한 개인의 소비를 위하여 다른 개인의 소비를 배제시키는 것이 불가능하거나 매우 어렵다는 것을 의미한다. 이러한 공공재의 대표적인 예로 자주 등장하는 것이 바닷가의 등대이며, 보다 현실적인 예로는 국방이나 외교 같은 국가의 공공서비스가 있다. 공공재는 비경합성 때문에 한명이라도 더 많은 사람들이 소비를 하는 것이 사회적으로 바람직하지만, 비배제성으로 무임승차 문제가 발생하기 때문에 시장은 사회적으로 적정한 수준의 공공재를 공급하지 못한다. 이러한 이유로 개인이나 기업과 달리 이윤극대화에서 자유로운 정부(국가)가 공공재를 공급하여 가급적 많은 국민들이 그 혜택을 누리도록 하되, 비용부담에 대한 무임승차를 방지하기 위하여 공공재의 공급비용은 세금으로 충당하게 되는 것이다. 그러나 우리가 사용하는 대부분의 공공재는 비경합성과 비배제성을 동시에 만족시키지 않는다. 따라서 현실 속에서 순수공공재는 찾기 힘들며, 대부분은 두 가지 성질을 부분적으로만 만족하는 준공공재가 존재할 뿐이다.

한편 공공재의 두 가지 성질 중 비배제성이 약해질 경우(즉, 배제성이 커질 경우), 무임승차자가 발생할 가능성이 줄어들기 때문에, 자원배분의 효율성 측면에서 심각한 문제가 발생하지 않는다. 그러나 경합성이 커질 경우에는 각 개인의 소비가 서로를 제약하기 때문에 누구에게 어떤 방법을 사용하여서 자원배분을 해야 할 것인가 하는 문제가 생긴다.[1] 예를 들어 여의도공원의 경우, 평상시에는 여러 명이 동시에 이용하는데 아무 문제가 없지만, 벚꽃이 필 무렵에는 많은 사람들이 몰려들어서 혼잡해지기 때문에 공원 이용에 불편함을 겪게 된다(붐비는 공원에서 화장실 같은 공원의 편의시설을 이용하기 위하여 긴 줄을 서 본 경험은 누구에게나 한번쯤 있을 것이다). 이와 비슷한 예로는 운동장, 골프장 같은 재화가 있다. 도서관이나 도로 등 정부가 공급하는 대부분의 재화들 역시 사용자가 증가할수록 다른 사용자가 그 공공재를 소비하는데 제약이 늘어나게 되는 준공공재라 할 수 있다. 공동자원에 존재하는 경합성의 특성은 여러 사람들이 (동시에) 사용하는 재화의 효율적 공급을 설명하려는 뷰캐넌의 이론에서 처음 언급되었는데, 그는 동호회 같은 자치공동체(club)의 구성원들에 의하여 공동으로 공급되며, 소비에 있어서 경합성이 존재하는 재화를 통틀어 클럽재(Club Goods)로 지칭하였다.

공공재는 비배제성과 비경합성의 성격 때문에 국가가 세금을 거둬서 공급하는 것이 효율적이며 사회적으로도 바람직하다. 그러나 우리가 접하는 대부분의 공공재는 순수공공재가 아니며 소비에 있어서 경합성이 있는 클럽재인 것이 현실이다. 경합성이라는 사적 재화의 특성을 가진 재화의 공급을 시장에 맡기지 않고 정부가 직접 하는 이유는 정부가 공공서비스를 공급하는데 있어서 비배제성과 비경합성보다도 우선시하는 기준이 있기 때문이다. 먼저 정부는 공급의 효율성 외에도 형평성을 고려하여야 하기 때문에 초등교육, 기초의료 서비스 등 얼마든지 시장에서 공급할 수 있는 서비스를 세금

1) 이 문제는 생각보다 복잡한 문제이다. 일차적으로는 사회후생을 극대화하는 효율적인 자원배분의 문제를 의미한다고 할 수 있지만, 공공선택론적 시각에서는 형평성 있는 자원배분의 문제 역시 무시될 수 없다. 그런데 효율성과 형평성의 기준은 서로 배치되는 경우가 많기 때문에, 바람직한 배분문제의 해결이란 매우 어려워진다.

을 거둬서 공적으로 공급한다. 초중등교육과 기초의료서비스는 공동체의 구성원들이 자신의 삶을 온전히 영위할 수 있는데 필요한 가장 기초적인 서비스로서 기회의 균등을 보장하기 위한 매우 중요한 서비스라 할 수 있다. 따라서 순수한 의미의 공공재에는 해당하지 않지만 국가가 세금을 거둬 모든 국민에게 가급적 균등하게 공급하려 하는 것이다. 그 외에도 특수한 경제적 사정으로 인하여 정부가 사적 재화의 성격을 가진 공공서비스를 공급하는 경우도 있다. 예를 들어 통신과 우편서비스 그리고 전기와 철도 같은 재화는 초기에 많은 자본이 소요되는 사업이기 때문에 60~70년대 우리나라의 경제상황이 열악하던 시절에는 이들 재화나 서비스사업에 뛰어들만한 자본을 가진 기업들이 없었다. 또한 그러한 재화를 공급하는 사기업들이 있다고 하더라도 당시 우리 국민들의 소득수준은 매우 낮아서 충분한 구매력을 가진 수요가 형성이 되기 어려웠다. 따라서 국가가 세금을 거두어 전력과 통신서비스 등을 공급할 수밖에 없었던 것이다.[2)]

제 2 절　클럽재의 최적규모

클럽재의 경우 소비가 늘어남에 따라 각 소비가 서로를 제한하거나, 혼잡비용이 증가하여 소비의 효용을 낮추는 문제점이 있기 때문에, 클럽재에 자원을 배분하는 의사결정은 크게 두 가지로 나누어지게 된다. 첫 번째는 클럽의 전체규모를 결정하는 것이고, 그 다음은 결정된 규모에서 사회후생을 극대화할 수 있는 사용자의 수를 결정하는 것이다. 예를 들어 골프장을 건설하고자 할 때 골프장의 적정규모와 적정회원수를 산정하는 문제 등이 이에

2) 예로 든 사업들의 생산함수는 비용체감의 성격을 가지고 있으므로 자연독점이 나타날 가능성 역시 높다. 이러한 이유로 국가에 따라서는 정부기관이나 정부가 직접 투자한 공기업이 해당 서비스를 공급하되 그 가격을 비교적 낮은 수준(한계비용수준)에서 책정하도록 한다. 비록 민영화되어가는 추세이지만, 한국전력이나 KT, 코레일 등을 보면, 우리나라의 공기업들 역시 이러한 방식으로 가격을 책정하고 있음을 알 수 있다.

해당한다. 공공재 공급과 관련하여 클럽재의 예를 든다면 시정부가 도심녹지 확보를 위하여 공원을 조성할 때 전체 공원의 면적과 수용가능한 이용자 규모를 찾아내는 문제나 정부가 학비가 싼 대학교를 설립하여 대학교육서비스를 시민들에게 제공하고자 할 때 대학교시설과 교원의 적정규모와 적정한 학생 수를 산출하는 문제 등이 있다.

2.1 클럽재의 최적규모

클럽재 역시 공공재와 비슷하게 공동사용이 가능한 재화이므로, 클럽재의 최적규모는 사용자의 수가 사전에 주어진 경우 클럽의 예산제약 하에서 공공재와 비슷하게 도출된다. 즉, 순수공공재 최적규모에 대한 사무엘슨의 조건과 동일한 조건을 만족하는 클럽재의 규모가 사용자가 주어져 있을 때 클럽재의 최적규모가 된다. X가 사용재, Z가 공공재이며, 클럽의 사용자가 N명으로 주어져 있을 때, 클럽재의 최적규모는 사용재와 공공재의 한계대체율(Marginal Rate of Substitution: MRS)의 합이 두 재화의 한계생산변환율(Marginal Rate of Product Transformation: MPT)과 일치하는 수준에서 결정된다(식 1). 일정한 숫자의 사람들이 하나의 클럽재를 동시에 이용하면서 편익을 얻을 것이므로 식의 좌변에서 공공재의 최적규모조건과 비슷하게 한계대체율의 합이 구해지게 되는 것이다.

$$\sum_{i=1}^{N} MRS^{i}_{XZ} = MRT_{XZ} \qquad (식\ 1)$$

클럽재의 최적규모설정문제에서는 이용자 수가 일정수준 이상으로 증가할 경우 재화소비에 있어서 경합성이 어느 정도 존재하므로, 순수공공재의 최적규모 설정의 경우와는 달리 사용자(클럽의 회원)의 숫자가 사전조건으로 존재한다.[3] 즉, 클럽재의 최적 규모 설정은 주어진 사용자 수가 동시에 이용

3) 순수공공재의 경우 경합성이 없으므로 사용자의 숫자는 오직 일인당 공공재 공급비용의 부담의 결정과 관련하여 중시될 뿐이다.

그림 19-1 클럽의 적정회원수

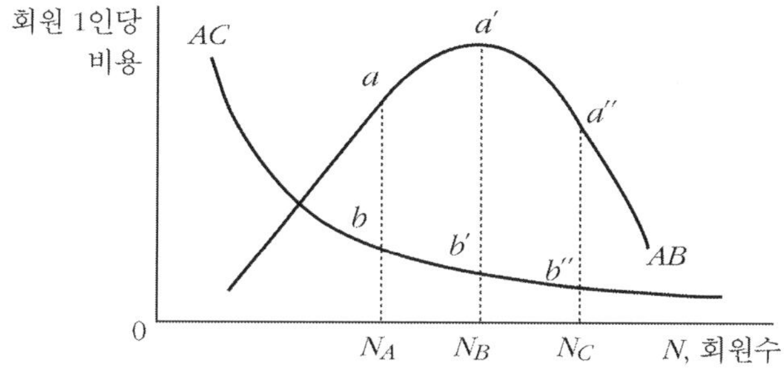

하면서도 혼잡으로 인하여 이용에 곤란을 겪지 않을 수준으로 클럽재를 공급하는 것을 의미한다.

2.2 클럽의 최적회원수

클럽재의 규모가 사전적으로 결정되었다고 가정하였을 때, 클럽을 이용할 수 있는 최적 회원 수는 사용자(회원)의 수가 증가함에 따라 증가하는 개인당 편익과 비용의 차이가 가장 큰 점에서 결정될 것이다. 그림 19－1을 보면, 전체 공원 조성비용(공공재의 총공급비용)을 C원이라고 할 때, 사용자수가 늘어남에 따라 개인당 비용은 C/N으로 줄어들게 된다. 여기서 개인당 비용은 AC곡선처럼 변하게 되는데, 처음에는 급속히 줄어들다가 나중에는 완만하게 줄어든다. 그리고 공원에서 개인이 느끼는 편익은 AB곡선의 형태를 띤다고 가정하자. AB곡선은 개인의 심리적 만족도를 나타내는 것으로, 혼자 공원을 이용하는 것보다는 어느 정도 다른 시민들도 함께 이용할 때, 더 많은 효용을 느끼게 되지만, 지나치게 공원이용자가 많아지면 혼잡해져서 효용이 낮아지게 되는 것을 나타낸다.[4] 이러한 조건에서 가장 적정한 이용자

4) 만약 개인이 혼자 산책하는 것만을 좋아하는 사람이라면 편익곡선은 비용곡선처럼 처음부터 우하향하게 될 것이다.

수를 찾으면 N_B 쯤이 될 것이다. 그림에서 보는 것처럼 N_B 규모에서는 사용자(회원)의 수가 증가함에 따라 증가하는 개인당 편익과 비용의 차이가 가장 크다는 것을 알 수 있다($\overline{a'a'} > \overline{a''a''} > \overline{aa}$). N_A점에서는 N_B와 비교하여 볼 때 효용은 증가하고 비용은 감소할 여지가 아직 남아 있고, N_C점에서는 비용은 조금 줄어들었지만, 혼잡으로 인한 효용감소가 커져서 순 효용이 N_B보다 크지 못하다.

위와 같은 최적회원수의 조건은 다음과 같이 한계비용과 한계편익 개념을 사용하여 수식에 의하여 표시될 수 있다. 1인당 총비용은 C/N이므로 1명을 더 클럽에 받아들일 때 추가로 드는 한계비용은

$$MC = -\frac{C}{N^2}$$

한편, 회원 1명을 더 클럽에 받아들일 때 생기는 한계 편익을 MB라 하면 최적인 회원 수는 회원 1명을 더 받아들임으로써 추가로 얻게 되는 편익(MB)과 추가로 드는 비용(MC)이 일치하는 수준에서 결정되게 된다. 따라서

$$MB = -\frac{C}{N^2}$$

위의 식의 양변을 총 회원 수 N으로 나누면 다음과 같은 등식이 성립한다.

$$(-MB) \times N = \frac{C}{N}$$

여기서 좌변은 회원 1명을 더 받아들이게 될 때 혼잡이 증가함으로써 감소하게 되는 기존회원들의 총편익이며 우변은 회원 1명을 더 받아들일 때 감소하게 되는 기존회원들이 부담하는 총공급비용의 감소분이다. 이때 클럽은 신입회원에 엄격한 자격 요건을 요구하거나 높은 수준의 가입회비를 내게 함으로써 혼잡으로 인한 기존 회원들의 후생손실을 막을 수 있다(소병희, 2006, 80-81).

만약 예산상의 이유나 공간의 부족 등으로 클럽재가 최적규모보다 더 작은 규모로 공급되거나 주어진 클럽규모에 최적인 회원 수 이상의 회원을 받아들여야 한다면, 클럽 이용의 혼잡성은 증가하게 되고 클럽을 이용하는 공동체의 사회후생은 감소하게 될 것이다. 이론과 달리 현실 속에서는 공급자가 완전한 합리성을 가지고 있지 못하기 때문에, 클럽이 혼잡하게 되는 경우가 자주 관찰된다. 만약 기존의 클럽이 지나치게 혼잡하게 되면, 공동체 내에 다른 클럽이 생기게 되어 기존의 클럽의 회원들 중 일부는 새로 생긴 클럽으로 이동하게 되어 각 클럽을 이용하는 공동체들의 사회후생에 변화가 생기게 된다.

제 3 절 클럽재와 현실

앞에서 본 것처럼 동물원, 국립공원, 도로, 극장과 도서관, 대중교통 등 다양한 재화와 서비스들이 클럽재의 특성을 가지고 있으며, 우리가 이용하는 공공재들 역시 대부분 클럽재에 속한다. 여기서는 도로의 예를 들어 현실 속에서 클럽재의 특성이 사회후생에 있어서 갖는 중요성을 좀 더 살펴보도록 하자. 대부분의 나라에서 대도시지역 교통혼잡은 드문 일이 아니다. 우리나라의 경우도 서울을 포함한 수도권 지역의 교통정체가 매우 심한 편이다.[5] 설계시점에서 미리 미래의 수요를 예측하여 도로를 만들지만, 인구의 증가와 소득수준의 향상에 따라 자동차의 보급률이 빠르게 증가하였기 때문에, 혼잡으로 인한 교통정체 현상이 발생하는 것이다. 이러한 상황은, 회원 수가 지나치게 늘어남에 따라 클럽 이용의 혼잡성은 증가하게 되고 클럽을

5) 하나의 실례로서 서울시정개발연구원이 보고한 서울시 도시고속도로의 혼잡성 문제를 들 수 있다. 시정개발연구원의 연구에 따르면 서울시의 도시고속도로인 강변북로와 올림픽대로는 출퇴근 시간 등 혼잡시간대에 통행량이 지나치게 많아서 자동차들이 시속 30km 미만의 속도로 운행하고 있어 사실상 고속도로로서 기능을 상실하였으며, 도로유지/보수비용 역시 5년 간 3배 이상 증가하였다고 한다. 이러한 결과는 도시고속도로라는 클럽재를 이용하는데 있어서 혼잡으로 인한 비용이 매우 커서 이용자들의 편익이 감소될 뿐만 아니라 클럽재의 질도 낮아지고 있음을 보여준다.

이용하는 공동체의 사회후생은 감소하게 되는 경우와 매우 유사하다. 즉, 회원 수에 대한 정보가 사전적으로 주어져 있을 때 클럽재의 최적규모를 파악할 수 있는데, 자동차 이용자 수 증가에 대한 예측이 틀릴 경우, 도로의 건설규모 역시 최적수준에서 이루어지기 어렵다는 것을 알 수 있다. 클럽재 이론에 따르면, 이러한 문제를 해결하기 위해서는 두 가지 방법을 이용할 수 있다.

먼저 자동차 수가 늘어났다는 것은 클럽을 이용하는 회원 수가 증가하였다는 의미이므로 회비를 더 거두어 클럽의 규모(도로의 넓이)를 넓히거나 다른 클럽(새로운 도로)을 더 만들 수 있을 것이다. 즉, 자동차 수와 인구가 늘어난 만큼 세수 역시 증가할 것이므로 도로를 넓히거나 다른 우회도로를 건설하여 혼잡의 문제를 해결할 수 있다. 이는 공동체 내에 다른 클럽들이 생기게 되어 기존의 클럽의 회원들 중 일부는 새로 생긴 클럽들로 이동하게 되는 것과 비슷한 원리이다. 이때 회원들의 이동은, 다른 클럽이 이동의 한계편익을 높여줄 만큼 더 나은 서비스를 제공하는 경우에 일어날 것이다. 도로의 예에서는 우회도로가 개보수되어 도면의 상태가 더 좋아진다거나 자동차 전용도로가 되어 신호등과 횡단보도가 줄어든다면, 기존의 도로를 이용하던 차량들의 다수가 주행에 더 유리한 우회도로를 이용하게 될 것이다. 이러한 예들은 회원들이 복수의 클럽 사이에서 이동함으로써, 혼잡으로 인한 자원배분의 비효율성은 감소하고 공동체 전체의 후생은 더 향상될 수 있음을 보여준다.

두 번째로 자동차 10부제나 통행료를 거두어서 도로를 이용하는 자동차의 숫자(클럽의 회원 수)를 "소비의 비경합성이 유지될 수 있는 수준"으로 조절하는 방법이 있다. 이 방법은 자동차의 숫자를 줄이는 동시에 도로를 유지보수하는 비용을 조달함으로써 혼잡으로 인한 비효율적 자원배분 상황을 해결할 수 있다.[6] 그러나 톨게이트를 두고 통행료를 받는 방식은 경합성을 줄

6) 시정개발연구원의 보고서에 따르면, 도시고속도로 통행료 부과 시 총 진입차량 수는 강변북로의 경우, 5만5977대에서 4만8252대로 13.8%가 감소하고, 올림픽대로의 경우, 4만6533대에서 4만1384대로 11.1%정도 줄어들어 도시고속도로의 차량소통이 향상될 것으로 보았다. 그러나 도시고속도로 유료화로 이용을 포기하는 차량들만큼 소

이는 동시에 소비의 배제성을 증가시킬 것이기 때문에, 도로는 사적재화에 가까워지며 사실상 가격기구에 의하여 효율적인 자원배분이 이루어지는 결과가 된다.

클럽재의 개념을 단순히 골프장이나 수영장 등처럼 개인사업자가 공급할 수 있는 재화에서 그치지 않고, 도로나 교육 등 지역공동체에 필요한 공공재로 확장할 수 있다. 지역정부가 공급하는 지방공공재의 경우, 순수공공재보다 경합성을 갖는 준공공재에 더욱 가깝다는 점을 감안하면, 클럽재에 관한 논의를 지방정부에 의한 공공재 공급 문제로 확장할 수 있을 것이다. 즉, 지방자치단체가 일종의 자치공동체(club)가 되는 것이고, 그것이 공급하는 클럽재는 지방자치단체가 각 지역에 공급하는 지방공공재(local public goods)라 할 수 있다. 이렇게 가정하면, 클럽재의 원리는 지방자치단체의 공공서비스 공급 문제에도 비슷하게 적용될 수 있다. 예를 들어, 구도시가 너무 혼잡하여 주위에 신도시가 건설될 경우, 구도시의 주민들 일부가 그 도시로 이주하는 경우나 작은 중소도시에 살던 주민들이 더 나은 공공서비스를 제공하는 대도시로 거주지를 옮기는 상황은 복수의 클럽 사이에서 회원들이 이동하는 상황과 매우 유사하다. 우리나라의 경우, 90년대 중반 성남의 분당이나 고양의 일산 등이 개발된 이후, 기존의 도시 주변에 새로운 신도시가 생기거나, 도시 내의 구도심 바깥 지역에 신도심이 생겨서 적지 않은 인구들이 새로운 지역으로 거주지를 옮기는 현상이 자주 발생하고 있다. 이러한 현상은 클럽의 자원배분(클럽의 최적규모와 최적회원 수)에 대한 이론이 우리 사회에 존재하는 다양한 공동체들의 자원배분 문제에 유용하게 적용될 수 있음을 시사한다.

[책임집필 : 김대진]

비의 배제성은 증가하며, 이들 차량들이 도시고속도로 대신 우회도로를 이용하게 될 것이므로 우회도로의 혼잡도는 증가하게 될 것이다. 따라서 새로운 도로를 추가로 만들지 않는 한, 도시고속도로의 혼잡비용은 다소 감소할지라도 사회 전체의 혼잡비용이 어느 정도 감소할지는 알 수 없다.

Chapter 20

티부 모형과 공공재의 배분

Public Choice

제1절 공공재와 준시장적 자원배분

티부(Tiebout)는 그의 논문(1956)에서 만약 충분한 숫자의 지방정부가 존재하고 그들이 다른 세율로서 차별적인 공공재를 공급할 경우, 다양한 공공재와 세금 조합에 대한 주민들의 선택이 가능해지기 때문에 시장에서의 소비자가 사적 재화를 선택하는 상황과 유사한 조건이 성립할 수 있음을 보였다. 그의 주장은, 공공재의 소비자인 주민 개인들이 한 지방정부에서 다른 지방정부로 자유롭게 이동할 수 있을 때, 자신이 가장 선호하는 공공재(가장 큰 효용을 주는 공공재)와 세금 조합을 제공하는 지방정부로 이주함으로써, 공공재를 선택할 수 있으며 이러한 인구 이동에 의하여 결국은 사회 전체적으로 가장 효율적인 공공재의 배분이 이루어질 수 있다는 것이다. 이러한 선택 행위는 공간적 이동을 통하여 공공재에 대한 개인선호를 현시하는 것이므로 '발로 하는 투표(Voting by the Feet)'에 비유되는데, 개인이 사적재화(私的財貨)를 균형가격에 구매하여 효용을 얻는 것처럼, 주민은 적절한 세금지불을 통하여 원하는 공공재를 선택할 수 있다는 것이다.[1] 개개 주민들이 이러한

1) 한 지역에서 나와서 다른 지역으로 이주함으로써 공공재에 대한 선호를 현시하는

선택행위(이주)를 통하여 가장 원하는 공공재와 세율의 조합을 제공하는 지역에 정착하게 되면, 각 지방정부 간 공공재의 수요와 공급은 균형을 이루게 된다.

티부 모형에 의한 공공재 자원의 효율적인 배분방식은 당시로는 매우 혁신적이었으며 비교적 간단하게 선택의 문제를 해결한 것처럼 보이지만, 실제 그 방식이 작동하려면 공공재에 대한 준시장(quasi-market) 조건으로 불리우는, 몇 가지 강한 가정(strict assumptions)이 성립하여야 한다. Tiebout 모형의 효율적인 자원배분이 이루어지기 위하여 필요한 공공재에 대한 준시장은 다음과 같은 조건들을 만족하여야 존재할 수 있다.

(1) 주민들은 언제든지 자유롭게 이동할 수 있다(완전이동성).
(2) 충분히 많은 수의 지방정부가 존재한다(충분한 선택의 기회).
(3) 각 지방정부의 공공재는 외부효과를 갖지 않는다(공공재 편익의 지역 간 분리).
(4) 개인은 모든 공공재와 세금조합에 관하여 알고 있다(정보의 완전성).
(5) 공공재 공급에는 규모의 경제가 없다(일정한 단위 당 공급비용).
(6) 공공재의 재원인 세금은 비례재산세이다(재산세에 의한 비용 충당).
(7) 지방정부는 배타적 구역설정법을 설정할 수 있다(배타적 구역설정).

티부와 그의 이론을 연구하는 학자들은 위의 가정들을 기초로 시장적 상황과 유사한 상황을 만들어냄으로써, 공공재에 관한 자원배분의 효율성 문제, 다시 말해 공공재에 대한 주민선호에 관하여 정부가 직면한 정보의 비대칭성 문제를 해결하고자 하였다. 그러나 이미 언급한 대로 이러한 가정들은 그 자체로 만족시키기 어려울 뿐만 아니라, 서로 충돌하는 경우도 존재하기 때문에, 티부모형이 성립하기 쉽지 않다. 이와 관련하여 티부모형의 성립요건들이 티부모형에 의한 자원배분에 어떠한 의미를 갖는지 살펴보자.

것이므로 발에 대한 투표는 Hirshman의 이탈에 의한 의사표시(exit option)에 해당한다.

먼저 이동성이 제한받을 때 발에 의한 투표로 공공재와 세금조합의 선택 역시 제한받을 수밖에 없다(완전이동성의 문제). 대부분의 사람들은 주거지를 다른 지방단체관할 지역으로 완전히 옮기고자 할 경우 상당한 수준의 비용(직장에 대한 탐색비용과 기회비용을 포함한)을 지불하여야 한다는 것을 알고 있기 때문에, 선호하는 공공재와 세금조합을 제공하는 지방자치단체를 발견하더라도, 쉽사리 살던 지역을 떠나 그 지역으로 이주하지 못한다. 동시에 충분한 수의 지방자치단체가 존재하지 않는다면, 공공재 공급수준에 대한 다양한 선호를 만족시키지 못할 것이므로 효율적인 공공재의 배분이 어려워질 것이다(선택 기회의 제한). 만약 공공재의 수준뿐만 아니라 공공재 종류에 대하여서도 다양한 선호가 존재한다면, 이주 가능한 지방자치단체의 수는 더욱 많아야 할 것이다. 그러나 현실 속에서는 국토와 재정적 제약 때문에 그렇게 많은 수의 지방자치단체가 존재하기 어렵다.[2)]

공공재가 외부효과를 가지고 있다면, 굳이 이주하지 않고도 공공재의 편익을 누릴 수 있으므로 발에 의한 투표는 좀처럼 이루지지 않을 것이다(외부효과 문제). 예를 들어 특정 지역에 매우 질 높은 교육을 제공하는 고등학교가 있고 학군의 제한이 없다면, 다른 지역에 사는 주민들의 자녀들도 덩달아 좋은 교육을 받을 수 있을 것이므로 교육의 외부효과가 존재한다. 그렇다면 지금 살고 있는 곳에 그대로 있으면서도 얼마든지 내 자녀가 그 학교에 입학하여 더 나은 교육의 혜택을 누릴 수 있으므로 굳이 나와 가족이 고등학교가 위치한 지역으로 이동할 필요가 없을 것이다.[3)]

한편, 공공서비스의 외부성이 작거나 없으려면 그 서비스를 공급하는 지역이 지리적으로 상당히 넓어야 하는데, 아주 넓은 행정구역을 가진 지방자치단체들이 많이 존재할 경우, 이동성이 낮아지고, 지방자치단체의 숫자 역시 제한된 영토 내에서 적어질 수밖에 없을 것이다(외부성 조건과 선택의 기

---

2) 극단적으로 개개인의 선호를 다 만족시키려면 지방자치단체 수는 인구 수만큼 많아져야 하는데 이는 현실 속에서는 당연히 불가능한 일이다.

3) 서비스의 일출효과가 존재하는 경우, 결국 지방자치단체 간에 무임승차현상이 일어날 수 있으며, 이렇게 되면 극단적인 경우 지방자치단체들이 경쟁적으로 공공서비스를 더 적게 공급하려 하는 바닥으로의 경쟁현상(Race to the Bottom)이 일어날 수 있다.

회의 충돌). 또한 개인은 가정 (2)의 많은 지방자치단체들이 제공하는 공공재와 세금조합들을 모두 정확히 알고 있어야 하지만, 현실적으로 완전한 정보를 갖기는 쉽지 않다(정보의 불완전성 문제).

어떤 지역의 공공재 공급에 규모의 경제효과가 있다면 그 지역으로 누군가 이주함으로써 더 낮은 가격에 공공재를 공급할 수 있게 되므로, 추가적인 이동으로 개인의 효용은 더 높아지게 된다(규모의 경제로 인한 선택의 왜곡). 이렇게 되면, 규모의 경제의 혜택을 누리기 위하여 다른 지역으로의 이주가 계속 이루어지는데, 이러한 혜택은 궁극적으로는 그 지역의 인구가 과밀하여짐에 따라 증가하는 혼잡비용에 의하여 상쇄되게 된다. 궁극적으로는, 이주한 개인들이 그 이전의 자원배분 상황보다 더 나은 효용을 누리지 못하며 사회 전체적으로는 혼잡비용이 증가하게 되어서 더 바람직하지 못한 자원배분이 이루어지게 된다.[4)]

그림 20－1을 보면 규모의 경제가 존재하는 경우, MB_A와 MB_B는 각각 자치단체 A의 주민과 자치단체 B의 주민이 자신의 자치단체의 공공재로부터 누리는 1인당 편익이다. 각 편익곡선이 인구가 많을수록 점차 증가하다가 줄어드는 형태를 보이는 것은, 처음 인구가 늘어날 때는 비용분담이 이루어져 공공재 부담비용이 줄어들므로 효용이 증가하나 점차 인구증가에 따른 혼잡비용이 급격히 증가하여 효용이 떨어지게 됨을 나타낸다.

한편, 원래 자치단체 B에 살다가 자치단체 A로 이주하고자 하는 주민 입장에서 볼 때 MB_A는 자치단체 A로 이주할 때 자신이 얻게 되는 한계편익이며, MB_B는 반대로 자치단체 A에 살던 한 개인이 자치단체 B로 이주할 때 얻게 되는 한계편익이 된다. 자치단체 B를 떠나 A로 이주할 때 자치단체 B의 주민이었던 사람은 원래 자기가 누리던 1인당 편익을 포기하게 되므로, MB_B는 MC_A, 즉 자치단체 B의 주민이 자치단체 A로 이주할 때 치러야 하는 기회비용과 같게 된다. 이러한 가정 하에서는 주민들 간의 인구이동의 균형

4) 이러한 이동은 거주지와 관련없는 지대소득이 존재할 경우에도 일어날 수 있다. 지대소득의 존재 역시 티부 모형 내에서 효율적인 자원배분을 어렵게 만드는 요소가 된다.

그림 20-1 지역간 이동과 인구불균형

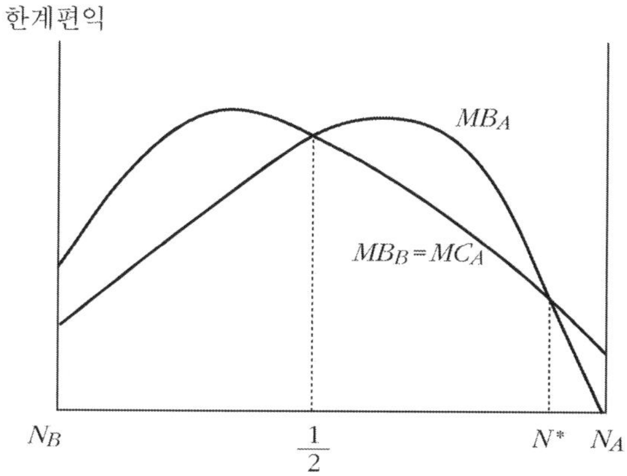

은 MC_A가 MB_A보다 작다가 같아지는 어떤 점(N^*)에서 이루어지게 된다. 결국 인구의 이동은 원래 1/2보다는 더 큰 점에서 이루어지는데, 이러한 현상은 혼잡비용이 아주 커지기 전까지는 인구가 인근 시골지역에서 대도시로 몰입해가는 현상을 설명하여 준다.

실제로 우리나라의 경우도 인구의 대도시 집중현상이 점차 심해져서 농촌은 농업에 종사할 젊은이들이 부족하고, 대도시는 주거비 상승과 환경오염 문제가 점차 심각해지고 있다. 특히 서울, 경기 등 수도권을 중심으로 충청 일부지역까지 인구가 적정수준보다 더 많이 늘어나고 있다는 연구결과도 있다(김의준 외 3인, 2010). 물론 수도권과 대도시로의 인구이동이 취업과 소득증대의 기회 때문이지 공공재와 세율의 선택을 위하여 이루어지는 것은 아니라는 비판이 있을 수 있다. 그러나 취업과 소득증대의 기회가 더 많은 주요한 요인으로 교통과 통신 등 대도시의 인프라를 뺄 수 없다. 그리고 교육열이 남다른 우리나라의 현실을 감안할 때 자신이나 가족들이 더 나은 교육서비스를 얻을 수 있도록 대도시나 수도권 지역으로 이동하는 동기 역시 무시할 수 없을 것이다. 교통, 통신 등 사회 인프라와 교육서비스는 대표적인 지역공공재라 할 수 있기 때문에, 우리나라의 인구이동 역시 지역공공재와 무관하지 않다 하겠다. 오히려 우리나라의 경우, 지역별로 재산세율의 차이가 크지 않기 때문에, 주민들 입장에서는 공공재-조세 패키지 중 공공재만을 고려하여 이주 여부를 결정하면 된다. 지방세율과 공공재 수준은 대체로 trade-off의 관계가 있기 때문에 양자를 동시에 고려할 경우 패키지에 대한 평가를 하기가 그만큼 어려워지는데, 지방세율이 별 차이가 없다면 공공재 하나만 단차원적으로 고려하면 되므로 이주를 위한 의사결정이 더 쉽게 이루어질 수 있는 것이다.

마지막으로 배타적 구역설정을 할 수 없다면 티부모형은 효율적인 자원배분을 할 수 없다(구역설정의 비배타성과 역선택 문제). 즉, 구역설정이 비배타적이라면, 가난한 사람들은 더 나은 공공재를 공급하는 지역으로 이동하려는 유인이 커지는 반면, 이러한 이동이 많아질수록 공공재공급에 대한 비용충당이 더 어려워져 주민들의 평균적인 효용은 낮아지게 된다. 예를 들어 설명하여 보자. 평균소득이 높은 지방자치단체의 경우, 다른 지역보다 낮은 세율로 공공재를 공급할 수 있다. 다른 지역에 사는 저소득 계층이 이 지역으로 이주해 와서 이전보다 더 낮은 세율로 공공재 혜택을 누리려고 할 것이다. 거주형태를 자유롭게 선택할 수 있다면, 저소득층인 새 이주민들은 새로 이주한 지역에서는 아주 작은 집에 살거나 월세를 이용함으로써, 공공재 비용의 분담을 상당 부분 회피할 수 있게 된다.[5] 저소득계층이 늘어나면 늘어날수록 결국 일인당 평균 세수입은 줄어들게 되므로, 늘어난 인구규모에 적정한 수준의 공공재를 공급하기 위해서는 기존의 고소득자들에 대한 세금부담을 늘릴 수밖에 없을 것이다. 만약 기존 주민들의 세금 부담을 늘리지 않고 이전 수준의 공공재를 그대로 공급한다면, 늘어난 인구로 인하여 공공재 사용에 혼잡을 겪게 될 수밖에 없을 것이다. 어느 경우이든 기존주민들의 효용은 감소될 수밖에 없으며 티부식의 효율적인 자원배분은 어렵게 된다.

5) 물론 월세의 경우, 재산세 부담자인 집주인이 월세를 올려 늘어난 재산세 부담을 세입자에게 전가시키고자 할 수 있으나 월세 수요가 월세 가격에 대하여 완전히 비탄력적이지 않는 한 늘어난 재산세 부담을 완전히 전가시킬 수는 없다.

이러한 문제점을 방지하려면, 이주민을 받는 지역의 지방정부는 자치구역 내의 모든 주택이 일정규모 이상이 될 것을 의무화함으로써, 공공재 비용분담에 충분히 기여할 수 있는 사람만이 이주할 수 있도록 만들어야 한다. 즉, 지방정부는 거주 요건 등을 강화하여 타지역 이주민들의 구역 진입에 대한 배타성을 높이고 공공재 공급 비용을 분담시킴으로써 공공재의 준시장시스템이 유지되도록 할 수 있다.

제 2 절 티부 모형과 현실

우리나라의 인구의 이동성 조건을 보면, 일단 티부모형의 가장 기본적인 가정인 완전 이동성 조건과 거리가 멀다. 새로운 지역에 거주지를 마련하는 비용 역시 매우 큰 편이고, 노동시장 역시 유연하지 않아서 새로운 지역에서 취업을 하기가 쉽지 않을 가능성이 높다. 이러한 이유로 대부분의 사람들의 경우 쉽사리 다른 지역으로 거주지를 옮기지 못한다. 다만 기본적 삶의 질을 결정할 소득문제나 자녀의 교육문제로 주거지를 옮기는 경우는 있다. 더 나은 직장과 대학진학을 위하여 지방에서 서울경기지역으로 이주한다거나 자녀 교육을 위하여 강남의 8학군 지역으로 이사하는 경우는 흔히 볼 수 있다. 이 중 공공재선택과 더 밀접하게 관련된 것은 학군에 따른 이동이다.

거주지에 따라 배타적으로 학생을 배정하는 학군제도는, 8학군 학교라는 공공재가 편익(예를 들어 명문대 진학률과 탄탄한 동문관계)을 강남구와 서초구에 거주하는 학생들만이 받을 수 있도록 만들어 놓음으로써, 교육의 외부효과를 감소시키는 역할을 하고 있다. 따라서 이런 요소는 티부 모형의 가정과 잘 부합하는 것이라 할 수 있다. 그러나 높은 이동비용이 있기 때문에, 좋은 학군으로 이주하는 개인들은 주로 작은 집을 사거나 전/월세를 통하여 거주지를 옮기는 방법을 사용하게 되는 경우가 대부분인 것도 현실이다. 이러한 경우에는, 위에서 설명한 것처럼, 새로운 이주민들은 적절한 수준 공공재비용 부담을 하지 않게 될 가능성이 있다. 이 때 강남구와 서초구의 주택수에 비하여 이주를 원하는 사람이 매우 많다면 주택소유자들은 전/월세를 올려서 늘어나는 공공재부담비용을 전가하거나 혼잡으로 인한 효용감소를 보상받으려 할 것이다. 다른 한편으로 기존 거주자들은 작은 규모의 주택이 늘어나는 것을 저지함으로써 새로운 이주민들을 위한 공공재 공급비용이 자신들에게 전가되는 것을 막으려 할 것이다. 실제로 강남서초지역의 전월세는 다른 지역에 비하여 매우 높은 편이며, 이 지역의 주민들은 저평수아파트나 소규모 주택의 추가적인 건설을 반기지 않고 있다. 이러한 사실들은 티부모형의 비판에서 지적된 공공재비용분담 문제가 발생하지만 결국 이를 최소화시키는 방향으로 사람들이 행동한다는 것을 뒷받침한다.

한편, 공공재의 공급측면, 즉 지방자치단체의 공급능력 역시 티부모형에 의한 효율적인 자원배분의 조건을 충족시키기 어려운 것도 사실이다. 먼저 제도적인 측면에서 우리나라는 지방자치단체의 공급능력에 제약이 존재한다. 우리나라의 경우, 지방자치시대가 시작된 지 20년이 채 지나지 않았다. 여전히 중앙정부의 간섭이 강한 상태이며, 지방자치단체의 경우, 강남 등 몇 개 외에는 재정적인 면에서 매우 취약한 상태이다. 중앙집권적 통제하에 지방자치단체들의 업무를 획일적으로 규정하고 있기 때문에 대부분의 지방자치단체들은 다양한 종류와 수준의 공공재를 공급하지 못하고 있는 것이 현실이다. 이러한 환경 속에서는 다양한 선호와 그에 비례하는 선택의 기회를 제공하기 위하여 자치단체의 제도적 자율성을 암묵적으로 전제하는 티부모형이 실현되기 어려울 것이다.

이에 더하여 지방자치단체들이 주민들이 원하는 즉, 충분한 숫자의 주민들이 이동하여 올만큼 그들의 선호에 부합하는 공공재와 세금의 조합이 무엇인지를 정확히 알고 그것을 공급할 충분한 능력이 있는지도 의문이다. 예를 들어, 인천광역시의 경우, 송도지구에 대규모 주택지와 상업지구를 개발하고, 그에 부수되는 전기시설, 도로 등 수많은 공공재를 대량으로 생산하여 공급하였으나 전혀 입주가 되지 않아서 현재는 공공재 생산에 든 막대한 비용으로 재정위기를 겪고 있다. 이처럼 공공재의 공급자로서 우리나라 지방자치단체들은 지방자치의 경험이 일천하여 공공재에 대한 수요를 파악하는 능력이 상대적으로 낮은 편이고, 설령 공공재의 수요를 파악하고 있더라도 대부분 재정적으로 취약하기 때문에 지방자치단체에 의한 공공서비스의 선택 역시 매우 제한적으로 이루질 수밖에 없다. 동시에, 자치단체장의 정치적 결정이 공공재의 선택과정을 지배하고 있기 때문에 적절한 공공재의 선택 문제 자체가 심각하다 할 수 있다. 이에 더하여 대규모 공공사업을 벌이면서도 자금의 조달은 정치적으로 인기가 없는 증세보다는 부채나 중앙정부의 지원 같은 방법에 의존하기 때문에, 자칫 재정문제가 심각해질 위험성을 가지고 있다.

그러나 적용상의 많은 문제점들이 존재함에도 불구하고 티부가 제시한 지방공공재 선택방법에 관한 논의는 우리나라 지방자치의 발전에 많은 함의를 주고 있다. 먼저 지방자치단체 간의 경쟁은, 건전한 수준으로 통제되는 한 장기적으로는 주민들의 수요에 맞는 적절한 공공재의 선택과 공급을 촉진한다는 점이다. 예를 들어, 전국적으로 널리 도입된 지방축제(local festival)의 경우 각 지방자치단체들이 자신들의 지역의 특성과 주민들의 수요에 맞게 공공(문화)서비스를 공급하고 있는 사례라 할 수 있다. 경기도 시군의 지역축제 도입의 결정요인 연구(석호원, 2010)와 서울자치구들의 지역축제 도입 연구(김대진, 2011) 등은 지역축제의 도입에 관한 연구는 수도권의 기초자치단체들이 지역의 문화수요에 부응하여 다양한 종류의 지역축제를 도입하고 있다는 경험적 증거를 제시하고 있다.

두 번째로 제한적이지만, 몇몇 큰 규모의 지방자치단체들에 의하여 차별적 공공서비스 공급이 이루어지고 있고, 이러한 새로운 공공서비스의 공급은 지방자치의 경험이 많지 않은 우리나라 지방자치단체들에게 다양한 학습과 혁신의 기회를 제공하여 준다. 예를 들어, 가장 큰 자치단체인 서울특별시에서 시작한 대중교통환승제가 이용 요금 절감과 서비스 이용의 편리함을 제공하여 대중교통을 이용하는 시민들의 만족도를 충분히 높여주고, 행정적, 재정적, 그리고 기술적으로도 실행가능성이 있는 사업이라는 것이 증명이 되자, 이후 대구광역시, 경기도, 광주광역시 등 많은 수의 기초자치단체들이 뒤따라 대중교통환승제를 도입하였다.

티부모형에 대한 논의를 통하여 지방자치제를 더욱 발전시켜나가는 과정에서도 중앙정부의 개입이나 규모의 경제와 외부효과의 존재를 어느 정도 고려할 필요가 있다는 시사점을 얻을 수 있다. 먼저 지방자치단체들의 경쟁은 효율적인 자원배분이라는 분명한 장점도 갖지만, 무분별한 경쟁은 가뜩이나 부족한 지방자치단체의 자원을 낭비하게 만들고, 극단적인 경우, 지방자치단체의 파산을 불러올 수도 있다. 따라서 중앙정부에 의하여 지방자치단체들의 무리한 사업투자들은 어느 정도 통제될 필요가 있을 것이다.

또한 공공병원이나 소방시설 등 비싼 설비들이 필요한 공공재는 오히려 규모의 경제 효과가 큰 서비스이기 때문에, 이를 활용하여 광역적으로 생산, 공급할 필요성이 있다. 또한, 점점 더 많은 인구가 행정구역 외곽에 거주함에 따라, 거주에 필요한 기본적인 공공서비스가 공급되어야 할 지역적 범위가 넓어지고 있는데, 이는 서비스의 외부효과를 더욱 크게 하는 요인이 된다. 즉, 형식적인 지역경계에 집착하여 무리하게 서비스를 공급하는 것보다는 차라리 광역서비스 시스템을 도입하여서 공공서비스를 공급하는 것이 보다 효율적이라 할 수 있다. 이러한 점을 고려할 때, 최근 시군구 중심의 지방자치제의 발전으로 점점 그 역할이 모호하여지는 도(道)의 기능과 재원조달시스템을 재편하여 광역서비스의 공급과 비용조달의 문제를 담당하도록 할 필요가 있을 것이다.

한편, 티부식의 발에 의한 투표는 비단 개인의 거주지 선택에 그치는 것이 아니라 자본이나 노동력 같은 경제적 자원의 투입 투자의 결정에도 적용될 수 있는데, 특히 경제적 자원의 이동은 지방세 경쟁을 가져올 수 있다. 예를 들어 자본이 부동산 등에 투자되는 경우, 일종의 재산세의 세원이 되는데, 일부 지역에서는 보다 많은 자본을 끌어들이기 위하여 재산세를 삭감하는 티부 재산세 경쟁이 일어날 수 있다(Brueckner, 2001). 실제 우리나라에서도 재산세 과표 현실화 정책과 맞물려 재산세가 급격히 인상되자 서울과 경기지역의 일부 지방자치단체들은 주민들의 요구에 밀려서 재산세를 내려준 사례가 있다(Kim, 2008; 김대진, 2009). 이러한 재산세 경쟁은 대부분의 경우,

공공재의 과소공급을 초래하게 됨으로써 비효율적인 자원배분의 결과를 가져오기 때문에 이에 대한 적절한 통제가 필요할 것이다. 이러한 통제의 예로써는 재산세 삭감에 대한 재량권의 범위를 재정상태에 비례하여 설정하는 방법이 있을 것이다.

[책임집필 : 김대진]

Chapter 21

정부독점

Public Choice

제1절 독점으로서 정부

정부독점이란 정부기관이나 정부소유의 기업만이 특정한 재화나 서비스를 공급하며 이에 대한 경쟁 자체가 법에 의하여 금지되는 강제적 독점의 형태에 해당한다. 실제로 많은 나라들에 있어서 전기, 수도와 같은 공공서비스나 통신, 철도, 도로와 같은 산업인프라 등은 정부에 의하여 독점적으로 공급되어 왔다. 항만이나 공항의 건설과 운영 역시 국가에 의하여 주도되는 경우가 많다. 또한 국민 건강에 해로운 몇몇 재화 역시 시장 경쟁체제는 배제된 채 정부에 의하여 공급되는 경우가 있다. 핀란드, 노르웨이, 스웨덴 등 스칸디나비아 국가들에서는 정부소유 기업들이 술과 같은 알코올성 음료를 독점적으로 판매한다. 또한 카지노나 도박사업 등도 정부에 의하여 독점적으로 운영된다. 우리나라의 경우에도, 담배는 정부가 설립한 공기업인 담배인삼공사에서 독점적으로 생산, 판매하고 있다. 또한 내국인의 입장이 허용된 강원도 정선 카지노(강원랜드)나 경륜과 경마와 같은 도박사업의 경우도 정부에 의하여 설립된 회사에게만 허용되고 있다.

한편, 순수한 정부독점과는 좀 다르지만, 정부가 부분적으로 독점적인 영향력을 행사할 수 있는 분야 역시 적지 않다(이성규, 1993; 전상경, 1996; 장용호, 1997; 장대익·김진근, 1998; 황수연, 1999; 김행범·지종화, 2000; 김낙년, 2002; 김재호, 2002; 최병선, 2002; 정인숙, 2009). 교육서비스의 경우, 사적 주체가 공급할 수 있으나 교육의 내용과 범위에 관하여서는 정부가 독점적인 권한을 행사한다. 예를 들어 고등학교의 경우, 중앙정부의 교육당국이 지정한 교과과목과 이수 규정을 지키지 않으면, 고등학교 졸업의 학력이 인정되지 못한다. 의료서비스 체제에도 국민의료보험제도를 통하여 정부의 독점적 영향력이 존재한다. 즉 정부가 공표한, 건강보험정책심의회가 결정할 의료수가(醫療酬價)와 보험적용범위는 모든 병원과 의료기관에 일률적으로 적용되며, 이는 의료시장이 공급하는 서비스의 양과 범위에 큰 영향을 미친다. 또한 특정사업 영역에서는 정부가 공익 달성을 위하여 개인이나 사기업에 사업권과 각종 특권을 독점적으로 부여하여 왔다. 이에 대한 예로는, 국민의 생명과 재산권 보호를 위하여 의사나 변호사는 일정한 교육과정과 시험을 거친 사람만 의료와 변론활동을 할 수 있게끔 허용하는 전문자격증 제도나, 특정산업의 육성과 같은 산업정책적 목표를 달성하기 위하여 그 산업에서 기업 간 경쟁을 배제하고, 정부에 의하여 선정된 기업에게만 생산/판매활동을 허가하였던 실수요선정제도 등을 들 수 있다.

이처럼 일부서비스에 대한 정부의 독점적 공급과 민간시장에 대한 정부의 독점적인 영향력은 원칙적으로 공익을 달성하기 위하여 정당화되는 것이지만, 현실 속에서는 정부의 독점적 서비스 공급체제가 정책결정자의 정치적 이익추구나 특수이익집단의 지대추구행위를 위한 기회를 제공하는 일이 빈번히 발생한다. 즉, 정부독점이라는 집단적 선택의 한방식이 집단의 이익에 봉사하지 않고, 일부 정치인이나 기업 등 특수이익집단을 위하여 사용되는 것이다. 이 장에서는 주요한 학자들의 연구들을 중심으로 정부의 독점적 서비스 공급체계를 이용한 특수이익의 추구가 어떻게 이루어져 왔는지를 검토하고, 몇 가지 사례를 통하여 정부독점 이론이 우리나라의 정책현상을 설명하는데 얼마나 유용한지 살펴본다.

제 2 절 정부독점, 공익, 특수이익

정책의 독점적 공급자가 정부라면, 정책의 소비자는 불특정다수의 공동체 구성원들이다. 따라서 정책은 공익을 추구하여야 하지만, 공공선택분야의 여러 연구들이 지적한 바와 같이 현실 속에서 정책이 항상 공익을 추구하는 것은 아니다(Peltzman, 1976; Breton, 1974; Stigler, 1971; Downs, 1961; Tullock, 1959). 정부와 정책대상집단 사이의 거래에 의하여 전적으로 정책의 수준이 결정되는 것까지는 아니더라도, 선거구민을 포함한 특수이해집단의 선호가 정부의 정책결정과정에 어떤 식으로든 반영되는 현상은 공공선택의 영역에서 더 이상 낯선 일이 아니다. 공익과 더불어 이를 구축(驅逐)할 수밖에 없는 특수이익의 선호 역시 정책 속에 반영되는 현상은 정부의 공공서비스의 독점 공급 체제와 대리인의 일탈의 위험을 내재한 대의 민주주의의 결합 속에서 일어난다. 다음의 간단한 예를 통하여 정부독점 하의 특수이익 추구의 기제를 알아보자.

우리는 시장에서 질 좋은 본 제품에 별 필요도 없는 부수적인 제품들이 묶여서 팔리는 것을 볼 수 있다. 휴대폰을 무료로 제공하는 이동통신서비스에 문자메시지나 멜로디 서비스 같은 회사의 수익을 보전할 만한 부수적인 서비스들이 추가된다. 또한 슈퍼마켓에서도 잘 팔리는 과자에 잘 팔리지 않는 과자를 묶어 파는 상품들을 쉽게 볼 수 있다. 상품의 독점성이 강할수록 이러한 경향은 더욱 두드러진다. 이러한 상품구성은 물론 판매자의 이익을 키워주는 대신 소비자가 사려고 하는 본상품의 질을 낮추거나, 아니면 전체 상품의 가격을 높이게 될 것이다. 다른 경쟁상품에 대한 선택의 여지가 없는 상황에서는 핵심상품으로부터 얻는 소비자 잉여가 부수적인 상품에 지불하는 비용을 초과하는 한, 소비자들은 독점기업이 제공하는 상품 패키지를 살 것이다.

이러한 원리는 공공재를 공급하는 정부의 의사결정시스템에도 비슷하게 적용될 수 있다(Peltzman, 1976; Breton, 1974). 정부권한의 독점에 관한 논의를 위하여 다수결의 원칙이 받아들여지는 의회민주주의제도를 가정하고자 한다. 의회민주주의 하에서는 의회의 다수당이 예산배정과 주요공직자에 대한 임명 및 동의절차 등을 통하여 국정운영에 관한 권한을 독점하게 된다. 만약 다수당이 없다면, 의회의 주요세력들은 필요한 만큼 담합을 통하여 국정운영에 관한 독점적 권한을 확보하려 할 것이다. 어느 쪽이든 정책을 선택할 수 있는 독점적 권한을 갖는 그들은, 국민 다수가 원하는 진정한 공공서비스에 자신들의 부수적인 목표들을 달성하는데 필요한 서비스를 묶은 정책패키지를 국민들에게 제공한다. 국민들의 경우, 자신들이 원하는 공공서비스로부터 얻는 효용이 충분히 크다면, 정책패키지에 함께 포함된 편협한 이익을 반영하는 몇 가지의 서비스는 받아드릴 것이다.

다수의 지배와 담합에 의한 특수이익의 지지와 공익의 손실은 크게 두 가지 형태로 나타난다. 먼저 첫 번째는, 예산배정에 있어서 특수이익에 대한 추가적 고려가 큰 폭의 예산증가를 가져오는 경우이다. 이는 두말할 필요 없이 조세의 증가를 전제하므로 특수이익을 위한 예산만큼 국민의 부담은 늘어나게 될 것이다(Tullock, 1959; 김행범, 1998; 김행범, 2001). 두 번째는, 예산에 대한 통제로 인하여 전체예산은 크게 늘지 않지만, 정부가 특수이익의 요구에 부응하는 예산을 반영하는 만큼 국민일반에 대한 이익에 봉사하는 정책의 예산은 상대적으로 줄어드는 경우이다(Downs, 1961). 현대정부에서는 예산의 전체규모에 대한 외부통제가 강해졌기 때문에 첫 번째 현상은 그다지 강하게 나타나지 않겠지만, 소폭이지만 불필요한 예산의 증가 현상은 항상 일어날 가능성이 있다. 예를 들어, 여당의원들을 중심으로 일명 '쪽지 예산', '끼워넣기 예산'이라 불리는 지역구 챙기기 예산의 편성이 매년 반복되며 예산증가의 한 원인이 되고 있다.[1] 한편, 두 번째에 해당하는 특수이익에 의한 공익의 구축현상은 예산배정과정에 상당히 많이 나타날 수 있다. 우리나라의 경우에도, 거대예산이 투여되는 4대강사업이나 한강르네상스 사업과

1) 이러한 지역구 지원 예산은 특히 상대적으로 국민의 관심이 덜한 추경예산이 편성될 때 더 심하게 나타날 가능성이 크기 때문에 이에 대한 추가적인 관심이 필요하다 하겠다.

같은 대규모 토목/개발 공사들이 대통령이나 서울시장 같은 최고의사결정권자의 의지에 의하여 단기간에 추진됨으로써, 복지예산이나 재난대비 예산 등 다른 분야의 예산들이 삭감되는 현상을 관찰할 수 있다. 이렇게 정부독점 하에서 배정되는 정치적 예산들은 대체로 치적용 예산이거나 선심성 사업예산이다 보니 사업의 효과성이 낮아서 예산의 효율성을 떨어뜨리게 된다.

한편, 특정 지출을 조달하기 위한 예산이나 증세 역시 정부 독점 하에서는 특수이익추구를 위하여 악용될 수 있다(Breton, 1974). 다수결 의사결정을 가정할 때 일반회계체제 하에서는 예산배분과 결정에 있어서 투표의 기회가 이원화되기 때문에, 담합과 거래가 일어날 가능성이 크게 되는데, 공공재 각각에 대하여 다른 세원으로부터 재원조달을 한다면 그러한 가능성이 줄어들게 된다. 이러한 원리에 따라 예산을 임의로 사용할 수 없도록 지출의 사용처를 미리 정하고, 이를 조달하기 위한 세입수단을 따로 정하여 놓는 것이 목적세 제도이다. 지출과 세입을 연결시키는 목적세는 중요한 공공재 생산을 위한 재원의 확보라는 일차적인 목적 외에도 일반회계예산체제하에서 정치인들의 이기적 목적에 예산이 남용됨을 막기 위하여 도입된다. 그러나 이러한 목적세마저도 정부 독점 하의 정치적 예산편성으로부터 완전히 자유로운 것은 아니다(Shughart II, 1998, 105-116). 먼저 특정사업을 재정적으로 뒷받침할 목적세가 신설될 경우, 원래 사업에 쓰일 일반세수입을 이용하여 정치인들이 원하는 사업들을 조금씩 점증적으로 늘려 줄 수 있다.[2) 또한 목적세의 경우, 일단 도입과정에서 목적의 정당성을 한번 검증받는다는 점에서 대중과 언론의 감시를 덜 받게 되기 때문에 세부적인 사용에 있어서 오히려 더 쉽게 남용될 수 있다. 오늘날 대부분의 나라들에서 세입세출의 정당성을 확보하기 위하여 지출과 세입을 연결시키는 다양한 목적세를 도입하고 있는데, 그 이면에 지출증대에 대한 감시의 눈길을 피하기 위한 정치인들과 관료들의 의도가 숨어있는지 더 많은 연구가 필요할 것이다.

2) 여기서 우리는 돼지 구유(pork barrel)식의 점증적 예산배분이 나타날 수 있음을 예측할 수 있다.

제3절 정부독점과 현실

현실 속의 정치인들은 재선이라는 목표에 더하여 자신의 지지계층이 선호하는 가치를 실현(안보나 경제성장)하거나 자기 개인의 명예와 권력의 쟁취 심지어는 금전적 이익을 위하여 정책선택에 관한 자신들의 권한을 사용할 수 있다. 실제로 이러한 일들이 일어난다. 정치인들(국회의원)들은 한편으로는 국민일반에 이로운 공공정책을 도입하기도 하지만, 또 한편으로는 자신의 재선을 도모하기 위하여 지역구 숙원사업과 치적성 사업에 예산이 배정되도록 노력한다.[3] 이러한 시도들은 특히 여당 의원들에 의하여 암암리에 행하여지는 경향이 있다. 예를 들어, 2009년 예산에 대한 예결특위 계수조정 소위원회의 심의과정에서 18대 국회의 여야 의원들은 도합 1000여개의 지역민원사업의 예산을 신청하였다. 신청한 모든 민원사업이 정치적 목적이라고 볼 수 없다고 치더라도, 지역구 의원 총수를 감안할 때 1000여개의 지역민원사업은 정부예산의 정치적 이용가능성이 작지 않음을 간접적으로 시사한다. 그리고, 전체 지역민원사업 신청 건수 중 70%에 가까운 700건을 여당인 한나라당 국회의원들이 신청하였는데 이는 여당 중심의 정부독점 현상이 발생할 수 있음을 뒷받침한다.[4] 이처럼 예산낭비나 공익의 외면이라는 비난을 받으면서도 국민의 의사와 배치되는 정책들이 알게 모르게 도입되는 현상이

3) 정부독점에 관한 논의는 엄밀히 말하면 의원내각제 등 의회중심의 정치체제를 전제한 것이라 할 수 있다. 그리고 일반적인 대통령제 하에서는 대통령과 여당의 이해관계가 대부분의 경우에 있어서 일치한다고 가정한다. 그러나 실제로 우리나라 같은 단임제 하에서는 대통령과 여당의 이해관계가 서로 다르게 움직이는 경우도 종종 관찰되기 때문에, 정부독점현상을 분석하는데 있어서 대통령과 여당의 관계를 추가적으로 고려하는 것이 필요할 것이다.

4) 이 과정에서 야당이 강력히 저항할 수 있으나, 정부는 야당의원들이 필요로 하는 정책을 정책패키지에 조금 끼워줌으로써, 이러한 저항을 감소시킬 수 있을 것이다. 본문에서 예로 든 2009년 지역민원예산의 경우, 민주당 국회의원들은 200건, 자유선진당 국회의원들은 150건을 신청하였다. 전체 지역민원예산신청건수 중 야당의원들의 신청건수가 차지하는 비율이 30%를 상회하였다는 것은 정치적 예산결정과정에서 여당의 독점적 예산결정에 편승하고자 하는 야당의원들의 전략 역시 무시할 수 없는 수준임을 보여준다.

심심찮게 반복되는 이유는 정부에 의한 공공서비스의 독점적 공급 체제와 의사결정과정의 다수결 독점원리의 결합에서 비롯되는 것이다.

정치인들은 자신들이 원하는 사업을 적당한 명칭을 붙여서 본래사업의 세부사업 중 하나로 포함시켜서 보다 안전하게 원하는 지출을 늘릴 수도 있다. 실제로 미국의 경우도 2011년 예산 편성 시 집권당인 민주당의 예산안에 의원들의 지역구의 개발사업 예산(earmarked budget)이 과다하게 책정되어 이들이 삭감되는 사례가 있었다. 우리나라의 경우에도 앞서 언급한 바와 같이 여당 국회의원이나 다수당에 속하는 지방의원들을 중심으로 지역민원성 사업이나 선심성 사업 등 지역구 챙기기 예산의 편성이 매년 반복되고 있다. 이러한 예산들이 소요되는 사업들은 대부분 낙후지역을 위한 지역격차 해소를 위한 사업이나 지역균형발전을 위한 지역특성화 사업이라는 취지를 내세워 그 당위성을 나타내고 있지만, 특정지역에 편익이 집중케 하는 사업들이 대부분으로, 주요 국가/지역사업 예산에 편승하여 예산이 배정된 것으로 의심받고 있다.

이외에도 공식적인 정부예산 외의 다른 방법을 통하여서도 정부가 원하는 사업을 할 수 있다. 예를 들어, 우리나라의 경우 최근 국가 채무와 관련하여 공기업 부채 문제가 관심을 받고 있다. 공기업 부채는 정부의 부채에 공식적으로 포함되지 않기 때문에, 정치인들은 공기업을 통한 서비스 제공을 마치 공짜로 공공서비스를 제공하는 것처럼 여기는 경향이 있다. 예를 들어 공공주택사업은 비록 그 취지는 바람직하였을지라도, 사업 진행 과정에서 공기업 재정상황 등 합리적 요소들을 충분히 고려하지 못하고 정부여당의 정치적인 결정에 의하여 추진되었다. 그 결과 토지주택공사의 누적부채는 110조에 이르게 되었고, 이로 인하여 계획하고 있던 사업들을 취소하게 됨으로써 경제적 손실은 더 늘어나고 있다고 한다. 한편, 토지주택공사의 부채 문제가 심각한 현안으로 부상되어 사업구조조정을 단행하는 와중에도 일부 여당 국회의원들은 자기 지역구의 공공주택사업만은 계속해달라고 요청하였다고 하는데, 이러한 모습은 앞서 설명하였던 정부정책 안에 지역민원사업을 슬쩍 끼워넣는 정부독점의 또 다른 모습의 예라고 할

수 있다(경향신문, 2010년 8월 31일자).[5)]

정부독점에 의한 예산배정을 막기 위하여서는 대규모예산항목에 대한 가결 정족수를 더 엄격하게 하여서 정치적으로 대규모예산이 편성되는 것을 제한하여야 하며, 편익이 특정지역에 편중되는 예산의 경우, 가급적 중앙정부차원에서 지원을 줄여나가는 한편, 전체 예산에서 지역민원성 예산이 차지할 수 있는 비율을 엄격히 정하여 지키게 하여야 한다. 아울러 지역예산의 경우, 예산요청을 한 국회의원의 이름을 병기하여 공개하는 예산실명제도를 도입하여 예산요청에 대한 책임성을 강화할 필요성이 있을 것이다. 또한 공기업 사업 등을 통한 정치적 예산지출을 막기 위해서는 공기업 사업이 합리적인 의사결정과정을 통하여 이루어질 수 있도록 공기업에 대한 낙하산 인사의 제한과 공기업 이사회의 독립성을 증대시켜야 하며, 자산 대비 부채 비율 등 재정건전성에 대한 요건 역시 더욱 강화할 필요가 있을 것이다.

[책임집필 : 김대진]

---

5) 한편, 직접적인 예산배정문제는 아니지만 여당의 낙선인사들이나 당료들이 공기업이나 정부산하단체의 요직에 임명되는 낙하산 인사도 정부독점 현상의 한 예라 할 수 있을 것이다.

Chapter 22

정치경기순환론

Public Choice

제 1 절 정치적 선택과 경기순환

다운스(Downs)나 털럭(Tullock) 등이 주장한 것처럼 정치인 특히 정부여당은 다수결에 의하여 부여받은 독점적 권한을 이용하여 정치적 목표를 달성하기 위하여 공공정책을 적절히 활용할 수 있다. 정부여당이 최우선시 하는 정치적 목표에는 정당의 이념적 목표의 달성과 선거에서의 승리를 통한 정권의 연장 등이 포함된다. 프레이(Frey)와 라우(Lau)의 연구(1968)에 따르면, 정부여당은 자신의 이념적 목표의 달성과 더불어 차기 선거에서 재선의 확률에 영향을 미치는 정당의 지지도를 중시한다. 따라서 정부여당에 대한 지지도의 변화에 따라 정부의 정책선택 역시 달라진다. 즉, 정부여당의 지지도가 충분히 높을 때(52%를 초과)는 정부의 정책은 정당의 이념적 목표를 추구하지만, 충분한 지지를 받지 못하고 있을 때는 정당의 이상에 다소 상충되더라도 지지도 제고에 유리한 정책들을 도입하게 된다. 예를 들어 여당에 대한 지지도가 높을 때는 당의 이념에 따라 정부의 개입수준을 조절하지만, 여당이 인기를 잃어가는 시점에서는 지지도를 제고하기 위하여 경제성장을 촉진하거나, 실업률을 낮추기 위하여 정부지출을 늘리고 정부부문의 고용을 늘리는 등 경기확장정책을 펴는 것이다(Frey and Lau, 1968; Frey and Schneider, 1975). 고든(Gordon, 1975)의 연구 역시 선거 등 정치적 요인들이 조세부담, 물가상승률, 정부지출, 실질GNP 등의 변수에 미치는 영향을 분석하여 정당들이 선거에서 승리하기 위하여 유권자들이 원하는 방향으로 주요 거시경제변수들이 움직이도록 정책수단을 사용하는 경향이 있음을 밝혀냈다.

이러한 연구들과 맥을 같이하며 노드하우스(Nordhaus, 1975)는 정부 또는 집권정당은 선거 이전에는 가처분소득의 증가, 실업률의 감소 및 복지정책의 확대 등 경기부양정책을 강력하게 실시하고, 선거 승리를 통하여 집권한 이후에는 경기부양책에서 파생된 물가상승, 재정적자 문제 등을 해결하기 위하여 긴축정책을 추진하게 된다는 정치적 경기순환(political business cycle) 가설을 주장하였다. 한편 키르흐개스너(Kirchgässner)의 연구(1974)는 영국과 독일에서 실업률과 물가상승률 등의 거시경제변수가 정부여당의 지지도와 강한 통계적 상관성이 있지만, 야당의 지지도와는 큰 관계가 없어서 정치적 경기순환이 정부독점과 관련 있는 정책현상이라는 것을 지지하였다.[1] 이들의 연구는 공통적으로 주요경제변수들에 따라 정부에 대한 지지도가 결정된다면 정부여당의 정책패키지 역시 선거의 시기와 맞물려서 전략적으로 선택됨으로써, 통치기간 중에 일정한 정책변동의 패턴을 보일 수 있다는 점을 지적하였다. 즉, 순수한 경기순환(economic business cycle)에 대비하여 정치적 목표 달성을 위한 거시정책의 영향을 받아 경기변동이 존재할 수 있다는 것이다.

제2절 정치적 경기순환 모형

정치적 경기순환을 설명하는 모형은 전통적 정치경기순환모형과 이념적 정치 경기순환모형, 이념적·합리적 정치 경기순환모형, 그리고 합리적 정치 경기순환모형이 있다. 이 모형들은 투표자들의 행태와 합리성, 정당의 목표,

---

1) 배득종(1992)에서 재인용.

그림 22-1 선거주기와 실업률의 변동

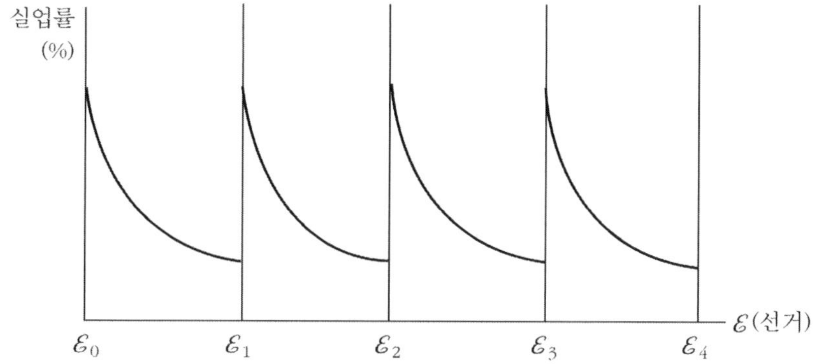

경제구조와 정책의 영향력에 따라 구분된다. 먼저 전통적 모형에서는 투표자들의 행태가 비합리적이므로, 현재 실시되는 정책에 대하여서만 평가하며, 현재의 정책이 계속될 것이라는 근시안적 판단을 한다. 또한 과거에 일어났던 정치적 경기순환을 망각하여 미래의 정책 변화의 예측에 활용하지 못한다. 정부는 다음 선거에서 최대한 많은 표를 얻어서 선거에서 승리하는 것을 목표로 하며, 경제 체제 내에 물가와 실업률은 서로 역의 관계를 갖는 필립스 곡선이 성립한다. 이러한 조건 하에서 정부는(선거에서 승리하기 위하여) 선거철이 다가오면 단기적으로 물가를 올리더라도 실업률을 낮추는 수요확장정책을 사용하며, 선거 이후에는 실업률을 높이면서 물가를 낮추는 긴축정책을 실시하게 된다(Nordhaus, 1975).

이념적 모형은 비합리적이며 단기적인 시각을 가진 투표자를 가정하며, 정부가 필립스 곡선을 전제로 경제정책을 수립할 수 있다는 점에서는 전통적 모형과 유사하지만, (경제정책을 통하여) 달성하고자 하는 정치적 목표가 득표의 극대화가 아니라 집권여당이 지향하는 이념적 목표라는 점에서 구분된다(Hibbs, 1977). 예를 들어 유럽의 사회당은 이들의 지지기간인 하위중산층을 위하여 물가가 어느 정도 상승하더라도 실업률이 낮아지는 상황을 더 선호하기 때문에, 이들이 집권하였을 때는 보수당이 집권한 때보다 더 강한 수요확장정책을 사용한다는 것이다.[2)]

이에 비하여 이념적 합리모형은 투표자는 합리적이며, 장기적으로 정책을 평가하기 때문에 정부의 정책에 별 영향을 받지 않으며, 물가와 실업률 사이에도 역관계가 성립하지 않기 때문에 정부가 선거를 위하여 경제를 조작화할 수 없으며, 오로지 집권정당이 선호하는 정책을 추구하게 될 뿐이라는 것이다. 예를 들어 미국의 경우, 민주당 출신의 대통령이 이끄는 정부는 물가를 억제하는 것보다는 생산을 늘리는 목표를 선호하므로, 대통령의 집권전반기(취임후 첫 2년)에는 공화당 출신 대통령의 집권 전반기에 비하여 물가상승을 감수하면서 생산을 증대시키는 정책이 더 강하게 추진된다. 다만, 집권 후반기에는 민주당 행정부이든 공화당 행정부이든 상관없이 정책의 효과가 비슷하였다는 점이 특징이다(Alesina, 1987).

마지막으로 합리적 모형에서는 정당은 당파적 이념보다 선거에서의 승리(소속 의원들의 재선)만을 목표로 하며, 투표자들은 합리적이기 때문에 경제정책은 (장기적으로) 그들의 의사결정에 중요한 영향을 줄 수 없다고 가정하였다(Rogoff and Sibert, 1988). 다만, 단기적으로는 투표자들의 합리성이 제한될 수 있다고 보았기 때문에, 단기적이며 가시적인 정책이 투표자들의 지지를 끌어낼 가능성은 여전히 존재한다. 이러한 이유로 정부는 (단기적으로) 정치일정에 따라 일정한 정책을 실시하는 패턴을 보일 수 있다는 것이다.

---

2) 이에 대하여 몇 가지 반론이 존재한다. Stigler(1973)은 특별히 경기침체가 발생한 경우가 아닌 한 실업자 수가 정책의 주요목표가 될 만큼 크지 않을 것이기 때문에 실업률에서 정치적 경기변동이 관찰되기 어려울 것이라고 주장하였다. 또한 실업자 수가 전체 경제에 심각한 영향을 줄만큼 크다면, 정부의 이념이 보수적이든 진보적이든 상관없이 정부는 실업자 수를 줄이려 할 것이기 때문에, 정부여당의 정치적 이념에 따라 재정정책의 성격이 달라지지 않을 것이다. 또한 실제로 국민소득의 증가라는 목표는 정당이념과 상관없이 거의 모든 정당이 공통으로 추구하는 바이기 때문에 실제로 집권정당의 이념에 따라 재정정책이 일정한 패턴을 보일 것이라고 예측하는 것은 무리가 있다. 마지막으로 오늘날 거대해진 국가경제에 국가의 재정정책이 눈에 띌만큼 유의미한 변화를 가져올 수 있을지도 의문이다.

표 22-1 정치적 경기변동모형

경기순환모형	투 표 자	집권정당의 목표	경제구조와 정책
전통적 모형	비합리적, 근시안적	득표의 극대화	필립스곡선 존재, 경제의 조작화 가능
이념적 모형	비합리적, 근시안적	당파적, 이념적 목표	필립스곡선 존재, 경제의 조작화 가능
이념적 합리모형	합리적, 장기적 예측	이념적 목표	필립스곡선 없음, 경제의 조작화 불가능
합리모형	합리적, 장기적 예측 근시안적(단기)	재선	필립스곡선 없음, 경제의 조작화 가능(단기) 경제의 조작화 불가능(장기)

투표자의 행태, 집권여당의 목표, 경제정책의 영향력에 따라 네 가지 모형으로 구분되었다고 하지만, 자세히 살펴보면 투표자나 정부의 행태 면에서는 유사점이 상당히 많다. 이념적 합리모형과 합리모형에서는 투표자가 합리적이고 미래 정책변화를 예측한다고 가정하지만, 단기적으로는 경제정책의 효과에 대하여 불완전 정보를 가지고 있기 때문에 선거용 경제정책의 영향을 받을 수 있다는 점을 인정하였다. 결국 선거철이라는 짧은 기간만을 놓고 본다면, 합리모형에서 가정하는 투표자 역시 전통적 모형과 이념적 모형에서 가정하는 비합리적 투표자와 크게 다르지 않다고 할 수 있다. 또한 정치제제에 따라 정당의 이념 달성의 목표와 선거에서의 승리라는 목표가 크게 다르지 않을 수도 있다. 오랜 양당제를 경험한 나라에서는 투표자들이 개별 정책보다는 정당의 이념적 목표에 지지를 보내는 경우도 많기 때문에, 집권여당 입장에서는 가급적 이념적 목표에 맞는 정책을 실시하는 것이 선거의 승리를 위하여 더 안전한 길이 된다. 따라서 미국의 공화당, 유럽의 사회당과 보수당처럼 양당제도가 공고히 되어 있는 국가의 경우, 경제정책의 수립에 있어서 이념적 목표의 추구에 큰 비중을 두게 될 것이며, 그렇지 않

은 나라에서는 득표의 극대화의 추구에 더 많은 비중을 두게 될 것으로 예상할 수 있다.

제3절 우리나라의 정치적 경기순환

우리나라의 경우, 정부의 개입이 비교적 자연스럽게 받아들여지고, 오히려 시장이 정부의 경제문제에 대한 개입을 요청하는 경우도 많다. 이러한 상황에서는, 필립스곡선의 존재 유무와 상관없이 정부는 재선을 위하여 일정한 경제정책을 쓸 것으로 예상할 수 있다. 과거 경제성장기보다 성장률이 둔화되고, IMF 이후 고용의 증가가 감소한 이후부터는 대통령선거 때마다 경제문제가 가장 중요한 이슈가 되고 있으며, 정당에 상관없이 실업률, 경제성장률, 물가 등에 대한 입장은 거의 동일하다. 이렇게 볼 때 우리나라의 상황은 정치적 경기순환 현상의 원인이 되는 "정치적 일정에 따른 경제정책의 수립"이 일어날 충분한 개연성을 내포하고 있다.

또한 우리나라의 정당들은 정치이념에 기초한 양당제의 경쟁보다는 득표와 재선을 위한 정치행태를 더 자주 보이고 있으며, 정부의 직간접적인 시장개입이 비교적 자주 일어나는 현실을 고려할 때, 이념적 경기순환모형은 우리나라의 정치적 경기순환을 설명하는데 한계가 있을 것이며 재선이나 득표극대화에 초점을 둔 경기순환모형들이 우리나라의 경기순환모형을 설명하는 데에 더 적합하여 보인다.[3] 실제로 한국의 정치경기순환을 분석한 대부분의 연구들은 정당의 목표로 정당이념추구보다는 선거에서의 득표와 재선이 더 중요하다고 가정하고 정치경기순환현상을 분석하였다(안철원 외 1987; 최광·노봉래, 1988; 심상달·이항용, 1992; 유금록, 1996; 이은국, 1999). 한편, 정치

3) 정부의 과거 실정을 오래 기억하지 않고, 단기적이고 지엽적인 선심성 정책에 강하게 반응하는 유권자들의 투표성향을 가정한다면, 전통적 경기순환모형이 정치적 경기순환을 설명하는데 적합한 모형이 될 수 있을 것이며, 학습과 장기적인 예측을 통한 합리적 판단에 의하여 투표하는 유권자들을 가정한다면 합리적 경기순환모형이 적실성 있는 모형이 될 것이다.

경기순환의 존재여부 및 패턴에 대하여서는 상당히 다채로운 분석결과가 제시된다.

먼저, 최광과 노봉래의 연구(1988)는 선거주기에 따른 소비자물가상승률, 실업률, 세출의 변화를 분석하였는데, 제한적이나마 거시정책 등에서 경기순환적 정책기조가 나타남을 보이는 분석결과를 제시하였다. 또한 소병희(1988)의 연구에 따르면, 분석기간 중 실시되었던 전체 선거들 중 2/3에서 선거기간과 경기상승국면이 겹쳤으며 정치에 대한 불만족도가 정부지출 등 경제변수에 어느 정도 영향을 미친 것으로 나타났다(Soh, 1988).[4] 한편, 유금록의 연구(1996)는 우리나라의 연도별 조세수입(1963~1992)을 선거주기에 따라 스펙트럼 분석을 하였는데, 분석의 결과는 조세수입 역시 선거주기에 따라 일정한 패턴을 보이는 정치적 순환주기가 있음을 보여주었다. 이외에도 통화정책과 정치적 경기순환의 관계에 주목한 연구들(안철원 외 1987; 박하섭·최종렬, 2001)도 있는데, 그 중 박하섭·최종렬의 연구(2001)는 본원통화증가율과 선거주기변수에 대한 시계열자료 분석을 기초로 우리나라 중앙은행이 정부의 투표극대화 전략에 순응하여 통화정책을 수립하는 경향이 있다고 주장하였다. 이들 연구의 분석결과에 따르면, 중앙은행은 선거 후 통화긴축기조를 지켜가다가 선거전 3분기부터 확장적 통화정책을 실시함으로써, 선거일정에 따른 정치적 경기순환을 가져왔다.

위의 연구들과는 반대로, 우리나라에서는 뚜렷한 정치경기순환이 존재하지 않는다고 주장하는 연구들도 있다(이은국, 1999; 2000). 이은국(2000)의 연구결과에 따르면 14대, 15대 총선기간을 중심으로 거시경제변수의 변화를 ARIMA 분석한 결과 특별히 정치적 경기순환이 나타나지 않았다.[5]

한편, 우리나라에도 정치적 경기순환의 특징이 나타나지만 그것이 반드

---

4) 과거 우리나라의 경우, 유럽이나 미국의 국가처럼 민주주의가 잘 발달되어 있지 않았지만, 권위주의적 정부체제 하에서 여당의 선거 승리를 위한 정부개입이 더 노골적으로 이루어질 수 있는 환경을 갖추었기 때문에 정치적 경기순환이 충분히 일어날 수 있는 환경이라고 할 수 있다(Soh, 1988)

5) 다만, 이 연구들은 분석기간이 (정치적 경기순환을 관찰하기에는) 상대적으로 짧아서 선거일정에 따른 뚜렷한 경기순환이 파악되지 않았을 수도 있다는 점을 유보하고 있다.

그림 22-2 대통령 단임제 하의 정치적 경기순환

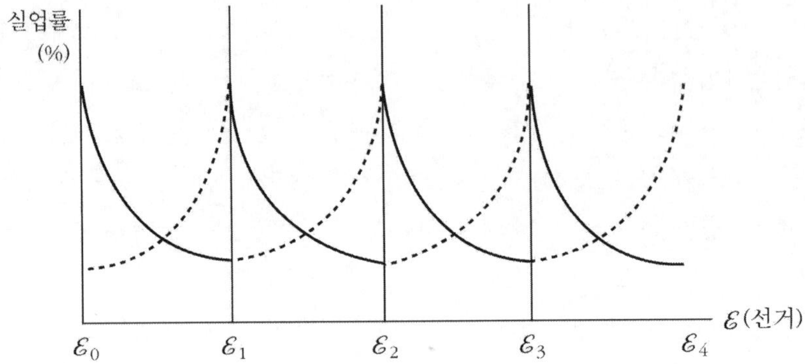

시 서구의 연구에서 보고된 정치적 경기순환과 꼭 일치하지는 않는다는 결과를 제시한 연구들도 있다. 이동윤의 연구(1996)에서는 우리나라 정부가 선거 시기 등 정치일정에 따라 정치적 경기순환을 활용하지만, GNP, 실업률, 물가 등 거시적인 지표에 영향을 주는 정책보다는 미시적인 경제수단을 주로 활용하며 그 결과 영미나 유럽의 정치적 경기순환과는 다른 특징을 갖는 정치적 경기순환이 주로 나타난다고 주장하였다. 즉, 우리나라의 정치적 경기순환은 영미나 유럽의 정치적 경기순환과는 다르게 각각의 선거시기마다 단기적인 정치적 경기순환이 더 자주 관찰되며, 단기적인 정치적 경기순환의 변동 폭은 총선거보다는 대통령선거에서 더 크게 나타나는 특징이 있다. 이에 더하여 이영선·조문경의 연구(2007)는 우리나라 재정지출의 경우, 5년 단임제 대통령이라는 우리나라 특유의 정치제도의 특성 때문에 서구선진국과는 전혀 다른 정치적 경기순환이 관찰된다고 보고하였다. 즉, 그들의 연구 결과는, 단임의 임기기간동안 대통령은 자신의 업적을 위하여 집권전반기에는 강력한 경기부양정책을 추진하고, 집권후반기에는 부양정책을 줄여가고 있음(그림 22-2에서 점선)을 보여주는데 이는 선거 직후 물가관리 등 긴축기조의 정책과 선거 직전 실업률 감소를 위한 확장기조의 정책이 반복되는 서구국가의 정치적 경기순환과는 정반대의 패턴이라 할 수 있다(그림 22-2에서 실선).

위의 연구들이 지적하는 바를 정리하자면, 우리나라의 경우도 통화, 재정, 조세 등 여러 부문에서 정치적 경기순환 현상의 원인이 될 만한 "선거일정에 따른 정부의 경제개입"은 제한적이지만 꾸준히 존재하여 온 것으로 보인다. 정치적 경기순환의 존재여부와 패턴들에 대하여서는 연구들마다 주장한 바에 차이가 있다. 다만 정치적 경기순환이 존재한다고 보는 분석결과가 많다는 점에서, 우리나라에서도 정치적 일정에 따른 정책결정이 거시경제의 움직임에 어느 정도 영향을 주고 있는 것으로 보인다.

한편, 우리나라의 정치적 경기순환은 서구국가의 정치적 경기순환과는 다른 특징을 가지고 있고, 상당히 예외적인 정책기조도 자주 관찰되고 있다. 김영삼 정부의 경우 집권기간 내내 경기가 좋지 않았음에도 불구하고 경기회복에 큰 걸림돌이 될 수 있다는 금융 실명제를 도입하였는데, 금융실명제는 정치적 일정에 따라 사용된 긴축적 경제 정책수단이라기보다는 자신의 공약을 실천하기 위한 정치적 결단의 결과로 보는 것이 타당할 것 같다. 또한 김대중 정부의 경우, 집권전반기부터 경기회복을 위한 정책과 더불어 IMF의 권고에 의한 재정긴축정책이 병존하였고, IMF 위기를 벗어나기 위하여 임기초반에 사용하였던 일부 팽창정책들은 임기 후반기에도 계속 유지되었다[6]는 점에서 전형적인 정치적 경기순환의 패턴과는 차이가 있다.

노무현 정부시절에도 초반기에 대기업에 친화적인 경기부양책을 일부 사용한 것이 사실이지만, 대체로 집권기간 내내 부동산경기를 억제하는 정책을 강력히 밀어붙였다는 점에서, 정치적 경기순환에서 발견되는 일반적인 정책기조와는 상당한 차이가 있다.[7] 이명박 정부의 경우, 임기초반에 닥친 세계적인 금융위기로 인하여 광범위한 경기부양책을 사용한 반면, 최근 집권 후반기에 접어들면서 물가안정 위주의 긴축정책을 펴고 있다는 점에서

6) 김대중 정부의 경우 임기후반에도 신용카드 시장을 확장시키는 등 적극적인 수요확장정책을 실시하였다.

7) 노무현 정부는 집권초반에 재산세 과표 인상(property tax hike) 등 부동산시장을 억제하고 (비록 상징적이지만) 재분배를 지향하는 정책을 실시하였다.

이영선·조문경의 연구(2007)가 제시한 역(逆) 정치적 경기순환의 방향으로 경제정책을 집행하고 있는 것으로 보이지만, 4대강 사업 등으로 인한 대규모의 재정지출은 집권기 전반에 걸쳐 이루어지고 있다.

[책임집필 : 김대진]

Chapter 23

규제와 지대추구

Public Choice

규제는 일반적으로 시장의 실패 문제를 해결하거나 기타 공익을 증진시킬 목적으로 개인의 경제적 활동과 시장의 기능을 제한하고자 하는 정부의 활동으로 알려져 있다. 새롭게 도입된 규제는 목표하는 바를 달성하기 위하여 제도나 규칙으로서 시장주체들의 활동에 일정한 변화를 가져온다. 우리가 공공선택론적 관점에서 규제에 관심을 가져야 되는 이유는 바로 이러한 점 때문이다. 즉, 규제의 도입에 따라 시장주체들이 처한 상황이 변함에 따라 규제로 인하여 손해(비용)을 감수하여야 하는 집단과 규제로 인하여 이익(편익)을 얻는 집단이 존재하게 된다. 규제로 인하여 손해를 보는 집단 입장에서는 그 규제가 도입되는 것을 사전에 막거나, 규제가 이미 도입된 경우에는 어떻게든 규제의 실시를 유예시키거나 규제의 강도를 낮추려 할 것이다. 반면, 규제로 인하여 이익을 보는 집단의 경우, 비용집단과 정반대로 규제가 도입되도록 노력하거나 기존의 규제를 계속 유지하려 노력할 것이다. 한편, 규제기관은 이러한 독점적 권리나 이익의 공급자가 된다. 규제가 창출하는 독점적 이익은 일종의 지대(rent)에 해당하며, 관련이익집단들은 자신들이 가지고 있는 자원을 활용하여 규제의 공급자인 규제기관을 상대로 지대를 추구하는 행위를 하게 된다. 이러한 지대추구행위는 지대추구비용이 지대로부터의 이익을 초과하지 않는 한 계속된다.

제1절 독점지대와 후생손실

규제정책 영역에 있어서 지대추구행위가 일어나는 핵심요인은 특수이익집단이 규제를 수요하게끔 만드는 유인, 즉 독점지대의 존재이다. 이러한 독점지대는 경제적 지대의 한 형태이며, 자연독점이나 정부의 진입규제 등에 의하여 발생하게 된다(Tullock, 1967; Krueger, 1974). 따라서 특수이익집단에 의한 규제의 수요와 규제시장의 형성을 이해하기 위해서는 경제적 지대라는 개념을 먼저 이해할 필요가 있다.

지대(rent)라는 개념은 토지와 같이 공급이 고정된 생산요소의 가치를 설명하면서 도입되었다. 토지는 자연적 제약으로 공산품과 달리 가격이 올라가더라도 쉽사리 공급량을 늘리기 어렵다. 특히 비옥하여 생산이 많이 잘되는 토지의 경우 그 면적이 매우 제한적이어서 토지의 가치가 치솟게 되어 토지에 대한 최소한의 지대 이상의 초과지대가 발생하게 된다. 이러한 초과지대는 생산요소가 아닌 재화로서 거래되는 빌딩, 상가, 아파트 같은 부동산에도 발생한다. 예를 들어 강남의 아파트나 명동의 상가건물도 공급을 위한 최소한의 비용(건축원가)보다 실제 거래되는 가격의 차이가 매우 크다. 이들 지역은 사람들이 선호하는 주거지거나 영업이 잘되는 지역이지만, 공급량이 매우 제한적이기 때문에 그 가치가 더욱 올라간 것이다. 이러한 현상은 비단 토지나 부동산과 같은 재화뿐만 아니라 비슷한 성질을 가진 다른 재화나 서비스에서도 관찰된다. 박찬호나 김태희 같은 유명한 프로스포츠선수나 연예인들이 버는 소득 역시 자신들이 스포츠나 방송에 출연하기 위한 최소한의 대가보다 훨씬 높은 경향이 있다. 이는 그들의 퍼포먼스가 매우 뛰어날 뿐만 아니라 그러한 퍼포먼스를 보여 줄 수 있는 능력 자체가 아주 희소하기 때문이기도 하다. 박찬호 선수의 경우 메이저리그의 LA 다저스와 계약하기 이전 한화구단과 협상할 때에 불과 몇 천만 원 정도의 작은 계약금을 요구하

그림 23-1 독점 하의 경제적 지대

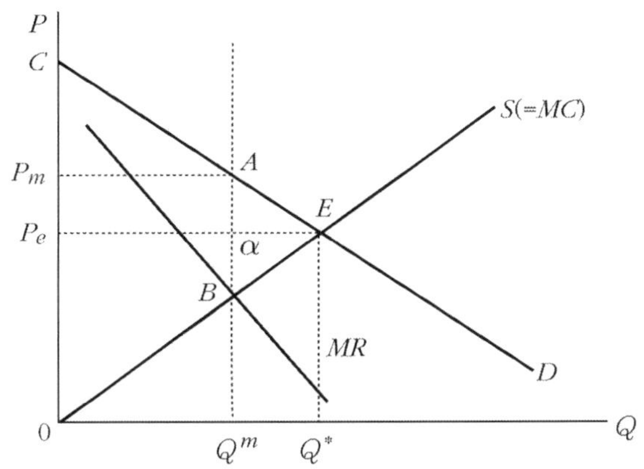

였다는 얘기는 바로 이러한 점을 뒷받침한다. 이처럼 어떤 생산요소(재화)의 공급이 비탄력적이기 때문에 추가로 지급되는 보수(대가)를 경제적 지대라 한다. 경제적 지대는 생산요소를 사용하기 위하여 그것에 실제 지불되는 금액과 생산요소의 공급 수준을 유지하는데 지불되어야 할 최저금액의 차이로 측정된다. 그런데 이러한 경제적 지대는 시장이 완전경쟁시장에 가까워질수록 점차 줄어들게 된다. 왜냐하면 많은 경제적 지대를 얻을 수 있는 시장에는 항상 새로운 공급자가 진입하여 경제적 지대를 취하려 할 것이므로, 결국 장기적으로는 공급이 탄력적으로 이루어지고 경제적 지대는 점차 없어지게 될 것이다.

독점지대 역시 경제적 지대의 일종으로서 독점적 권리를 이용하여 얻을 수 있는 초과이익이다. 독점지대에 대한 가장 대표적인 예는 독점시장에서 생산자(기업)가 얻는 경제적 지대이다. 독점지대를 설명하기 위하여 어떤 재화시장에서 특정생산자가 독점적으로 재화를 공급할 권리를 가지고 있다고 가정하자.[1] 그가 이윤극대화를 추구하는 독점생산자라면 한계비용곡선(MC)

1) 뮬러(D. Mueller)는 항공서비스시장의 독점을 예로 들었다. 우리나라의 경우도, 과거 한때 항공서비스의 독점공급자가 있었다. 아시아나 항공이 생기기 전인 80년대까지

과 한계수입곡선(MR)이 만나는 점에서 생산량(Q^m)을 정하고, 그 공급량과 일치하는 수요곡선 상의 점에서 가격(P_m)을 결정한다(그림 23-1). 그 결과 독점생산자는 매출액에서 공급비용을 제하고 사다리꼴 P_mABO만큼의 차액을 얻게 되는데 이것이 독점지대(monopoly rent)이다.[2] 위와 같은 조건이 완전경쟁상황에서 주어진 경우에 생산자가 얻는 생산자 잉여는 삼각형 P_eEO이므로, 독점생산자는 삼각형 αEB만큼을 잃는 대신, 직사각형 $A\alpha P_eP_m$만큼의 이익을 더 얻게 되는데, 직사각형 $A\alpha P_eP_m$의 면적은 삼각형 αEB보다 훨씬 크다. 사회전체의 후생(소비자 잉여+생산자 잉여)을 보면 완전경쟁조건 하에서는 삼각형 COE의 크기였으나 독점 하에서는 사다리꼴 $COBA$에 불과하여서 삼각형 ABE만큼이 사라져버렸다. 이 삼각형 ABE는 누구에게도 귀속되지 않으므로, 완전히 사회후생의 손실이 된다. 이렇게 독점적 권리의 존재는 독점적 권리를 가지고 있는 경제주체에게는 초과이익(독점지대)을 창출하여 주지만 사회 전체적으로는 후생의 순손실을 초래한다.

그런데, 독점지대의 창출의 대가로 사회가 부담하여야 할 대가는 후생의 순손실에 그치지 않는다. 독점지대는 일반적인 경제활동의 이익보다 더 큰 초과이익을 가져다주기 때문에 특수이익집단이 지대를 창출하는 독점적 권리를 얻고자 노력하는데, 이러한 노력에는 보통 적지 않은 비용 -예를 들어 로비스트를 고용한 대가, 뇌물 등- 이 수반된다. 털럭(Tullock, 1967)은 독점에 의한 사회후생의 손실뿐만 아니라 특수이익집단이 독점지대를 추구하는 과정에서 소비하는 자원 역시 독점지대에 대한 사회적 비용이라고 보았다. 따라서 다음 절에서는 간단한 지대추구모형을 이용하여 특수이익집단의 지대추구비용의 크기에 대하여 분석하여 보기로 한다.

는 대한항공이 항공서비스의 독점공급자로서, 비행기편수를 줄이고 가격을 높여서 독점지대를 누릴 수 있는 위치에 있었다. 그러나 정부가 아시아나항공에 국제항공노선을 순차적으로 배분하였기 때문에, 서울과 국제 주요 도시 간 항공노선에 있어서는 상당 기간 독점공급자의 위치를 지킬 수 있었다.

2) 가격추종자에 불과한 완전경쟁 하의 생산자와는 달리 독점생산자는 자신의 생산량과 가격을 정할 수 있으므로, 이윤극대화를 위하여 AQ^m을 지나는 직선에서 공급량을 고정시킬 것이라는 점을 주목하자. 이에 따라 독점에서는 공급이 비탄력적으로 변하게 되고 가격이 높아지는데, 이는 경제적 지대의 발생원인과 유사하다.

제 2 절 지대추구모형과 지대비용

n명의 경쟁자들이 지대(R)를 추구하는 데 I만큼의 자원을 쓰고, 지대추구의 산출함수는 Tullock이 가정한 것처럼 I^r의 형태를 갖는다고 가정하자.[3] 여러 명의 경쟁자가 존재하므로 i번째 경쟁자가 경제적 지대를 쟁취할 수 있는 확률은 $p_i(I_i)$는 스스로 지대추구를 위하여 얼마나 노력을 하였느냐에 비례한다고 할 수 있다. 따라서

$$p_i(I_i) = \frac{I_i^r}{I_i^r + \sum_{j \neq i}^{n-1} I_j^r}$$

가 된다. 여기서 $\sum_{j \neq i}^{n-1} I_j^r$이 i를 제외한 다른 경쟁자들의 지대추구의 산출의 합(sum)을 S라고 하고 그 값은 일정하게 정해져 있다고 하자. 그러면 i번째 경쟁자가 지대추구행위로부터 얻게 되는 기대수익(expected gain)은

$$E(g_i) = p_i(I_i) \times R - I_i = \left(\frac{I_i^r}{I_i^r + S}\right) \times R - I_i$$

그리고 지대추구의 기대수익이 극대화될 조건은 위의 식을 I_i에 관하여 미분하여 얻은 1계도함수(first-order condition)가 0이 되는 조건으로부터 도출할 수 있다.

$$\frac{rI_i^{r-1} \cdot R}{I_i^r + S} - \frac{rI_i^{r-1} \cdot I_i^r R}{(I_i^r + S)^2} = 0$$

위 조건을 도출하여 간단히 정리하면

$$I_i = \frac{n-1}{n^2} \times rR$$

3) 여기서 각 경쟁자들은 위험중립적인 성향을 가지고 있다고 암묵적으로 가정된다.

위의 조건에서 우리는 i번째 경쟁자가 지대추구를 위하여 쓰는 자원은 r이 1보다 작거나 같을 때, 자기가 추구하는 지대 R보다는 작음을 알 수 있다.[4] 두 번째로 지대추구 자원과 지대 R의 관계를 보면 R이 클수록 지대추구를 위하여 더 많은 자원을 쓰게 됨을 시사한다. 즉, 얻을 수 있는 독점지대가 많을수록 그것을 얻기 위하여 투자하는 세 번째로 n이 커질수록 지대추구를 위한 최적 투자는 작아진다. 한편, 위의 조건을 경쟁자 전체에 대하여 일반화시킨 다음 다시 정리한다면

$$\frac{nI}{R} = \frac{n-1}{n} \times r$$

이 성립한다. 위의 식은 (모든 경쟁자들이 동일한 존재들이라는 암묵적가정 하에) 경제 전체에 존재하는 경제적 지대 중 경쟁적인 지대추구에 소요되는 자원들의 총합이 차지하는 비중이다.[5] 위의 식에서 보는 것처럼 일반적으로 한 공동체 내에서 지대추구에 소요되는 자원의 총합은 추구하는 지대의 크기보다는 작다. 그러나 특정한 조건 하에서는 지대추구에 소요된 자원의 크기가 추구하는 지대와 정확히 같아진다. 예를 들어 $n=2$이고 $r=2$라면

$$\frac{2I}{R} = \frac{2-1}{2} \times 2 = 1$$

이므로, 독점지대는 두 경쟁자가 지대를 위하여 소모된 자원들의 총합과 같게 된다. 즉, 독점지대가 그것을 얻기 위한 경쟁자들의 노력(지대를 얻기 위하여 소모한 총자원)에 의하여 다 소모되어 버리는 것이다(Posner, 1975). 이러한 결과는 경쟁적 지대추구행위과정에서 때로는 지대추구자 자신에게까지 지극히 비효율적인 상황이 벌어질 수 있음을 보여준다.[6]

---

4) r이 1보다 작거나 같다는 것은 지대산출함수가 사용된 자원에 대하여 정비례하거나 체감하는 산출을 내는 함수임을 의미한다. r이 1보다 크다면 이때는 산출함수가 지대추구에 사용된 자원에 비하여 체증하게 된다.

5) $\sum_{i=1}^{n} I_i = n \cdot \frac{n-1}{n^2} \cdot rR = nI$ 이므로 위와 같이 정리된다.

6) 합리적인 행위자들이라면 이러한 극단적인 결과가 나올 만큼 많은 비용을 들여 지대를 추구하는 일은 실제 발생하기 어려울 것으로 예상할 수 있다. 그러나 만약 지

그렇다면 독점적 지대를 얻기 위하여 사용되는 자원은 누구의 몫이 되는가? 지대추구에 사용된 경제적 자원은 손실된 사회후생처럼 완전히 없어지는 것은 아니다. 지대추구가 독점적 공급자가 될 권리를 얻기 위한 노력이라면, 지대추구를 위하여 투자된 자원은 독점적 권리를 줄 수 있는 권한을 가진 자의 몫이 될 것이다. 이미 앞에서 언급하였지만, 이러한 독점적 권한을 가진 존재는 바로 정부이다. 지대추구비용이 사회적 비용이 된다는 것은, 지대추구의 결과 소비자들의 몫이 되어야 할 소비자 잉여 중 일부가 독점공급자에게 넘어가고, 그 중 일부가 다시 독점권의 대가로 (시장 밖에 있는) 독점권의 공급자에게 넘어가기 때문에 시장에서는 추가적인 후생손실이 나타날 수 있다는 것을 의미한다.

우리사회에서 경제활동에 대한 독점적 권리의 공급자는 비단 정부만은 아닐 것이다. 예를 들어 프랜차이즈 대리점에 대한 권리 등은 사기업들에 의하여서도 창출되어 공급(김행범, 지종화 2000; 사공영호, 2002; 최병선, 2002)될 수 있다. 그러나 공공선택의 영역 안에서는 독점적 권리의 공급자는 정부가 될 것이다. 정부는 공익을 달성하기 위하여 경제활동에 대한 독점적 권리를 특정 개인이나 기업에 부여하기도 하고 때로는 개인이나 기업의 경제활동의 권리를 제한하기도 하는데 이러한 정부의 활동을 정부규제라 한다. 따라서 정부규제는 부수적으로 독점지대를 창출하게 된다.[7] 다음 절에서는 정부에 의한 독점지대의 창출과 특수이익집단의 지대추구행위가 정책결정의 과정에 미치는 영향에 대하여 알아보자.

대를 추구하는 경쟁자들이 합리적이지 못하다면 지대추구비용의 총합이 지대보다 더 커질 수도 있을 것이다. 예를 들어, 각 경쟁자들이 자기들이 지대를 얻을 확률이 객관적인 지대 획득 확률보다 훨씬 큰 것으로 오판한다면, 각 경쟁자들의 지대추구비용의 합은 지대보다 더 커질 수 있다. 또는 내가 손해를 보더라도 상대방이 이익(독점지대로부터의 기대수익)을 보지 못하도록 하겠다고 마음먹는다면, 위와 같은 상황도 충분히 벌어질 수 있을 것이다(Tullock, 1980).

7) 드물게 의도적으로 독점지대를 창출하는 경우도 있는데, 교차보조를 위한 경쟁제한이 그 예라 할 수 있다.

제3절 정부규제와 독점지대의 창출

지대를 창출하는 규제는 여러 종류가 있지만, 그 중 가장 대표적인 규제는 경제적 규제의 일종인 진입규제이다(최병선, 1993). 우리가 뉴스나 신문 등을 통하여 자주 접하는 관세와 수입쿼터, 그리고 상식적으로 알고 있는 일부직종에 대한 면허증제도나 특정사업에 대한 인허가제도 등이 모두 진입규제의 특성을 갖는다. 이러한 진입규제는 유치산업(생산자)의 보호나 소비자보호, 서비스의 질의 유지, 희소자원의 효율적 사용 등을 목적으로 시장경쟁을 제한하기 때문에 (경쟁시장에 비하여) 소비자 입장에서는 상품 선택의 폭이 좁아지고, 소비를 위하여 더 높은 가격을 지불하여야 한다. 반면, 공급자는 경쟁가격보다 높은 가격에 물품을 팔 수 있으므로, 그만큼 초과 이익을 얻게 된다. 높은 독점이윤때문에 독점가격에서 공급을 위한 최소한의 대가를 뺀 차액에 해당하는 경제적 지대 역시 높아지게 된다(독점지대, monopoly rent).

공공선택론적 입장에서 우리가 정부규제의 독점지대에 특별히 관심을 갖는 것은, 규제로 인한 지대는 당사자의 노력에 의하여 창출하는 스포츠스타들의 지대와는 다르게 지대를 발생시키는 주체와 지대를 향유하는 주체가 다르다는 것이다. 즉, 규제로 인한 독점지대는 규제기관이 공익을 위하여 도입하는 규제정책에 의하여 파생적으로 발생하지만, 규제기관에 귀속될 수는 없다. 따라서 규제기관은, 규제의 생산자 입장에서 이러한 파생적 가치를 적절한 댓가를 받고 필요한 소비자(특수이익집단)에 넘기고 싶은 유인이 존재하게 되는 것이다. 물론 이러한 논리에는 규제기관이 자신의 사익을 추구하는 존재라는 가정이 전제되어 있다.

스티글러(Stigler, 1971)는 이러한 점에 착안하여 공공선택론을 기반으로 하는 새로운 규제결정이론을 제시하였다. 그의 이론은 시장의 실패를 보전하기 위하여 정부기관에 의하여 규제의 종류와 수준이 결정된다는 전통적인 이론이 아니라 규제 역시 편익(지대)을 발생시키는 하나의 서비스에 지나지 않으며, 규제에 대한 소비자(피규제집단)와 공급자(의회와 규제기관) 사이의 균형에 의하여 규제정책의 내용과 수준이 결정된다고 보았다. 즉 규제는 소비자와 공급자 사이에서 거래가능한 재화이며, 그것을 거래하는 시장에서 규제의 수준이 결정되게 된다고 본 것이다. 즉, 특정산업이나 사업을 대변하는 이익집단들은 자신들의 산업 또는 사업의 수익성을 증대시키거나 지키기 위하여 정부의 규제정책을 활용하려 한다. 이들이 원하는 규제정책은, 정부의 명령과 통제를 받는 대신 직접적인 경제적 지원을 얻을 수 있는 직접 보조금 정책, 경쟁자가 자신들의 산업 또는 사업 영역에 새롭게 들어오는 것을 막는 진입제한 수단 그리고 자신들이 생산하는 재화에 대한 대체재 산업을 억제하는 동시에 보완재 산업을 육성하는 정책, 그리고 시장경쟁가격 이상으로 가격을 유지하고자 하는 최저가격정책 등이다. 이러한 정책들은 특수이익집단들에게 독점적 이익 즉 경제적 지대를 가져다 줄 수 있는 수단으로 활용될 수 있다. 결국, 특수이익집단 입장에서는 규제정책(상품)을 통하여 지대(편익)를 얻고 그것을 장기적으로 유지하기 위하여, 규제정책을 결정하는 국회의원이나 공무원 등(규제의 생산자)에게는 투표를 통한 정치적 지지나 선거운동 및 정치자금의 지원, 퇴직 후 직장과 스톡옵션과 같은 경제적 이득(상품에 대한 대가)의 제공을 약속하게 되고, 규제의 공급자인 정부기관은 이러한 보상에 보답하기 위하여 특수이익집단에 좀 더 유리한 정책을 도입하게 되는 것이다.

우리 사회에 존재하는 규제시장의 예는 직업면허, 각종 인허가에 의한 진입규제들에서 찾을 수 있다. 사법시험 합격자 수의 제한이나 의대설립의 제한 등은, 기득권자인 변호사나 의사들로 구성된 특수이익집단이 서비스의 질 저하와 같은 이유로 자신들의 시장에 새로이 들어오려는 잠재적 경쟁자들을 막음으로써, 독점적 지대를 계속 유지하기 위한 노력의 일환으로 볼 수 있다. 실제로 우리나라의 경우를 보면, 법률서비스 시장에서는 변호사 시험(과거에는 사법시험) 정원에 의하여 법률서비스의 공급량이 제한되고 있으며 의료서비스 시장 역시 의대정원 수의 제한을 통하여 고급의료인력의 시장공급량을 조절하고 있다. 이러한 상황에서 진입규제정책으로 인하여 손해를 보는 집단은 불특정 다수의 법률 및 의료서비스 이용자들일 것이다. 이외에도 강남의 부동산은 8학군이라는 고등학교 배정 상의 제도적 제약 덕에 다른 지역에 비하여 더 높은 가격에 거래되며, 이로 인한 이익 역시 일종의 독점지대라 할 수 있다(박헌수·안지아, 2005).

한편, 규제에 의한 지대창출과 지대추구행위가 항상 사회적 낭비로 귀결되는 것은 아니다. 수출산업 육성을 위한 진입장벽이나 카르텔 허용은 해당 산업의 사업자들 일부에게 큰 경제적 지대를 가져다줄 수 있다. 그러나 국가경제발전과 전체적인 국민소득의 향상이라는 사회적 편익의 증가가 이러한 지대보다 더 크기 때문에 해당정책이 궁극적으로는 사회적으로 긍정적인 결과를 가져올 수 있다. 우리나라 자동차산업의 경우, 높은 수입관세와 같은 진입장벽 덕에 내수시장에서 얻은 많은 이윤(독점 지대)을 얻을 수 있었고, 이를 토대로 자본을 축적하고 기술개발에 매진한 결과, 국제경쟁력을 가진 수준으로 성장하여 이제는 시장개방을 반기는 입장이 되었다. 이는 특허에 있어서도 마찬가지다. 특허 획득을 통한 독점지대를 추구하고자 하는 개발자들의 동기가 기술개발 등을 통하여 사회적 부를 증가시키는 긍정적인 역할을 한다.

[책임집필 : 김대진]

Chapter 24

정책창도가

Public Choice

제1절 집단행동의 딜레마

정부기관들은 중립적 입장에서 사회전체를 위한 공익을 최대한 달성하는 규제정책을 도입하여야 하나, 스티글러(Stigler)나 펠츠먼(Peltzman) 등이 지적한 바와 같이 실제로는 공익보다는 특수이익집단에 유리한 규제정책이 도입되기도 한다. 공익의 대상인 불특정 다수의 국민들은 전체로 보면 특수이익집단보다 훨씬 큰 집단이며, 부여된 정치적 힘도 더 강하다고 할 수 있다. 그런데 왜 자신들의 이익조차 제대로 지키지 못할까? 그 이유는 규제의 혜택을 누리게 될 불특정 다수의 국민들은 자신들의 이익을 지키기 위하여 정치인들이나 공무원들에게 충분한 보상을 지불하지 못하거나 그들의 일탈을 막을 수 없기 때문이다(Olson, 1971). 이러한 모순적인 사항을 집단행동의 딜레마(Mitnick, 1980)라고 하는데, 다음과 같은 이유에서 발생하게 된다.

불특정다수의 국민들을 하나의 매우 큰 이익집단으로 볼 수 있는데, 집단이 커질수록 집단이 어떠한 집단적 행동을 취할 수 있도록 조직화하는데 비용이 많이 들게 된다. 그 이유는 집단이 커질수록 정부규제가 자신들에게 줄 이익과 비용을 예측하기 어려워져, 합리적 행동을 취하기 위한 정보비용

표 24-1 특수이익집단과 일반대중

특 성 / 구 분	구성원의 크기	구성원의 정체성	집단의 이익	개인의 이익
특수이익집단	소 수	동질적	큼	충분히 큼
일반 국민	다 수	이질적	매우 큼	매우 작음

이 높아지기 때문이다. 한편, 불특정 다수의 국민들의 이익에 부합한 규제정책을 공급하게끔 하기 위하여 규제기관에 지불하여야 하는 보상의 크기는 그들(국민들)이 얻게 되는 집단적 이익에 비례하고, 그러한 보상에 대하여 개개인이 지불할 용의가 있는 비용은 평균적 이익에 비례하게 된다. 그런데 집단 내 구성원이 평균적으로 얻게 되는 이익은 집단이 커질수록 작아지게 되기 때문에, 불특정다수의 국민들처럼 큰 집단일수록 누구도 정부기관에 제공할 보상이나 유인을 공급하려 하지 않게 된다(<표 24-1>).

구성원과 이해관계가 동질적인 특수이익집단일수록 규제로부터 얻게 될 이익과 비용에 대한 예측이 분명해지기 때문에, 집단행동을 위한 조직구성 역시 쉬워진다. 또한 특수이익집단처럼 구성원의 크기가 작을 때 개개인들이 얻을 수 있는 평균적 이익이 커지기 때문에 보상을 제공하기 위한 비용을 기꺼이 부담하려 할 유인이 있게 된다(<표 24-1>). 그리고 만약 규제기관이 자신들의 이익에 반한 행동을 할 경우, 잘 결집된 조직을 바탕으로 집단적 항의를 하거나 비공개적 협박을 하여 막으려 할 것이다.[1)]

두 집단 사이의 행태의 차이는 스티글러(Stigler)의 규제시장이나 윌슨(Wilson)의 고객지향정치 상황에서 확연히 드러난다. 특수이익집단은 적극적으로 자신들의 독점이익(지대)를 창출하거나 유지하기 위하여 정치적 지원이나 경제적 보상 등을 약속하지만, 일반대중들은 별다른 행동을 취하지 못하

1) 때로는 특수이익집단이 사회적 약자 또는 소수자임을 내세워 자기들의 이익을 주장하는 경우도 있다. 농어민이 농수산물 수입규제에 반대하는 경우나, 동네마트 주인들이 대형수퍼 체인점의 동네 입점을 반대하는 경우를 예로 들 수 있다. 이 경우 역시 일반소비자들의 이익에는 반하지만, 사회적 약자 배려에 대한 형평성 차원에서는 정당화 될 수 있는 측면이 있다.

표 24-2 윌슨의 규제정치 분류

비용 \ 편익	집중 ←→ 분산	
집중	이익집단정치	정책창도가정치
분산	고객지향정치	대중정치

여서 결국 공익을 추구하여야 할 규제정책이 고객인 특수이익집단의 편익을 위하여 소비되는 서비스상품으로 변질되게 되는 것이다. 여기서는 Wilson의 규제정치이론을 중심으로 논의하여 보도록 하자. 윌슨(Wilson, 1974)은 규제정책을 중심으로 정책의 비용과 편익이 누구에게 귀속되느냐에 따라 이해관계자들의 행태를 이익집단정치, 고객지향정치, 정책창도가정치, 그리고 대중정치로 분류하였다.

먼저 이익집단정치는 규제정책의 편익과 비용이 소수의 특수이익집단들에게 각각 귀속되는 상황에서 편익을 누리고자 하는 이익집단과 비용을 부담하게 되는 이익집단 사이의 경쟁에 의하여 규제정책이 결정된다는 것이다. 따라서 이익집단정치는 두 개의 특수이익집단이 독점적 지대를 얻기 위하여 제로섬 상황에서 경쟁하는 정치상황이라 할 수 있다. 경쟁을 하는 이익집단들은 서로 동질적이고 비교적 규모가 작기 때문에 조직화가 잘되고, 규제정책의 편익과 비용 역시 각각의 이익집단들에게 집중되기 때문에 규제정책과정에 전략적인 행동을 취하게 될 유인이 크다. 각 집단은 규제정책이 자신의 편익을 늘려주거나 비용의 부담을 줄여주는 방향으로 결정될 수 있도록 의회나 정부의 규제기관을 상대로 치열한 로비를 벌이거나 자신들의 입장을 홍보하게 된다.

우리나라에서도 규제정책과 관련된 이익집단정치현상이 자주 일어나는데, 근로기준법이나 노동쟁의의 요건 등 노사관계에 관한 정부규제를 둘러싼 노사의 경쟁이 전형적인 예라고 할 수 있다. 노사관련규제 외에도 산업 간 또는 사업자 간 경쟁에 대한 규제 등이 이익집단정치를 발생시키는데, 이러한 예로는 대한항공과 아시아나 항공의 국제노선의 배분,[2] 중소기업 육성을 위한 대기업의 업종제한(중소기업고유업종 지정제도), 기업형 수퍼마켓(SSM) 규제, 의약분업에 관한 규제 등이 있다.[3] 산업 간 또는 사업자 간 경쟁에 대한 규제의 경우는 노사관계의 정부규제와 다르게 두 특수이익집단 외에도 일반대중(불특정다수의 소비자들) 역시 이해관계가 존재하나 집단행동의 딜레마로 인하여 그들의 이익은 제대로 고려되지 않게 된다(최병선, 1993, 135).

고객지향정치의 경우, 규제정책으로부터의 편익은 특수이익집단에 독점적으로 귀속되지만, 규제로 인한 부담(손해)은 불특정다수로 구성된 집단(소비자나 일반 국민들)에 귀착되는 상황에서 발생한다. 특수이익집단 입장에서는 편익(지대)의 크기가 충분히 커서 집단행동을 취할 만큼 유인이 되며, 동질적이며 비교적 소수의 집단구성원으로 이루어져 있어서 조직화가 쉽기 때문에 집단행동을 하기에 유리하다. 따라서 그들은 규제정책으로부터 얻을 수 있는 지대를 지속적으로 누릴 수 있도록 조직적으로 규제기관에 로비를 하거나 압력을 가함으로써, 자신들의 이익을 보호하게 된다. 반면 비용을 부담하는 집단의 경우, 이질적이고 다수의 사람들로 구성되어 있기 때문에 조직화된 행동을 할 수 없이 무력하게 규제를 받아들이게 된다. 따라서 규제를 공급하는 규제기관 입장에서는 불특정다수의 국민들에 대한 공익보다는 특수이익집단을 일종의 고객으로 여겨서 이들의 입장을 대변하는 정책을 수립

---

2) 두 항공사는 선발업체와 후발업체로 국제노선 배분과 관련하여 치열한 경쟁을 벌여왔다. 90년대 중반에는 아시아나 항공이 대한항공이 독점하고 있던 유럽주요노선에 취항하기 위하여 노력하였고, 2000년대 중반에는 타이완, 상하이 등 중화권 국제항공노선을 두고 경쟁하였으며, 최근에는 김포-베이징의 신설항공노선의 배분을 두고 서로 갈등을 빚고 있다.

3) 중소기업고유업종제도는 취지와 달리 중소기업의 경쟁력을 퇴보시키는 등 부작용을 나아 2006년 폐지되었으나 이후 대기업들이 중소기업 사업영역을 잠식해가는 현상이 계속되자 2011년 동반성장위원회의 (대기업과 중소기업의) 동반성장 추진 대책의 하나로 중소기업적합업종제도로 부활하였다. 한편, 기업형 수퍼마켓(SSM) 규제는 소규모 소매상인들의 생존권을 보호하기 위하여 대형마트의 골목상권진출을 제한한 규제이다.

하게 된다.[4)]

국민 입장에서 보면 원래 공익을 추구하는 것이 당연한 의무인 규제기관이 특수이익집단의 지대추구행위를 돕는다는 것은 넌센스일 수도 있다. 물론 정치인들이 재선을 위하여 일반대중의 이익을 전혀 도외시하지는 않을 것이기 때문에 특수이익집단의 이익만을 위한 극단적인 규제정책은 나타나지 않을 것이다(Peltzman, 1976). 그러나 집단행동의 딜레마 현상 때문에 지대추구행위가 공익을 구축하는 것을 막기는 쉽지 않다. 환경오염의 예를 들어 이를 다시 설명하여 보자. 기업은 생산활동의 결과 비의도적으로 환경을 오염시키고 이에 대한 피해는 불특정다수의 주민들이 보게 된다. 이때 기업이 환경오염이라는 외부효과에 대한 대가를 사회에 지불하게 된다면, 환경오염을 적절한 수준으로 줄이게 되어 오염으로 인한 주민들의 피해 역시 줄어들게 될 것이다. 그러나 유감스럽게도 기업은 특수이익집단로서 이익을 추구할 충분한 유인이 있는 반면, 불특정다수 주민의 경우 집단행동의 딜레마 때문에 자신들의 이익을 주장하지 않는다. 즉, 기업들은 로비스트를 고용하여 의회나 규제기관에 자신들의 입장을 홍보하는 한편, 오염정화비용을 절감하는데 유리한 방향으로 정책이 수립, 집행되도록 의회와 규제기관에 보상을 제공하기도 한다. 의회와 규제기관은 이에 호응하여 환경오염을 묵인하거나 규제를 완화하게 되며, 집단행동의 딜레마 때문에 침묵하는 다수의 주민들은 환경오염의 피해를 당하게 된다. 그렇다면, 집단행동의 딜레마를 극복하고, 특수집단의 지대추구행위로부터 일반대중을 위한 공익을 지켜낼 방법은 없을까?

윌슨(Wilson)은 특수이익집단에 의하여 지대가 추구되는 고객지향정치의 대척점으로 정책창도가 정치를 제시하였다(<표 24-2>). 정책창도가정치 상황에서는, 편익과 비용의 귀착이 고객지향 정치상황과 정반대방향으로 이루어진다. 즉, 정책창도가정치 상황에서는 비교적 소수의 구성원을 가진 집단에 비용이 집중되고 불특정다수가 편익을 향유하게 된다. 앞선 환경오

4) 피규제집단을 규제하여야 할 규제기관이 오히려 피규제집단의 이익과 사정을 대변하게 되는 현상을 규제포획이라 한다.

염규제의 예를 들자면, 기업으로 하여금 생산활동에 의하여 파생된 폐기물을 정화시키게 하는 의무를 부과하는 경우, 정화비용만큼 생산비용이 증가하므로, 기업입장에서는 규제로 인하여 발생하는 부담을 모두 지게 되지만(비용의 집중), 규제가 주는 편익 –깨끗한 환경– 은 불특정 다수의 주민들이 누리게 된다(편익의 확산). 이런 형태의 편익비용귀착이 일어나는 규제에는 환경오염규제 외에도 자동차안전규제, 산업안전규제 등 대부분의 사회적 규제가 포함된다. 그렇다면 정책창도가는 어떤 존재이며, 어떻게 집단행동의 딜레마를 극복하고, 불특정다수의 편익이 돌아가도록 정책수립에 영향을 줄 수 있는 것인가? 이에 대하여서는 다음 섹션에서 좀 더 자세히 알아보도록 하자.

제2절 정책창도가와 공익

1960, 70년대 미국에서 소비자 및 근로자의 안전, 환경보호에 관한 규제정책들이 폭발적으로 증가하였는데, 이러한 배경에는 정책창도가라 지칭되는 개인 또는 집단들의 활동이 존재한다. 이들은 직접적으로 자신과 이해관계가 없음에도 불구하고 사회문제에 관심이 많으며, 자신의 시간과 정력을 투입하여 그러한 문제들을 해결하고자 노력하였다. 그 결과 새로운 정책이슈들이 제기되고, 이에 대응하는 정책의 혁신이 촉발되었다. 이러한 이유로 정책창도가의 위상과 역할은 주로 정책의제설정 및 정책변동을 연구하는 학자들에 의하여 연구되어 왔는데, 그동안 여러 학자들에 의하여 정리된 정책창도가에 대한 개념과 역할은 다음과 같다.

"정책창도가는 동태적인 정책변화를 촉발하고자 노력하는 사람들"로 정의된다(Baumgartner and Jones, 1992; King, 1988; Kingdon, 1984). 정책창도가는 "문제를 파악하고, 해결책을 찾는데 특화된 사람들들로서, 아이디어와 이슈들을 제공하고 해결책을 위한 기술적 지원을 제공하는 역할을 하며, 필요하다면 대중매체 등을 통하여 사회문제를 적극적으로 홍보하여 불특정다수의 대중들의 관심을 환기시키고, 정책의사결정자들이 해당 문제에 대하여 정책적 대응을 고려하게끔 동기화시키기도 한다(Polsby, 1984; Kingdon, 1984; Cobb and Elder, 1983). 그들은 정책혁신에 대한 아이디어에 대한 지지를 얻고자 노력하는 과정에서 정책집단(policy circle)에 인적 연결을 시도하며(networking), 정책토론을 조성하며 때로는 정책지지연합을 구축하기도 한다(Mintrom, 1997). 특히 정책지지연합의 형성과 관련하여, 정책창도가는 종종 유권자의 관심과 신뢰를 얻고자 하는 정치인들과 공생적 관계(symbiotic relationship)를 형성한다. 즉, 그들의 아이디어와 정책방안을 법제화시키기 위하여 정책결정에 있어서 핵심적인 위치를 차지하는 정치인들에게 문제와 해결책에 대한 중요한 정보를 제공하고 그들과 연합을 형성한다. 재선이 지상목표인 정치인들 역시 불특정다수의 대중을 대변하는 정책창도가가 창출하는 대중의 신뢰가 필요하기 때문에, 이들과의 연합을 마다할 이유가 없다.[5)]

이렇게 볼 때 정책창도가들은 이기적인 목적을 가지고 있는 정치인들이나 피규제기관에 포획되기 쉬운 정책당국과 불특정다수의 분산된 대중들의 이익을 연결하는 역할을 한다. 이러한 연결(network) 또는 연합(coalition)을 통하여 그들은 새로운 사회문제를 제기하고, 정부가 그런 문제를 해결하기 위한 정책을 도입하도록 유도하는 역할을 한다. 이 과정에서 특수이익집단에 포획되어 사회문제에 대한 대책을 수립하지 않는 정부기관에 대해서는 비판을 가하기도 한다. 정책창도가들이 이러한 역할을 할 수 있는 것은, 돈이나 권력을 추구하는 것이 아니라 사회문제를 해결하기 위한 정책이 실현되는 것 자체를 원하기 때문이다.

정책창도가가 특정정책으로부터 직접적인 금전적, 정치적 이익을 원하지 않는다는 특징을 가지고 있지만, 그렇다고 해서 권력이나 돈의 유혹으로부터 비교적 자유로운 특정한 직업군이나 특정한 계층에 속하여 있는 것은 아니다. 랄프네이더(R. Nader) 같은 사회운동가나 소비자협회나 환경보호연합 같은 사회단체들이 정책창도가의 대표적인 예이지만, 이들 외에도 정치

5) 최근 우리나라에서도 참신한 이미지의 진보적 사회운동가들이 지지하거나 그들과의 연합을 형성한 후보자들이 대중의 지지를 얻고 있으며, 실제 선거에서도 승리하는 일이 심심찮게 일어나고 있다.

인, 공무원, 교수부터 일반시민들까지 정책창도가는 다양한 사회계층에서 나타날 수 있다. 우리나라의 경우, 낙동강 페놀 오염사건을 계기로 환경오염문제 해결을 위하여 결성되었던 환경운동연합이나 삼성 등 대기업들을 상대로 소액주주운동을 벌였던 참여연대 등이 정책창도가 집단이라 할 수 있는데 환경운동연합의 경우 환경전문가 외에도 일반시민들이 주요구성원으로 참여하였고, 참여연대의 경우, 교수나 변호사 등 전문직 종사자, 사회운동가, 그리고 일반시민과 대학생들로 구성된 자원봉사자들로 구성되었다.

정책창도가의 핵심역할은 특수이익집단의 독점이익에 대하여 불특정다수에게 분산된 이익을 대표하고 불특정다수의 사람들을 조직화하여 집단행동의 딜레마를 극복하게 도와주는 것이다. 예를 들어, 정책창도가들은 매스미디어 등을 이용하여 환경오염이나 저질식료품 등 불특정 다수의 국민에게 피해를 주는 특수이익집단(기업)들의 행태를 고발하여 규제기관이 다수 국민의 이익에 좀 더 관심을 갖도록 유도한다. 때로는 참여연대나 환경연합처럼 필요하다면 불특정다수를 대표하는 사람들을 조직화하고, 규제정책이 특수이익집단의 독점이익을 보호하는 방향으로 결정되지 않도록 정치적 압력을 가하기도 한다. 결국 사익추구에 대한 유인으로부터 자유로운 정책창도가의 노력에 의하여 집단행동의 딜레마가 극복될 때, 불특정다수에 대한 공익이 특수이익집단의 지대추구행위로부터 보호받게 되는 것이다. 따라서 정책창도가는 불특정 다수의 이질적인 사람들에게 분산된 편익을 대변하여 집단행동의 딜레마의 문제점을 극복하는데 중요한 기여를 하는 존재라 할 수 있다.

이렇게 볼 때, 정책창도가는 특수이익집단의 이익을 대변하는 로비스트들과 정반대편에 서있으며 불특정 다수의 시민을 위한 로비스트라 할 수 있다. 그러나 로비스트들은 특수이익집단에 집중된 독점지대로부터 (로비에 대한) 대가를 충분히 받을 수 있는 반면, 정책창도가는 개개인에게 분산된 작은 편익으로부터 얻을 수 있는 이익은 거의 없다. 이러한 이유로, 능력 있는 인재들이나 사회적 영향력이 큰 저명인사들이 로비스트로 대기업이나 대형로펌에 고용되는 일이 많다. 미국과 달리 로비가 합법화되어 있지 않은 우리나라의 경우, 정부기관이나 규제기관에서 고위직을 거친 인사가 공식적으로 로비활동을 하는 경우는 거의 없다. 다만, 정부의 고위인사들이 대형로펌이나 피규제기관 등에 고액의 연봉을 받고 고문이나 임원으로 고용되는 경우는 자주 볼 수 있는데, 이들이 고용기관의 공식 직함을 가진 채 정치권이나 정부기관에 대하여 고용주인 조직의 이익을 대변하는 로비스트의 역할을 할 가능성은 배제할 수 없다.

일찍이 털럭(Tullock)은 지대추구를 위하여 정치인들에게 지불되는 유무형의 대가와 더불어 뛰어난 인적자원이 지대추구활동에 투입되는 것 역시 사회적 손실이라고 보았다. 그러한 예 중 대표적인 것이 바로 의회나 정부에 대하여 특수이익집단의 이익을 홍보하는 로비스트들의 로비활동이다. 이들은 대부분 자기분야에서 전문가의 자격을 갖춘 뛰어난 인재들로서, 새로운 부를 창출할 수 있는 분야에서 일하며 사회에 공헌할 수 있는 능력을 갖춘 사람들이다. 그러나 독점지대로부터 기대되는 높은 보수(return)에 이끌려 되려 사회후생의 손실을 초래하는 지대추구활동에 종사하게 된다는 점은 참으로 안타까운 일이다. 물론 로비스트의 활동이 항상 부정적인 것은 아니며, 때로는 의회나 규제기관이 필요로 하는 중요한 정보를 제공하여 주는 등 긍정적인 측면이 있는 것도 사실이다. 그러나 정책창도가의 경우, 불특정 다수의 소비자나 시민들의 이익을 대변하고 특수이익집단의 지대추구행위에 맞서 사회적 후생의 손실을 막아줄 뿐만 아니라 그렇게 지켜낸 사회적 후생을 아무런 대가를 바라지 않고 온전히 소비자나 시민들에게 돌려준다는 점에서 로비스트와 비교할 수 없을 만큼 큰 사회적 공헌을 한다고 할 수 있다.

[책임집필 : 김대진]

Chapter 25

정부 간 관계

Public Choice

제1절 재정분권화와 정부규모

지방자치의 필요성 혹은 의의는 일반적으로 민주성과 효율성에 있다고 할 수 있다. 이는 세계 각국에서 전개되고 있는 분권화 개혁의 이론적 근거로 제공되고 있다. 특히 효율성 측면에서 보면, 지방분권을 통한 각 지방정부 간의 경쟁은 국가전체의 자원배분의 효율성을 촉진함과 동시에 지방정부의 생산적 효율성도 향상시킬 수 있다는 것이다.

이러한 논거는 재정분권화의 효과성과 밀접한 관계를 갖는다. Brennan과 Buchanan(1980)은 정부는 사익(self interest)추구를 목적으로 지출 확대를 통해 거대화하려는 속성을 가지고 있다고 하여 구약성서에 나오는 괴물인 '리바이어선'(Leviathan)에 비유하였다. 따라서 이러한 정부 속성을 억제하기 위해서는 정부가 갖는 권한, 특히 과세권(課稅權)에 입헌적 제약을 가해야 한다고 지적하였다. 또, 정부의 독점적 재량을 억제하기 위한 수단으로서 재정적 분권화를 통해서 정부 간 경쟁시스템이 유효하다고 주장하였다. 즉, 경제적 이익을 추구하는 사람들의 정부 간 이동은 과세권에 대한 재정적 제약의 대체물이 될 수 있으며, 이에 따른 정부 간 경쟁은 정부운영에 필요한 적절한 과세가 이루어지게 되어 시민의 조세부담을 줄일 수 있다는 것이다.

현실 속에서는 재정분권화가 과다한 지방정부 간의 경쟁과 맞물려서 오히려 정부의 총지출이 늘어날 수 있는 가능성도 있다. 즉, 더 많은 재정적 재량을 갖게 된 지방정부들이 서로 경쟁하다보니 지나치게 많은 정부서비스를 공급하게 될 수도 있다. 결국 재정분권화와 지출 증감 사이에 상반된 상황이 존재할 수 있다는 점은 리바이어선 가설에 대한 검증의 필요성을 제기한다. 이에 따라 리바이어선 가설에 대한 검증과 더불어 재정분권화와 정부규모에 많은 실증적 연구가 이루어지게 되었는데, 여기서는 이와 관련된 실증연구의 분석결과를 소개하고자 한다.

Oates(1985)는 미국의 주정부와 각주의 지방정부를 분석대상으로 리바이어선 가설을 검증을 하였다. 그는 리바이어선 가설에서의 정부규모를 각 주정부의 재정규모(=주(州)와 지방정부의 세입÷주민(州民)소득)로 가정하고, 이것을 종속변수로 하여 재정집중도와 분권화도의 영향을 분석하였다. 리바이어선 가설에 따른다면, 주(州)정부에 대한 재정집중도가 높은 주(州)는 주정부의 재정규모가 다른 주에 비교해서 클 것이며, 분권화도가 높은 주의 정부의 재정규모는 상대적으로 작을 것이다.

<표 25-1>은 주정부의 재정규모에 대한 회귀분석 결과이다. 분석모형에는 재정집중도 변수로서 *R*(주정부를 포함한 전체 지방정부의 세입에서 주정부의 세입규모)와 *E*(주정부를 포함한 전체 지방정부의 지출에서 주정부의 지출규모), 분권화도 변수로서 *L*(각주의 지방정부 수)을 각 분석모형에 통제변수와 함께 투입하였다. 분석결과에 의하면 재정집중도 변수와 분권화도 변수가 각 분석모형에서 통계적으로 유의하지 않음을 알 수 있다. 즉, 이 결과는 재정분권화가 지방정부의 재정지출을 그다지 강하게 억제하지 못하고 있음을 보여주고 있는 것이다. 이러한 결과는 43개국을 분석단위로 각 나라의 재정규모에 대한 회귀분석의 결과에서도 확인할 수 있다(<표 25-2>). 각 나라의 재정규모에 대해서 재정집중도(정부전체의 세입에서의 중앙정부 비율과 공공지출 전체에서의 중앙정부 비율)의 영향력이 통계적으로 검증되지 못했다.

표 25-1 주(州)정부의 재정규모에 대한 회귀분석 결과

변 수 명	변수설명	2R		2E		2L	
		회귀계수	t값	회귀계수	t값	회귀계수	t값
Constant		-2.9	8.7	-2.8	6.6	-3.0	9.2
Y	일인당 주(州)민소득	0.0001*	3.5	0.0001*	3.1	0.0001*	3.7
P	인구	-0.003	0.4	-0.0002	0.0	-0.008	1.0
U	SMSA 지역 내에 거주하는 인구비율	-0.002	1.7	-0.002	2.0	-0.002*	2.1
I	주(州)-지방의 일반세입에서의 연방정부 보조금 비율	0.01*	2.8	0.008	1.9	0.007	1.8
R	주(州)-지방의 일반세입에서의 주(州)의 비율	-0.006	1.7				
E	주(州)-지방의 총지출에서의 주(州)의 비율			-0.004	1.0		
L	지방정부의 수					-0.00002	1.1

자료: Oates(1985), p. 752.

표 25-2 각 나라의 재정규모에 대한 회귀분석 결과

변 수 명	변수설명	2R		2E	
		회귀계수	t값	회귀계수	t값
Constant		-2.9	2.2	-2.7	2.9
Y	일인당 소득	0.0004	1.6	0.004	1.6
P	인구	0.0003	0.1	0.0002	0.1
U	도시 지역 내에 거주하는 인구비율	0.004	0.5	0.004	0.5
I	정부 전체의 일반세입에서의 연방정부 보조금 비율	0.4	1.2	0.5	1.6
R	정부 전체의 세입에서의 중앙정부 비율	1.0	0.7		0.8
E	공공지출 전체에서의 중앙정부 비율			0.7	
결정계수		0.59		0.59	

자료: Oates(1985), p. 755.

Oates의 분석결과는 정부규모와 분권화 사이에는 유의미한 관계가 존재하고 있지 않음을 시사하며 이는 리바이어선 가설은 현실세계에서 부합하지 않음을 보여주고 있다. 그러나 리바이어선 가설이 부정되었다고 하더라도, 정부가 지출확대 지향의 속성까지 부정하는 것은 아니라고 Oates는 지적한다. 즉, 재정규모의 비대화와 재정적 집중도의 관계가 통계적으로 검출되지 않았다고 하더라도, 예를 들어 관료제에서의 예산확대 지향이 정부규

모의 비대화의 결과를 초래하듯이 정부 예산과정 안에서 다양한 확대지향적 속성은 여전히 존재한다.

이렇듯 정부규모의 비대화에 대한 Brennan과 Buchanan의 처방(재정분권화에 의한 정부 간 경쟁시스템)은 항상 유효하지 않을 수 있으며, 오히려 분권화가 비효율을 초래할 가능성이 높아 정부 예산규모를 확대시킬 수 있다.

이와 관련한 최근 연구를 살펴보면, 종래 연구의 주된 관심이었던 재정적 제도의 측면보다는 분권적 상황에서의 정치적 요인에 의한 정부의 비효율이 강조되고 있다. 예를 들어, Wibbels(2000)는 시계열 자료(1979~1995년)를 이용하여 40개국의 경제정책의 성과를 분석한 결과, 연방제 국가의 경제개혁 정책의 성과가 단일제 국가에 비해 낮다고 지적하였다. 그 이유로서 지방정부에서의 집합행동의 문제를 제시하고 있다. 일반적으로 유권자는 국가경제에 대한 책임은 중앙정부에 있다고 생각하기 때문에 지방 정치가는 이러한 책임으로부터 상대적으로 자유롭다. 또한 지방 정치가의 입장에서 볼 때, 국가전체 경제개혁정책의 성과가 해당 지역에 직접적 이익으로 가시화되기 힘들고, 오히려 중앙정부에 의한 긴축재정정책에 따른 정치적 비용을 회피하는 것이 합리적 행동이 된다. 따라서 결과적으로 분권화도가 높은 연방제 국가에서의 경제개혁정책의 성과는 지방정부의 무임승차 혹은 회피행동으로 인해 높지 않다는 것이다.

분권적 제도 하에서의 지방 정치가의 합리적 행동에 의한 비효율적 결과는 Volden(2005)의 연구결과에서도 확인할 수 있다. 그는 미국의 연방정부와 주정부의 정책행동을 게임이론에 입각하여 분석하였다. 중앙과 지방 정치가는 재선에 성공하기 위해서 공공지출을 통한 업적과시에 대한 강한 동기를 갖는다. 이러한 동기는 중앙과 지방이 공동으로 제공하는 공공서비스에서 과잉공급과 과잉과세를 초래한다. 이는 중앙과 지방의 정치적 경쟁은 중앙과 지방에 의한 제로섬 형태의 공공재 공급에서 과잉공급의 결과를 초래할 수 있음을 의미한다.

이러한 최근의 연구결과에 따르면, 분권화가 반드시 정부의 효율성을 초래하지 않을 수 있으며, 분권화가 규범적 이론에서 제시한 효율성을 달성하기 위해서는 분권적 제도 하에서의 정치가의 동기구조와 선거경쟁 등의 정치적 요인을 고려하여야 한다는 것을 시사한다.

제 2 절 정부 간 재정지원금과 끈끈이효과

지방정부는 자주재원인 지방세원 이외에도 의존재원인 중앙정부로부터 여러 형태의 재정적 지원을 받아 해당 지역의 공공서비스를 제공하고 있다. 우리나라의 경우, 중앙정부가 지방정부에 지원하는 지방교부세, 국고보조금, 지방양여금 등이 이에 해당한다. 이러한 중앙정부에 의한 재정지원은 당연히 지방정부의 재정지출에 영향을 주고 있으며 이에 대한 많은 연구도 진행되어 왔다. 여기서는 중앙정부의 재정지원금에 의한 '끈끈이효과'(flypaper effect)와 그에 관련된 실증연구를 소개하고자 한다.

끈끈이효과란 일반적으로 중앙정부의 재정적 지원(정액지원금)에 의한 지방정부의 지출확대 효과가, 그 지원금과 동일한 액수만큼 지방정부 주민들에 대한 조세를 감면하여 발생하는 소득증가에 가져오는 지출의 증대 효과보다 더 크다는 것을 의미한다. 이러한 끈끈이효과를 이해하기 위해서는 먼저 정부 간 재정지원금에서의 정률지원금과 정액지원금의 차이를 파악하여야 한다.

2.1 정부 간 재정지원금

지방정부에 대한 중앙정부의 재정지원금은 여러 형태로 존재하게 되는데, 일반적으로 사용용도가 한정되어 있는 '특정지원금'과 사용용도가 정해지지 않고 자유롭게 사용할 수 있는 '일반지원금'으로 분류된다. 한편, 이러한 사용용도에 의한 분류 이외에도 정률지원금(matching grants)과 정액지원금(lump-sum grants)으로도 분류할 수 있다. 정률지원금은 공공재의 단위당 비용에 일정 비율의 형태로 지원되는 것으로 보조율에 기초해서 지방정부가

그림 25-1 정부 간 재정지원금의 효과

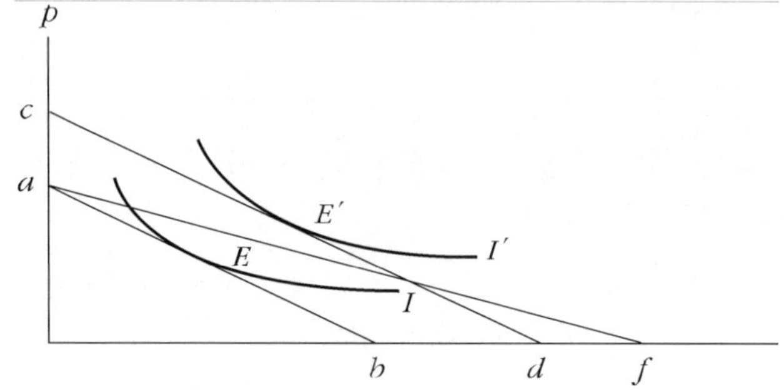

자료: Bradford and Oates(1971b), pp. 444－447 참조.

선택한 공공재 지출(수량)에 따라 그 규모가 결정된다. 이에 반해 정액지원금은 공공재 지출(수량)과 관계없이 일정 금액이 지원되는 것이다.

정률지원금과 정액지원금의 특징이 공공재에 대한 지역주민의 선호에 어떠한 영향을 주는지 검토해 보자. 우선, <그림 25－1>에는 어떤 한 지역의 공공재(Q)와 사적재(P)에 대한 주민의 선호(I)가 표시되어 있으며, 예산제약선(ab)에 의한 이 지역주민의 공공재와 사적재에 대한 균형점은 E로 나타낼 수 있다. 이러한 조건 하에서 우선 정액지원금의 경우, 지역주민의 예산제약선을 cd로 이동시키는 효과를 갖는다. 즉, 정액지원금은 지역주민의 소득증대 효과를 갖고 있기 때문에 균형점을 E점에서 E'으로 이동시키게 된다. 이에 반해 정률지원금은 예산제약을 공공재 생산에 대한 일정한 보조율만큼 ab에서 af로 이동시키는 효과를 갖는다. 즉, 보조율에 해당하는 공공재의 단위당 가격을 인하시키는 가격효과를 갖는다. 이러한 정액지원금과 정률지원금의 특징에 따르면 일반적으로 정률지원금은 소득효과만 갖는 정액지원금에 비교하여 공공재에 대한 수요를 자극시키는 효과를 갖는다고 말할 수 있다. 바꾸어 말하면, 정액지원금은 각 지역의 기본적 재정기반을 보완함과 동시에 재정이 약한 지역에 대한 지원, 지역 간 재정격차의 조정역할을 갖고 있으며, 정률지원금은 어떤 특정의 공공재 및 서비스의 소비수준을 확대하는 역할이 기대된다고 할 수 있다.

앞에서 언급했듯이 정액지원금은 지역주민의 소득효과를 갖는다. 이러한 정액보조금의 효과는 Bradford와 Oates의 '등가성정리'(equivalence theorem)로부터 이해할 수 있다. 등가성 정리란 개인소득과 정액지원금은 공공재 배분(정부지출)에 대해서 동등한 소득효과를 갖고 있음을 의미한다. 즉, 지방정부의 지출수준이 일정하다는 전제에서 정액지원금이 주민 일인당 1000원이 증가하게 되면 원래 지역주민 개인에 과세되어져야 할 지방세 금액(개인당 1000원)을 감세한 것, 그리고 지방세 감세에 따른 개인소득을 증가시킨 것과 같은 효과를 갖게 된다.

2.2 끈끈이효과에 관한 실증연구

Bradford와 Oates의 등가성 정리에 따른 정액지원금의 소득효과는 끈끈이효과에 대한 실증연구를 통해서 많은 관심이 집중되어 왔다. 즉, 등가성정리에 따르면, 공공재 수요함수에 대한 개인소득과 정액지원금의 효과는 동일하다. 그러나 경험적 연구에서는 정액지원금이 개인소득보다 더 큰 효과를 가지고 있으며, 해당 지방정부의 공공지출을 더 증가시킨다는 사실이 제기되었다(Gramlich and Galper, 1973; Gramlich, 1977; Inman, 1979; Fisher, 1982). 이러한 현상이 바로 '끈끈이효과'이다.

그리고 이러한 끈끈이효과의 존재는 그것이 왜 발생하는가에 대한 연구로 발전하였으며, 그 원인에 대한 설명은 다음의 두 가지로 정리될 수 있다(Fisher, 1982; Wyckoff, 1991). 첫째, 지역 유권자의 재정착각(fiscal illusion)에 의한 설명이다. 중위투표자가 공공재의 한계가격과 평균가격을 착각하여 지역 공공서비스의 가격이 인하되었다고 착각하여 끈끈이효과가 발생하는 것이다(Oates, 1979; Courant, Gramlich and Rubinfeld, 1979). 또, 중위투표자가 지원금(보조금)의 부담이 다른 지역주민에 의해서 이루어진다고 착각하여 발생할 수도 있다(Winer, 1983). 둘째, 지방정부의 행동, 특히 지방관료의 행동에 의한 설명으로, 관료의 예산극대화를 위한 의제설정의 조작이 이에 해당한다(Romer and Rosenthal, 1980; Wyckoff, 1988).

이러한 끈끈이효과는 우리나라의 정부 간 재정지원에서도 확인할 수 있다. 문병근·김진근(1998)은 1975년부터 1994년까지의 시계열 자료를 이용하여 지방교부세의 영향을 분석하였다. 분석결과 중앙정부에 대해서는 지출가격이 상승하는 반면 지방정부에 대해서는 지출가격이 하락한 것 같은 이중적인 재정착각이 지역주민에게 발생하여 끈끈이효과가 발생하였다고 주장하였다. 그리고 유금록(2000a)은 1970년부터 1997년까지의 지방정부 총지출의 시계열 자료를 이용하여 재정착각모형에 기초하여 분석하였다. 이에 따르면 지방재정교부금이 지방정부에 교부되면 지방정부의 총지출 및 직접지출이 주민소득보다 더 많이 증가하는 반면, 중앙정부의 직접지출은 비록 통계적으로 유의미하지는 않지만 소득의 증가효과보다 더 크게 감소하여 끈끈이효과가 지방정부와 중앙정부에 동시에 존재할 가능성이 높다고 지적하였다. 또, 우리나라에서의 이러한 지방교부세의 끈끈이효과는 지방정부의 일반재원이 주민들의 의사에 따라서 신축적으로 변동하기 어려운 재정운영구조에 기인한다고 볼 수 있다. 즉, 지방교부세 등의 중앙정부 지원금이 공공서비스의 생산에만 집중되기 때문에 주민들의 바람과 상관없이 공공지출이 증가된다. 이러한 지출의 증가는 지역의 후생수준을, 교부세가 민간부문과 공공부문에 적절히 분배되었을 때 달성할 수 있는 최적수준보다 더 낮아지게 만든다(김렬·배병돌·구정태, 2003).

이러한 국내연구 결과는 우리나라에서의 끈끈이효과의 원인이 중앙정부의 재정지원에 의한 재정착각과 경직적 재정운용에 있음을 시사하고 있다. 따라서 지역 간 재정격차의 조정을 목적으로 하는 지방교부세 산정에서 지방정부의 재정착각을 완화할 수 있는 제도적 개선이 필요하다.

[책임집필: 김종욱]

Chapter 26

예산극대화 모형

Public Choice

제1절 다운스의 관료동기와 관료유형

관료는 양날의 칼이다. 대의제 민주주의 하에서 위임의 연쇄관계(유권자－의회－관료)를 생각해 볼 때, 관료의 잠재적 능력이 잘 발휘 될 수 있는 제도적 환경이 갖추어졌을 때, 국민의 복리후생이 높아지나, 그것이 기능하지 못하면, 그 사회적 손실은 국민에게 지워지는 것이다. 이러한 의미에서 현실적이고 합리적 행위자로 관료를 가정하고 있는 공공선택론은 그 해결책에 대한 다양한 근거와 아이디어를 제공하고 있다고 할 수 있다.

관료제에 관한 연구는 정치학, 행정학, 경제학 등의 분야에서 다양하게 다루어져 왔으며, 그 시작은 막스 베버(Max Weber)의 관료제론에서 출발한다. 베버의 관료제론은 이념형 관료제로 표현되는데 관료제를 통해서 가장 효율적인 조직성과를 도출할 수 있다고 하며 비정치적, 비인격적 존재로서의 관료를 강조한다. 이에 대해서 공공선택론에서의 관료는 매우 현실적이고 정치적인 존재로 가정한다.

예를 들어, Downs는 관료의 동기에 대해서 아래와 같이 가정하였다.

'모든 관료는 적어도 부분적으로 사익을 위해서 행동하고, 그 중의 어떤 관료는 항상 사익만을 위해서 행동하는 동기를 갖고 있다'(Downs, 1994[1967], 83).

이러한 가정은 이후 관료행동 연구에 있어서 커다란 자극을 주었으며, 관료는 자신의 효용 극대화를 꾀하는 합리적 존재로서 정립된다. 단, 이러한 전제만으로는 관료 행동을 설명하기에는 부족하다. 왜냐하면 효용 극대화는 자신의 목표의 합리적 추구를 의미하기 때문에 관료의 행동을 설명, 예측하기 위해서는 그들의 목표를 알아야 한다(Downs, 1994[1967], 82). 이에 대해서 공공선택론에서는 관료 행동의 목표와 그것이 공공영역에 어떠한 결과를 초래하는지에 대한 분석과 더불어 그 처방에 관심이 집중되었다.

Downs는 Inside Bureaucracy(1967)를 통해서 관료는 무엇을 원하고 조직으로서의 정부는 어떻게 일하며, 경제적 합리성을 추구하는 관료의 전략은 무엇인가? 라는 질문에 답하고자 하였다. 이에 대한 핵심적 설명은 관료가 갖는 동기의 다양성에 있다고 할 수 있으며(Dunleavy, 1991, 148) 관료의 다양한 동기가 관료 행동에 영향을 주게 된다.

Downs(1994[1967], 84－85)에 의하면 관료는 다음과 같은 동기와 목표를 갖는다.

사익적 동기: 권력, 금전적 소득, 위신, 편의(자신의 노력을 최소화), 안정성
이타적 혹은 복합적 동기: 조직, 국가에 대한 충성심, 직무에 대한 자부심, 공익에 대한 기여욕구, 직무수행에 대한 몰입

단, 이타적 동기 중에서 공익에 대한 기여욕구만이 순수하게 이타적이며 나머지 조직, 국가에 대한 충성심, 직무에 대한 자부심, 직무수행에 대한 몰입은 경우에 따라서 사익적 동기가 포함되는 복합적 동기(mixed motive)이다.

관료가 갖는 이러한 다양한 동기는 관료조직 안에서의 자신의 지위와 관계하면서 행동에 영향을 주게 되는데, 이것에 기초해서 Downs(1994[1967], 88－89, 92－111)는 5가지의 관료유형으로 정리하여 제시하였다. 그 중에서 2

가지의 관료유형은 사익적 동기를 갖는 관료이며, 나머지 3가지의 관료유형에는 사익적에 이타적(공익적) 동기가 혼재되어 있는 유형이다.

◇ 사익적 동기를 갖는 관료

① **등반가형**(Climbers)

등반가형의 관료는 권력, 소득, 위신에 커다란 가치를 두며, 이러한 가치를 최대화하려 하기 때문에 다른 관료보다 높은 직무의욕과 성취노력을 보여준다. 그리고 이러한 목표를 추구하는데 있어서는 승진, 직위에 관련한 권력, 소득, 위신의 강화, 새로운 직장으로의 이동 등의 세 가지의 방도가 존재한다.

② **보존가형**(Conservers)

보존가형의 관료는 등반가형과 다르게 권력, 소득, 위신 등을 최대화하려 하기보다는 자신의 지위를 유지하려 하기 때문에 직무상의 안전성과 편안함을 중요하게 고려한다. 이들은 현재의 위치에 영향을 줄 수 있는 변화에 저항하지만, 그 이상의 것을 얻고자 하는 강한 욕구는 그다지 갖고 있지 않는다. 따라서 직무를 통한 성취의욕이 낮으나, 법률이나 규칙에 대한 강한 준수 태도를 보여준다.

◇ 복합적 동기를 갖는 관료

③ **열중가형**(Zealots)

열중가형의 관료는 사익적 동기와 이타적 동기가 혼재된 동기를 갖고 있으나, 아래에서 제시하는 두 가지 유형과 다르게 이타적 동기 즉 자신이 생각하는 공익의 범위가 좁다. 자신이 담당하고 있는 특정 정책을 추진하는 것이 공익이라고 인식하고 있으며 자신의 직무에 대한 높은 헌신과 몰입을 보여준다.

④ **주창가형**(Advocates)

주창가형의 관료는 열중가형 보다 직무나 조직에 헌신하는 강한 동기를 갖고 있으며, 직무에 관련된 정책에 영향력을 갖고자하기 때문에 권력 지향적이다. 직무, 정책에 대한 헌신과 몰입의 측면에서는 열중가형과 비슷하나, 자신의 가치판단을 강조하는 열중가형에 비교해서 주창가형은 상급자나 동료 등의 조직의 입장을 많이 고려한다.

⑤ **경세가형**(Statesmen)

경세가형의 관료는 사회전체에 헌신하는 동기를 가지며, 국가적 차원의 정책에 영향력 갖기 위해서 권력을 열망한다. 특히 이 유형의 관료는 보편적 복지(그들이 생각하는)에 대한 높은 충성심을 갖고 있어 매우 이타적이며, 이는 행정학에서의 이념적 관료에 가깝다고 할 수 있다. 따라서 경세가형의 관료는 특정의 이념이나 철학에 경도(傾度)되는 측면이 있어 현실 업무에서 직무성취 수준이 낮은 경우가 많다고 할 수 있다.

이와 같이 Downs는 관료가 갖는 동기의 다양성을 설명하고 사익적 동기와 이타적 동기는 서로 혼재되어 관료행동의 유형에 영향을 준다고 지적하였다.

또한 Downs(1994[1967], 77－78)는 관료의 기본적 행동원리를 다음과 같이 4가지로 정리하였다. 첫째, 관료는 자신의 장점을 과장하거나 약점을 최소화하기 위해서 상관에게 전달하는 정보를 왜곡하려 한다. 둘째, 관료는 자신의 이익에 비추어서 부합하는 정책 혹은 대안적 행동에 적극적으로 반응한다. 셋째, 관료는 자신의 이익에 따라서 상관의 명령에 대한 순응정도가 다르다. 넷째, 관료는 자신의 이익에 따라서 추가적 책임이나 위험을 감수하는 정도가 다르다.

이러한 관료의 기본 행동원리는 자신의 이익 혹은 효용에 기초해서 행동함을 의미한다. 따라서 관료의 효용에 관련한 동기 및 목적함수를 밝혀내는 것이 매우 중요하다고 할 수 있으며, 이에 대하여 이하에서 소개하는 Niskanen는 정부조직의 예산확대가 관료의 강력한 동기라고 주장한다.

제 2 절 니스카넨의 예산극대화 모형

관료행동에 관한 공공선택론 연구에서 가장 많이 인용되는 것이 Niskanen의 Bureaucracy and Representative Government(1971)이다. Niskanen의 기본적인 문제의식은 정부예산은 왜 비대화되어지는가에 모아진다. 그의 주장에 따르면 정부 비대화의 원인은 관료의 합리적 행동에 의한 것이며, 관료의 합리적 행동이란 자신의 개인적 효용을 극대화하기 위해서 자신이 소속해 있는 조직(bureau)의 예산을 극대화하고자 노력하는 것을 의미한다.

Niskanen이 지적하는 관료의 효용과 관련된 동기는 급여, 관행상의 부수입, 명성, 권력, 특혜, 산출물, 변화(개혁)의 용이성, 관리의 용이성 등이다. 마지막의 두 가지를 제외하면 모든 동기는 예산규모와 정(正)의 단순 상관관계를 갖고 있기 때문에 관료행동의 가장 중요한 동기는 예산극대화(budget maximization)라고 전제한다.

한편 이러한 관료의 예산극대화 행동이 아무런 제약 없이 이루어지는 것은 아니다. 예산에 대한 최종 결정권은 의회가 갖고 있기 때문에 과도한 예산은 의회의 비판과 더불어 납세자의 반발이나 저항을 초래할 수 있어 관료의 예산극대화 행동에 제약을 가할 수 있다. 그 중에서 Niskanen는 후원자(sponsor)로서의 의회와의 관계가 관료행동을 크게 좌우한다고 주장한다. 즉, 관료(정부)조직(bureau)은 주기적인 보조금, 지출금에 의해서 재원이 확보되는 비영리조직이기 때문에, 재원을 제공하는 의회와의 관계는 관료행동에 커다란 영향을 주게 된다. 따라서 우선 관료의 예산행동에 대한 의회의 선호를 파악해야 하는데, 그 선호는 한계효용체감의 법칙에 의한 예산산출함수와 밀접한 관계를 갖는다.

2.1 한계효용체감 법칙

관료조직의 활동량에 대한 의회의 평가 및 만족도는 한계효용체감의 법

그림 26-1 냉면의 소비량과 효용

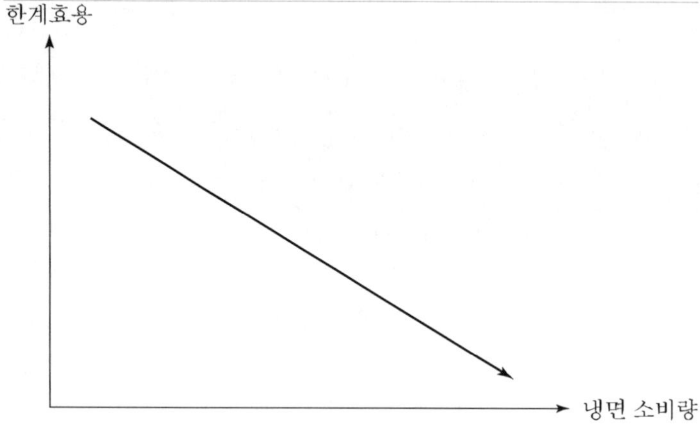

칙에 의해서 설명된다. 예를 들어, 무더운 날씨에 시원한 냉면 한 그릇은 더위를 식혀줌으로써 먹는 사람에게 커다란 만족감을 준다. 그러나 냉면의 첫 번째 한 그릇의 만족감은 두 번째, 세 번째 그릇으로 갈수록 저하되고 냉면이 가져다주는 시원함은 없어지게 된다. <그림 26-1>과 같이 첫 번째 그릇의 한계효용이 10점이라면 다음 그릇의 효용은 9점, 그 다음 그릇의 효용은 8점으로 떨어지게 된다. 여기서 추가적으로 먹게 되는 냉면 한 그릇의 시원함이 '한계효용'이며, 냉면을 먹을수록 얻게 되는 시원함, 즉 한계효용이 감소되어 진다. 이러한 현상을 '한계효용체감 법칙'이라 한다.

2.2 예산산출함수

관료에 의해서 제출된 예산안에 대해서 의회는 기본적으로 산출량이 많을수록 많은 예산액을 승인하게 된다. 그러나 제출되는 산출량(Q)의 계속적인 증가에 따른 예산액(B)의 승인은 정(正)의 상관관계를 갖지 못하고 어느 한도를 넘게 되면 승인되는 예산액이 감소하기 시작한다. 이른바 위에서 언

그림 26-2 예산산출함수

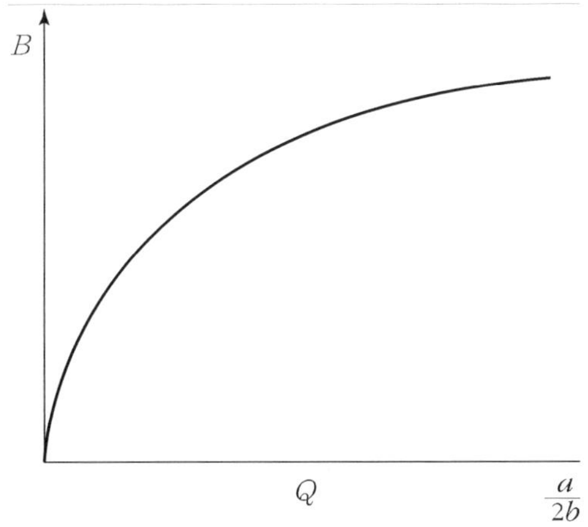

자료: Niskanen(1971), p. 26.

급한 한계효용체감의 법칙에 따라 의회의 만족도가 변화하기 때문이다. 예를 들어, 국회의원이 자신의 지역구에 처음으로 도서관을 세웠다고 가정하자. 지역 유권자들의 입장에서 첫 지역 도서관은 매우 유용한 공공시설이어서 높은 만족도를 보여 줄 것이며 이에 따라서 관료의 행정활동에 대한 국회의원의 높은 만족도로 이어지게 된다. 그러나 도서관을 증설하게 되면 될수록 유권자의 만족은 첫 지역 도서관에 대한 그것에 비해 떨어지게 될 것이며 어느 한도를 넘어가게 되면 예산낭비라는 비판에 직면하게 되어 국회의원의 만족도도 낮아지게 되고 의회에서 승인되는 예산액도 감소하게 된다. 이러한 행정활동에 관련한 예산산출함수를 정리하면 <그림 26-2>와 <그림 26-3>, (식 1)과 (식 2)와 같이 정의된다(Niskanen 1971: 25-26). 여기서 B는 의회가 승인하는 최대 예산액이며 Q는 관료에 의한 기대산출량(행정활동량)이다. 식 1에 의해서, B가 최대가 될 때($\frac{dB}{dQ}=0=V$), Q는 $a/2b$가 된다. 이것을 한계효용함수로 표현하면 [그림 26-3]과 같이 된다. (식 2)는 (식 1)을 생산량 Q에 관하여 미분한 것으로 직관적으로 Q의 미세 변화에

그림 26-3 한계효용함수

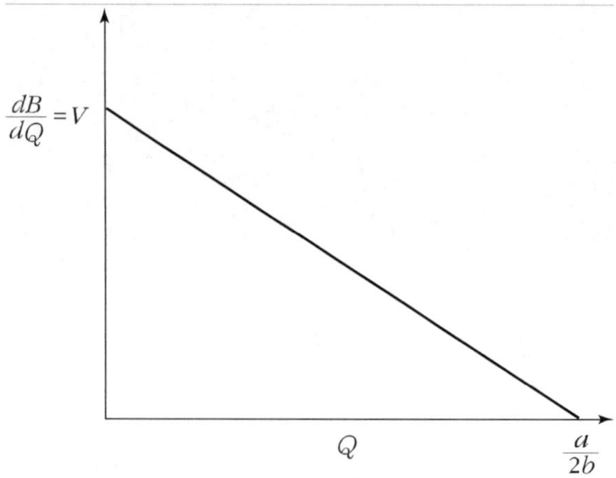

자료: Niskanen(1971), p. 26.

따른 B의 증가정도를 나타낸다. 그림에 따르면 생산량 Q가 증가함에 따라 예산산출함수의 증가는 완만하여지므로(즉 증가율은 감소하므로), 예산산출의 증가율을 나타내는 한계함수는 그림 26-3과 같이 감소하는 형태를 갖게 된다.

$$B = aQ - bQ^2, \quad 0 \le Q \le \frac{a}{2b} \quad \text{(식 1)}$$

$$V = a - 2bQ, \quad 0 \le Q \le \frac{a}{2b} \quad \text{(식 2)}$$

2.3 비용산출함수

다음으로 관료가 공급하는 공공재에 소요되는 비용에 대해서 알아보도록 하자. 관료가 생산하는 공공재에 소요되는 비용은 일반기업과 같이 생산량에 비례한다. 단, 민간기업 간에는 급여와 원자재 가격에 대한 차별이 거의 없는 반면, 관료제에서는 급여와 원자재에 있어 가격차별이 존재한다. 민간의 경우, 급여와 원자재 가격이 시장에서 조정되기 때문에 각 기업 간의

그림 26-4 비용산출 함수

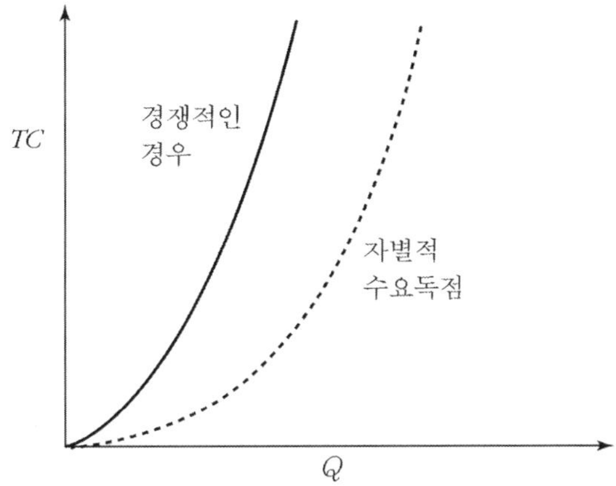

자료: Niskanen(1971), p. 33.

차이는 크게 존재하지 않게 되나, 정부조직에 관련한 급여와 원자재 가격은 정부가 갖는 독점적 특징(독점적 공급과 자원이용에 대한 우위성)으로 인해 민간기업과의 차별이 존재하게 된다. 단 이러한 차별은 관료기구 간의 차별은 존재하지 않는다.

따라서 관료조직의 산출비용은 공공재 산출량의 함수이며, 소요되는 예산은 경쟁적 민간과 비교해서 낮게 책정된다(<그림 26-4>). 그리고 경쟁적인 민간과 같이 관료조직의 산출에 대한 비용은 증가하게 된다. 또 그에 대한 한계비용은 <그림 26-5>와 같이 '한계비용체증의 법칙'에 따라 증가하게 된다. 한계비용체증의 법칙이란, 제품 하나를 더 생산하기 위해서 소요되는 추가비용이 증가함을 의미한다. 예를 들어, 어떤 공장에서 한 기계에서 30개의 제품을 생산할 수 있는 기계를 10대 보유하고 있다고 가정하자. 이 공장은 제품 300개까지 생산하는데 추가적 비용은 들지 않으나, 그 이상을 생산하고 할 때에는 추가적 비용이 발생하게 되어 301개째의 제품부터 한계비용이 상승하게 되는 것이다.[1)]

1) 따라서, 한계비용체증의 법칙은 생산에 요구되는 유휴시설의 여유에 관계한다. 가령,

그림 26-5 최소한계비용 함수

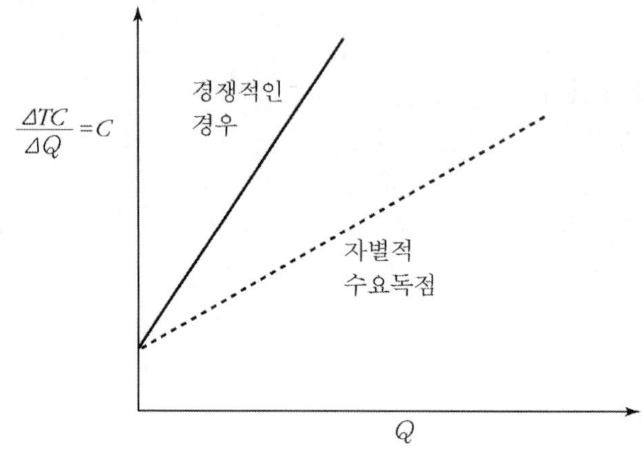

자료: Niskanen(1971), p. 33.

이를 식으로 표현하면 아래 (식 3)과 (식 4)가 된다. TC는 공공재 생산에 소요되는 총비용이며, $MC(\frac{dTC}{dQ}=0)$는 한계비용이다. 여기서 (식 4)는 (식 3)을 공공재 생산량(Q)에 관하여 미분한 것이다.

$$TC = cQ + dQ^2, \quad 0 \le Q \quad (\text{식 } 3)$$

$$MC = c + 2dQ, \quad 0 \le Q \quad (\text{식 } 4)$$

2.4 공공재 공급의 균형점과 관료의 예산극대화

위의 예산산출함수와 비용산출함수로부터 얻어진 관료조직에 의한 공공

위의 공장이 기계 7대를 가동하여 현재 210개 제품을 생산하고 있다고 가정하면, 유휴시설은 3대가 된다. 그리고 제품 300개까지의 생산에는 한계비용이 발생하지 않게 된다. 공공재 생산에 있어서는 이러한 유휴시설의 보유가 어려워 공공재 한 단위를 추가적으로 생산하기 위해서는 한계비용이 증가하게 된다.

재 공급의 기본구조는 <그림 26-6>과 같다.

공공재(Q)에 대한 스폰서(의회)의 한계효용곡선은 V_1(낮은 수준의 평가) 혹은 V_2(높은 수준의 평가)이라고 가정하자. 공공재 공급에 대한 한계비용곡선(C)에 의해서 각각 최대 효용(균형점)을 얻을 수 있는 것은 Q_1 혹은 Q_2가 된다. 즉, 의회의 최대효용은 한계효용이 한계비용을 초과하는 공급량까지의 Δca_1q_1 혹은 Δca_2q_2의 면적이 될 것이다.

그러나 Niskanen는 이러한 균형점에 의한 공공재 공급이 실제 이루어지지 않고 있다고 한다. 우선, 공공재 공급에 관련한 예산은 무제한적이 아니라, 의회에서 승인된 총예산에 의해서 제한된다. 즉, 총비용은 총예산을 넘을 수 없음을 의미하며($TC \leq B$), 총예산은 의회의 효용에 의해서 규정되므로 총예산이 총효용을 넘을 수 없다. 이러한 제약에서 관료가 예산극대화 행동을 추구하게 된다면, $\frac{a_1-c}{b+d}$ 혹은 $\frac{a_2}{2b}$ 까지 공공재를 공급하는 것이 가장 합리적이게 된다. 예를 들어, V_2의 한계효용을 갖는 의회의 경우, 관료는 총비용이 총효용을 초과하지 않는 범위에서($\alpha=\beta$) 공공재 공급에 관련한 예산을 신청하게 된다. 여기서 문제는 관료의 예산극대화 행동에 의해서 최적의 공공재 공급량(Q_1 혹은 Q_2)을 초과한 공공재 공급이 왜 실현 가능한가? 인데, 이는 공공재 공급에 관한 예산산출함수 및 비용산출함수에 대해서 의회가 정확하게 파악할 수 없기 때문에 가능하다. 즉, 관료와 의회 간의 정보의 비대칭성이 존재하며, 이는 의회에 대한 관료의 독점적 우위의 배경이 된다.

Niskanen의 예산극대화 모형은 간단명료한 전제와 해석으로 관료제가 정부팽창의 근본적 원인이라는 주장에 대한 이론적 정당성을 제공함으로서 커다란 주목을 받았다(Miller and Moe, 1983, 297). 그러나 한편으로는 이러한 간단명료한 전제, 특히 예산극대화라는 관료의 동기가 이후 많은 연구들에서 비판의 대상이 되었다.

예를 들어, 예산극대화에 대한 유인이 모든 관료에 해당하지 않는다는 것이 대표적 주장이다(Breton and Wintrobe, 1975). 앞서 Downs의 관료유형(제 1 절)에서 살펴보았듯이, 관료의 동기에는 이기적(사익적) 동기뿐만 아니

그림 26-6 관료조직에 의한 공공재 공급

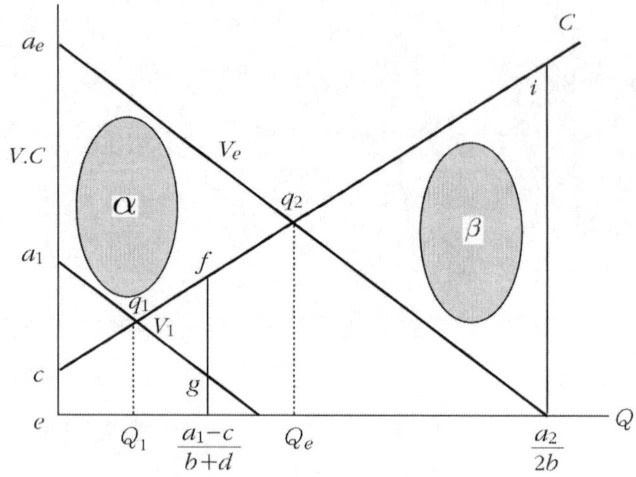

자료: Niskanen(1971), p. 47.

라 이타적(공익적) 동기가 혼재되어 있을 수 있으며, 그에 따라 관료유형도 다양하게 존재하게 된다. 사익적 동기만을 갖는 관료유형 중에서 등반가형의 관료는 예산극대화에 대한 강한 동기를 갖고 있으나, 같은 사익적 동기를 갖는 보존가형의 경우, 반드시 조직의 확대를 위하여 예산극대화 행동을 취하지 않을 수 있다. 왜냐하면 자신의 지위 유지가 가장 큰 동기인 보존가형의 관료는 의회나 상급자에 대한 적극적 설득을 통하여 예산확대를 통한 조직의 성장을 꾀하지 않을 수 있기 때문이다. 또, 복합적 동기를 갖는 관료유형들의 경우, 일률적으로 예산확대를 꾀하기보다는 처해진 상황에 따라 예산에 대한 태도가 상이할 수 있다.

이밖에 관료들의 급여와 그들이 속한 조직의 예산 증가와 관련이 없다는(Young, 1991) 주장과 함께 더 나아가 실증적 연구에 비추어 봤을 때, 관료에 의한 과다공급 가설이 지지되지 않는다(Kiewiet, 1991)라는 등의 연구도 존재한다. 그러나 이후 관료행동에 관한 대부분의 연구가 Niskanen의 예산극대화 모형에 대한 비판과 수정을 제시하는 것이라는 점은 역설적으로 관료행동 연구의 출발점이 Niskanen 모형임을 보여주는 것이라 할 수 있다.

2.5 예산극대화 모델의 국내 적용

공공선택론에 기초한 관료행동에 대한 국내연구는 종래의 이론적 검토와 더불어 우리나라 관료제에 대한 적용 가능성 및 시사점 등을 주로 다루고 왔고, 실증적 분석은 그다지 많이 이루어지 않았다고 할 수 있다. 그 배경에는 미국의 관료제와 달리 관료의 자율성을 매우 제약하는 우리나라의 집권적 관료제 구조가 있다고 할 수 있다(강윤호, 1999, 189－190). 즉, Nikanen이 지적하듯이 우리나라의 관료들은 강력한 정보독점력과 의제(agenda) 통제력을 소유하고 있다고 할 수 없어서 예산극대화를 추구하여 그 실현이 쉽지 않다고 볼 수 있다. 그러나 몇 가지의 분석결과에 의하면 우리나라 관료들도 예산극대화 행동을 추구하고 있음을 알 수 있다(이영조, 1988; 나중식, 1992; 강윤호, 1999; 조정래, 2008).[2)]

강윤호(1999)는 우리나라 지방공무원을 분석대상으로 관료의 예산극대화 행동을 분석하였다. 특히, 우리나라 지방행정의 제도적 맥락에 의해서 지방공무원의 예산 증가 선호에는 공리주의적 동기, 공무동기, 집단적 편익추구 등 다양한 동기가 존재함을 지적하였다. 그리고 공리주의적 동기(부서의 직원 수와 수당 증가)와 공무동기(지역주민에 대한 공공서비스의 질 개선)가 지방공무원의 예산극대화 행동에 영향을 미치고 있음이 분석결과로 도출되었다. 흥미로운 점은 공무동기가 사회학적 신제도주의에서 제기되는 '사회적 적절성의 논리'(logic of social appropriateness)에 의해서 형성되고 있다는 지적이다. 즉, 조직 외부환경(상급부서나 지역주민)에 대한 정당성 획득이 조직과 관료 자신의 생존에 중요한 요인이고 이것이 관료행동의 동기구조에 영향을

2) 한편으로는 '관료가 자신을 예산극대화 선호자로 인식하고 있지 않다'라는 연구결과도 있다(김성철·윤진훈, 2004).

준다는 것이다.[3] 또한 분석결과는 전반적으로 우리나라 지방공무원이 예산극대화 추구자에 가깝다는 것을 보여주고 있다. 이러한 결과는 다른 연구결과에서도 확인할 수 있다.

예를 들어, 조정래(2008)는 미국 주정부와 우리나라 지방정부의 예산 증가에 대한 관료의 선호를 조사하여 비교·분석하였다. 그 결과, 미국의 주정부 관료(국장)의 경우 예산증가를 원하지 않는 관료가 상당수 존재하고 있음을 보여준다. 또한 예산증가 선호에 대한 한국과 미국 관료를 비교한 결과 한국의 관료들이 예산증가를 더 선호하는 것으로 나타났다. 그리고 지방정부의 사회문제 해결자로서의 인식뿐만 아니라 중앙정부로부터 지방정부에의 예산지원의 필요성을 인식하는 공무원일수록, 정부 간 보조금에 대한 의존도가 높을수록, 예산증가선호 성향이 강한 것으로 나타났다.

위의 두 논문의 분석결과는 예산증가 선호에 대한 한국 지방정부의 관료의 경향을 보여주고 있는데, 한편으로는 예산에 대한 지방공무원 선호의 다양성도 존재하고 있음을 지적하지 않을 수 없다. 2000년 실시된 강윤호의 조사결과와 2006년 조정래의 조사결과를 비교한 결과를 보면, '비증가'를 선호하는 공무원이 각각 9%와 15.5%라는 점을 눈여겨볼 필요가 있다. 이러한 수치는 전반적으로 예산증대의 선호를 갖고 있다 하더라도 현상유지 혹은 삭감 지향적 의식을 갖고 있는 공무원이 존재하고 있다는 점을 나타낸다. 다시 말하면, Niskanen 이후 종래의 공공선택론에서 제기되어 왔듯이 관료의 동기 및 목적함수가 예산극대화 행동으로 귀결되지 않을 수도 있음을 한국의 관료행동에서도 확인 할 수 있는 것이다.

[책임집필 : 김종욱]

---

3) 이러한 제도적 맥락과 관료행동에 관해서 강윤호(2000)는 예산결정의 공식적, 비공식적 제도적 맥락(예산결정규칙, 행정문화, 사회적 사조)이 관료의 개인적 효용극대화를 위한 수단적·전략적 행태, 타인의 행태에 대한 자신들의 기대에 기초한 행태, 의무감에 따른 행태, 책임회피라는 기회주의적 행태를 구조화시키고 있다고 지적하였다.

Chapter 27

예산극대화 모형에 대한 수정모형

Public Choice

제 1 절 미구에와 블랑제르의 재량예산극대화 모형

Niskanen이 제시한 관료의 예산극대화 모형은 이후 여러 가지 비판들을 받아 왔다. 그 중에서 Migué와 Bélanger(1974)는 관료의 독점적 지위를 전제하면서도 관료가 획득한 예산 전부를 공공재 공급에 사용하지 않고 '재량적 예산'(discretionary budget)을 확보하여 자신의 직접적 이익을 위해서 사용한다고 지적하고 모형의 수정을 꾀하였다.

1.1 관료의 재량예산

구체적으로 Niskanen이 제시한 예산극대화 모형에 기초해서 검토하도록 하자.

먼저, 공공재의 산출량에 대한 한계평가(V)와 한계비용(MC)은 <그림 27－1>의 상단과 같다.

그림 27-1 관료의 재량적 예산

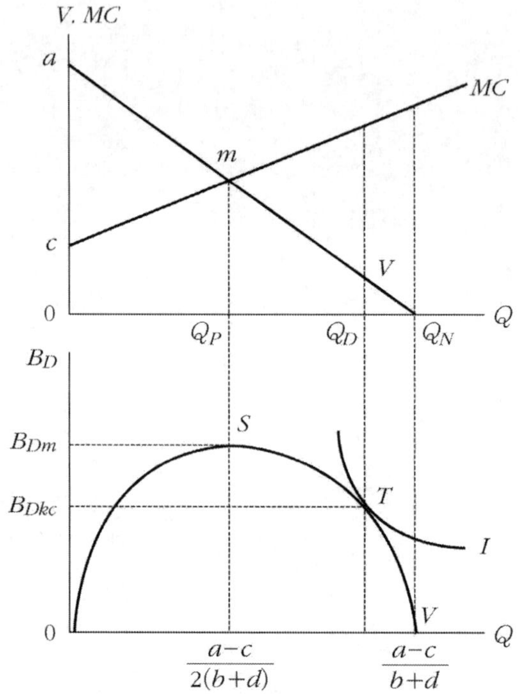

자료: Migué and Bélanger(1974), pp. 31－32에 기초해서 필자 작성.

Niskanen의 예산극대화 모형에서 보았듯이 총비용이 총효용을 초과하지 않는 수준에서 예산설정이 가능하다면 $Q_N=\frac{a-c}{b+d}$에서 예산극대화가 달성된다. 이에 대해서 Migué와 Bélanger는 사익의 극대화를 추구하는 관료가 획득한 예산을 공공재 생산에 전부 투여한다는 가정은 모순이라고 지적한다. 즉, 예산극대화과 산출극대화의 등치적 관계는 성립되지 않으며 관료는 독점적 공급주체로서의 자신의 우위적 위치를 이용하여 예산전체에서 공공재 생산에 소요되는 비용에 자신의 사익에 직접적으로 관계하는 재량적 예

산을 추가시켜 예산극대화를 추구한다고 주장하였다.[1)]

따라서 Migué 와 Bélanger는 관료의 효용(U)은 아래와 같이 산출물(Q)과 재량예산(B_D)으로 결정된다고 가정한다.

$$U = U(Q, B_D)$$

그리고 관료가 예산으로부터 얻을 수 있는 최대 재량적 이익에 대해서는 다음과 같이 설명한다. Niskanen의 모델에서 살펴보았듯이 행정조직의 산출에 대한 예산액은 $B = aQ - bQ^2$이므로, 총예산은 $TR = aQ - bQ^2$이고, 총비용은 2.3 비용산출함수의 (식 3)에서 본 바와 같이 $TC = cQ + dQ^2$로 나타낼 수 있다. 여기서 예산에 대한 관료의 재량은 최소비용을 초과하는 예산의 범위에서 발휘될 수 있으므로, 관료의 재량적 이익(P)은 아래와 같이 총예산에서 총비용을 뺀 차이로 표현할 수 있으며, 재량적 이익에 관련한 관료의 예산선은 <그림 27－1>하단의 OSV와 같다.

$$P = aQ - bQ^2 - cQ - dQ^2 = (a-c)Q - (b+d)Q^2$$

그리고 재량적 이익이 최대가 될 때($\frac{dP}{dQ} = 0$)의 산출량은 $Q = \frac{a-c}{2(b+d)}$가 된다.[2)] 그런데 관료는 총예산의 크기와 재량적 예산의 크기 조합에서 효용을 얻으므로 실제 관료가 선택할 수 있는 재량예산 범위는 예산선의 SV이며 $\frac{a-c}{2(b+d)} \leq Q \leq \frac{a-c}{b+d}$의 산출량 범위에서 재량적 예산을 취할 수 있다. 이러한 가정에 따라서 본다면 Niskanen의 예산극대화 산출량($Q = \frac{a-c}{b+d}$)에서는 관료의 재량적 예산은 0이 된다. 그렇기 때문에 관료의 효용곡선(무차별곡선[3)] I)

1) Niskanen 자신도 1975년 논문(Niskanen, 1975)을 통해서 이러한 비판을 받아들여 수정모델을 제시하였다.

2) 이점은 그림 1의 V와 MC 곡선에서 볼 수 있듯이 Q에 대한 총예산과 총비용의 증가율이 정확히 일치하는 조건이 만족할 때의 산출량이다.

3) 무차별곡선(indifference curve)이란 소비자(유권자)에게 동일수준의 효용(만족)을 주는 재화의 조합을 연결한 곡선을 의미한다. 예를 들어 점심식사에서 김밥과 오뎅의

이 접하는 T의 수준에서 예산액과 산출량이 결정된다. 물론 이러한 가정은 재량예산에 대한 관료의 선호에 의존하게 된다. 즉, 재량적 예산을 확보하기 위해서 예산을 증가시켰을 때 얻을 수 있는 관료의 이익이 산출량 증가에 의한 그것에 비해서 크다고 인정될 때이다.

이는 결과적으로 관료가 재량적 예산을 추구함으로서 전체적인 관료조직의 산출량이 Niskanen이 제시한 예산극대화 모델에서의 산출량 보다 낮은 수준에 머물 수 있음을 시사한다.

1.2 재량예산에 대한 관료행동의 시사점

Migué와 Bélanger의 수정모형은 몇 가지의 실증연구를 통해서도 확인할 수 있다.

Kress(1989)는 CCC(California Community Colleges)의 예산행동을 분석한 결과 예산제약 상황에서의 관료행동은 산출극대화가 아니라 재량예산의 확보에 치우치고 있다고 주장하였다. 또, Hayes와 Wood(1995)는 일리노이주 232시의 경찰서비스에 대한 서베이 데이터(1982~86년)를 이용하여, 서비스 공급에 필요한 최저 비용을 산출하여 실제 지출과의 차액으로부터 재량적 예산을 계산하였다. 그리고 그 지출에 대해서 각 지역의 사회경제적 요인을 설명변수로 회귀분석한 결과, 관료는 산출극대화보다도 재량적 예산을 선호한다는 분석결과를 도출하였다.

조합을 생각한다면, 김밥 4개와 생수 1병에서 얻는 만족수준이 김밥 2개와 오뎅 3개, 얻는 만족수준이 동일하다고 한다면 김밥과 오뎅의 조합(재화의 조합)을 연결한 무차별곡선은 아래와 같다.

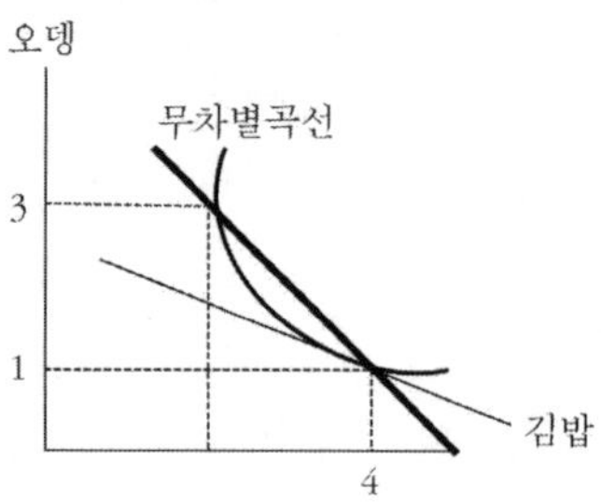

Migué와 Bélanger의 수정모형은 예산극대화를 추구하는 관료라는 전제를 지지하면서도 관료의 효용이 산출극대화뿐만 아니라 조직의 느슨함(organizational slack)과도 관계하고 있음을 제시하였다.

이는 최소비용에 의한 공공서비스 공급이 재량예산 추구에 대한 관료행동 때문에 이루어지지 않을 수 있는 가능성을 시사하고, Niskanen의 예산극대화 모형에 비하여 모형의 현실성을 높혔다고 평가할 수 있다. 실제 많은 정부 관료들은 공공서비스에 필요한 생산비용에 재량적 예산을 포함시켜 급여와 별개인 비공식적 혜택인 부가급부(fringe benefits)를 획득하고 있다. 예를 들어 필요 이상의 출장, 시찰, 접대, 사무비품 등의 형태로 재량적 예산이 사용되고 있으며 이는 예산낭비라는 비판과 함께 과도한 공공지출의 한 원인이 되고 있다.

제 2 절 로머와 로젠탈의 의제설정자 (agenda setter)로서의 관료

Romer와 Rosenthal의 문제의식은 Niskanen과 Migué와 Bélanger가 제시한 관료의 예산극대화 행동에 의한 정부 비대화와 기본적으로 같은 맥락에 있다. 단, 관료 영향력의 원천으로 정보에 대한 독점적 지위와 함께 의제설정에 대한 독점적 지위를 지적한다.[4)]

또한 Niskanen의 예산극대화 모형의 가정이 의회와 관료에 의한 간접민주주의를 전제로 하여 관료의 독점적 지위를 설명한 것이라면, Romer와 Rosenthal(1978; 1979)은 직접민주주의(주민투표)에서의 관료의 독점적 지위를 분석하여 중위자 투표이론을 비판하였다.

4) 이러한 관료의 독점적 지위에 관련해서 Moe(1997, 458-460)도 information power와 agenda power로 설명한다. 즉, 공공재의 생산비용과 의회가 정부산출에 대해서 어떻게 평가하는지를 알고 있는 관료는 이러한 정보를 바탕으로 의회에 대해서 예산안을 무조건 수용 아니면 거부(take-it-or-leave)라는 제안을 할 수 있다고 지적하였다.

2.1 의제설정에서의 관료의 독점적 지위

공공재 지출(E)에 대한 개인(유권자)i는 <그림 27－2>와 같은 선호를 갖고 있으며 $\bar{E}^i$에서 개인의 효용이 최대화된다고 가정하자. 일반적으로 유권자는 자신의 조세부담을 고려하여 무한정 공공지출의 확대를 요구하지 않는다. 따라서 일정수준의 공공지출, 즉 $\bar{E}^i$를 초과하게 되면 개인의 효용은 낮아지게 된다(그림 27－2에서 보듯이 X값이 $\bar{E}^i$일 때 Y값인 공공지출로부터의 효용은 극대값을 갖는다). 이러한 상황에서 공공정책에 대한 의제설정자인 관료, 위원회 등이 공공재의 수준에 관련한 새로운 정책안을 제안한다고 한다면, 유권자는 그 제안에 대한 찬성과 반대의 의사표현을 할 수 있으며, 만약 제안을 부결하였을 경우에는 사전에 결정된 지출수준, 즉 회귀수준(reversion point)으로 돌아가게 된다. 통상적으로 회귀수준은 공공재가 제공되지 않은 상태 혹은 현재의 지출수준(현상유지)으로 설정된다. 따라서 유권자는 제안된 새로운 공공재의 수준(지출수준)과 회귀수준에 따라 자신의 효용을 비교하여 찬성 혹은 반대를 결정하게 될 것이다.

이러한 가정 하에서 회귀수준이 현재의 공공지출인 E_0에서 설정되었다고 하자. 유권자i는 최대한 $\check{E}^i(E_0)$까지의 제안이라면 제안된 공공지출 안을 수용(찬성)할 것이다. 왜냐하면 이 경우에 유권자i의 효용이 현재의 효용을 초과하거나 현재의 수준을 유지할 수 있기 때문이다. 따라서 관료의 예산극대화 행동에 비추어 보면 관료는 유권자i에 대해서 $\check{E}^i(E_0)$의 수준을 제안하는 것이 합리적 행동이 될 것이다. 이는 공공재의 지출수준의 회귀수준이 유권자의 최대효용 $\bar{E}^i$에 달하지 않는 과도한 공공지출의 수준으로 설정되어도 관료가 제시한 예산안(공공지출)을 수용할 수밖에 없음을 시사한다. 이것을 가능하게 하는 것은 관료의 정보독점력을 배경으로 한 의제설정에 대한 독점적 지위이며, 결국 공공지출 수준은 회귀수준(제안된 예산안을 거부하였을 때, 얻을 수 있는 유권자의 효용)에 의해서 제약되고 있음을 의미한다.

이와 같이 Romer와 Rosenthal의 관료모형은 회귀수준이 정부예산 지출

그림 27-2 지출수준에 대한 유권자의 효용

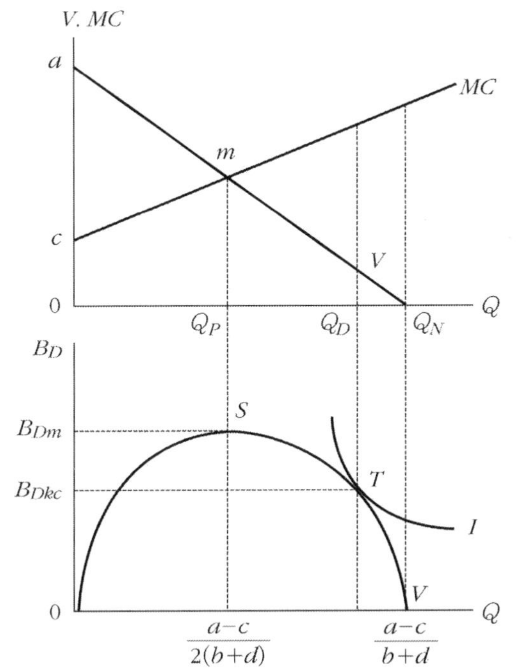

자료: Romer and Rosenthal(1979), p. 568.

에 결정적인 영향을 주고 있음을 시사한다. 이러한 점에 주목하여 그들은 미국의 오레곤주 학교구의 교육지출을 분석하여 각 학교구의 지출에 대한 회귀수준의 영향력을 확인하였다(Romer and Rosenthal, 1982).

한편 의제설정에 대한 관료의 독점적 지위는 공공지출에서의 경쟁모형의 타당성에 대한 의문을 제기하였다. 즉, 다수결투표에 의해서 공공지출 수준이 유권자의 중위자의 선호에 귀결되기보다는 관료의 독점적 지위에 의해서 중위투표자의 선호수준을 초과될 수 있음을 보여주고 있는 것이다.

이러한 의제설정에 대한 관료의 독점적 지위는 의회에 대한 예산요구에서도 적용될 수 있다. 예를 들어, 관료가 요구한 예산수준이 의회에서 수용되지 않으면 회귀수준이라는 낮은 수준의 공공서비스가 제공될 수밖에 없다는 것을 의회에 강요할 수 있는 것이다. 그에 따라 의회는 회귀수준의 지출보다는 관료가 요구하는 높은 수준의 지출을 받아들이게 된다.

[책임집필 : 김종욱]

Chapter 28

관청형성 모형

Public Choice

Niskanen로 대표되는 관료행동에 대한 공공선택론이 제시한 관료행동 모형은 관료의 예산극대화 행동에 의한 과도한 정부지출을 설명하고 있다는 점에서 공통점을 갖는다. 이에 대해서 가령 관료를 자신의 이익만을 추구하는 합리적 존재로 전제하더라도 모든 관료가 예산극대화 행동을 추구하는가 하는 질문은 지속적으로 제기되어 왔다. 특히, 1980년대 이후 모든 국가에서 추진한 행정개혁에 의한 예산삭감 시대에서 과연 관료의 예산극대화 모형이 얼마만큼의 설명력을 가질 수 있는가는 의문이 제기되었다.

이러한 점에서 Dunleavy(1985, 1991)의 연구는 주목할 가치가 있다. Dunleavy(1991, 174)는 다음의 네 가지 이유로 관료가 예산극대화만을 추구하지 않을 것이라고 지적한다. 첫째, 관료조직에서의 집합행동(collective action)의 문제가 관료행동에 중요한 영향을 미친다. 둘째, 예산증가에 관련한 관료의 효용은 기관의 종류와 전체예산의 구성항목에 따라 다양하다. 셋째, 가령, 관료가 예산극대화 행동을 취하더라도, 조직 내의 최적 수준에서 예산극대화를 추구할 것이다. 넷째, 고위관료의 경우 금전적 효용보다는 직무에 관련한 효용을 추구할 가능성이 높다.

따라서 Dunleavy는 종래의 공공선택론에서 제기한 합리적 개인의 기본

전제에 기초하면서도 관료의 동기와 효용이 그들의 직위, 소속기관의 유형, 예산유형에 따라 다양할 수 있음을 주장하였다.

제1절 관료조직에서의 집합행동

Dunleavy는 관료행동에 대한 공공선택의 일반적 연구들이 계서적(rank-structured) 특성을 가진 관료조직 안에 존재하는 집합행동의 문제를 간과하고 있다고 지적하고, 관료조직 내에서도 직위에 따른 상이한 동기구조가 존재하며 이로 인한 집합행동의 문제가 발생할 수 있다고 주장하였다(Dunleavy, 1991, 177-181).

우선, 합리적 관료가 조직전체의 예산극대화를 추구하기 위해서는 아래의 조건에 직면하게 된다.

$$(B\times P)-C>A$$

B: 예산확대에 따른 순효용
P: 예산확대에 대한 결정적 역할(영향력)의 가능성
C: 예산확대를 실현시키기 위한 개인적 소요비용
A: 다른 대안적 행동으로 얻을 수 있는 편익

조직전체의 예산증가를 위해 관료 개인이 투여한 비용을 제외한 효용이 다른 대안적 전략, 행동으로 얻을 수 있는 편익을 초과할 경우에 관료의 예산극대화 행동이 선택된다. 그리고 위의 조건을 구성하는 항목은 조직 안에서의 직위에 따라 그 정도가 다양하게 분포된다(그림 28-1).

순효용(B)은 고위직의 관료의 경우 예산증가에 따라서 얻을 수 있는 효용이 매우 작다. 그러나 하위직, 예를 들어 계약직, 임시직 등의 관료의 경우, 예산확대는 복리후생, 수당 등의 직접적인 효용증가로 연결되기 때문에 하위직의 순효용은 크나, 고위직으로 갈수록 조직 예산의 극대화를 통해서

그림 28-1 직위에 따른 관료의 조건변화

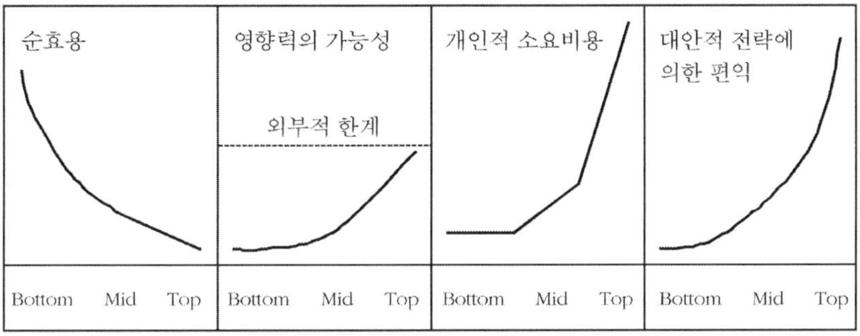

자료: Dunleavy (1991), p. 179.

얻을 수 있는 순효용은 작아지게 된다.

이에 반해, 예산확대에 대한 영향력(P)은 고위직 관료가 압도적으로 높으며 그에 따른 예산확대의 실현가능성도 높다. 단, 이러한 상위직 관료의 예산확대에 대한 결정적 영향력은 사회적 정세, 정책결정자의 의회의 정책판단 등의 외부 환경에 의해서 제약을 받으므로 외부적 한계범위 안에서 영향력이 행사된다. 예를 들어, 의회의 감시활동의 증가는 고위직 관료의 예산확대 전략에 커다란 제약이 될 수 있으나, 하위직 관료에게는 거의 영향을 주지 않는다. 또, 급격한 환경변화에 대해서도 고위직 관료가 적극적으로 반응하나, 하위직 관료의 경우 소극적 혹은 보수적 태도를 갖는다.

또, 예산확대를 위해서 관료 개인이 투여해야 하는 비용(*C*)을 살펴보면, 하위직 관료의 경우 정부정책에 대한 영향력이 작고 예산확대를 통한 편익증대는 대부분 노동조합과 단체행동을 통해서 이루어지므로 개인소요 비용이 매우 적다. 이에 대해서 고위직 관료는 예산확대를 포함한 정부정책에 대한 영향력이 높은 반면, 그것을 위한 제안서, 회의, 의회에 대한 대응 등 개인이 투여해야 하는 비용이 급격하게 증가하게 된다.

마지막으로, 예산확대 전략이 아닌 다른 대안적 행동을 선택했을 경우의 편익(*A*)은 고위직 관료의 경우, 하위직 관료보다 지위상승의 기회가 상대적으로 많이 존재하기 때문에 예산확대 이외의 방법으로 개인의 편익을 높일 수 있다.

이와 같이 조직전체의 예산확대 전략에 대한 관료행동은 그 지위에 따라 다를 수 있으며 집합행동 문제가 발생할 개연성이 높다. 고위직 관료는 앞서 살펴보았듯이 정부정책에 대한 강한 영향력을 행사할 수 있으며, Niskanen가 관료의 동기로서 지적한 급여, 관행 상의 부수입 등의 경제적 수입에 그다지 커다란 동기부여를 갖지 못하며 오히려 Downs가 지적한 위신이나 권력, 승진 등에 강한 동기를 가지고 있다. 이러한 측면을 고려한다면, 권력, 소득, 위신에 커다란 가치를 두며, 이러한 가치를 최대화하려 하기 때문에 다른 유형의 관료보다 높은 직무의욕과 성취노력을 보여주는 '등반가형의 관료'에 매우 가깝다고 할 수 있다. 반면, 하위직에 갈수록 승진의 기회가 적어 권력이나 위신보다는 예산확대를 통한 경제적, 물질적 수입 확대가 커다란 동기부여가 된다. 그러나 이러한 하위직의 예산에 대한 강한 동기가 예산증가를 위한 모든 하위직 관료의 실질적 행동으로까지는 영향을 주지 못한다. 왜냐하면, 하위직 관료는 예산확대에 관련한 정부정책에 대한 영향력이 그다지 크지 못하고 자신 이외에도 예산증가를 통해서 수입증가를 요구하는 다른 하위직 관료가 많이 존재하고 있음을 알고 있기 때문이다. 따라서 하위직 관료들에서는 다른 관료의 예산 증대노력에 편승하려는 무임승차(free rider) 문제가 발생할 수 있다.

제2절 예산유형과 기관유형

Dunleavy는 정부예산의 유형을 핵심예산(core budget), 관청예산(bureau budget), 사업예산(program budget), 초사업예산(super-program budget) 등의 4가지로 분류하고 핵심예산이 관청예산에 포함되고, 관청예산이 사업예산에, 그리고 초사업예산이 앞의 3가지의 예산을 포괄하는 각 예산의 특성을 제시하였다. 첫째, '핵심예산'은 각 기관들이 조직운영에 직접적으로 사용하는 지출이며, 인건비, 장비 및 건물시설비가 이에 해당한다. 둘째, '관청예산'은 위의 핵심예산에 민간부문에 지출하는 비용을 추가한 것이다. 민간섹터에 대한 지출에는 계약에 따른 지불, 개인 및 회사에 대한 이전지출, 부채에 대한 이자지불 등이 있다. 관청예산은 해당기관의 결정에 의해서 직접적으로 관리되는 예산 전부에 해당된다. 셋째, '사업예산'은 위의 두 예산에 추가해서 다른 공공기관에 이전되어 집행되는 예산을 포함한 것이다. 해당기관 －예산을 타기관에 이전하여 주는 기관－ 은 이전되어 집행되는 예산에 대하여 의회에게 설명할 책임을 갖기 때문에 이전된 예산을 집행한 조직에 대한 직접적인 감독 역시 수행하게 된다. 넷째, '초사업예산'은 사업예산에 타 공공기관의 자체적 재원이 추가된 것이다. 타 공공기관의 자체적 재원임에도 불구하고 그 사업 및 정책적 관련성으로 인해 정책적, 정치적 책임을 갖고 있으며 계획에 대한 수정요구 등의 영향력을 행사할 수 있다.

한편, 기관유형에 관해서는 아래와 같이 분류하고 있다.

① 전달기관(delivery agencies)은 전형적인 웨버의 계선적 관료제 조직이며, 직접적으로 재화를 생산하거나 서비스를 시민에게 공급한다. 전달기관은 일반적으로 노동집약적이기 때문에 관청 및 사업예산에서 핵심예산이 차지하는 비율이 높고 대부분은 인건비로 충당된다. 따라서 사업예산의 증가에 따라 핵심예산과 관청예산도 증가하게 된다. 또, 이들 기관은 하위의 다른 공공기관과의 연계성이 낮다.

② 규제기관(regulatory agencies)의 업무는 개인, 기업 또는 다른 공공기관의 행동을 각종 인허가 및 감사나 성과기준 등으로 통제하는 것이다. 이들 기관은 전달기관과 같이 사업예산의 증가에 따라 관청예산과 핵심예산이 증가하지만, 전달기관보다는 적은 예산을 갖는다. 그리고 이들 활동의 대부분이 서류이동과 감시이기때문에 핵심예산이 관청 및 사업예산의 대부분을 차지한다.

③ 이전기관(transfer agencies)은 민간의 개인이나 기업에 보조금 또는 사회보장관련의 지급을 다루는 자금이전 조직이다. 그리고 이전지불에 관련

한 행정비용이 작기 때문에 핵심예산이 관청예산에 차지하는 비율은 매우 낮고 관청예산이 사업예산의 대부분을 차지한다. 또, 기본적인 행정기구가 정비되면, 관청예산과 사업예산의 증가가 운영경비에 영향을 주지 않기 때문에 핵심예산의 증가는 발생하지 않는다.

④ 계약기관(contracts agencies)은 서비스 명세나 자금계획을 개발하여 민간 사업자 혹은 영리적 공공기관에 대한 입찰 및 계약을 담당한다. 이들 기관은 프로젝트에 관련한 연구개발을 중심적으로 수행하며, 실질적인 프로젝트 집행, 시설 및 인적관리, 최종산출물 생산은 계약자가 담당한다. 따라서 핵심예산은 관청예산에서 적은 부분을 차지하나, 관청예산은 사업예산의 대부분을 차지한다.

⑤ 통제기관(control agencies)은 다른 공공기관에 보조금 혹은 정부 간 이전자금 형태로 전달하고 이들 기관에 대한 감독역할을 수행한다. 따라서 사업예산을 초과하여 초사업예산이 증가한다. 이에 반해 핵심예산이나 관청예산은 사업예산의 증가에 그다지 크게 영향을 받지 않는다.

또 위의 기본적 기관유형 이외에도 정부기구를 포괄적으로 파악하기 위해서는 아래의 기관유형도 포함시킬 필요가 있다.

⑥ 조세기관(taxing agencies)은 정부재정을 담당하는 기관으로 행정비용의 외부화, 노동집약적 업무, 서류이동 조직 등의 특징을 갖고 있어 규제기관과 비슷한 유형이다. 그들의 행정비용은 징수된 세금에 비해서 적지만, 인력과 핵심예산의 규모는 크다.

⑦ 거래기관(trading agencies)은 정부기구로서 분류되지만, 그들의 활동은 직접적으로 시장영역에서 이루어지며 다른 정책적 책임 없이 한 가지 업무를 수행한다.

마지막으로 ⑧ 서비스기관(servicing agencies)은 정부의 다른 조직에 시설이나 서비스를 제공하는 역할을 담당한다.

위에서 언급한 예산유형과 기관유형의 다양한 특성은 모든 관료, 기관이 획일적인 예산극대화 행동을 취하지 않을 수 있음을 의미한다.

Dunleavy(1991, 191－1997)는 합리적 관료의 예산극대화 행동은 예산유형과 직위의 관계, 기관유형, 시대적 상황 등의 세 가지 측면에서 다양하게 나타날 수 있다고 지적한다.

먼저, 예산유형과 직위에 따른 예산증대에 의한 개인효용을 살펴보면, 하위직 및 중간직 관료의 경우, 인건비 등을 포함한 핵심예산의 증대에 의해서 효용을 얻을 수 있는 반면, 고위직 관료는 관청예산의 증대가 자신의 재량권 확대에 연결된다. 즉, 개인효용에 직접적 관련이 있는 것은 핵심예산과 관청예산이며, 직위에 따라 다르다. 이에 반해 예산증대를 위해 개인이 투여하는 비용(시간, 자원, 의회와 국민에 의한 감시와 비판)은 주로 사업예산과 밀접한 관계를 갖는다. 사업예산은 일반적으로 의회와 국민의 감시대상이 되는 특정 정책에 관련되어 있기 때문이다.

다음으로, 소속기관의 유형과 예산유형의 관계를 보도록 하자. 핵심예산과 관청예산의 확대는 관료에게 강한 동기부여가 된다. 특히, 전달기관과 같이 핵심예산, 관청예산, 사업예산이 서로 밀접한 관계를 갖는 기관에서는 그러한 경향이 강하다. 또한 사업예산이 증가할 때 핵심예산과 관청예산 역시 증가하므로, 기관의 하위직, 고위직 관료들은 사업예산의 확대에도 강한 관심을 갖는다. 이러한 경향은 규제기관과 조세기관에서도 나타나는데, 사업예산의 확대가 증가하는 행정비용을 뒷받침할 핵심예산의 증가와 밀접한 관련을 갖기 때문이다. 한편, 거래기관과 서비스기관도 핵심, 관청, 사업예산에 관심을 갖고 있으나, 시장의 상황이나 외부기관에 많은 영향을 받는다. 이에 반해 계약기관과 이전 기관의 핵심예산은 사업예산에서 그다지 크지 않은 부분을 차지하기 때문에 이들 기관의 하위직 관료는 사업예산의 확대에 상대적으로 약한 동기를 갖는다.

한편, 핵심, 관청, 사업예산에 대한 관료의 태도는 시간 혹은 시대적 상황에 제약을 받는다. 예를 들어, 예산삭감시대에는 핵심예산과 관청예산의 증가를 도모하기 어렵고, 사업예산이 증가하더라도 준공공기관과 같은 외부조직에 그 기능을 이전하는 형태를 갖게 된다. 반대로 그 기능의 재중앙집권화를 추구하는 경우, 전체 사업예산은 축소되더라도 핵심예산과 관청예산의 증가를 꾀할 수 있다.

제3절 관료의 동기와 관청형성전략

앞에서 지적하였듯이 고위직 관료는 하위직 관료에 비해서 금전적 동기가 적고, 오히려 비금전적인 요인인 지위, 명성, 영향력 등에서 높은 동기를 부여받으며 특히, 업무의 중요성에 대한 관심이 크다. 이러한 고위직 관료의 특징은 일반 공공기관의 인사제도에 의해서 더욱 명확해진다. 공공기관의 인사제도는 민간기업과 비교해서 급여 외의 추가적인 금전적 보상이 제약되어 있으며 현재의 직위도 보장되어진다. 따라서 공공기관에서는 개인 및 집단행동을 통해서 관료 자신들의 금전적 효용을 증가시킬 수 있는 여지가 매우 적다. 한편 공공조직에서의 업무관련의 효용은 업무 및 정책에 대한 지속적인 영향력이며 관료는 그들이 원하는 업무, 그 업무를 수행하는 기관에 대한 강한 선호를 갖게 된다.

이러한 상황과 비금전적 동기를 고려한다면, 합리적 관료는 예산규모가 크고 인원이 많으나, 반복적 업무나 갈등이 수반되는 업무, 지위가 낮은 기관은 기피하고 오히려 예산은 적으나 권력중심에 가깝고 영향력 있는 기관을 선호하게 된다.

따라서 관료는 예산극대화 행동만을 통해서 자신의 효용을 증가하려 하지 않고 관청형성전략을 추구한다는 것이 Dunleavy의 주장이다. 여기서 '관청형성'이란 단순 반복적 업무를 분리하거나 일반시민을 상대로 한 번잡한 업무를 별도의 조직에 이전시키고 자신의 기관은 작고 영향력 있는 조직으로 바꾸는 것을 의미한다.

이러한 관청형성은 다음의 5가지 전략에 의해서 이루어진다.

① **내부적 조직개편:** 조직의 정책결정 기능을 확대해 나가면서, 일상적 사무는 분리 및 위임된 조직이 관장하도록 한다.

② **내부적 업무실행의 전환:** 정책결정에 관계하는 관료는 재량권의 확대

와 장기적인 정책을 선호한다. 그리고 정교한 관리체계와 정책분석은 의회나 외부의 비판으로부터 조직을 보호할 수 있다. 또, 이러한 방향으로의 업무변화는 보다 고위직과 전문직 중심으로 직위를 전환시킬 수 있다.

③ **외부 파트너와의 관계 재정립:** 외부조직 －하위 공공기관, 민간계약자, 이익집단－ 과의 관계가 많은 기관은 이들과의 관계를 조합주의적 관계로 전환하여 정책적 통제를 강화하는 한편 일상적 업무량을 줄인다.

④ **타기관과의 경쟁:** 정책에 관련된 동일지위의 다른 기관과 경쟁하여 원하는 조직형태(관리적 재량의 확대, 유용자원에 대한 통제 확대, 영향력 확대)로 전환시킨다. 또, 그 과정에서 번거롭고, 낮은 수준의 업무는 다른 조직으로 이관시킨다.

⑤ **기능감축과 외분봉**(hiving－off), **민간위탁:** 복잡하고 번잡한 집행기능의 사무는 하위정부나 준정부기관에 이전시킨다.[1)]

이러한 관청형성전략도 물론 예산극대화 전략과 같이 집합행동의 문제(고위직과 하위직 간의)가 존재할 수 있지만, 예산확대보다는 관료의 효용과 가시적인 관계를 갖고 있다고 할 수 있다.

Dunleavy의 연구는 관료행동에 직무동기를 포함시킴으로서 종래의 Niskanen의 금전적 동기와 다른 관료의 동기구조를 설명하였다는 점에서 평가할 만하며, 이러한 결과는 다른 연구에서도 찾아 볼 수 있다. 예를 들어, 예산확대보다는 승진을 위해 업무수행능력을 향상시키기 위하여 노력하거나 더 많은 자율성 확보를 위해 직원감축을 포함한 예산축소전략을 채택하기도 한다(Margolis, 1975; Wilson, 1989). 그러나 한편으로는 Dunleavy의 연구에 대해서 비금전적 직무동기가 어떤 유인을 가지고 관료의 어떤 욕구를 충족시키는지에 대하여 설명이 부족하다는 지적도 있다(김근세·권순정, 2006, 9).

1) 예산 및 집행에 있어서 독립적 권한을 부여받는 책임운영기관을 정부 부서 내/외를 기준으로 분류할 때 외분봉(hiving－off)은 정부부서 밖에서 독립된 형태로 존재하는 기관형태를 의미하며 내분봉(hiving－in)은 정부부서 내에 설치된 독립기관 형태를 지칭한다. 정부조직구조 밖에 위치하여 예산 및 집행의 독립성을 부여받는 외분봉 형태의 기관은 사실상 정부기능을 민영화하는 것에 가까운 것이라 할 수 있다.

Dunleavy의 연구는 종래 공공선택론에서 지적하듯이 관료행동이 개인의 합리적 행동에 의해서만이 아니라 그들의 선택행동이 어떤 구조적 상황(정용덕, 1993, 8)에 의해서 영향을 받을 수 있음을 시사한다. 즉, 모든 행정조직이 동질적이지 않고 관료 각 개인의 지위에 의한 선호가 다르게 때문에 획일적인 예산확대자로서의 관료가 성립되기 어려운 것이다. 이와 관련해서 정용덕(1993)은 Dunleavy의 관청형성모형에 기초해서 1992년의 우리나라 56개 중앙 국가기구를 대상으로 기관유형 및 예산유형 별로 분류하여 관청형성전략의 패턴을 살펴보았는데, 그 결과 공공선택론의 주장과 달리 민영화나 외분봉의 방향으로 재조직화될 가능성이 있음을 지적하였다.[2)]

[책임집필 : 김종욱]

2) 또한 일본 중앙정부기구에 대한 분석을 통해서도 관청형성전략이 어느 정도 정당성을 획득하고 있다고 주장하였다(정용덕, 1998).

Chapter 29

주인-대리인 이론

Public Choice

현대 민주주의는 위임(委任)의 연쇄관계라는 특징을 갖는다. 선거권을 갖는 주권자인 유권자는 투표를 통해서 자신의 의사를 정치가에 위임하게 된다. 또 선거에서 당선된 정치가(국회의원)는 국회에서 결정된 정책의 실시를 관료에 위임한다. 이와 같은 국민-정치가-관료라는 위임의 연쇄관계는 간접 민주주의에서 피할 수 없는 것이며 각 위임단계의 어느 한 곳이라도 제대로 작동하지 못하면 민주주의의 기능부전(機能不全)에 빠지게 된다.[1] 이러한 측면에서 위임관계를 '계약관계'로 치환하여 관계자 간의 정보의 비대칭성에 주목하여 그 처방을 분석하는 '주인-대리인 이론'(principal-agent theory)은 매우 유용한 시사점을 제공한다.

주인-대리인 이론은 조직경제학[2]의 한 분야로 경제학, 정치학, 행정

1) Moe(1984)는 정치를 시민-정치가-고위관료-일선관료의 주인-대리인 관계로 파악할 수 있으며 궁극적인 주인과 마지막 대리인을 제외한 모든 참여자들이 주인이자 대리인을 겸하는 이중적 역할을 갖는다고 지적하였다. 만약 각 대리인들이 자신의 주인의 선호에 반하는 행동을 취하게 되면 대의민주주의는 그 기능을 다하지 못하게 된다.

2) 조직경제학에서는 효용극대화로 표현되는 인간의 합리성에 기초하여 불완전한 정보와 불확실성 하에서 다양한 형태의 인센티브가 어떻게 조직구성원의 의사결정과 행태에 영향을 미치는가를 분석한다(권순만·김난도, 1995, 77).

학, 조직학 등 다양한 분야에서 적용되고 있다. 주인-대리인 관계는 주인이 자신이 원하는 목표를 실현하기 위해서 대리인에게 그것을 위임하는 관계를 의미하며, 이러한 관계는 위임자 자신이 그 목표 실현을 위한 특별한 지식과 능력을 보유하고 있지 않기 때문에 성립된다. 예를 들어, 일반 소비자는 컴퓨터나 TV 등의 가전제품에 문제가 생겼을 때, 직접 수리할 수 있는 능력을 갖고 있지 않기 때문에 전문수리가게에 수리를 의뢰하게 되면 소비자는 주인이 되며 전문수리가게가 대리인이 되어 주인-대리인 관계가 성립한다.

이러한 계약관계에서 주인-대리인 이론은 주인과 대리인 간의 선호와 목표가 상이한 상황 속에서 양자간의 정보 불균형의 문제에 주목한다. 주인은 위임할 업무를 수행할 수 있는 지식과 능력을 보유하고 있는 대리인을 선택하여 그를 통하여 자신의 이익을 최대화하려고 노력하게 된다. 따라서 주인은 먼저 대리인에 대한 정보를 취합하여 업무수행에 적당한 대리인을 골라내야 하며 위임한 후에도 대리인이 위임된 업무를 성실하게 수행하고 있는지를 감시하여야 한다. 그러나 위임업무에 대한 전문적 지식과 정보가 부족한 주인은 대리인 선택에서 어려움을 겪게 되고, 적당한 대리인과 계약을 체결하였다하더라도 대리인의 업무수행을 지속적으로 관찰하기에는 한계가 존재하게 되는데 이는 주인과 대리인 사이의 정보의 비대칭성에 기인한다.

제1절 정보의 비대칭성: 역선택과 도덕적 해이

정보의 비대칭성의 문제는 Arrow(1963)의 "Uncertainty and the Welfare Economics of Medical Care"라는 논문을 통해서 알려지게 되었다. 그는 논문에서 의료보험의 보급이 의료 서비스에 수요 증대를 초래하여 의료보험의 효율적 운영을 어렵게 한다고 하고 이는 의사와 환자 사이의 정보 비대칭성에 기인한다고 지적하였다.

주인-대리인 관계에서 정보의 비대칭성에 의해서 발생하는 문제로는 '역선택'과 '도덕적 해이'가 있다.

역선택(adverse selection)은 주인이 계약 전에 대리인에 관한 정보를 충분하게 파악하지 못하여 발생하는 계약체결 시의 문제이다. 예를 들어, 자신의 지병을 숨기고 건강보험에 가입한다든지, 사고 등에 의한 외관상 보이지 않는 결함을 갖고 있는 중고차를 시장에 판매하는 경우이다.

역선택의 문제는 Akerlof가 1970년 "The Market for 'Lemons': Quality Uncertainty and the Market Mechanism"이라는 논문을 통해서 중고차 시장을 예로 들어 정보의 비대칭성이 시장에 초래하는 영향을 분석하여 알려지게 되었다.[3] 중고차를 팔려고 하는 사람은 자신의 자동차이기 때문에 그 차의 사고유무와 성능에 관해서 잘 알고 있으며, 중고차 중개인 또한 그 분야의 전문가로서 판매되는 중고차의 성능에 관한 상세한 정보를 갖고 있다. 그러나 중고차 시장에서의 구매자는 외형상 잘 정비되어 있는 중고차에 대한 충분한 정보를 갖지 못하고 있어 정보의 불균형 문제가 발생하게 된다. 물론 구매자가 중고차 시장에 대한 정보를 완전히 모르는 상태는 아니고 성능이 좋은 차와 나쁜 차가 혼재되어 판매되고 있음은 알고 있다. 그러나 중고차 시장에서 결함차가 어느 정도 판매되고 있는지, 자신이 사고자 했던 차가 결함차인지 혹은 양질의 차인지 식별하는 것은 좀처럼 쉽지 않다.

이러한 상황에서는 결함차를 성능이 좋은 차로 속여서 판매하는 위험성이 항상 존재하므로 구매자는 중고차 시장의 가격분포에서 평균적 가격을 기준으로 구매하려고 하게 된다. 이렇게 되면 실제 성능이 좋은 차를 중고차 시장에 팔려고 하는 사람은 차의 가치가 제대로 반영된 가격으로 판매할 수 없게 될 가능성이 있다. 예를 들어, 중고차로서 실제 가치가 500만원인 자신의 소유차를 판매하여 신차를 구매하려는 판매자는 동종의 자동차가 중고차 시장에서 200만원에서 500만원으로 판매되고 있는 상황에서 제 값을 받고 판매할 수 있는 가능성이 낮다. 왜냐하면 구매자는 가격분포의 중간정도에서 예상가격을 책정하고 있기 때문이다. 따라서 실제 성능이 좋은 차를 소유하고 있는 판매자는 (신차구입을 위한) 중고차 판매를 포기하는 반면 저성능

3) 레몬시장이란 시장의 재화에 대한 구매자의 불완전한 정보로 인해서 불량품만 유통되는 시장을 의미한다.

의 결함차를 팔려고 하는 사람들은 여전히 중고차 시장에 자신의 차를 내놓게 될 것이다. 즉, 중고차 시장에는 질이 낮은 중고차들이 매물로서 점점 더 많이 나오게 되고 이에 따라 중고차 시장의 가격은 계속적으로 하락하게 된다. 이러한 현상이 반복되면 중고차 시장에 양질의 중고차는 사라지게 되고 결함차가 다수를 점하게 되어 중고차 시장 전체는 신용을 잃게 된다. 이러한 현상을 '역선택'이라고 하며 주인-대리인 이론에서는 대리인에 대한 정보부족으로 인한 자격과 능력이 부족한 대리인을 선택하게 되는 경우에 해당한다.

역선택이 중고차 시장에서와 같이 구매 시, 즉 계약체결 시 발생하는 문제라고 한다면 도덕적 해이(moral hazard)는 계약 후에 발생하는 문제이다.

일반적으로 도덕적 해이란 보험시장에서 보험가입자가 보험계약에 명시된 사고를 부주의로 혹은 고의로 일으켜 보험금을 수급하려고 하는 것을 의미한다. 예를 들어, 주택화재보험에 가입한 가입자가 자신의 주택에 의도적으로 방화를 일으켜 보험금을 노렸다면, 그것은 범죄가 되며 보험계약 시 이러한 사항이 명시되어 보험금 지급이 금지되어 있다. 그러나 보험회사는 화재가 의도적인 방화에 의한 것인지, 불의의 사고에 의한 것인지를 파악하기가 쉽지 않으며 가령 방화에 의한 화재로 의심된다 하더라도 면밀한 조사를 위한 많은 시간과 비용을 투여해야 할 것이다.

이러한 도덕적 해이는 주인-대리인 이론에서 대리인의 업무수행과정에서의 태만으로 이해된다. 대리인의 업무태만을 방지하기 위해서 주인은 대리인의 업무수행과정을 지속적으로 철저하게 파악하고 감독하여야 하는데 이를 위해서는 적지 않은 감시비용을 지불하여야 하기 때문에 철저한 감시는 쉽지 않다. 그리고 주인의 허술한 감시를 틈타 대리인은 최대한의 노력을 하지 않을 인센티브를 갖게 되어 도덕적 해이가 발생하게 된다. 따라서 주인은 감시비용이 대리인을 통하여 얻을 수 있는 이익을 초과하지 않는 범위에서 관리 및 감독을 강화하거나 대리인의 태만을 방지하기 위하여 업무수행에 대한 대리인의 노력이 대리인 자신의 이익에 일치될 수 있도록 인센티브 구조를 설계하여야 한다.

이와 같은 정보의 비대칭성에 의한 주인-대리인 문제를 해결하기 위해서 어떠한 것들이 있을까? 이와 관련해서 권순만·김난도(1995: 80)는 다음과 같은 해결책을 제시하고 있다. 첫째, 대리인 스스로가 학력과 경력 등을 통하여 자신의 능력과 지식에 관한 정보를 위임자에게 드러내는 방법, 둘째, 위임자가 차별화된 복수의 계약을 제공하여 대리인으로 하여금 선택하게 함으로서 능력과 지식에 관한 정보를 얻는 방법, 셋째, 대리인의 능력과 업무성과에 관한 명성에 의존하는 방법, 넷째, 다수의 대리인을 고용함으로서 대리인 간의 경쟁, 상호통제, 정보 제공 등을 꾀하는 방법, 다섯째, 조직 내에서 정보체계나 공동지식을 구축하여 정보의 비대칭성을 완화하는 방법 등이다.

제 2 절 관료통제에서의 함의

정치학과 행정학에서는 주로 도덕적 해이에 대한 인센티브를 갖는 관료행동을 어떻게 통제할 것인가에 대한 시각에서 주인-대리인 이론이 활용되고 있다.

오늘날 사회문제 해결을 위한 공공정책은 갈수록 복잡, 다양해져가는 사회변화를 수용하기에는 의회의 입법활동만으로 부족한 실정이다. 따라서 의회(주인)는 자신의 정책결정권(입법)에 관한 상당 부분을 관료(대리인)에게 위임할 수밖에 없다. 이는 정책결정에 필요한 모든 전문적 지식을 의원 자신이 습득하여 검토하기가 어렵기 때문이라는 이유도 있지만, 공공정책에 관련한 권한의 일정부분을 관료에 위임함으로서 관료의 정책적 지식을 이용하여 자신의 시간과 에너지를 절약할 수 있게 된다는 의원 자신의 합리적 측면도 존재한다(Weingast, 2005, 333; Shipan, 2005, 433).

따라서 현실의 대의민주주의에서는 관료 혹은 행정에 정책집행뿐만 아니라 정책결정의 일부도 위임하게 되나 그 위임은 무조건적인 것이 아니고 의회는 관료에 대한 영향력 혹은 통제력을 유지하려고 한다. 왜냐하면 의회와 관료의 선호와 목표가 항상 일치한다는 보장이 없기 때문이며, 이러한 이유 때문에 의회-관료의 관계를 주인-대리인 관계로 파악할 수 있다.

국회의원의 선호와 목표는 다음 선거에서의 재선이라 할 수 있으며 재선을 통해서 자신의 명예나 지위 유지와 같은 사익과 자신의 정책을 실현시킬 수 있다. 이에 반해 관료의 선호와 목표는, Downs(1967)가 지적했듯이 권력, 금전적 소득, 위신, 편의, 안정 등의 사익(私益)적 동기와 직무에 대한 자부심과 몰입, 공익 추구 등 다양한 요소들로 구성되나, 통상 소속 조직의 인원, 예산, 권한으로 표현할 수 있다. 이러한 양자 간의 선호와 목표는 항상 일치하지 않을 수 있으며 이 때문에 의회는 관료에 대한 감시활동을 수행하게 된다.

그러나 의원 또한 자신의 주인인 전체 유권자의 선호에 합치하는 방향으로 관료행동을 통제하지 않는다. 이것은 관료에 대한 영향력 유지에 대한 의원의 합리성이 선거에서의 지지자의 기대에 대한 동기에 관계하기 때문이다. 재선을 목표로 하는 국회의원은 자신의 지지자에게 관료에 대한 영향력을 과시하여 지지자의 신뢰와 확대를 꾀할 필요가 있다. 만일 행정 관료에 의한 정책이 특정 지지자의 이익에 반하는 것일 경우, 국회의원은 관료에게 정책수정을 요구하여 자신의 존재감을 호소하게 된다. 그러나 관료에 의한 정책결정이 사회 전체적으로 손실을 초래할지라도 자신의 특정 지지자의 이익을 침해하지 않는 경우, 관료-정치가-이익집단에 의한 담합이 발생할 수 있다.

이렇듯 대의민주주의에서의 관료통제에 대한 임무는 기본적으로 의회가 담당하고 있으나, 의회에 의한 관료통제는 많은 한계를 가질 수밖에 없으며, 이는 의원의 합리적 선택에 의한 결과이다. 이와 관련해서 의원의 감시비용에 따른 감시활동의 제약에 주목할 필요가 있다. 왜냐하면 일반적으로 감시비용이 대리인을 고용하여 얻을 수 있는 이익을 초과하게 되면 주인은 굳이 대리인을 고용할 필요가 없어지게 되기 때문이다. 이러한 점에 착목하여 McCubbins와 Shwartz(1984)는 관료에 대한 의회의 감시유형을 '경찰순찰형'(police patrol)과 '화재경보형'(fire alarm)으로 설명하고 관료에 대한 의회의 감시활동은 주로 후자에 집중된다고 지적하였다.

먼저, 경찰순찰형은 관료행동에 대하여 의회가 적극적, 주체적으로 감시하는 유형이다. 의회는 행정문서 체크, 현지조사, 의견청취 등을 통해서 의회의 목표로부터 벗어난 관료행동을 지속적으로 감시하여 수정을 요구한다. 이에 반해 화재경보형은 관료행동을 직접적으로 감시하기보다는 시민과 이익집단이 관료행동에 어떤 문제가 있다고 의회에 전달하였을 때(화재가 발생하여 경보가 울렸을 때), 의회가 문제해결에 행동을 취하는 유형이다.

이러한 특성에 비추어 봤을 때 일반적으로 의회는 다음의 세 가지 이유 때문에 경찰순찰형 보다 화재경보형 감시형태를 채용하게 된다.

첫째, 경찰순찰형의 경우 의원은 의회의 목표나 의원의 지지자 이익을 저해하지 않는 관료행동도 감시하게 되어 불필요한 시간과 에너지를 소비하게 된다. 이와 반대로 화재경보형은 지지자로부터 구체적인 이익침해의 연락을 받아 감시행위를 취하기 때문에 자신의 이익에 직접적 연관이 있는 감시활동만 집중적으로 할 수 있어 시간절약과 더불어 감시비용이 매우 낮다.

둘째, 화재경보형의 경우 질 높은 감시정보가 제공된다는 점이다. 이해관계를 갖는 시민과 이익단체는 해당 정책분야에 대해서 관료에 필적하는 전문지식을 보유하고 있는 경우가 많고, 의원보다 적절한 판단과 평가 자료들을 풍부하게 갖고 있다고 생각할 수 있다. 그리고 정치가의 목표가 지지자의 만족을 통한 재선이라고 보았을 때, 관료에 대한 의원의 평가에서 유익한 것은 해당 이해관계자에 의한 직접적인 평가 정보일 것이다.

셋째, 경찰순찰형은 의원이 광범위한 행정활동을 조사하고 감시하여야 하는데, 이로 인한 시간적 제약 때문에 실제 지지자의 이익 침해 사안에 대해서는 간과할 가능성이 있어 자신의 지지기반을 약화시킬 위험성이 존재한다.

이렇듯 관료행동에 대한 화재경보형 의회의 감시활동은 감시비용과 양질의 정보라는 측면에서 합리적인 방법이 될 수 있다. 그러나 화재경보형 감시활동이 갖는 장점이 국민 전체의 이익에 부합한다고 볼 수 없다. 예를 들어, 관료에 의한 정책이 의원의 특정 이해집단의 이익을 침해하지 않는 한 화재경보기는 울리지 않을 가능성이 높다.

따라서 관료통제에 대한 의회의 한계를 보완하기 위해서는 관료조직 내의 인센티브 체계의 변화와 정보의 비대칭성을 완화하기 위한 노력이 필요할 것이다. 최근에 업적평가나 정책평가에 기초한 관료조직의 인사제도나 민간에 대한 행정업무의 민영화 혹은 위탁은 대리인 간의 경쟁을 유도하는 동시에 대리인이 갖는 정보의 다양화에 기여할 것으로 기대되고 있다. 그러나 더 중요한 것은 정치과정의 투명성 확보를 통하여 대리인인 의회와 관료의 행동이 최종적 주인인 국민 전체의 이익에 부합할 수 있도록 하는 것일 것이다.

제3절 주인-대리인 이론의 확대적용

주인-대리인 이론은 대의민주주의의 정치구조 속에서 위임자인 주인과 대리인 간의 정보의 비대칭성 때문에 발생하는 문제를 명료하게 설명하고 있고, 더 나아가 인센티브나 처벌을 통하여 주인과 다른 선호를 가지고 있는 대리인이 주인이 선호하는 바대로 업무를 수행하도록 유도할 수 있다는 처방적 시사점을 제공하였다. 즉, 대의민주주의 정치구조의 이면에 숨어있는 대리인들의 배임(背任)에 관한 통찰력 있는 설명과 그에 관한 처방적 아이디어를 동시에 제공하였다는 점에서 주인-대리인 이론은 높게 평가할 만하다. 그러나 간단명료한 이론에 비하여 현실 정치세계의 주인-대리인의 관계는 매우 복잡하기 때문에 기존의 다른 이론과 보완하여 사용하여야 할 것이다.

예를 들어, 주인-대리인 이론에서는 기본적으로 단일 주인과 단일 대리인으로 구성된 한 쌍의 관계로 가정하고 양자 간의 정보 격차에 의한 문제를 다루고 있다. 그러나 현실에서는 복수의 주인과 대리인이 존재한다(Moe, 1984).

이러한 점에 주목한 황신혜(2005)는 정책결정의 네트워크를 대리인으로 가정하여 주인-대리인 이론과 네트워크 이론의 상호보완을 시도하였다.[4)]

---

4) 그 외, 정부간 관계에서 주인-대리인 이론을 적용한 사례도 있다. 양기근·이태근(2006)은 부산 신항만건설을 둘러싼 경상남도와 부산시 간의 갈등을 분석하여, 지방정

그림 29-1 의약분업정책 사례에서의 주인-대리인 관계

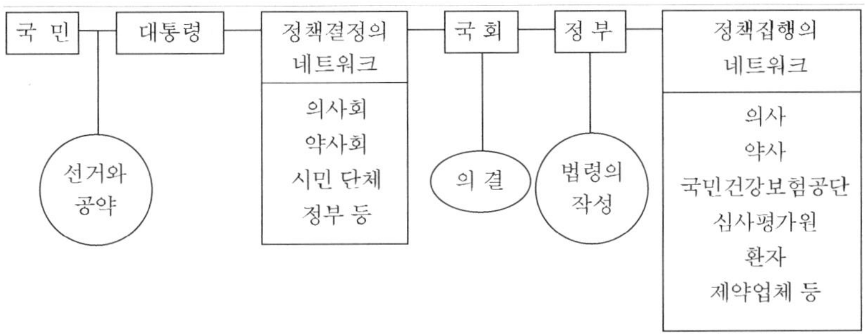

자료: 황신혜(2005), p. 44.

논문에서는 2000년 의약분업 사례에 대한 종래의 연구가 시민단체나 이익단체의 영향력을 강조하였으나, 왜 김대중 정부에서 그것이 가능하였는가를 설명하기에는 부족하다고 지적하였다. 이러한 종래연구의 한계를 극복하기 위해서 그는 의약분업정책에서의 주인-대리인 관계를 <그림 29-1>과 같이 "주인-대리인으로서 정책네트워크"로 설정하였고, 정보비대칭성의 가정 하에 네트워크 구성원의 관리를 역선택의 문제로, 네트워크 구성원 간의 관계의 관리를 도덕적 해이로 다루어 분석하였다. 연구의 결과는, 대통령과 정부가 주인(국민, 대통령)과 다른 선호를 가지고 있는 복수의 구성원들로 구성된 대리인 네트워크를 효과적으로 관리하였기 때문에 김대중 정부에서 의약분업이 실현가능하게 되었다고 설명하고 있다.

[책임집필 : 김종욱]

부간의 갈등문제를 복수의 대리인 문제로 설명하였다.

참고 문헌

강성호. 2011. 공적 (국민) 연금제도의 사회후생효과 분석: 사회후생함수 활용에 의한 접근. 『지식연구』.

강원택. 2002. 투표불참과 정치적 불만족. 『한국정치학회보』 36(2), pp. 153~174.

강윤호. 1999a. 지방정부 관료의 동기와 예산 극대화 행태. 『한국행정학보』 33(4), pp. 189~210.

강윤호. 1999b. 한국관료의 예산극대화 행태: "관료제와 대의정부"의 중앙 및 지방정부에의 적용가능성 검정. 『지방정부연구』 3(2).

강윤호. 2005. 지방정부간 공유재 갈등의 원인과 해결방안: 거래비용 이론을 통한 부산신항만 관할권 분쟁 사례분석을 중심으로. 『한국행정학보』 39(2).

강윤호. 2011. 집합적 행동 이론의 관점에서 본 지방분권운동의 문제점과 전략적 방안. 『지방정부연구』 15(1).

강철규·신봉호. 1993. 금리규제하의 재벌의 금리차지대추구 모형. 『경제학연구』 41(2), pp. 2317~2334.

강철규·신봉호. 2000. 제도, 제약 및 관료의 예산결정행태: 지방정부 예산결정에 대한 신제도주의적 접근. 『한국정책학회보』 9(1), pp. 79~106.

경제희·김재한. 1999. 제15대 대통령선거에서의 전략적 투표자. 『한국과 국제정치』 15(1).

권순만·김난도. 1995. 행정의 조직경제학적 접근: 대리인이론의 행정학적 함의를 중심으로. 『한국행정학보』 29(1), pp. 77~95.

권태형. 2010. 재산권이론에 의한 오염배출권 거래제도 분석: 수도권 사업장 대기오염 배출권거래제도를 중심으로. 『환경정책』 18(3), pp. 1~23.

김근세·권순정. 2006. 관청형성모형의 재구성. 『한국행정학보』 40(1), pp. 1~27.

김낙년. 2002. 1950년대 외환배정과 경제적 지대. 『경제사학』 33, pp. 93~122.

김대진. 2009. 중위투표자모형과 공공선택: 수도권지역의 재산세 인하 사례분석. 『정책분석평가학회보』 19(1), pp. 57~79.

김대진. 2011. 반복적 정책사업 채택과 확산에 관한 연구 – 서울시 자치구의 지역축제 도입을 사례로. 『서울도시연구』 12(3).

김렬·배병돌·구정태. 2003. 지방재정조정제도의 지출효과 분석: Flypaper Effect를 중심으로. 『한국행정학보』 37(3), pp. 241~261.

김성준. 2012. 『공공선택론』. 박영사.

김성철·윤진훈. 2004. 우리나라 중앙관서의 예산편성에 대한 예산담당관의 인식조사. 『한국 행정학보』 38(6), pp. 93~106.

김시윤. 1999. 국가개입과 경제성장 – 지대추구론 비판을 중심으로. 『한국행정논집』 11(4), pp. 755~773.

김용규. 2011. 700MHz 대역 주파수의 이동통신용 분배에 따른 사회후생효과 분석. 『정보통신정책연구』.

김욱. 1998. 투표참여와 기권. 이남영 (편) 『한국의 선거 II: 제15대 대통령 선거를 중심으로』. 푸른길, pp. 199~254.

김욱. 2002. 한국 유권자의 투표 참여에 대한 통합적 연구방향의 모색: 일반이론의 효용성에 대한 방법론적 논의를 중심으로. 진영재 편 『한국의 선거 IV: 16대 총선을 중심으로』. 푸른길, pp. 373~405.

김의준·김홍석·최명섭·김상헌. 2010. 우리나라 도시 및 지역인구의 적정규모 추정. 『도시행정학보』 23(4), pp. 195~211.

김재한. 1993a. 투표참여의 합목적성: 제14대 대선에서의 기권행태를 중심으로. 『한국과 국제정치』 9(1), pp. 89~100.

김재한. 1993b. 양당제하에서의 선거. 이남영 편 『한국의 선거 I』. 나남.

김재한. 1993c. 제14대 대선과 한국경제. 『한국정치학회보』 27(1).

김재한. 1994a. 한국 정치외교의 형식모형적 접근의 현황. 김웅진 외 『방법, 방법론과 한국정치학』. 한울.

김재한. 1994b. 한국 거대여당 체제의 등장과 쇠퇴. 김재한 편 『정당구도론』. 나남.

김재한. 1996. 『게임이론과 남북한 관계』. 한울.

김재한. 1998. 『합리와 비합리의 한국 정치사회』. 소화.

김재한. 1999. 한국 국가전략의 개념적 구도. 『국가전략』 5(1).

김재한. 2001. 지역주의 문제의 진단과 처방. 한국정치학회 편 『한국정치연구의 쟁점과 과제』. 한울.

김재한. 2004. 담합의 형성과 와해. 『21세기정치학회보』 14(2).

김재한. 2006. 조세정책의 정치적 고려: 현직 효과 vs 이념 효과. 『국가전략』 12(4).

김재한. 2011. 투표율의 연령효과 및 도농효과. 『대한정치학회보』 18(3), pp. 183~206.

김재한. 2012a. 『정치마케팅의 전략』. 한림대학교출판부.

김재한. 2012b. 합리적 선택 접근방법과 한국 정당 연구. 한국정당학회 편 『한국의 정당연구: 이론과 방법』. 나남.

김재한·경제희. 1998. 선거방식과 전략적 투표. 이남영 편 『한국의 선거 Ⅱ』. 푸른길.

김재호. 2002. 상회사의 특권과 지대추구 1876－1904. 『경제사학』 32, pp. 65~94.

김정완. 2006. 신행정도시 건설에 대한 공공선택론적 분석. 『한국정책과학학회보』 10(4), pp. 223~240.

김종욱. 2012. 로컬 거버넌스에서의 시민참여와 정치적 평등성, 정치적 효능감: 일본의 사례를 중심으로. 『한국행정학보』 46(2).

김준한. 1989. 한국 제13대 국회 투표권력에 관한 연구. 『한국정치학회보』 23(1).

김행범. 1998. 예산 지출 관료의 행동모형에 관한 공공선택론적 연구. 『한국행정학보』 32(1), pp. 45~63.

김행범. 2001. Tullock의 Rent－seeking 모형과 그에 대한 주요 쟁점. 『지방과행정연구』 13(1), pp. 57~86.

김행범. 2002. 지대추구비용규모에 관한 비판적 연구 － 규범적 지대추구론을 중심으로. 『한국사회와 행정연구』 13(3), pp. 67~89.

김행범. 2004. 지대추구 비용 지출의 장기적 효율성에 관한 연구. 『한국사회와 행정연구』 15(2), pp. 199~224.

김행범·지종화. 2000. 공공 서비스의 공급권자 선정에 따른 Rent－seeking 비용. 『지방과 행정연구』 12(1), pp. 359~381.

김희민. 1994. 한국 3당합당의 원인과 결과. 김재한 편 『정당구도론』. 나남.

나중식. 1992. 지방정부의 예산결정실태와 경향성 분석. 『한국행정학보』 26(2), pp.

591~610.

노석재. 1995. 지대추구행위와 한국경제. 김우택 편 『시장경제와 한국의 자본주의』. 소화.

문병근·김진근. 1998. 불완전정보하에서의 지방공공지출: 재정환상모형을 이용한 flypaper effect 검증. 『지방재정연구소』 2, pp. 177~199.

문우진. 2005a. 지역본위투표와 합리적 선택이론: 공간모형분석. 『한국과 국제정치』 21(3), pp. 151~186.

문우진. 2005b. 현직자의 선거 경쟁력과 선거지출의 효율성: 공간모형 분석. 『한국정치학회보』 39(1), pp. 125~144.

박경산. 1993. 제14대 대통령선거에 나타난 경제적 투표. 『한국정치학회보』 27(1).

박규동·안도경. 2012. 사회적 자본과 한국 지방선거에서의 표매매. 『정부학 연구』 18(1), pp. 23~53.

박기묵. 1996. 미국 주정부 보조금과 주정부 및 지방정부팽창에 관한 연구. 『정책분석평가학회보』 6(1), pp. 195~210.

박민정. 2004. 지대추구활동의 비효율성 실증적 실험결과를 통한 제도적 함의 고찰. 『한국사회와 행정연구』 14(4), pp. 211~238.

박민정. 2006. 의료정책변화의 지대추구론적 분석. 『한국행정학보』 40(2), pp. 195~218.

박봉규. 1997. 렌트-시킹(RENT-SEEKING)의 비판적 재해석을 통한 국가 기능의 모색. 『국제문화연구』 14, pp. 59~83.

박상현·최준영. 2009. 선호도의 변화를 중심으로 살펴본 남북관계 발전의 통사적 연구. 『한국정치학회보』 43(4), pp. 125~149.

박성쾌. 2005. 어업자원 지대 및 지대추구행위에 관한 정치경제학적 연구. 『수산해양교육연구』 17(3), pp. 340~360.

박영작. 1988. 분배의 정의: 정치경제학적 방법론 고찰. 『한국정치학회보』 22(1), pp. 23~42.

박찬욱. 2000. 다운즈의 선거정치에 관한 경제학적 이론. 안청시·정진영 편 『현대정치경제학의 주요이론가들』. 아카넷, pp. 253~294.

박찬욱. 2004. 제17대 총선에서 2표병립제와 유권자의 분할투표: 선거제도의 미시적 효과 분석. 『한국정치연구』 13(2).

박하섭·최종렬. 2001. 한국에서의 선거경기순환의 실증적 연구. 『국제경제연구』 7

(1), pp. 147~165.

박헌수·안지아. 2005. 공간종속성을 이용한 아파트 가격의 공간효과에 관한 연구. 『부동산학연구』 11(2), pp. 119~128.

박효종. 1995. 민주주의 체제의 안정과 불안정에 관한 일고찰. 『한국정치학회보』 29(2), pp. 62~102.

배형. 1996. 한국 의회와 정당의 파워 인덱스의 변화. 김광웅·이갑윤 편 『정당·선거·여론』. 한울.

사공영호. 2002. 재량권, 지대 그리고 부패: 토지, 건축분야를 중심으로. 『한국정책학회보』 11(4), pp. 75~100.

석호원. 2010. 정책혁신으로서 지역축제 확산에 관한 연구: 경기도의 지역축제를 중심으로. 『지방행정연구』 24(1), pp. 183~702.

소병희. 1996. 공공선택론의 이해와 정책학분야에서의 응용. 『한국정책학회보』 5(2), pp. 267~292.

소병희. 2001. 『공공선택의 정치경제학』. 박영사.

소병희. 2002. 재벌위주 산업정책과 지대추구의 효율성. 『한국정책학회보』 3(1), pp. 7~31.

신용민. 2005. 수산예산의 배분변화에 관한 분석 – 지대추구이론을 중심으로. 『수산해양교육연구』17(2), pp. 180~192.

신해룡. 1994. 『공공선택의 재정경제학』. 세명서관.

심상달·이항용. 1992. 선거의 거시경제적 충격과 파급효과. 『한국개발연구』14(1), pp. 147~167.

안기정·고준호. 2009. 도시고속도로 Road Pricing 도입방안 및 효과분석 연구. 『연구보고서』. 서울시정개발연구원.

안도경. 2011. 시장 – 정부 이분법에 대한 비판적 검토: R. H. Coase와 E. Ostrom의 제도 연구 방법을 중심으로. 『정부학 연구』 17(1), pp. 35~56.

안성민. 2002. 신제도주의와 문화이론. 박종민(편) 『정책과 제도의 문화적 분석』. 박영사, pp. 24~50.

안순철. 2002. 제16대 총선의 이데올로기적 예측공간 분석. 진영재 편 『한국의 선거 IV: 16대 총선을 중심으로』. 푸른길, pp. 61~100.

안철원·박두태·허창수. 1987. 중앙은행 행태의 정치경제적 분석–선거의 영향을 중심으로. 『서울시립대 상경논집』 2(1), pp. 1~29.

안청시. 1992. 민주적 선거제도와 투표방식. 『고시계』 92(7), pp. 193~207.

양기근·이태근. 2006. 지방정부간 공유재 갈등 사례: 복수 주인-대리인 이론을 통한 신항만 건설 분쟁을 중심으로. 『사회과학연구』 22(1), pp. 161~190.

유금록. 1996. 정치적 조세순환의 스펙트럼 분석: 한국, 미국 및 일본의 비교 연구. 『한국 행정학보』 30(2), pp. 33~47.

유금록. 2000a. 지방재정교부금의 지출효과: 끈끈이효과의 검정. 『한국정책학회보』 9(1), pp. 111~137.

유금록. 2000b. 일반정부지출과 재정착각. 『한국 사회와 행정 연구』 11(1), pp. 341~355.

유금록. 2007. 니스카넨의 관료의 예산극대화모형. 한국행정학회 재무행정연구회(편) 『현대재무행정이론』. 대영문화사, pp. 68~80.

유금록. 2009. 관료제의 공공선택모형과 효율성 평가. 『한국정책학회보』 18(4).

윤영진. 1992. 정부-기업관계에 대한 지대추구적 접근-외환 및 금융부문을 중심으로. 『한국행정학보』 26(1), pp. 127~148.

윤홍근. 1993. 현대계약주의 정치이론 연구: J. Rawls 정의이론과 J. Buchanan의 헌법선택이론 비교분석. 서울대학교 박사학위 논문.

윤홍근. 1994. 지대추구행위의 규제 및 관련 기본법체계 개혁론. 『서울산업대학교 논문집』 39(1), pp. 643~660.

윤홍근. 1995. 정치적 시장과 렌트추구 사회: 이익집단정치의 재조명. 『렌트추구 행위의 사회적 비용』. 세종연구소.

윤홍근·박상현. 2009. 『협상게임』. 인간사랑.

윤홍근·김승현·정이환. 2011. 『사회과학: 형성 발전 현대이론』. 박영사.

이동윤. 1996. 한국에 있어서 선거가 경제변동에 미치는 영향-정치적 경기순환을 중심으로. 『동서연구』 8, pp. 233~279.

이명석. 1999. 합리적 선택론의 신제도주의. 정용덕 외 『합리적 선택과 신제도주의』. 대영문화사.

이성규. 1993. 대학입시 강화는 대학의 지대추구행위. 『한국논단』 44(1), pp. 113~119.

이영선·조문경. 2007. 대통령 단임제와 재정지출의 정치적 경기변동. 『비교경제연구』 14(2), pp. 179~200.

이영조. 1988. 지방정부의 예산결정실태. 『한국행정학보』 22(1), pp. 205~228.

이영조·문인수. 2003. 환경정책수단에 따른 지대추구. 『한국행정논집』 15(2), pp. 407~425.

이은국. 1999. 정치적 경기순환주기가설의 스펙트럼 분석: 한국사례. 『한국행정학보』 33(3), pp. 177~193.

이은국. 2000. ARIMA 모형에 의한 정치적 경기순환주기 가설의 검정: 14, 15대 대통령선거를 중심으로. 『사회과학논집』 31.

이재우. 2003. 코즈정리의 법경제학적 쟁점연구. 『경제연구』 21(2), pp. 35~64.

이정전. 2005. 『경제학에서 본 정치와 정부: 공공선택론 입문』. 박영사.

이정전. 2006. 합리적인 개인 대 비합리적인 사회. 최광 편 『공공선택의 이론과 응용』. 봉명.

이준구. 2004. 『재정학』 3판. 다산출판.

이준구. 2008. 『미시경제학』. 법문사.

장대익·김진근. 1998. 법률 서비스 공급자의 지대추구 모형. 『산업혁신연구』 14, pp. 107~117.

장용호. 1997. 매체산업과 경제적 지대. 『언론문화연구』 14, pp. 3~30.

전상경. 1996. 지대추구와 정부활동. 『동아대학교 사회과학논집』 13, pp. 253~274.

정용덕. 1993. 한국 중앙국가의 구조적 조직. 『한국정치학회보』 27(2), pp. 7~35.

정용덕. 1998. 일본 중앙정부의 행·재정개혁에 관한 경험적 연구: '관청형성모형'을 중심으로. 『한국정책학회보』 7(3), pp. 53~86.

정용덕 외. 1999. 『신제도주의 연구』. 대영문화사.

정용덕 외. 1999. 『합리적 선택과 신제도주의』. 대영문화사.

정인숙. 2009. IPTV 도입 과정에 대한 지대추구론적 분석. 『한국언론정보학보』 47, pp. 5~22.

정준표. 2003. 합리적 선택이론에 있어서 합리성의 개념. 『대한정치학회보』 11(2), pp. 415~439.

정준표·정영재. 2005. 선거제도의 정치적 효과: 제6대-제17대 국회의원 선거를 중심으로. 『한국정당학회보』 4(2).

정진영. 1992. 경제와 선거-정치적 경기순환이론과 6공화국의 정치경제. 한국정치학회 학술대회 발표논문.

조동근. 지대추구행위의 사회적 비용에 관한 일반균형분석. 『경영연구』 13(1), pp. 29~49.

조성대. 2000. 미국 대통령 선거에서 제3당 후보 지지자들의 전략적 투표에 관한 연구. 『한국정치학회보』 34(2), pp. 301~321.

조정래. 2008. 지방정부공무원의 예산형태에 관한 연구: 예산증가선호설명모델의 탐구. 『한국정책과학학회 2008년 동계학술대회 논문집』, pp. 3~18.

지종화. 2001. 지대추구의 비효율성과 효율성. 『지방과행정연구』. 13(1), pp. 119~147.

지종화. 2004. 벤처기업의 지대추구 과정에 관한 연구: 김대중 정부 시절의 5대 벤처게이트를 중심으로. 『한국행정학보』 38(3), pp. 239~263.

최강·노봉래. 1988. 정치적 경기순환의 이론 및 실증적 연구. 『재정논집』 2, pp. 163~210.

최광 외. 2006. 『공공선택의 이론과 응용』. 봉명.

최병선. 1993. 『정부규제론-규제와 규제완화의 정치경제』. 범문사.

최병선. 2002. 중상주의(신중상주의) 정책의 지대추구 측면에 관한 연구. 『국제지역연구』 11(4), pp. 21~56.

최연태·이재완. 2011. 관료적 지대추구가 특별교부세 배분에 미치는 영향에 관한 연구. 『한국정책학회보』 20(4), pp. 189~218.

하연섭. 2011. 『제도분석: 이론과 쟁점』. 다산출판사.

하현상. 2007. 선호시설 유치경쟁의 지대추구론적 해석-한국전력공사에 대한 정부의 지대추구행위를 중심으로. 『정책분석평가학회보』 17(3), pp. 193~219.

한석희·하현용. 2008. 한국 주도의 한미동맹 변화에 관한 경험적 연구. 『한국정치학회보』 42(1), pp. 277~298.

한정훈. 2008a. 유럽의회 내 정당응집성 측정에 관한 비교제도학적 연구: 공간모델을 적용한 대안적 지표개발. 『한국정치학회보』 42(3), pp. 239~265.

한정훈. 2008b. 제도적 측면에서 바라본 유럽연합의 정치적 대표: 공동결정절차를 중심으로. 『국제정치논총』 48(4), pp. 191~215.

한정훈. 2009a. 의회 운영의 파행성에 대한 원인진단과 해결방안: 한국 국회의 법률안 상정과정을 중심으로. 『세계지역연구논총』 27(3), pp. 7~33.

한정훈. 2009b. 유럽의회 선거, 또 다시 이 순위 국내정치 경쟁장인가? 『한국과 국제정치』 25(3), pp. 161~190.

한정훈. 2011a. 국회의원별 불참율의 차이에 관한 요인분석. 『한국정치학회보』 45(2), pp. 121~147.

한정훈. 2011b. 대중의 시정인식과 홍보내용 수용의 차별성 분석: 서울시 한강르네상스 사업을 중심으로. 『지방행정연구』 25(4), pp. 207~234.

한정훈. 2011c. 유럽의회의 정책책임성: 한－EU FTA 체결과정을 중심으로. 『한국과 국제정치』 27(4), pp. 121~157.

한정훈·강현구. 2009. 유권자의 합리적 선택과 정치엘리트의 전략적 행위가 투표율 변화에 미치는 영향: 제18대 국회의원 선거 사례분석. 『한국정치연구』 18(1), pp. 51~82.

한정훈·강지영. 2008. 선택적 미디어 내용 노출과 TV 토론방송 시청의 영향력 연구. 박찬욱 편 『제17대 대통령선거를 분석한다』. 생각의 나무.

허명순. 2003. 정부간 재정지원금의 변화에 따른 지방정부의 반응. 『한국행정학보』 37(2), pp. 189~210.

황수연. 1996. 지방자치 하에서의 지대추구. 『사회과학연구』 12, pp. 27~45.

황수연. 1999. 지대추구와 관료제. 『사회과학연구』 15, pp. 45~66.

황수연. 2005. 투표의 역설. 『사회과학연구』 21(2), pp. 1~40.

황수연. 2008. 공공선택론의 시각으로 본 민주주의: 그 한계와 대안. 『사회과학연구』 24(1), pp. 1~21.

황수익. 1985. 정치학과 합리적 선택 접근법. 『한국정치학회보』 19(4), pp. 33~46.

황수익·강원택. 2006. 합리적 선택의 정치학. 최광 외 『공공선택의 이론과 응용』. 봉명.

황신혜. 2005. 주인 대리인 이론의 정책과정에의 시론적 적용. 『한국정책학회보』 14(4), pp. 29~56.

ゴードソ·タロシウ(Gordon Tullock). 2000. アジアにおける民主主義. 『公共選擇の研究』 第34号, pp. 4~14.

金哉翰(チェハソキム). 2000. 協力としての政治的成功 對 共謀としての政治的失敗. 『公共選擇の研究』 第34号, pp. 15~30.

金宗郁. 2009. 『地方分権時代の自治体官僚』. 木鐸社.

金宗郁. 2012. 文化・認知的アプローチによる日本の自治体職員の政策活動に関する実証分析. 『GRI論叢』 14(1).

小林良彰. 1988. 『公共選擇』. 東京大学出版会. (이호동 역. 『공공선택론』. 오름. 1997.)

小林良彰·中谷美穂 · 金宗郁. 2008.『地方分権時代の市民社会』. 慶應義塾大学出版会.

Akerlof, George. 1970. The Market for 'Lemons': Quality Uncertainty and the Market Mechanism. *Quarterly Journal of Economics* 84(3), pp. 488~500.

Alesina Alberto. 1987. Macroeconomic Policy in a Two-Party System as a Repeated Game. *Quarterly Journal of Economics* 102(3), pp. 651~678.

Aoki, Masahiko. 2001. *Toward a Comparative Institutional Analysis*. Cambridge: MIT Press.

Arrow, Kenneth. 1951. *Social Choice and Individual Values*. New York: John Wiley & Sons.

Arrow, Kenneth. 1963. Uncertainty and the Welfare Economics of Medical Care. *American Economic Review* 53(5), pp. 941~973.

Axelrod, Robert. 1970. *Conflict of Interest*. Chicago: Markham.

Axelrod, Robert. 1984. *Evolution of Cooperation*. New York: Basic Books.

Barnett, Richard. 1993. The (non)Equivalence Theorem When There are Matching Grants As Well As Lump Sum Grants. *Public Choice* 75, pp. 363~369.

Barry, Brian. 1965. *Political Argument*. New York: Harvester Wheatsheaf.

Barry, Brian, and Russell Hardin. 1982. *Rational Man and Irrational Society? An Introduction and Sourcebook*. Beverly Hills: Sage.

Barry, Norman. 1987. *The New Right*. New York: Croom Helm Ltd.

Baumgartner, Frank, and Bryan Jones. 1992. *Agenda and Instability in American Politics*. Chicago: Chicago University Press.

Bernheim, B. Douglas, and Michael Whinston. 2008. *Microeconomics*. New York: McGraw-Hill.

Black, Duncan. 1948. On the Rationale of Group Decision Making. *Journal of Political Economy* 56(1), pp. 23~34.

Black, Duncan. 1958. *The Theory of Committees and Elections*. Cambridge: Cambridge University Press.

Blais, Andre, Louis Massicotte, and Agnieszka Dobrzynska. 1997. Direct Presidential Elections: A World Summary. *Electoral Studies* 16(4), pp. 441~455.

Bradford, David, and Wallace Oates. 1971a. The Analysis of Revenue Sharing in a New Approach to Collective Fiscal Decisions. *Quarterly Journal of Economics* 35, pp. 416~439.

Bradford, David, and Wallace Oates. 1971b. Toward a Predictive Theory of Intergovernmental Grants. *American Economic Review* 61, pp. 440~448.

Brams, Steven, and Peter Fishburn. 1978. Approval Voting. *American Political Science Review* 72(3), pp. 831~847.

Brams, Steven, and Peter Fishburn. 1983. *Approval Voting.* Boston: Burkhauser.

Breit, William, and Roger Spencer, eds. 1986. Kenneth J. Arrow. *Lives of the Laureates: Seven Nobel Economists.* Cambridge: MIT Press.

Brennan, Geoffrey, and James Buchanan. 1980. *The Power to Tax: Analytical Foundations of a Fiscal Constitution.* Cambridge: Cambridge University Press.

Brennan, Geoffrey and Loren Lomasky. 1993. *Democracy and Decision: The Pure Theory of Electoral Preference.* Cambridge: Cambridge University Press.

Breton, Albert. 1974. *The Economic Theory of Representative Government.* Chicago: Aldine Publishing Co.

Breton, Albert, and Ronald Wintrobe. 1975. The Equilibrium Size of a Budget-Maximizing Bureau: A Note on Niskanen's Theory of Bureaucracy. *Journal of Political Economy* 82, pp. 195~207.

Buchanan, James. 1963. An Economics of Earmarked Taxes. *Journal of Political Economy* 71, pp. 457~469.

Buchanan, James. 1975. *The Limits of Liberty; Between Anarchy and Leviathan.* Chicago: University of Chicago Press.

Buchanan, James. 1977. Why does Government Grow? Borcherding (ed). *Budgets and Bureaucrats: The Sources of Government Growth.* Durham: Duke University Press.

Buchanan, James. 1987. The Constitution of Economic Policy *Science* 236, pp. 1433~1436.

Buchanan, James. 1989. *Explorations into Constitutional Economics.* Texas: Texas A & M University Press.

Buchanan, James. 1991. *Constitutional Economics*. Oxford: Basil Blackwell.

Buchanan, James, and Geoffrey Brennan. 1985. *The Reason of Rules: Constitutional Political Economy*. Cambridge: Cambridge University Press.

Buchanan, James, and Gordon Tullock. 1962. *The Calculus of Consent: the Logical Foundations of Constitutional Democracy*. Ann Arbor: University of Michigan Press.

Buchanan, James, and Roger Gongleton. 1998. *Politics by Principle, not by Interest*. New York: Cambridge University Press.

Calvert, Randy. 1995. Rational Actors, Equilibrium, and Social Institutions. Knight and Sened (eds). *Explaining Social Institutions*, pp. 57~93.

Campbell, Anhus, Philip Converse, Warren Miller and Donald Stokes. 1960. *The American Voter*. Chicago: Chicago University Press.

Campbell, Colin, and Gorden Tullock. 1965. A Measure of the Importance of Cyclical Majorities. *Economic Journal* 75, pp. 853~857.

Campbell, Richmond. 1985. *Paradoxes of Rationality and Cooperation*. Vancouver: University of British Columbia Press.

Caplan, Bryan. 2007. *The Myth of the Rational Voter: Why Democracy Choose Bad Policies*. Princeton University Press. (이현우·김행범·황수연·이성규 역. 『합리적 투표자에 대한 미신』. 북코리아. 2008.)

Coase, Ronald. 1960. The Problem of Social Cost. *Journal of Law and Economics* 3, pp. 1~44.

Cobb, Roger, and Charles Elder. 1983. *Participation in American Politics: The Dynamics of Agenda Building*, 2nd edition. Boston: Allyn and Bacon.

Cochran, Clarke. 1974. Political Science and 'the Public Interest'. *Journal of Politics 36*, pp. 327~355.

Condorcet, Marquis de. 1785. *Essai sur l'application de l'analyse à la probabillité des décisions rendues àla pluralité des voix*. Paris.

Courant, Paul, Edward Gramlich, and Daniel Rubinfeld. 1979. The Stimulative Effect of Inter-governmental Grants: Or Why Money Sticks Where It Hits. Mieszkowski and Oakland (eds). *Fiscal Federalism and Grants-in-Aid*. Washington, DC: The Urban Institute, pp. 5~21.

Cox, Gary. 1987. Electoral Equilibrium under Alternative Voting Institutions. *American Journal of Political Science* 31(1), pp. 82~108.

Cox, Gary. 1997. *Making Votes Count: Strategic Coordination in the World's Electoral Systems.* Cambridge: Cambridge University Press.

Crawford, Sue, Elinor Ostrom. 1995. A Grammar of Institutions. *American Political Science Review* 89(3), pp. 582~600.

de Borda, Jean－Charles. 1781. Mémoire sur le élections au scrutin. *Histoire de l'Académie Royal des Science.* Paris.

de Borda, Jean－Charles. 1995(1784). On Elections by Ballot. Mclean and Ulken (eds). *Classics in Social Choice Theory.* Ann Arbor: University of Michigan Press, pp. 83~89.

Denzau, Arthur, and Douglas North. 1994. Shared Mental Models: Ideologies and Institutions. *Kyklos* 47(1), pp. 3~31.

Dixit, Avinash, and Susan Skeath. 2004. *Games of Strategy,* 2nd edition. New York: W. W. Norton & Company.

Douglas, Bruce. 1980. The Common Good and the Public Interest. *Political Theory* 8(1). pp. 103~117.

Downs, Anthony. 1957. *An Economic Theory of Democracy.* New York: Harper and Row.

Downs, Anthony. 1961. In Defense of Majority Voting. *Journal of Political Economics* 69, pp. 192~199.

Downs, Anthony. 1994[1967]. *Inside Bureaucracy.* Long Grove: Waveland Press.

Dunleavy, Patrick. 1985. Bureaucrats, Budgets and the Growth of the State: Reconstructing an Instrumental Model. *British Journal of Political Science* 15, pp. 299~328.

Dunleavy, Patrick. 1991. *Democracy, Bureaucracy and Public Choice: Economic Explanation in Political Science.* London: Prentice Hall.

Duverger, Maurice. 1954. *Political Parties.* New York: John Wiley & Sons.

Dwight R. Lee. 1998. Overcoming Taxpayers Resistance by Taxing Choice and Earmarking Revenue. in TAXING CHOICE: The Predatory Politics of Fiscal Discrimination edited by William F. Sughart, Transaction Publishers.

New Brunswick, United States of America.

Dworkin, Ronald. 1980. Is Wealth a Value?. *Journal of Legal Studies* 9(2), pp. 191~227.

Feld, Scott, and Bernard Grofman. 1992. Who's Afraid of Big Bad Cycle? Evidence from 36 Elections. *Journal of Theoretical Politics* 4, pp. 231~237.

Fiorina, Morris. 1989. Is Negative Voting an Artifact? *American Journal of Political Science* 33(2), pp. 423~439.

Fishburn, Peter, and William Gehrlein. 1976. An Analysis of Simple Two-Stage Voting Systems. *Behavioral Science* 21(1), pp. 1~12.

Fishburn, Peter, and William Gehrlein. 1977. An Analysis of Voting Procedures with Nonranked Voting. *Behavioral Science* 22, pp. 178~185.

Fisher, Ronald. 1921. On the Mathematical Foundation of Theoretical Statistics. *Philosophical Transactions of the Royal Society of London. Series A 222*, pp. 309~368.

Fisher, Ronald. 1982. Income and Grant Effects on Local Expenditure: The Flypaper Effect and Other Difficulties. *Journal of Urban Economies* 12, pp. 324~345.

Frey, Bruno, and Friedrich Schneider. 1975. On the Modeling of Politico-Economic Interdependence. *European Journal of Political Research* 3, pp. 339~360.

Frey, Bruno, and Friedrich Schneider. 1978. A Politico-Economic Model of the United Kingdom. *Economic Journal* 88, pp. 243~253.

Friedman, Milton. 2002. *Capitalism and Freedom*, Fortieth Anniversary Edition. Chicago: University of Chicago Press.

Frohlich, Norman, and Joe Oppenheimer. 1990. Choosing Justice in Experimental Democracies with Production. *American Political Science Review* 84, pp. 461~477.

Frohlich, Norman, Joe Oppenheimer, and Cheryl Eavey. 1987a. Choices of principles of distributive justice in experimental groups. *American Journal of Political Science* 31, pp. 606~636.

Frohlich, Norman, Joe Oppenheimer, and Cheryl Eavey. 1987b. Laboratory Results on Rawls's Distributive Justice. *British Journal of Political Science* 17(1), pp. 1~21.

Frohlich, Norman, and Joe Oppenheimer. 1992. *Choosing Justice: An Experimental Approach to Ethical Theory.* Berkeley: University of California Press.

Gibbard, Allan. 1973. Manipulation of Voting Schemes: A General Result. *Econometrica* 41, pp. 587~601.

Gordon, Robert. 1975. The Demand for and Supply of Inflation. *American Journal of Political Science* 24, pp. 698~714.

Gramlich Edward. 1977. Intergovernmental Grants: A View of the Empirical Literature. Oates (ed). *The Political Economy of Fiscal Federalism.* Lexington: Lexington Books, pp. 219~239.

Gramlich, Edward, and Harvey Galper. 1973. State and Local Fiscal Behavior and Federal Grant Policy. *Brookings Papers on Economic Activity* 1, pp. 15~58.

Grofman, Bernard, and Guillermo Owen, eds. 1986. *Information Pooling and Group Decision Making.* Greenwich: JAI.

Grofman, Bernard, Guillermon Owen, and Scott Feld. 1983. Thirteen Theorem in Search of the Truth. *Theory and Decision* 15, pp. 261~278.

Harris, Richard, 1989. A Decade of Reform. Harris and Milkis (eds). *Remarking American Politics.* Boulder, CO. : Westview Press.

Halpern, Jennifer, and Robert Stern. 1998. *Debating Rationality.* Ithaca: Cornell University Press.

Han, JeongHun. 2007. Analyzing Roll Calls of the European Parliament: A Bayesian Application. *European Union Politics* 8(4), pp. 479~507.

Han, JeongHun, 2007. Responding to Public: Party Representation in the European Parliament. *Korean Journal of International Relations* 47(5), pp. 151~177.

Hardin, Garrett. 1968. The Tragedy of the Commons. *Science* 162, pp. 1243~1248.

Harsanyi, John. 1955. Cardinal Welfare, Individualistic Ethics, and Interpersonal Comparisons of Utility. *Journal of Political Economy* 63, pp. 209~221.

Harris, Richard. 1989. A Decade of Reform. Harris and Milkis (eds). *Remenking American Politics*. Boulder: Westview Press.

Hayek, Friedrich. 1978. *Law, Legislation and Liberty, Volume 2: The Mirage of Social Justice*. Chicago: University of Chicago Press.

Hayes, Kathy, and L. L. Wood. 1995. Utility Maximizing Bureaucrats: The Bureaucrat's Point of View. *Public Choice* 82(1/2), pp. 69~83.

Hibbs, Douglas. 1977. Political Parties and Macroeconomic Policy. *American Political Science Review* 74(4), pp. 1467~1487.

Hicks, John. 1939. The Foundations of Welfare Economics. *Economic Journal* 49, pp. 696~712.

Hindriks, Jean, and Gareth Myles. 2006. *Intermediate Public Economics*. Camridge: MIT Press.

Hinich, Melvin, and Michael Munger. 1994. *Ideology and the Theory of Political Choice*. Ann Arbor: University of Michigan Press.

Hoffman, Elizabeth, and Matthew Spitzer. 1985. Entitlements, Rights, and Fairness: An Experimental Examination of Subjects' Concepts of Distributive Justice. *Journal of Legal Studies* 14(2), pp. 259~297.

Holcombe, Randall. 2002. *From Liberty to Democracy: The Transformation of American Government*. Ann Arbor: University of Michigan Press.

Hotelling, Harold. 1927. Locational Competition. *Economic Journal*.

Inman, Robert. 1979. The Fiscal Performance of Local Governments: An Interpretative Review. Mieszkowski and Straszheim (eds). *Current Issues in Urban Economics*. Baltimore: Johns Hopkins University Press, pp. 270~321.

Johnsen, D. Bruce. 1986. Wealth Is Value. *Journal of Legal Studies* 14, pp. 263~288.

Kaldor, Nicholas. 1939. Welfare Propositions in Economics and Interpersonal Comparisons of Utility. *Economic Journal* 49, pp. 549~552.

Kelly, Jerry. 1988. *Social Choice Theory: An Introduction*. New York: Springer-Verlag.

Kelman, Steven. 1987. *Making Public Policy*. New York: Basic Books.

Kelman, Steven. 1988. Why Public Ideas Matter?. Reich (ed). *The Power of Public Ideas*. Cambridge: Ballinger Publishing Co.

Kiewiet, D. Roderick. 1991. Bureaucrats and Budgetary Outcomes: Quantitative Analyses. Blais and Dion (eds). *The Budget−Maximizing Bureaucrat: Appraisals and Evidence*. Pittsburgh: University of Pittsburgh Press, pp. 143~173.

Kim, Chae−Han. 1999. Election and Macroeconomic Policy: An Examination of Political Business Cycle Theory. Mo and Moon (eds). *Democracy and the Korean Economy*. Stanford: Hoover Institution Press.

Kim, Chae−Han. 2005. Reciprocity in Asymmetry: When Does Reciprocity Work?. *International Interactions* 31(1), pp. 1~14.

Kim, Dae Jin. 2008. The Choice of Local Governments under Two Principals: The Case of Tax Hike Policy of South Korea. *Korean Journal of Public Policy* 23(1), pp. 181~207.

Kim, Jongouck. 2010. Local Autonomy and Local Bureaucrats in Japan. Kobayashi and Im (eds). *Bureaucracy and Bureaucrats in Japanese and Korean Civil Society*. Bokutakusha Publisher.

King, Desmond. 1987. *New Right: Politics, Markets, and Citizenship*. Chicago: The Dorsey Press.

King, Gary, Robert Keohane, and Sidney Verba. 1994. *Designing Social Inquiry: Scientific Inference in Qualitative Research*. Princeton: Princeton University Press.

King, Paula. 1988. Policy Entrepreneurs: Catalysts in the Policy Innovation Process. Ph.D. dissertation. University of Minnesota.

Kingdon, John. 1984. *Agendas, Alternatives, and Public Policies*. Boston: Little Brown and Company.

Knight, Frank. 1921. *Risk, Uncertainty, and Profit*. Boston: Houghton Mifflin Company.

Kress, Shirley. 1989. Niskanen Effects in the California Community Colleges. *Public Choice* 61(2), pp. 127~140.

Krueger, Anne. 1974. The Political Economy of the Rent−Seeking Society.

American Economic Review 64(3), pp. 291~303.

Krugman, Paul, and Maurice Obstfeld. 2006. *International Economics: Theory and Policy*, 7th edition. Boston: Pearson.

Laver, Michael. 1992. (박통희 역. 『공공선택이론입문』. 문우사. 1992.)

Lord, Carnes. 1984. *Introduction to the Politics by Aristotle*. Chicago: Chicago University Press.

Luce, Duncan, and Howard Raiffa. 1957. *Games and Decisions: Introduction and Critical Survey*. New York: Wiley.

Malkevitch, Joseph. 1990. Mathematical Theory of Elections. *Annals of the New York Academy of Sciences* 607, pp. 89~97.

Mankiw, Gregory. 2007. *Principles of Economics*, 4th edition. Mason: Thomson South-Western.

Margolis, Julius. 1975. Bureaucrats and Politicians: Comment. *Journal of Law and Economics* 18(3), pp. 645~659.

Marshall, Alfred. 2009[1920]. *Principles of Economics*, Unabridged Eighth Edition. New York: Cosimo Classics.

McCubbins, Mathew, and Thomas Shwartz. 1984. Congressional Oversight Overlooked: Police Patrols versus Fire Alarms. *American Journal of Political Science* 28(1), pp. 165~179.

McKelvey, Richard. 1976. Intransitivities in Multidimensional Voting Models. *Journal of Economic Theory* 12(2), pp. 472~482.

Merrill, Samuel, III. 1984. A Comparison of Efficiency of Multicandidate Electoral System. *American Journal of Political Science* 28(1), 23~48.

Merrill, Samuel, III. 1985. A Statistical Model for Condorcet Efficiency Using Simulation under Spatial Model Assumptions. *Public Choice* 47, pp. 389~403.

Michelbach, Philip, John Scott, Richard Matland, and Brian Bornstein. 2003. Doing Rawls Justice: An Experimental Study of Income Distribution Norms. *American Journal of Political Science* 47, pp. 523~539.

Migué, Jean-Luc, and Gérard Bélanger. 1974. Toward a General Theory of Managerial Discretion. *Public Choice* 17(1), pp. 27~43.

Miller, Garry, and Terry Moe. 1983. Bureaucrats, Legislators and the Size of Government. *American Political Science Review* 77(2), pp. 297~322.

Mintrom, Michael. 1997. Policy Entrepreneurs and the Diffusion of Innovation. *American Journal of Political Science* 41(3), pp. 738~770.

Mitchell, William. 1988. Virginia, Rochester, and Bloomington: Twenty-five Years of Public Choice and Political Science. *Public Choice* 56, pp. 101~119.

Mitnick, Barry. 1980. *The Political Economy of Regulation*. New York: Columbia University Press.

Moe, Terry. 1984. The New Economics of Organization. *American Journal of Political Science* 28(4), pp. 739~777.

Moe, Terry. 1997. The Positive Theory of Public Bureaucracy. Mueller (ed). *Perspectives on Public Choice*. Cambridge: Cambridge University Press, pp. 455~480.

Mueller, Dennis. 1979. *Public Choice*. Cambridge: Cambridge University Press. (배득종 역. 『공공선택론』. 나남. 1992.)

Mueller, Dennis. 2003. *Public Choice III*. New York: Cambridge University Press.

Niemi, Richard. 1984. The Problem of Strategic Behavior Under Approval Voting. *American Political Science Review* 78(4), pp. 952-958.

Niemi, Richard, and J. R. Wright 1987. Voting Cycles and the Structure of Individual Preferences. *Social Choice and Welfare* 4, pp. 173~183.

Niskanen, William. 1971. *Bureaucracy and Representative Government*. Chicago: Aldine Atherton.

Niskanen, William. 1973. *Bureaucracy: Servant or Master?*. London: The Institute of Economic Affairs.

Niskanen, William. 1975. Bureaucrats and Politicians. *Journal of Law and Economics* 18(3), pp. 617~643.

Nordhaus, William. 1975. The Political Business Cycle. *Review of Economic Studies* 42, pp. 169~189.

North, Douglass. 1981. *Structure and Change in Economic History*. New York: W. W. Norton & Company.

North, Douglass. 1990. *Institutions, Institutional Change, and Economic Performance*.

Cambridge: Cambridge University Press.

Nozick, Robert. 1974. *Anarchy, State, and Utopia*. New York: Basic Books.

Oates, Wallace. 1979. Lump–sum Intergovernmental Grants Have Price Effects. Mieszkowski and Oakland (eds). *Fiscal Federalism and Grants–in–Aid*. Washington, DC: The Urban Institute, pp. 23~30.

Olson, Mancur. 1971. *The Logic of Collective Action*, Harvard University Press.

Osborne, Martin. 2009. *An Introduction to Game Theory*. Oxford: Oxford University Press.

Ostrom, Elinor. 1990. *Governing the Commons: Evolution of Institutions for Collective Action*. Cambridge: Cambridge University Press. (윤홍근·안도경 역. 『공유의 비극을 넘어』. 랜덤하우스코리아. 2010).

Ostrom, Elinor. 1998. A Behavioral Approach to the Rational Choice Theory of Collective Action. *American Political Science Review*, 92(1), pp. 1~22.

Ostrom, Elinor. 2005. *Understanding Institutional Diversity*. Princeton: Princeton University Press.

Ostrom, Elinor. 2010. Beyond Markets and States: Polycentric Governance of Complex Economic Systems. *American Economic Review* 100, pp. 641~672.

Owen, Guillermo. 1982. *Game Theory*, 2nd edition. New York: Academic Press.

Peltzman, Sam. 1976. Toward a More General Theory of Regulation. *Journal of Law and Economics* 19(2), pp. 211~240.

Plott, Charles. 1967. A Notion of Equilibrium and Its Possibility under Majority Rule. *American Economic Review* 57(4), pp. 787~806.

Polsby, Nelson. 1984. *Political Innovation in America: The Politics of Policy Initiation*. New Haven: Yale University Press.

Posner, Richard. 2011[1973]. *Economic Analysis of Law*. New York: Aspen Publishers.

Posner, Richard. 1975. The Social Costs of Monopoly and Regulation. *Journal of Political Economy* 83, pp. 807~827.

Putterman, Louis. 2001. *Dollars and Change: Economics in Context*. New Heaven: Yale University Press.

Rae, Douglas. 1971. *The Political Consequences of Electoral Laws.* 2nd edition. New Haven: Yale University Press.

Rawls, John. 1999[1971]. *A Theory of Justice.* Cambridge: Harvard University Press. (황경식 역. 『정의론』. 이학사. 2003.)

Riker, William. 1962. *The Theory of Political Coalitions*, New Haven: Yale University Press.

Riker, William. 1965. Arrow's Theorem and Some Examples of the Paradox of Voting. Claunch (ed). *Mathematical Applications in Political Science.* Dallas: Southern Methodist University Press, pp. 41~60.

Riker, William. 1982. *Liberalism against Populism.* San Francisco: Freeman.

Riker, William, and Peter Ordeshook. 1968. A Theory of the Calculus of Voting. *American Political Science Review* 62(1), pp. 25~42.

Roberts, Nancy, and Paula King. 1991. Policy Entrepreneurs: Their Activity Structure and Function in the Policy Process. *Journal of Public Administration Research and Theory* 1(2), pp. 147－175.

Rogoff, Kenneth, and Anne Sibert. 1988. Equilibrium Political Business Cycles. *Review of Economic Studies* 55(1), pp. 1~16.

Romer, Thomas, and Howard Rosenthal. 1978. Political Resource Allocation, Control Agendas and the Status Quo. *Public Choice* 33(4), pp. 27~43.

Romer, Thomas, and Howard Rosenthal. 1979. Bureaucrats Versus Voters: On the Political Economy of Resource Allocation by Direct Democracy. *Quarterly Journal of Economics* 93, pp. 563~587.

Romer, Thomas, and Howard Rosenthal. 1980. An Institutional Theory of the Effect of Intergovernmental Grants. *National Tax Journal* 62, pp. 364~370.

Romer, Thomas, and Howard Rosenthal. 1982. Median Voters or Budget Maximizers: Evidence from School Expenditure Referenda. *Economic Inquiry* 20, pp. 556~578.

Rosen, Harvey, and Ted Gayer. 2008. *Public Finance*, 8th edition. New York: McGraw－Hill.

Rothstein, Bo. 1998. *Just Institutions Matter: The Moral and Political Logic of the*

Universal Welfare State. New York: Cambridge University Press.

Rothstein, Bo. 2005. *Social Traps and the Problem of Trust*. New York: Cambridge University Press.

Rousseau, Jean-Jacques. 1762. *The Social Contract*. New York: Penguin Classics 1968 translation.

Saari, Donald. 1990. Susceptibility to Manipulation. *Public Choice* 64(1), pp. 21~41.

Satterthwaite, Mark. 1975. Strategy-Proofness and Arrow's Conditions: Existence and Correspondence Theorems for Voting Procedures and Social Welfare Functions. *Journal of Economic Theory* 10, pp. 187~217.

Schelling, Thomas. 1978. *Micromotives and Macrobehavior*. New York: W. W. Norton & Company.

Scott, John, Richard Matland, Philip Michelbach, and Brian Bornstein. 2001. Just Deserts: An Experimental Study of Distributive Justice Norms. *American Journal of Political Science* 45, pp. 749~767.

Sen, Amartya. 1966. A Possibility Theorem on Majority Decision. *Econometrica* 34(2), pp. 491~499.

Shepsle, Kenneth. 2010. *Analyzing Politics: Rationality, Behavior and Institutions*, 2nd edition. New York: W. W. Norton & Company.

Shepsle, Kenneth, and Barry Weingast. 1981. Structure-Induced Equilibrium and Legislative Choice. *Public Choice* 37(2), pp. 503~519.

Shepsle, Kenneth, and Mark Bonchek. 1997. *Analyzing Politics: Rationality, Behavior, and Institutions*. New York: W. W. Norton & Company.

Shipan, Charles. 2005. Congress and the Bureaucracy. Quirk and Binder (eds). *The Legislative Branch*. New York: Oxford University Press, pp. 432~458.

Simon, Herbert. 1947. *Administrative Behavior*, 2nd edition. New York: Free Press.

Simon, Herbert. 1955. A Behavioral Model of Rational Choice. *Quarterly Journal of Economics* 69, pp. 99~118.

Simon, Herbert. 1957. *Models of Man*. New York: Wiley.

Simon, Herbert. 1972. Theories of Bounded Rationality. McGuire and Radner (eds). *Decision and Organization.* Amsterdam: North Holland, pp. 161~176.

Smith, Adam. 1991[1776]. *An Inquiry Into the Nature and Causes of the Wealth of Nations.* New York: Prometheus Books. (김수행 역. 『국부론』. 비봉출판사. 2007.)

Smith, David. 1999. Manipulability Measures of Common Social Choice Functions. *Social Choice and Welfare* 16(4), pp. 639~661.

Soh, Byung Hee. 1988. Political Instability and Economic Fluctuations in the Republic of Korea. *Public Choice* 57, pp. 259~274.

Soh, Byung Hee. 1993. Political Optimal Choice of Inflation Policy. *Korean Economic* Review 9(1).

Stigler, George. 1966. *The Theory of Price.* New York: Macmillan.

Stigler, George. 1971. The Theory of Economic Regulation. *The Bell Journal of Economics and Management Science* 2(1), pp. 3~21.

Stiglitz, Joseph. 1988. *Economics of the Public Sector*, 2nd edition. New York: W. W. Norton & Company.

Styron, William. 1998. *Sophie's Choice.* New York: Modern Library.

Tiebout, Charles. 1956. A Pure Theory of Local Expenditures. *Journal of Political Economy* 64, pp. 416~424.

Tullock, Gordon. 1959. Some Problems of Majority Voting. *Journal of Political Economy* 67, pp. 571~579.

Tullock, Gordon. 1967. The Welfare Costs of Tariffs, Monopolies and Theft. *Western Economic Journal* 5, pp. 224~232.

Tullock, Gordon. 1976. *The Vote Motive* London : the Institute of Economics Affairs.

Tullock, Gordon. 1979. Public Choice in Practice, Clifford Russel (ed). *Collective Decision Making* Baltimore: The Johns Hopkins University Press.

Tullock, Gordon. 1980. Efficient Rent−Seeking. Buchanan, Tullock, and Tollison, (eds). *Toward a Theory of the Rent−Seeking Society.* College Station: Texas A&M University Press.

Tullock, Gordon. 1993. *Rent Seeking*. Fairfax: The Locke Institute. (황수연 역. 『지대추구』. 경성대학교 출판부. 2007.)

Tullock, Gordon. 2008. *Public Goods, Redistribution and Rent Seeking*. Fairfax: The Locke Institute. (황수연 역. 『공공재 재분배 그리고 지대추구』. 경성대학교출판부. 2008.)

Tullock, Gordon, Arthur Seldon, and Gordon Brady. 2000. *Government: Whose Obedient Servant? A Primer in Public Choice*. London: Institute of Economic Affairs. (김정완 역. 『공공선택론』. 대영문화사. 2005.)

Tullock, Gordon, Arthur Seldon, and Gordon Brady. 2002. *Government Failure: A Primer in Public Choice*. Washington, DC: Cato Institute.

Volden, Craig. 2005. Intergovernmental Political Competition in American Federalism. *American Journal of Political Science* 49(2), pp. 327~342.

von Neumann, John, and Oskar Morgenstern. 1947. *Theory of Games and Economic Behavior*. Princeton: Princeton University Press.

Weingast, Barry. 2005. Caught in the Middle: The President, Congress, and the Political－Bureaucratic System. Aberbach and Peterson (eds). *The Executive Branch*. New York: Oxford University Press, pp. 312~343.

Wibbels, Erik. 2000. Federalism and the Politics of Macroeconomic Policy and Performance. *American Journal of Political Science* 44(4), pp. 687~702.

Williamson, Oliver. 1964. *The Economics of Discretionary Behavior: Managerial Objectives in a Theory of the Firm*. Englewood Cliffs: Prentice－Hall.

Williamson, Oliver. 1975. *Markets and Hierarchies: Analysis and Anti－trust Implications*. New York: Free Press.

Williamson, Oliver. 1985. *The Economic Institutions of Capitalism: Firms, Markets, Relational Contracting*. New York: Free Press.

Wilson, James. 1974. *The Politics of Regulation, Social Responsibility and the Business Predicament*. Washington, DC: Brookings Institution.

Wilson, James. 1989. *Bureaucracy: What Government Agencies Do and Why They Do It*. New York: Basic Books.

Wilson, James. 1990. Interest and Deliberation in the American Republic, or, why James Madison Would Never Haver Received the James Madison Award.

PS: Political Science and Politics 23(4), pp. 58~62.

Winer, Stanley. 1983. Some Evidence on the Separation of Spending and Taxing Decisions. *Journal of Political Economy* 91, pp. 126~140.

Wright, Stephen, and William Riker. 1989. Plurality and Runoff Systems and Numbers of Candidates. *Public Choice* 60, pp. 155~175.

Wyckoff, Paul. 1988. A Bureaucratic Theory of Flypaper Effects. *Journal of Urban Economics* 23, pp. 115~129.

Wyckoff, Paul. 1991. The Elusive Flypaper Effect. *Journal of Urban Economics* 30, pp. 310~328.

Yoo, Keum－Rok. 1998. Intervention Analysis of Electoral Tax Cycle: The Case of Japan. *Public Choice* 96(3－4), pp. 241~258.

Young, H. Payton. 1988. Condorcet's Theory of Voting. *American Political Science Review* 82(4), pp. 1231~1244.

Young, Robert. 1991. Budget Size and Bureaucratic Careers. Blais and Dion (eds). *The Budget－Maximizing Bureaucrat: Appraisals and Evidence*. Pittsburgh: University of Pittsburgh Press, pp. 33~58.

Zerbe, Richard, and Howard McCurdy. 1999. The Failure of Market Failure. *Journal of Public Policy and Management* 18(4), pp. 558~578.

찾아보기

[ㅈ]

[ㅊ]

공저자 약력

김재한

한림대 정치행정학과 교수, 서울대 외교학과 졸업, 미국 University of Rochester 정치학박사, 미국 Hoover Institution National Fellow 역임, 제 5 대 한국공공선택학회 회장

김대진

서울시립대 행정학과 교수, 서울대 경제학부 졸업, 서울대 환경대학원 도시계획석사, 미국 Florida State University 행정학박사

김종욱

일본 카가와(香川)대 법학부 교수, 국민대 기계설계학과 졸업, 일본 게이오(慶應)대 법학박사, 게이오대 연구교수 역임, 일본공공선택학회 이사

안도경

서울대 정치외교학부 교수, 서울대 정치학과 졸업, 미국 Indiana대 정치학박사, 미국 Florida State University 정치학과 교수 역임, 고려대 행정학과 교수 역임

윤홍근

서울과학기술대 행정학과/IT정책전문대학원 교수, 서울대 정치학과 졸업, 서울대 정치학박사, 미국 Indiana대/CalPoly 방문학자 역임

이성규

안동대 무역학과 교수, 한국외대 경제학과 졸업, 영국 University of Southampton 경제학박사, 한국공공선택학회 제2~3대 사무국장, 국회예산정책처 경제분석관 역임

한정훈

숭실대 정치외교학과 교수, 서울대 정치학과 졸업, 미국 University of Rochester 정치학박사

공공선택

2012년 9월 10일 초판인쇄
2012년 9월 15일 초판발행
2023년 3월 15일 중판발행

공저자 김재한 · 김대진 · 김종욱 · 안도경 · 윤홍근 · 이성규 · 한정훈
발행인 안종만 · 안상준
발행처 (주) 박영사
서울특별시 금천구 가산디지털2로 53, 210호(가산동, 한라시그마밸리)
전화 (733)6771 FAX (736)4818
등록 1959. 3. 11. 제300-1959-1호(倫)

www.pybook.co.kr e-mail: pys@pybook.co.kr

정 가 23,000원 ISBN 978-89-6454-303-0